Viva Guide

NEW YORK

RV VERLAG

Autor: Mick Sinclair
Originalfotos: Richard Elliott

Deutsche Ausgabe:
© RV Reise- und Verkehrsverlag GmbH in der
Falk-Verlag AG, München 1994
3., aktualisierte Auflage 1998

Übersetzung: Erna Tom und Jutta Winkler für GAIA Text, München
Redaktion: Rita Seuß für Falk-Verlag AG, München
Koordination: Falk-Verlag AG, München
Satz und Produktion: GAIA Text, München
Lithographie: Fotographics Ltd
Druck und Bindung: Printer Trento srl, Italien
Printed in Italy

Vertrieb: Falk-Verlag AG, München

ISBN 3-89480-625-7

Seite 4: New Yorker Taxi.
Seite 5 (oben): Entspannung am Metropolitan Museum.
Seiten 6–7 (oben): Manhattans Lichtermeer.
Seite 9: Hot-Dog-Stand.

OVINGTONS

Benutzerhinweise

Dieses Buch ist in fünf Kapitel aufgeteilt:

- ❑ Kapitel 1: ***New York heute*** befaßt sich mit dem Leben heute, der Landschaft und der Kultur.
- ❑ Kapitel 2: ***New York damals*** zeigt historische Zusammenhänge auf und beleuchtet die wichtigsten Ereignisse.
- ❑ Kapitel 3: ***New York von A bis Z*** schlägt Ihnen Sehenswürdigkeiten, Spaziergänge und Ausflüge vor, gibt Tips für Reisende mit schmalem Geldbeutel und Hinweise für Reisende mit Kindern. In den »Special«-Kapiteln wird Ihnen Verschiedenes detaillierter vorgestellt.
- ❑ Kapitel 4: ***Reiseinformationen*** enthält viele praktische Tips für einen gelungenen Aufenthalt in New York.
- ❑ Kapitel 5: ***Hotels und Restaurants*** nennt Ihnen von uns empfohlene Hotels und Restaurants in ganz New York, die wir Ihnen in Kurzform vorstellen.

Die Sehenswürdigkeiten
Die meisten der vorgestellten Sehenswürdigkeiten sind in folgende Kategorien aufgeteilt:

►►► **Nicht versäumen!**

►► **Sehr sehenswert**

► **Sehenswert**

Wenn die Zeit bleibt ...

Kartenbenutzung
Um Ihnen das Auffinden der Sehenswürdigkeiten zu erleichtern, ist rechts neben der Bezeichnung ein Code angegeben, bestehend aus einer Ziffer, einem Buchstaben und einer weiteren Ziffer (z. B. *176B3).* Die erste Ziffer nennt die Seite, auf der sich die Karte befindet. Buchstabe und zweite Ziffer bezeichnen das Planquadrat, in dem man die Sehenswürdigkeit findet. Die Karten auf den Umschlaginnenseiten vorne und hinten sind statt mit einer Seitenzahl mit den Buchstaben *UIV* und *UIH* gekennzeichnet.

Inhalt

Die Reklame, Ecke Seventh Avenue und Broadway, wird gereinigt.

Kurzübersicht

Die folgende Kurzübersicht gibt Ihnen schnell Aufschluß über die »Special«-Kapitel, die Spaziergänge und die Ausflüge, die Sie mit dem Auto unternehmen können.

Karten

New York heute

New York damals

Die Freiheitsstatue.

Kurzübersicht

Special

Zu Fuß

Mit dem Auto

New Yorker Feuerwehrauto.

Mick Sinclair besucht häufig die Vereinigten Staaten und kennt alle Winkel der Großstädte Amerikas. Er ist Autor der *Viva Guides San Francisco* und *Kalifornien*, und der *Viva Twins* für *San Francisco* und *Chicago*. Seine Reisebeiträge und Reportagen sind in Zeitungen und Zeitschriften der ganzen Welt erschienen.

Mein New York von Mick Sinclair

Ob sie sie nun lieben oder hassen – nur wenige Menschen können leugnen, daß New York die anregendste Stadt der Welt ist – sie wurde besungen, über sie wurde gesprochen und geschrieben – und die einzige, in der alles schon auf den ersten Blick so vertraut wirkt. Die Freiheitsstatue, das Empire State Building und der Central Park sind nur drei Wahrzeichen New Yorks, die die Besucher schon kennen, bevor sie sie gesehen haben.

Vielleicht denken manche, über New York lasse sich nicht mehr viel Neues schreiben. Irrtum! Über diese Stadt zu schreiben bedeutet, die Herausforderung anzunehmen, das Vertraute plötzlich als etwas Fremdes zu begreifen – durch die Straßen zu laufen und die Archive nach der Geschichte hinter der Geschichte zu durchstöbern, so daß der Besucher trotz aller bekannten Bilder begreift, daß er New York tatsächlich nie kannte.

New York ist eine Stadt, deren Schein zunächst trügt. Die genauere Betrachtung enthüllt eine Metropole, die auf Wahnsinn und Verstümmelung basiert, durch Zufall gepaart mit ausreichend Geld, um sie mit Schätzen auszustatten, von denen andere Großstädte nur träumen können. Ihre Museen sind größer als so manche Stadt und spiegeln die Errungenschaft verschiedenster Kulturen wider. Ihre Gebäude sind einerseits Orte, an denen man lebt und arbeitet, gleichzeitig sind sie Zeugnisse atemberaubender Architektur.

Jeder kennt die Freiheitsstatue, aber wer weiß schon, daß sie ursprünglich für den Suezkanal gedacht war? Wie viele Besucher sind schon in der Lage zu erklären, wie Gewinne aus den Mietshäusern der Lower East Side benützt wurden, um der Stadt eine der größten Bibliotheken der Welt zu schenken?

Nachdem ich die Fragen gestellt hatte, konnte ich durch meine Antworten allmählich die Schichten der Oberfläche ablösen, um die Stadt darunter zu entdecken. Das nackte New York bietet nicht immer einen schönen Anblick, aber es strahlt mehr Glaubwürdigkeit aus als sein Mythos. Wenn ich andere dazu ermuntern kann, etwas neues im vermeintlich Bekannten zu finden, etwas, das in vieler Weise fremd und geheimnisvoll ist, so hat sich das Unterfangen gelohnt.

NEW YORK HEUTE

Auf der Straße

■ Weltberühmte Museen, Wolkenkratzer, luxuriöse Hotels und alle nur vorstellbaren Arten von Restaurants – New Yorks Palette ist schier unbegrenzt. Aber erst, wenn man durch die überfüllten, lauten Straßen läuft, spürt man den wahren Pulsschlag dieser gewaltigen Stadt. ■

Nonstop: Eine New Yorker Straße kann einsam sein, aber sie wird selten leer sein. Schon um fünf Uhr früh strömen die ersten Pendler aus den U-Bahnstationen, während zur gleichen Zeit die letzten Nachtschwärmer nach Hause trotten.

Frühmorgens sieht man die Kinder auf dem Weg zur Schule, und einige Stunden später eilen die ersten Büroangestellten zur Mittagspause. Am frühen Nachmittag strömen die Pendler wieder in die U-Bahn, und bei Einbruch der Dämmerung füllen sich die Lokale in Midtown Manhattan mit Theaterbesuchern; die Bars und Clubs im Greenwich Village bereiten sich indes auf eine lange Nacht vor.

New York ist ohne Verkehrsstau undenkbar.

Die 12 000 gelben Taxis, *cabs,* die New Yorks Straßenbild prägen, sind mehr als nur eine sichere und (meist) schnelle Möglichkeit, sein Ziel zu erreichen. Sie gehören zum Mythos der Stadt und boten Stoff für viele Filme (wie etwa die Fernsehserie *Taxi*, die Danny de Vito zum Star machte), aber auch für ein berühmtes Kunstwerk – Mondrians *Broadway Boogie-Woogie* (ausgestellt im Museum of Modern Art). Leider sind sie – wie alle Taxis dieser Welt – bei Regen meist unauffindbar.

Aber warum sind sie gelb? John Hertz, der die Yellow Cab Company, die Taxigesellschaft, 1907 gründete, folgte damals einem Gutachten der Universität von Chicago, das besagte, gelb sei die Farbe, die die Leute am ehesten entdecken.

Immer unterwegs: Mit ein Grund für den Rund-um-die-Uhr-Tumult auf New Yorks Straßen sind Größe und Preis der Wohnungen. Die meisten Appartements in Manhattan sind winzig und, bis auf wenige Ausnahmen, extrem teuer. Aber anstatt zu Hause zu bleiben und über die immensen Quadratmeterpreise zu grübeln, sind die New Yorker immer unterwegs, als müßten sie sich ständig beweisen, weshalb sie in einer so kostspieligen Stadt leben.

Straßenverkauf: An jeder Straßenecke New Yorks kann man – oft überraschend gut – seinen Hunger stillen, ohne ein Restaurant betreten zu müssen. Auf Klapptischen im Freien wird – ebenfalls reichlich – Lesefutter angeboten – von brandneuen heruntergesetzten Hardcovern bis zu gebrauchten Taschenbüchern. Auf New Yorks Straßen kann man so gut wie alles kaufen – vom exzentrischen Trödelkram bis zum dreiteiligen Anzug.

Und wenn bei Regen die ersten Tropfen fallen, bieten ein paar Straßenverkäufer sofort billige Regenschirme an.

Tompkins Square Park. Straßenkunst hat viele Gesichter.

Straßenverkehr: Aus den Wortgefechten der Rad- und Lkw-Fahrer, die erzürnt vor Ampeln stehen, nachdem sie über die Länge eines ganzen Häuserblocks versucht haben, sich nach vorne zu drängeln, können Sie viel lernen. Sollten Sie jemals mit einem New Yorker Streit bekommen, kann das dort aufgeschnappte Vokabular ganz hilfreich sein.

Schauen Sie sich z. B. die todesmutigen Rollschuhfahrer an, die in der Rush Hour die Fifth Avenue hinuntersausen und sich an vorbeifahrenden Autos festhalten, um kostenlos ein Stück mitgenommen zu werden.

Sollten Sie eine glitzernde Limousine entdecken, die vor einem der teuren Läden der Stadt hält, bleiben Sie stehen und verhalten Sie sich wie ein typischer New Yorker: Starren Sie den oder die Aussteigende ohne Gewissensbisse schamlos an.

Schmutzige Straßen: In den letzten zwölf Jahren wurden 20 Prozent der öffentlichen Gelder gestrichen, und seitdem fällt Amerikas faszinierendste Stadt buchstäblich auseinander. Viele Brücken haben seit zehn Jahren keine frische Farbe mehr gesehen und müßten dringend renoviert werden; keine Straße ist ohne Schlaglöcher – manche Stadtteile sind geradezu übersät davon.

Als sei die Müllvernichtung nicht Problem genug, verliert die New Yorker Müllabfuhr jedes Jahr zwei oder drei seiner 18 Tonnen schweren Müllautos an Diebe. Jedes ist 110 000 $ wert.

> Jeder weiß, daß New York den Spitznamen Big Apple hat, aber auf wen dieser Name zurückgeht, ob auf bestimmte Musiker, Gangster oder Pferdefanatiker, weiß niemand. Neueste Popularität erhielt der Begriff durch eine Tourismuskampagne im Jahre 1971.

Gefährliche Straßen: Im Verlauf der 90er Jahre ist die Verbrechensrate in New York erheblich zurückgegangen. So fiel die Anzahl der gemeldeten Verbrechen von 1993 bis 1995 um 27,4 Prozent. Ein gewisses Maß an Vorsicht bleibt dennoch angebracht (siehe hierzu die Seiten 54 und 55).

Unbegrenzte Möglichkeiten

■ Für all jene, die eine neue Chance suchen, ob künstlerisch, finanziell oder beruflich, gibt es nur eine Stadt auf der Welt, die alles verspricht und schon immer versprochen hat – und das ist New York, die verheißungsvolle Metropole am Hudson. ■

Finanzmetropole: Die Wall Street, der Tempel des Kapitalismus, belohnt alle, die Stress aushalten können und genügend Ehrgeiz besitzen, mit unvorstellbarem Reichtum und einer unbegrenzten Machtfülle.

Angesichts der riesigen stählernen Glastürme der Skyline von Manhattan kann es kaum erstaunen, daß New York etwa 3,5 Millionen Arbeitsplätze zur Verfügung stellt und mehr als 200 000 Unternehmen beherbergt, darunter 700 Versicherungen, 5000 Rechtsanwaltsbüros sowie ungefähr 400 ausländische Banken.

Viele Taxifahrer sind Immigranten.

Ölgesellschaften und andere Industriegiganten beschäftigen Arbeiter in der ganzen Welt, doch die wichtigsten Entscheidungen werden in den Konferenzräumen hoch über Manhattan getroffen. Und diese Entscheidungen wirken sich nicht nur auf den Lebensunterhalt von Millionen Menschen aus, sondern auch auf das Wohlergehen der amerikanischen Wirtschaft – und damit der Welt.

In den 80er Jahren entstand in New York eine neue Schicht von Yuppies (Young Urban Professionals) und Junk-Bond-Millionären. Nach den Börseneinbrüchen von 1987 und 1989, während derer einige skrupellose Händler ins Gefängnis wanderten, ist es jedoch schwieriger geworden, über Nacht ein Vermögen zu machen. Doch blieb die New Yorker Börse einer der weltweit vorherrschenden Handels- und Finanzplätze, so z.B. in den 90er Jahren, als die Wall Street bei stark steigenden Preisen Rekordumsätze verbuchen konnte. So ergab sich 1996 ein Gewinn von über 12,5 Milliarden Dollar, der sich über die Bonuszahlungen an die Mitarbeiter auch in einem spürbar belebenden Effekt auf die Wirtschaft der Stadt äußerte.

Taxifahrer: Es mag vielleicht nicht die ruhmreichste Beschäftigung sein, aber kurz nachdem der Verbrennungsmotor das Pferd auf New Yorks Straßen ersetzte, wurde Taxifahren der gängigste Job für neu ankommende Immigranten.

Heutzutage sind weniger als 11 % aller in New York gemeldeten Taxifahrer gebürtige New Yorker. Fließendes Englisch ist nicht immer zu erwarten.

Viele dieser Taxifahrer haben studiert oder jahrelang einen Beruf in ihrer Heimat ausgeübt, sei es in einem Dienstleistungsbetrieb, im Bereich der Medizin oder irgendeinem anderen Beruf. Taxifahrer in New York zu sein, verspricht zumindest ein regelmäßiges Einkommen und ermöglicht den Kindern eine adäquate Schulausbildung, die im Heimatland undenkbar wäre.

Unkonventioneller Lebensstil: Viele kommen einfach nur deshalb nach New York, weil sie so leben wollen, wie es Ihnen paßt. Bunt gefärbtes Haar oder bizarre Kleidung wird hier keinen in Erstaunen versetzen. Nachtmenschen können die ganze Nacht über unterwegs sein und tagsüber schlafen, ohne dabei das Gefühl zu haben, daß das New Yorker Leben an ihnen vorbeiziehe.

New Yorker haben gelernt, das Exzentrische zu akzeptieren.

New York gewährt auch Homosexuellen und Lesben Unterstützung, die anderswo bei Wohnungs- und Jobsuche diskriminiert werden.

Verlagsgeschäft: Das in New York ansässige *Wall Street Journal* und die *New York Times* sind führend, was qualitativen und renommierten Journalismus betrifft. Einige New Yorker Zeitschriften sind weltweit anerkannt. In früheren Jahren erregten der *New Yorker*, *Vanity Fair* und *Vogue* einiges Aufsehen, weil sie britische Redakteure anstellten.

In New York sind die größten Verlage der USA angesiedelt, und hier leben viele amerikanische und emigrierte Schriftsteller, aber auch viele Redakteure, die hier die Chance haben, mit diesen zum Teil weltberühmten Autoren zusammenzuarbeiten.

Bühnen: Wer im Bereich der darstellenden Künste Karriere machen will und New York meidet, tut das auf eigene Gefahr. Größtes Ziel vieler Berufsanfänger ist es, zu jenen auserwählten tausend zu zählen, die alljährlich von der Julliard School of Music and Performing Arts aufgenommen werden.

Für Schauspieler ist New York der Nabel der Welt, das Zentrum, an dem sich die gesamte Theaterwelt trifft, sei es am Broadway oder in einer der vielen Dutzend von Off-Off Broadway-Produktionen. New York ist die einzige Stadt, in der man sich Bühnenstücke auch ohne Publikum ansehen kann: Die meisten TV-Seifenopern und Serien werden in Manhattan gedreht, obwohl Los Angeles in Kalifornien die eigentliche Filmhauptstadt ist.

New Yorks Ballett, Orchester und Oper gehören mittlerweile ebenfalls zu den angesehensten und besten in der Welt.

> Jedes Jahr kommen etwa 770 000 amerikanische College-absolventen nach New York.

Filme

■ Jeder kennt New York – auch wenn er noch nie dort war – denn Hunderte von Filmen spielen in dieser Stadt. Im folgenden finden Sie eine Liste der interessantesten und schönsten Filme, die in New York gedreht wurden (Woody Allens Filme über New York werden auf Seite 188 beschrieben). ■

Crossing Delancey (1988). Woody Allens Film handelt von einer für Manhattan untypischen Romanze. Ein Upper-West-Side-Literaturagent verliebt sich durch geschickte Einmischung seiner urtümlichen jüdischen Großmutter in eine Lower-East-Side-Verkäuferin.

Ein Mensch der Masse (1928). Zwei Jahre nach dem futuristischen *Metropolis* erschien King Vidors expressionistische Studie über den Arbeiterkampf in der Stadt: voll denkwürdiger Aufnahmen aus dem alten New York.

Die Klapperschlange (1981). In diesem futuristischen Thriller ist das heutige Manhattan ein Bundesgefängnis. Ironischerweise wurde der Film in St. Louis gedreht, weil man Nachtaufnahmen in den Straßen Manhattans für zu gefährlich hielt.

King Kong (1933). Höhepunkt dieses Films über den Konflikt zwischen Mensch und Natur ist der Augenblick, in dem der riesige Gorilla nach Flugzeugen grapscht, während er mit Fay Wray neben dem »kleinen« Empire State Building flirtet.

Thomas Edison hat New York zwar elektrifiziert, aber einige Faktoren, wie die Gebühren für die von Edison patentierte kinomatische Ausstattung sowie die Forderungen der Schauspielergewerkschaft und das unberechenbare Wetter trugen dennoch dazu bei, daß junge Filmemacher New York verließen und Anfang 1900 die Sonne des südlichen Kaliforniens zum Drehen vorzogen.

Das verlorene Wochenende (1945). Die Bar, in der Billy Wilders langes Wochenende begann, gibt es immer noch – das P.J. Clarkes, Third Avenue Ecke 55th Street.

Hexenkessel (1973). Martin Scorsese hatte drei Jahre später mit *Taxidriver* einen größeren Erfolg, doch dieser Film verdeutlicht den Kontrast zwischen Hippies und Blumenkindern auf der einen und den in der Machotradition aufgewachsenen jungen Italoamerikanern auf der anderen Seite.

Metropolis (1926). Der erste Anblick der Skyline von Manhattan inspirierte Fritz Lang zu dieser klassischen Studie über die Entfremdung des Menschen durch die moderne Industriegesellschaft.

Jenny (1948). Ein liebenswerter, unvergeßlicher Film über einen problembeladenen Künstler, der im Central Park in den Bann eines jungen Mädchens gerät und später entdeckt, daß sie ein Geist ist.

American Monster (1982) Witziger, wenig kostenaufwendiger Film über einen riesigen Vogel aus der aztekischen Mythologie, der die sonnenbadenden New Yorker terrorisiert. Er legt ein Ei in das Innere des Chrysler Buildings, das ein Ganove entdeckt und zu Geld machen will.

The Refrigerator (1992). Extravagante und unterhaltsame Komödie über ein Yuppiepärchen aus dem Mittleren Westen, das in ein mieses Lower-

Die bekannteste Filmszene: King Kong und Fay Wray (1933).

East-Apartment zieht. Als sie entdecken, daß der Kühlschrank das Tor zur Hölle ist, beginnt es zu kriseln. Die Frau läuft mit einem bolivianischen Klempner davon.

Saturday Night Fever (1977). Löste in den 70ern eine Diskomanie aus. Einfühlsame Studie über die Subkultur der jungen Italoamerikaner in Brooklyn.

Serpico (1973). Frank Serpico war im wirklichen Leben ein ehrenwerter Polizist, der die Korruption der New Yorker Polizei nicht mitmachte – und dafür bezahlen mußte. Doch löste er damit eine Säuberungskampagne aus. Al Pacino, der in diesem hochkarätigen Thriller die Rolle Serpicos spielt, wurde durch diesen Film berühmt.

Das verflixte 7. Jahr (1955). Wer kennt sie nicht, die berühmte Szene, in der sich der Rock Marilyn Monroes durch einen von unten kommenden Luftzug aus einem U-Bahnschacht hebt (Kreuzung 52nd Street und Lexington Avenue).

Dein Schicksal in meiner Hand (1957). Ein brillianter Tony Curtis als Presseagent, der sich bei einem skrupellosen Klatschkolumnisten, gespielt von Burt Lancaster, einschmeichelt.

Harry und Sally (1989). Katz' Deli in der Lower East Side war schon New Yorker Legende, bevor die vorgetäuschte Orgasmusszene dort gedreht wurde; eine lustige und wirklich unterahltsame Komödienromanze über die Freundschaft zwischen Männern und Frauen.

Eine unbekannte 18jährige Schauspielerin namens Lauren Bacall wurde 1942 zur Miss Greenwich Village gekürt.

Saturday Night Fever in Brooklyn.

Soziale Probleme

■ Rassenunruhen, Obdachlosigkeit und Drogen haben aus New York eine Stadt mit unermeßlichen sozialen Problemen gemacht. Trotz der konstanten Berichterstattung der Medien und der endlosen Bemühungen der Politiker scheint New York seine Probleme nicht in den Griff zu bekommen. ■

Rassenunruhen: Mit seinen sieben Millionen Einwohnern ist New York ein Schmelztiegel von Nationalitäten, Hautfarben und Religionen, die jedoch nicht immer friedlich nebeneinander leben. Immer wieder kommt es zu schweren Rassenunruhen.

1986 wurde der 23 Jahre alte Afroamerikaner Michael Griffiths von einem weißen Mob mit Baseballschlägern gejagt und getötet. Sein Auto war in einem von Weißen bewohnten Viertel, Howards Beach in Queens, liegengeblieben, und er war aus dem Wagen ausgestiegen, um einen Mechaniker anzurufen.

Drei Jahre später wurde ein junger Afroamerikaner, Yusuf Hawkins, von Italoamerikanern im weißen Mittelstandsvorort Bensonhurst in Brooklyn erschossen. Er war mit drei Freunden dorthin gegegangen, um sich ein Fahrrad anzusehen, das zum Verkauf angeboten war.

Der Vorfall von Bensonhurst führte zur Wahl des ersten afroamerikanischen Bürgermeisters von New York, David Dinkins, von dem man sich erhoffte, er könne die Rassenunruhen in den Griff bekommen.

Nur wenige Monate war Dinkins gefordert. Zwischen den sich seit Jahren bekämpfenden Afroamerikanern des Crown Height Distrikts in Brooklyn und den benachbarten orthodoxen, politisch aktiven Lubavitcher Juden kam es zu Auseinandersetzungen, nachdem ein schwarzes Kind durch einen Autounfall ums Leben gekommen war, den ein Jude verursacht hatte. Afroamerikanische Protestler töteten kurz darauf einen rabbinischen Studenten, was einen vier Tage dauernden Rassenkampf auslöste.

Der auf Veranlassung von Dinkins verzö-

Aufstände in Harlem, 1964. Bürgermeister Dinkins verbreitet Hoffnung (unten).

Das Vorgehen der Polizei führte immer wieder zu Rassenunruhen.

gerte Polizeieinsatz brachte ihm den Ruf ein, er bevorzuge die Afroamerikaner, und es empörte die Juden sowie seine politischen Gegner. 1992 erschoß die Polizei im spanischen Viertel Washington Heights einen vermeintlichen Drogendealer, was Straßenkämpfe zur Folge hatte und die Polizei in den Ruf brachte, selbst rassistisch zu sein.

Obdachlosigkeit: Die Zahl der etwa 100 000 New Yorker Obdachlosen erhöhte sich drastisch, als man die verwahrlosten Hotels abriß, in denen viele Arme jahrelang gelebt hatten, und 1960 massenweise Patienten der Nervenklinik entließ.

1992 ergab eine Erhebung, daß 6000 Obdachlose unter der Stadt im weitverzweigten U-Bahn-System wohnen. Unter den Obdachlosen leben viele AIDS-Erkrankte, um die sich die Verwaltung trotz einer anfänglichen Summe von $ 14 Millionen zu Beginn der 90er Jahre nicht ausreichend kümmert.

Drogen: Bewußtseinsverändernde Drogen und Betäubungsmittel stellen soziale Gleichmacher dar, die lange Zeit nur von reichen und modischen New Yorkern benutzt wurden. Heute ist ihr Konsum weit verbreitet, da man mit ihrer Hilfe der Aussichtslosigkeit des Lebens in den Slums wenigstens vorübergehend entkommt. Mit dem Einzug der Droge Crack nahmen 1985 die Drogenprobleme der Stadt zu. Leichter und billiger zu beschaffen als Heroin, bringt Crack den Dealern – einige steigen schon als Schulkinder in dieses Geschäft ein – große Profite. Schätzungsweise 70 % der 5000 New Yorker Prostituierten sind Crackabhängig. Sie sind es auch, die am häufigsten HIV-positiv sind.

Nulltoleranz: Nach seiner Amtsübernahme 1994 verfolgte Bürgermeister Giuliani eine Politik der Nulltoleranz, die das Kriminalitätsproblem lösen sollte. Von der Idee geleitet, durch die Verfolgung kleinerer Verbrechen größere zu unterbinden, ging die Polizei gegen Graffiti-Sprüher und Straßenverkäufer ohne Lizenzen vor. Stichprobenartige Kontrollen auf der Straße führten unerwartete Mengen an Drogen und Waffen zu Tage. Personen, die aufgrund geringfügiger Delikte verhaftet worden waren, entpuppten sich als Verbrecher. Schnell bezeichnete Giuliani die Nulltoleranz als Stütze der gesunkenen Verbrechensrate der Neunziger, obschon sowohl eine vergrößerte Polizeitruppe als auch ein allgemeiner Rückgang der Kriminalität in vielen amerikanischen Großstädten dafür verantwortlich gemacht werden kann.

Um zu beweisen, wie leicht es ist, Crack auf der Straße zu kaufen, ging Senator Alfonse D'Amato, begleitet von einem versteckten Fernsehteam, 1986 nach Washington Height und kaufte für 20 Dollar einen Beutel Crack.

Wandel

■ Nur wenige Stadtteile New Yorks behalten ihr Aussehen bei. Ganze Bezirke machen innerhalb nur weniger Jahre einen durchgreifenden – sozialen, architektonischen oder kommerziellen – Wandel durch. Manchmal entstehen auch ganz neue Viertel praktisch aus dem Nichts. ■

Times Square und 42nd Street: 1970 konnte man zusehen, wie der geschäftige Times Square und die angrenzende 42nd Street gleich neben dem Broadway, dem Theaterviertel, von Pornokinos, Massagesalons und Erotikbuchläden in Beschlag genommen wurden. Drogendealer, Prostituierte und Obdachlose wurden zum alltäglichen Anblick, während die vielen Fußgänger das ideale Betätigungsfeld für Taschendiebe bildeten. Ein Wiederaufbau- und Entwicklungsprogramm wurde Mitte der 80er Jahre von einer Interessengemeinschaft auf den Weg gebracht. Mit ihrem veränderten Antlitz – Sicherheitskräfte patrouillieren durch die Straßen, der Müll wird regelmäßig entsorgt – konnte die Gegend die Absicht, sicher und interessant für Einkäufer, Touristen und Geschäftsleute zu sein, verwirklichen. Hotels, Einkaufszentren und Bürogebäude schufen eine neue Atmosphäre, aber dies veränderte Gesicht stieß auf gemischte Reaktionen der New Yorker: Während die einen ein verbrechenfreies und neues Viertel begrüßen, befürchten die anderen durch den Kommerz der Erlebnisrestaurants und die hohen Ladenpreise die *Disneyfizierung*.

Battery Park City: Der eleganteste Beweis für die unaufhörliche Metamorphose New Yorks ist Battery Park City, ein Vier-Milliarden-Dollar-Projekt auf einer 50 000 Quadratmeter großen Fläche am westlichen Rand des Finanzdistrikts.

1970 geplant, entstand Battery Park City auf einer unbebauten Fläche am Hudson River aus jenen Tausenden Tonnen von Erde und Felsen, die man während des Baus des World Trade Center ausgehoben hatte. Wie das Rockefeller Center (dem es sehr ähnelt), ist auch Battery Park City nach dem gemeinsamen Entwurf eines Architektenteams erstellt worden. Das Viertel soll in Stil und Eleganz dem benachbarten Manhattan nacheifern.

Warum verlor der Times Square seine alte Atmosphäre?

Die Esplanade am Hudson.

Das Cesar Pelli's World Financial Center, 1986 fertiggestellt, konnte der Öffentlichkeit nur aufgrund seines Palmenwintergartens Beifall entlocken.

Beliebter ist die kilometerlange Esplanade, die diesen Teil des Hudson River wieder der Öffentlichkeit zugänglich macht. Laternenpfähle im viktorianischen Stil und Holzbänke tragen zur geruhsamen Atmosphäre bei. In den nur 19 Wohngebäuden befinden sich stilvolle Luxusapartments.

> »Eher ernüchternd« – lautet das Urteil über das moderne Times Square Center auf dem brodelnden Times Square.

Chelsea: Ungefähr eingegrenzt von 14th, 29th Street, Sixth Avenue und Hudson River, begann Chelsea in den 80er Jahren die Bewohner des Greenwich Village anzuziehen. In den frühen 90ern wandelte sich die Gegend – Ende des 19. Jahrhunderts ein beliebtes Einkaufsviertel und heute eine Mischung aus Stadt- und Apartmenthäusern, Handel und Industrie – zu einem immer wichtiger werdenden Viertel des Nachtlebens und der Gastronomie, mit einem großen Anteil Homosexueller, die dort lebten und arbeiteten.

Mit diesem eher völligen sozialen als architektonischen Wandel konnten viele Wahrzeichen des Viertels bestehen bleiben, nicht zuletzt das Chelsea Hotel (siehe Seite 85) und diejenigen des Chelsea Historical District (siehe Seite 153).

East Village: Als Greenwich Village den meisten Schriftstellern und Künstlern zu teuer wurde, ließen sie sich im weniger charaktervollen, aber billigeren East Village jenseits des Broadway nieder. Da das East Village aber im Gegensatz zu ehemaligen Handels- und Industrievierteln wie SoHo eine eigene Bevölkerungsstruktur mit tiefer Verwurzelung besaß, wurde es nie zu einem eleganten, von der Oberschicht vereinnahmten Viertel – trotz steigender Mieten und der Anwesenheit einiger avangardistischer Künstler.

> New Yorks unbekannte und weniger bekannte Künstler zogen immer weiter ostwärts: vom Greenwich Village durch SoHo und East Village bis in Viertel jenseits des East River. In den ehemaligen Fabriken von Brooklyn Williamsburg fanden sie billige Lofts und bilden heute einen auffälligen Kontrast zu den in diesem Viertel lebenden ultrakonservativen Satmar-Juden.

Kunst

■ Dank vieler reicher Sammler und der durch den Krieg bedingten Emigration vieler moderner europäischer Künstler kam New York nicht nur in den Besitz einiger der berühmtesten Kunstwerke – ausgestellt in den großen Museen der Stadt –, sondern hat sich auf diese Weise auch zur Metropole für neue künstlerische Trends entwickelt. ■

Erste Sammlungen: Im Jahr 1804 wurde die **New-York Historical Society** gegründet, die die ersten frühen amerikanischen Kunstwerke erwarb. Schirmherr war Robert Lehman, ein New Yorker, der die erste Galerie in seinem Stadthaus eröffnete, in der amerikanische Künstler wie Thomas Cole ausstellte und dadurch der Öffentlichkeit bekannt machte (siehe Seite 147).

1870 kaufte das **Metropolitan Museum of Art** (siehe Seiten 142–148) 174 holländische und flämische Ölgemälde. Heute besitzt es – durch Hinterlassenschaften und Stiftungen – eine weltberühmte Gemäldesammlung mit Werken von van Gogh, Turner, El Greco und Vermeer.

Reiche Sammler: Da sie so viel Geld hatten, daß sie nicht wußten, was sie damit anfangen sollten, und um ihre neuen Villen in der Fifth Avenue auszustatten, begannen New Yorks Millionäre im 19. Jahrhundert europäische Kunst zu sammeln. Einer von ihnen war der Industrielle Henry Clay Frick, der die inzwischen weltberühmte **Frick Collection** (siehe Seite 110) aufbaute.

Mäzene: Viele reiche New Yorker ließen sich porträtieren. Aber keiner tat sich so hervor wie Gertrude Vanderbilt Whitney, die viele amerikanische Künstler förderte, ausstellte und damals unbekannte Künstler wie Edward Hopper und John Sloan berühmt machte. Anfang unseres Jahrhunderts gründete Whitney auch den ersten avantgardistischen Salon im Pariser Stil. Ihr Vermächtnis, das **Whitney Museum of American Art** (Seite 191), setzt die Tradition – unabhängig von der gerade im Trend liegenden Kunstrichtung – fort, unbekannte amerikanische Künstler zu fördern und zeigt viele der besten amerikanischen Künstler des 20. Jahrhunderts.

Das Metropolitan Museum of Art.

Eine Galerie in SoHo.

In New York leben angeblich 90 000 Künstler, und etwa 500 Kunstgalerien soll es in der Stadt geben. In den 70er Jahren entstand die äußerst kontrovers diskutierte »Graffiti-Kunst«: phantasievolle, schreiend bunte comicartige Bilder, die an Häuserwände und an die Außenseiten von Subwayzügen gesprayt wurden.

So, wie Gertrude Whitney vor allem die amerikanische Kunst unterstützte, entdeckte der Industrielle Solomon R. Guggenheim die Künstler des modernen Europa.

Guggenheim stellte seine Sammlung früher Kubisten und abstrakter europäischer Ölgemälde in seiner Suite im Plaza Hotel aus und legte damit den Grundstein für das heute weltberühmte **Guggenheim Museum** (siehe Seiten 122–124). Der Entwurf für das Gebäude stammt von Frank Lloyd Wright.

New York als internationales Kunstzentrum: Als in Europa der Krieg tobte, sahen sich europäische Künstler gezwungen zu emigrieren, viele nach New York. 1940 lebten die heutzutage bekanntesten Vertreter der modernen Kunst in New York.

Ihr Einfluß auf die New Yorker Kunstszene war so groß, daß New York nach Paris (das von den Nazis besetzt war) zum Zentrum internationaler Kunst und des neuentstandenen abstrakten Expressionismus wurde (siehe Seiten 128–29). Im Laufe der Zeit entwickelte sich das 1929 gegründete **Museum of Modern Art** (siehe Seiten 158–60) zum berühmtesten Museum für moderne Kunst der Welt.

New York heute: In den 60er Jahren war New York das Zentrum von Pop Art, Op Art und Minimal Art, und in den späten 70ern wurden die alten Fabrikhallen von SoHo (siehe Seite 175) zu Galerien umfunktioniert, die völlig neue Trends präsentierten.

Der ökonomische Aufschwung der 80er Jahre machte New Yorks Kunstmarkt zur inflationssicheren Kapitalanlage. In Mode gekommene Künstler wie Julian Schnabel, David Salle und Eric Fischl profitierten davon und gelangten zu Reichtum.

Heute finden sich viele Galerien, die von Künstlern geführt werden, in Chelsea und an der Lower East Side. Wenn auch der Schwerpunkt des Programms immer noch auf den New Yorker Künstlern liegt, so ist doch zumindest in den großen Häusern ein Interesse an mittel- und südamerikanischer Kunst erwacht.

Eine der vielen bemerkenswerten Skulpturen in New York ist Jean Dubuffets *Group of Four Trees* in der Chase Manhattan Bank im Financial District.

Literatur

New York ist nicht nur die Verlagsmetropole der USA, sondern auch eine Stadt, die wohl wie kaum eine andere auf der Welt Schriftsteller des 20. Jahrhunderts inspirierte. Viele Viertel und Plätze New Yorks wurden dadurch weltberühmt.

Verlagshauptstadt: New Yorks geographische Lage war der Grund für die Entwicklung der Stadt zur Verlagsmetropole. Bevor die USA 1891 die internationalen Copyright-Gesetze anerkannten, konnte jedes Buch (hauptsächlich britische Belletristik) kopiert, gedruckt und verkauft werden und brachte dadurch den amerikanischen Verlegern hohe Profite.

Da New York sich zum größten Seehafen des Landes entwickelt hatte, konnten die New Yorker Verleger, die miteinander wetteiferten, wer zuerst an fremde Manuskripte gelangte, der neuen Bücher schneller habhaft werden,als andere amerikanische Verleger.

Stadtporträts: Anfang unseres Jahrhunderts schrieb O.Henry (William Sydney Porter) von einem Barhocker aus die Kurzgeschichten, die von den Schattenseiten New Yorks erzählen. Ein paar Jahrzehnte später beschrieb Damon Runyon die verrückten Charaktere des Broadway-Theaters. F. Scott Fitzgerald porträtiert in seinem Roman *Der große Gatsby* die wilde Jazz-Ära, während die 50er Jahre in Truman Capotes *Frühstück bei Tiffany* karikiert werden.

Den hemmungslosen Egoismus und die zynische Brutalität der Yuppies im New York der 80er Jahre schildert Tom Wolfe in seinem komödiantischen Roman *Fegefeuer der Eitelkeiten*. Das gleiche Thema steht bei den jungen sogenannten Brat-Pack-Autoren im Mittelpunkt. Eine von ihnen, Tama Janowitz, hatte das Glück, daß ihr Buch *Großstadtsklaven* durch einen Videofilm bekannt wurde. Noch besser verkaufte sich allerdings *American Psycho* von Brett Easton Ellis, die hervorragende Schilderung eines Gewaltverbrechen ausübenden New Yorker Yuppies.

Damon Runyon.

Der 1783 in Manhattan geborene Washington Irving kann als erster bedeutender New Yorker Schriftsteller gelten. Seine Satire *Eine Geschichte New Yorks* schrieb er unter dem denkwürdigen Pseudonym Diedrich Knickerbocker.

Literarische Viertel: Mitte der 80er Jahre des letzten Jahrhunderts drehte sich das Literaturkarussell in den in Mode gekommenen Salons von Greenwich Village, wo sich prominente Autoren wie James Fenimore Cooper mit Verlegern literarischer Zeitschriften trafen. Damals erschien auch Edith Wartons *Zeitalter der*

Der Washington Square und (unten rechts) Henry James.

Unschuld und Henry James' *Washington Square*.

Als die Mieten im Greenwich Village sanken, zog das Viertel viele talentierte, aber mittellose Schriftsteller an – darunter Willa Cather, John Reed, Theo Dreiser, John Dos Passos, Robert Frost, Eugene O'Neill und Thomas Wolfe. Diese bildeten die erste amerikanische Boheme. (siehe Seiten 112–118).

In den 50er Jahren zogen Beatschriftsteller wie William Burroughs und Allen Ginsberg sowie Emigranten wie W. H. Auden ins East Village und in die Lower East Side. Ihnen folgten weitere mittellose Autoren. Zu den Neuankömmlingen gehörte auch Norman Mailer, der einige Jahre zuvor in seinem Elternhaus in Brooklyn Heights *Die Nackten und die Toten* geschrieben hatte.

Der Zuzug von immer mehr Afroamerikanern nach Harlem führte zu einem Aufschwung dieses Viertels in den 20er Jahren. Afroamerikanische Schriftsteller wie Langston Hughes und Zora Neale Hurston wurden bekannt. In den 50er Jahren erregte der in Harlem geborene James Baldwin mit *Go tell it on the Mountain* Aufsehen, doch da hatte er Harlem bereits verlassen und war nach Europa ausgewandert. Ende der 50er Jahre wählte Chester Himes Harlem als Schauplatz für eine Reihe von Thrillern.

In New York wohnten viele zu Lebzeiten nie anerkannte Schriftsteller. Der 1819 in Lower Manhattan geborene Herman Melville arbeitete als Zollbeamter am East River, nachdem sein Roman *Moby Dick* verrissen worden war. Erst nach seinem Tod fand sein Werk den gebührenden Respekt. Edgar Allan Poes Gedichte und Kurzgeschichten wurden zwar in Europa bewundert, in New York aber kämpfte er zeitlebens um seinen Lebensunterhalt, bevor er betrunken in der Gosse starb. Walt Whitman schrieb 1840 Lobreden auf Manhattan und die Brooklyn Bridge, aber alle Verleger lehnten *Grashalme* ab, das später als eines der größten Werke der amerikanischen Lyrik in die Geschichte einging.

Architektur

■ Die Skyline von Manhattan fasziniert nicht nur Architekturbegeisterte. Wenn auch fast alle alten Kolonialbauten verschwunden sind, so trifft man in New York heute auf ein architektonisches Spektrum, das von den Anfängen der USA bis zu postmodernen Bauten reicht. ■

Der Federal Style: Von 1760 bis 1830 entstand der Federal Style, der erste authentisch amerikanische Baustil, der sehr an den britischen Georgian Style und, speziell bei den öffentlichen Gebäuden mit ihren Säulen und Kuppeln, an die römische Antike erinnert: **City Hall** (siehe die Seiten 39 und 89) ist das beste Beispiel dafür.

Dieser Stil ist gekennzeichnet durch teils aus Ziegeln, teils aus Holz gebaute Häuser mit Oberlichtern über den Eingängen und Gauben. Ein Beispiel ist **Gracie Mansion** (siehe Seite 111). Noch beeindruckender jedoch ist die frühere James Watson Residence, heute der **Shrine of Elizabeth Bayley Seton** (siehe Seite 66).

Das *zoning law* von 1916 verbot die Neukonstruktion solcher Bauten, die sich zu abrupt von ihrem Gelände erhoben und so den benachbarten Bereichen das Licht entzogen. Das Gesetz hatte damit einen erheblichen Einfluß auf die künftige Gestaltung der Wolkenkratzer in Manhattan, die von da an in einer sich nach oben hin verengenden Form entworfen wurden (bezeichnet als *cutbacks* oder *setbacks*), wie man vor allem am Empire State Building selbst sieht.

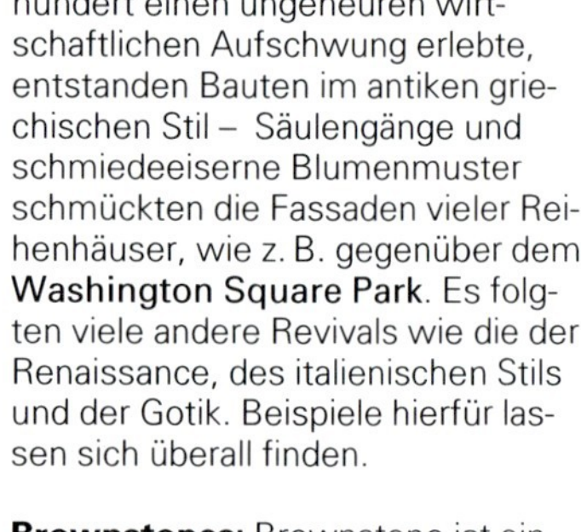

Revivals: Als New York im 19. Jahrhundert einen ungeheuren wirtschaftlichen Aufschwung erlebte, entstanden Bauten im antiken griechischen Stil – Säulengänge und schmiedeeiserne Blumenmuster schmückten die Fassaden vieler Reihenhäuser, wie z. B. gegenüber dem **Washington Square Park**. Es folgten viele andere Revivals wie die der Renaissance, des italienischen Stils und der Gotik. Beispiele hierfür lassen sich überall finden.

Brownstones: Brownstone ist ein Sandstein aus den Steinbrüchen New Jerseys, aus dem Mitte des 18. Jahrhunderts schnell und billig die Brownstone-Häuser der Mittelschicht gebaut wurden. Damals nicht sehr geschätzt, erfreuten sich diese Häuser in den 50er Jahren immer größerer Beliebtheit, und die wenigen, die noch erhalten sind, sind mittlerweile nahezu unbezahlbar geworden.

Luxuriöse Wohnblocks: Um die Jahrhundertwende konnte die Mittelschicht die Grundstückspreise in Midtown Manhattan nicht mehr bezahlen und zog in die neuen Luxuswohnungen an der Upper West Side um. Mit mindestens zehn Räumen ausgestattet, boten diese Wohnungen futuristische Raffinessen wie eingebaute Kühlschränke und Rohrpostsysteme. Das **Dakota** (siehe Seite 96) war der erste dieser Art von Wohnblocks. Ganz in der Nähe sind noch andere zu sehen.

Die ersten Skyscrapers: Das 1902 fertiggestellte **Flatiron Building** (siehe Seite 106) war der erste Wolkenkratzer New Yorks von Rekordhöhe und der erste, der von Stahlträgern gestützt wurde – eine wegweisende

Technik für weit höhere Gebäude. Während des Baubooms der 20er Jahre entstanden in Manhattan das **Chrysler** und **Empire State Building**, die nicht nur eine gewaltige Höhe erreichten, sondern erstmalig den neuen Stil des Art deco repräsentierten (siehe Seite 162–63).

Internationaler Stil: Die Stahl- und Glastürme Manhattans, die das architektonische Image der Stadt prägen, verdankt New York den kreativen europäischen Architekten, die vor den Nazis fliehen mußten und die den International Style schufen, zu sehen am **Museum of Modern Art** (siehe Seite158–60), dem ersten Gebäude der Stadt im diesem Stil. Herausragend ist Mies van der Rohes **Seagram Building** von 1958 (Park Avenue zwischen 52nd und 53rd Street). Gleichzeitig entstand der erste Platz in New York, an dem die Bewohner promenieren, sonnenbaden und picknicken konnten. In den späten 70er Jahren wurden Plätze und Lichthöfe selbstverständlich.

Der dekorative Kunststil von 1890 dokumentiert sich besonders in der **New York Public Library** von Carrère und Hastings (siehe Seite 168), in Cass Gilberts **US Custom House** (siehe Seite 190) und zahlreichen Gebäuden der Architekten McKim, Mead und White.

Der Boom der 80er Jahre: Mit dem Bauboom in den 80er Jahren entstanden in Manhattan erste moderne, nicht im International Style entworfene Bauten. Philip Johnsons **AT&T Building** (auf der Madison Avenue zwischen 55th und 56th Street) wurde als Chippendale Skyscraper bekannt; der **Trump Tower** (siehe Seite 183) versinnbildlicht den modernen vulgären Konsum; das **World Financial Center** besitzt einen Lichthof mit Palmen.

Das Chrysler Building inmitten futuristischer Neubauten.

Feste und Festivals

■ Selten wird der Besucher New Yorks einen Tag erleben, an dem nicht irgendeine Art von Fest stattfindet, sei es eine Parade auf der Fifth Avenue, die den gesamten Verkehr lahmlegt, oder ein Stadtviertelfest. Die genauen Veranstaltungsdaten und -orte sind jeder New Yorker Zeitung zu entnehmen. Auskunft erteilt aber auch das New York Convention und Visitor Bureau (Festival Hotline Tel.: 397 8200). ■

Januar

Chinesisches Neujahrsfest (Das genaue Datum hängt vom Mondzyklus ab, manchmal Anfang Februar) mit großen Drachen- und Löwentänzen. Die Restaurants in Chinatown servieren die köstlichsten Neujahrsessen.

Die St Patrick's Day Parade (entlang der Fifth Avenue zwischen 44th und 86th Street), die seit 150 Jahren stattfindet, ist bei weitem die größte Parade New Yorks. Die Stadt feiert mit ihr das Verbindende in der irisch-amerikanischen Identität. Eines der Markenzeichen der Parade ist die Farbe Grün, in der nicht nur der Streckenverlauf markiert, sondern z.B. auch eine große Zahl von Bars dekoriert wird. Im Umfeld der Feierlichkeiten, an denen zehntausende Menschen teilnehmen (ob nun irischer Abstammung oder nicht), werden viele thematisch verwandte Veranstaltungen angeboten.

Winter Antiques Show: Am Seventh Regiment Armory östlich der Park Avenue in Höhe der 66th Street. Hier werden seltene Antiquitäten für gutbetuchte Käufer angeboten (siehe auch Seite 226).

Februar

Black History Month: Ausstellungen und Vorträge zu afroamerikanischen Themen in der gesamten Stadt.

Empire State Building Run-Up: Ein Wettlauf von der Eingangshalle bis in das 80. Stockwerk über 1575 Stufen. Der Sieger braucht etwa 12 Minuten.

März

Greek Independence Day Parade

Auf der Fifth Avenue zwischen 59th

Die chinesische Neujahrsfeier: der Tanz des Löwen.

und 79th Street. Zur Erinnerung an die Unabhängigkeit Griechenlands (1821) ziehen blau und weiß gekleidete griechischstämmige Amerikaner durch die Straßen.
Parade der Zirkustiere Die Tiere der Ringling Bros und des Barnum & Bailey Zirkus werden vom Bahnhof an der Twelfth Avenue Ecke 34th Street zum Madison Square Garden geführt.

Die St Patrick's Day Parade ist New Yorks größte Parade.

> Die gesamte puertoricanische Bevölkerung ist bei der Puerto Rican Day Parade entlang der Fifth Avenue zwischen der 44th und 86th Street am ersten Sonntag im Juni auf den Beinen; überall wehen die rotweißblauen puertoricanischen Flaggen, traditionelles Essen wird an Verkaufsständen angeboten, und Livebands spielen auf Festwagen und versorgen das begeisterte Publikum mit den heißen Rhythmen der Salsa-Musik.

St Patrick's Day Parade (siehe Kasten auf Seite 26)

April
Easter Parade Manchmal auch im März. Beginnt bei der St Patrick's Cathedral und setzt sich an der Fifth Avenue fort. Die Teilnehmer des Umzugs am Ostersonntag tragen einen besonders extravaganten Kopfschmuck.
Japanese Cherry Blossom Festival Im Conservatory Garden im Central Park und im Botanischen Garten in Brooklyn.

Mai
Martin Luther King Memorial Day Parade Entlang der Fifth Avenue von der 44th bis zur 86th Street. Gefeiert werden Leben und Werk des großen Bürgerrechtlers. Dient auch als Forum für andere afroamerikanische Fragen.
Ninth Avenue International Food Festival Ein zweitägiger kulinarischer Genuß auf der Ninth Avenue zwischen 37th und 57th Street.
Ukrainian Festival Im East Village auf Höhe der 7th Street am Wochenende vor oder nach dem 17. Mai mit traditionellen Gerichten, Kunstgewerbearbeiten und Folkloretänzen.
Washington Square Outdoors Arts Show Kunstmarkt der New Yorker Künstler an drei aufeinanderfolgenden Wochenenden.

Juni
American Crafts Festival Im Lincoln Center. Schmuck, Skulpturen und alle Arten von dekorativer Kunst werden an zwei aufeinanderfolgenden Wochenenden zum Verkauf angeboten.
Welcome to Brooklyn Festival Um den Eastern Parkway herum. Es weist auf Lokalgeschichte und -kultur hin.
Feast of St Anthony of Padua In Little Italy. Nicht ganz so groß wie das Feast of St Gennaro (siehe September), aber mit typisch italienischen Köstlichkeiten in der Sullivan Street. Bei Dunkelheit wird ein Bild des Heiligen durch die Straßen getragen.
Puerto Rican Day Parade (siehe Kasten).
Lesbian and Gay Pride Day Parade Auf der Fifth Avenue bis zum Washington Square und in Greenwich Village. Die vielen Gruppen der Homosexuellen demonstrieren an diesem Tag Einigkeit.

Feste und Festivals

Museum Mile Celebration Die zahlreichen Museen der Fifth Avenue bieten Sonderveranstaltungen und sind länger als üblich geöffnet.
Metropolitan Opera Den ganzen Sommer über kostenlose Aufführungen im Central Park und in anderen Parks der Stadt.
Shakespeare in the Park Im Sommer kostenlose Aufführungen im Delacorte Theater im Central Park.

Juli
Feast of O-Bon Japanisches Vollmondfest mit Tänzen und Musik im Riverside Park in der Upper West Side.
Independence Day Celebration Mit Macy's Feuerwerk an jeweils verschiedenen Örtlichkeiten.
Mostly Mozart Festival In der Avery Fisher Hall im Lincoln Center (siehe Seite 235). Erstreckt sich bis August.

Hallowe'en-Gespenster.

August
Harlem Week Ein zweiwöchiges Fest, das Harlems Geschichte und Kultur präsentiert.
New York Philharmonic Open-air Konzerte in verschiedenen Parks der Stadt.

September
Labor Day Parade Auf der Fifth Avenue. Hat kaum noch etwas mit der Arbeiterbewegung zu tun, sondern ist eher ein Anlaß, um das Ende des Sommers mit einer Parade zu feiern.
New Yorks Buchmesse Auf der Fifth Avenue zwischen 48th und 59th Street. Buchpräsentationen sowohl großer als auch kleiner Verlage; Lesungen und Signierstunden bekannter Autoren.
New York Film Festival Im Lincoln Center (siehe Seite 234).
Feast of St Gennaro Zehn Tage lang in der Mulberry Street in Little Italy. Berge von Pizza, Pasta, Wurst und andere Spezialitäten häufen sich auf den Ständen. Wenn das Standbild des Heiligen durch die Straßen getragen wird, bewirft man es mit Dollarscheinen (siehe Seite 135).
Washington Square Outdoor Art Show Kunsthandwerk und ethnische Spezialitäten werden angeboten.

Oktober
Columbus Day Parade Entlang der Fifth Avenue zwischen 44th und 72th Street. Diese Erinnerung an die Entdeckung der Neuen Welt durch Christoph Kolumbus stößt zunehmend, besonders bei der ethnischen Bevölkerung, auf Ablehnung.
Hallowe'en Parade Ausgefallene Transvestiten und andere Teilnehmer in irren Verkleidungen marschieren von Greenwich Village bis zum Washington Square Park Memorial Arch.
New York Marathon Marathonlauf von der Verrazano-Narrows Bridge zur Tavern on the Green im Central Park (gelegentlich Anfang November).

November
Macy's Thanksgiving Day Parade Entlang Central Park West und Broadway. Mit heliumgefüllten Luftballons, auf denen Comicfiguren farbenfroh abgebildet sind. Bei Kindern sehr beliebt, nicht zuletzt wegen des frühen Blickes auf den Weihnachtsmann.

Dezember
Rockefeller Center Am Weihnachtsbaum des Rockefeller Centers werden die Kerzen angezündet. Dies signalisiert den Beginn der Weihnachtszeit. Viele Schaufenster sind märchenhaft geschmückt.

> Tausende von New Yorkern versammeln sich am Times Square, um das Neue Jahr zu feiern. Kurz vor 24 Uhr wird ein riesiger beleuchteter Ball (der »Big Apple«) am Times Tower herabgelassen.

NEW YORK DAMALS

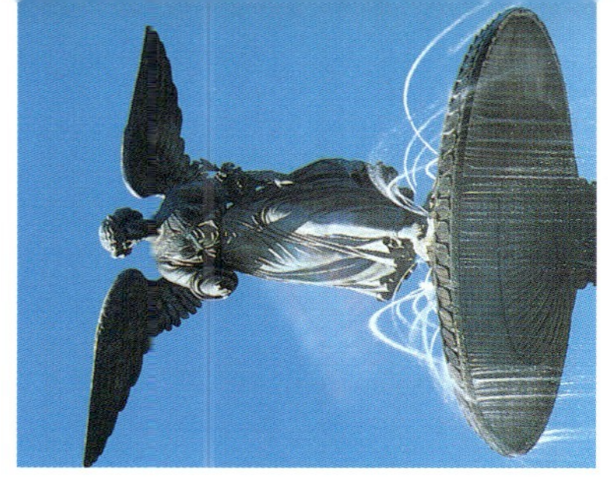

Frühe Siedler

■ Im Laufe des 16. Jahrhunderts kamen europäische Seeleute, um die Ostküste Nordamerikas zu erforschen. Sie hofften, die Nordwestpassage zu finden, eine Abkürzung zu den Gewürzinseln des Pazifik; doch sie legten den Grundstein zu einer der größten Metropolen der Welt. Viele Jahre sollten vergehen, bis sich diese erste Anlaufstelle der Europäer zur Stadt New York entwickelte. ■

Frühe Entdecker: Der erste Europäer, der die Stelle des späteren New York sichtete, war im Jahr 1524 Giovanni da Verrazano, ein venezianischer Kaufmann im Dienste Frankreichs. Verrezano schrieb, das Land besitze »Großräumigkeit und Schönheit«, seine Ureinwohner äußerten »laute Schreie der Verwunderung« beim Anblick europäischer Schiffe.

Erst 1609 wurde das Gebiet näher erforscht, und zwar von Henry Hudson, einem Engländer, der für die Dutch East India Company unterwegs war. Auf dem Fluß, der heute seinen Namen trägt, drang er bis in das Gebiet des heutigen Albany vor.

Wie Verrazano gelang es auch Hudson nicht, die ersehnte Nordwestpas-

Bevor sich die Europäer hier niederließen, war das Gebiet um New York von unterschiedlichen Gruppen bewohnt, deren größte die Algonkin waren. Die einheimische Bevölkerung, die von Ackerbau, Jagd und Fischfang lebte, hielt nichts von dem europäischen Konzept des Landbesitzes – der Wurzel vieler späterer Streitigkeiten –, doch war sie vom Handel begeistert. Die allerersten Kontakte waren daher herzlich.

Wiederholte Angriffe der Holländer vertrieben diese Völker aus ihrer angestammten Heimat. Europäische Krankheiten, gegen die sie nicht immun waren, forderten zusätzlich ihren Tribut.

Nieuw Amsterdam (New York), 1673.

sage zu finden. Doch entdeckte er, daß die Ureinwohner Amerikas über zahllose Biber-, Nerz- und anderen Fellen verfügten und auch bereitwillig waren, mit diesen zu handeln.

Die ersten New Yorker: Angespornt von dem Gedanken, mit den Amerikanern Handel treiben zu können, wurde in Amsterdam die Dutch West India Company ins Leben gerufen, die bald Niederlassungen in Amerika gründete. Eine dieser Niederlassungen entstand im Jahr 1625

Henry Hudsons Ankunft im Jahre 1609 an der Mündung des heutigen Hudson River.

unter dem Namen New Amsterdam an der Stelle des heutigen Manhattan. Ihre Bevölkerung bestand aus wallonischen Familien und ihren afrikanischen Sklaven.

1626 erwarb Peter Minuit, der Führer der holländischen Kolonie, von einem hier ansässigen Stamm die Insel Manhattan für eine Werkzeugkiste im Wert von 24 Dollar.

Kolonie und Unabhängigkei

■ New Amsterdam, ursprünglich eine holländische Handelsbasis, die schon nach kurzer Zeit zum britischen New York wurde, entwickelte aufgrund der ethnischen und religiösen Unterschiede seiner Bewohner und deren Wunsch, sich für immer von der Alten Welt zu lösen, rasch einen eigenen Charakter. ■

New Amsterdam – Erfolg und Mißerfolg: Zur Freude der Dutch West India Company entwickelte sich New Amsterdam schon bald zum blühenden Handelszentrum. Neue Siedler kamen und nutzten die großzügigen Landschenkungen der Gesellschaft. Viele von ihnen flohen vor religiöser Verfolgung in ihrer Heimat in die von der Gesellschaft versprochene Religionsfreiheit.

Dennoch entsprach New Amsterdam keineswegs dem Ideal einer ruhigen holländischen Stadt. Gewalt und Gesetzlosigkeit waren an der Tagesordnung, es gab wilde Ehen, die hygienischen Verhältnisse waren katastrophal, und eine große Zahl von Kneipen sorgte dafür, daß manchmal bis zum Exzeß getrunken wurde.

Ein neuer Gouverneur: 1647 wurde der korrupte Gouverneur entlassen. Peter Stuyvesant, der für seine strengen Prinzipien bekannt war, sollte für Ordnung sorgen. Während seiner Amtszeit, in der auch eine neue Verfassung geschaffen wurde, verdoppelten sich Größe und Bevölkerung von New Amsterdam. Es entstanden ein Krankenhaus, ein Gefängnis, eine Schule, ein Postamt und erste kommerzielle Einrichtungen.

Im Norden wurde die Stadt durch einen Schutzwall befestigt, der sich zwar gegen die Briten als unnütz erwies, aber die Hauptverkehrsstraße namens Wall Street schuf.

Peter Stuyvesant.

Die Ankunft der Briten: Die Bevölkerung von New Amsterdam, die unter Stuyvesants Despotismus und der Steuerlast stöhnte, die die Dutch West Indian Company ihr auferlegte, leistete wenig Widerstand, als vier britische Kriegsschiffe 1664 den Hafen blockierten. Unter britischer Herrschaft wurde die Kolonie in New York umbenannt, nach James, dem Herzog von York und Bruder von König Karl II.

Aufgrund seiner Lage zwischen den größten britischen Stützpunkten im Norden und Süden und an der Mündung des strategisch wichtigen Hudson River wurde New York zu einem wichtigen Seehafen. Doch gelang es den Briten ebensowenig wie den Holländern, in New York einen bleibenden Eindruck zu hinterlassen.

Um 1700 bestand die Bevölkerung bereits aus 20 000 Menschen, die den unterschiedlichsten Nationalitäten und Religionen angehörten.

Die amerikanische Revolution: Nachdem der Vertrag von Paris 1763 die britische Herrschaft über die 13 amerikanischen Kolonien bestätigte, erlegte Großbritannien ihnen eine Reihe von Strafsteuern auf. Bisher waren Aufstände immer gewaltsam unterdrückt worden. Nun aber verdrängten Diskussionen über republikanische Theorien weltweit die Idee des Kolonialismus, und der Gedanke an Unabhän-

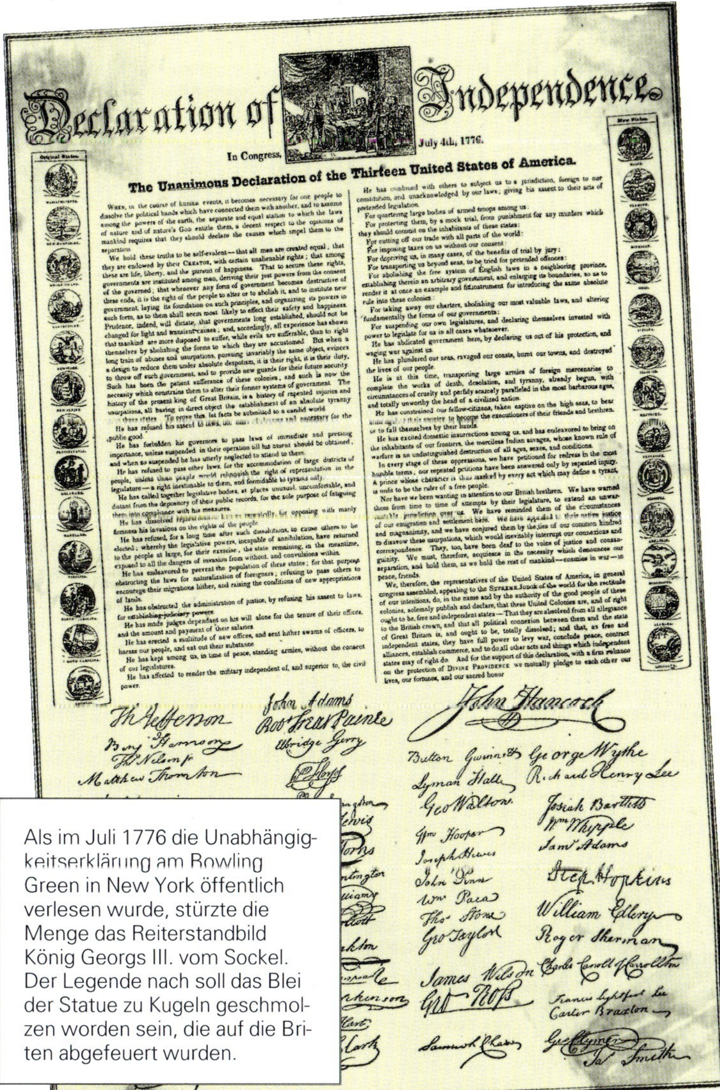

Declaration of Independence

In Congress, July 4th, 1776.

The Unanimous Declaration of the Thirteen United States of America.

When, in the course of human events, it becomes necessary for one people to dissolve the political bands which have connected them with another, and to assume among the powers of the earth, the separate and equal station to which the laws of nature and of nature's God entitle them, a decent respect to the opinions of mankind requires that they should declare the causes which impel them to the separation.

We hold these truths to be self-evident — that all men are created equal; that they are endowed by their Creator, with certain unalienable rights; that among these are life, liberty, and the pursuit of happiness. That to secure these rights, governments are instituted among men, deriving their just powers from the consent of the governed; that whenever any form of government becomes destructive of these ends, it is the right of the people to alter or to abolish it, and to institute new government, laying its foundation on such principles, and organizing its powers in such form, as to them shall seem most likely to effect their safety and happiness. Prudence, indeed, will dictate, that governments long established, should not be changed for light and transient causes; and, accordingly, all experience has shown that mankind are more disposed to suffer, while evils are sufferable, than to right themselves by abolishing the forms to which they are accustomed. But when a long train of abuses and usurpations, pursuing invariably the same object, evinces a design to reduce them under absolute despotism, it is their right, it is their duty, to throw off such government, and to provide new guards for their future security. Such has been the patient sufferance of these colonies, and such is now the necessity which constrains them to alter their former systems of government. The history of the present king of Great Britain, is a history of repeated injuries and usurpations, all having in direct object the establishment of an absolute tyranny [illegible] these states. To prove this, let facts be submitted to a candid world.

He has refused his assent to laws, the [illegible] and necessary for the public good.

He has forbidden his governors to pass laws of immediate and pressing importance, unless suspended in their operation till his assent should be obtained; and when so suspended he has utterly neglected to attend to them.

He has refused to pass other laws for the accommodation of large districts of people, unless those people would relinquish the right of representation in the legislature — a right inestimable to them, and formidable to tyrants only.

He has called together legislative bodies, at places unusual, uncomfortable, and distant from the depository of their public records, for the sole purpose of fatiguing them into compliance with his measures.

He has dissolved representative [illegible] repeatedly, for opposing with manly firmness his invasions on the rights of the people.

He has refused, for a long time after such dissolutions, to cause others to be elected; whereby the legislative powers, incapable of annihilation, have returned to the people at large, for their exercise; the state remaining, in the meantime, exposed to all the dangers of invasion from without, and convulsions within.

He has endeavored to prevent the population of these states; for that purpose obstructing the laws for naturalization of foreigners; refusing to pass others to encourage their migrations hither, and raising the conditions of new appropriations of lands.

He has obstructed the administration of justice, by refusing his assent to laws for establishing judiciary powers.

He has made judges dependant on his will alone for the tenure of their offices, and the amount and payment of their salaries.

He has erected a multitude of new offices, and sent hither swarms of officers, to harass our people, and eat out their substance.

He has kept among us, in time of peace, standing armies, without the consent of our legislatures.

He has affected to render the military independent of, and superior to, the civil power.

He has combined with others to subject us to a jurisdiction, foreign to our constitution, and unacknowledged by our laws; giving his assent to their acts of pretended legislation.

For quartering large bodies of armed troops among us:

For protecting them, by a mock trial, from punishment for any murders which they should commit on the inhabitants of these states:

For cutting off our trade with all parts of the world:

For imposing taxes on us without our consent:

For depriving us, in many cases, of the benefits of trial by jury:

For transporting us beyond seas, to be tried for pretended offences:

For abolishing the free system of English laws in a neighboring province, establishing therein an arbitrary government, and enlarging its boundaries, so as to render it at once an example and fit instrument for introducing the same absolute rule into these colonies:

For taking away our charters, abolishing our most valuable laws, and altering fundamentally the forms of our governments:

For suspending our own legislatures, and declaring themselves invested with power to legislate for us in all cases whatsoever.

He has abdicated government here, by declaring us out of his protection, and waging war against us.

He has plundered our seas, ravaged our coasts, burnt our towns, and destroyed the lives of our people.

He is at this time, transporting large armies of foreign mercenaries to complete the works of death, desolation, and tyranny, already begun, with circumstances of cruelty and perfidy scarcely paralleled in the most barbarous ages, and totally unworthy the head of a civilized nation.

He has constrained our fellow-citizens, taken captive on the high seas, to bear arms against their country, to become the executioners of their friends and brethren, or to fall themselves by their hands.

He has excited domestic insurrections among us, and has endeavored to bring on the inhabitants of our frontiers, the merciless Indian savages, whose known rule of warfare is an undistinguished destruction of all ages, sexes, and conditions.

In every stage of these oppressions, we have petitioned for redress in the most humble terms; our repeated petitions have been answered only by repeated injury. A prince whose character is thus marked by every act which may define a tyrant, is unfit to be the ruler of a free people.

Nor have we been wanting in attention to our British brethren. We have warned them from time to time of attempts by their legislature, to extend an unwarrantable jurisdiction over us. We have reminded them of the circumstances of our emigration and settlement here. We have appealed to their native justice and magnanimity, and we have conjured them by the ties of our common kindred to disavow these usurpations, which would inevitably interrupt our connexions and correspondence. They, too, have been deaf to the voice of justice and consanguinity. We must, therefore, acquiesce in the necessity which denounces our separation, and hold them, as we hold the rest of mankind — enemies in war — in peace, friends.

We, therefore, the representatives of the United States of America, in general congress assembled, appealing to the Supreme Judge of the world for the rectitude of our intentions, do, in the name and by the authority of the good people of these colonies, solemnly publish and declare, that these United Colonies are, and of right ought to be, free and independent states — That they are absolved from all allegiance to the British crown, and that all political connexion between them and the state of Great Britain is, and ought to be, totally dissolved; and that, as free and independent states, they have full power to levy war, conclude peace, contract alliances, establish commerce, and to do all other acts and things which independent states may of right do. And for the support of this declaration, with a firm reliance on the protection of Divine Providence, we mutually pledge to each other our lives, our fortunes, and our sacred honor.

Th Jefferson — John Adams — Robt Treat Paine — John Hancock — Benj Harrison — Elbridge Gerry — Thos Nelson jr — Matthew Thornton — Button Gwinnett — George Wythe — Lyman Hall — Richard Henry Lee — Geo Walton — Josiah Bartlett — Wm Whipple — Saml Adams — Wm Hooper — Joseph Hewes — John Penn — Step Hopkins — Wm Paca — William Ellery — Thos Stone — Geo Taylor — Roger Sherman — Charles Carroll of Carrollton — James Wilson — Geo Ross — Francis Lightfoot Lee — Carter Braxton — Samuel Chase — Geo Clymer — Jas Smith

Als im Juli 1776 die Unabhängigkeitserklärung am Bowling Green in New York öffentlich verlesen wurde, stürzte die Menge das Reiterstandbild König Georgs III. vom Sockel. Der Legende nach soll das Blei der Statue zu Kugeln geschmolzen worden sein, die auf die Briten abgefeuert wurden.

gigkeit wurde für die 13 mittlerweile florierenden Kolonien zunehmend attraktiver.

Kaum war die Unabhängigkeitserklärung im Jahre 1776 unterschrieben, entschloß sich General George Washington, einen Revolutionskrieg gegen die Briten zu führen. Die in New York stationierten britischen Truppen beschlagnahmten Nahrungsmittel, terrorisierten die Einwohner und kerkerten gefangene Rebellen auf Schiffen ein, auf denen Hunger und Seuchen herrschten.

New York blieb der letzte Brückenkopf der Briten in der Neuen Welt. Obwohl der Vertrag von Paris 1783 den Krieg formal beendete, zogen die britischen Truppen erst nach Washingtons Marsch von Harlem in die Bowery im November desselben Jahres ab. Zum Abschluß fetteten sie den Fahnenmast ein, um das Hissen der Stars and Stripes zu verhindern.

■ Als größter Seehafen des Landes bildete New York das Tor zur Neuen Welt. Im 19. Jahrhundert erlebte es die größte Völkerwanderung der Geschichte, die nicht nur das Gesicht der Stadt verwandelte, sondern auch für die Zukunft der gesamten Vereinigten Staaten bedeutend war. ■

Bereits zur Zeit der ersten Besiedlung war New York eine kosmopolitische Stadt, und der Zustrom von Einwanderern riß auch nach der Amerikanischen Revolution nicht ab.

Die Neuankömmlinge waren teils angelockt von der Idee einer neuen multinationalen Gesellschaft, teils waren es radikale politische Rebellen, die von ihren Regierungen verbannt worden waren, teils aber einfach nur Glücksritter und Abenteurer.

Mitte des 19. Jahrhunderts setzte jedoch die Masseneinwanderung ein, die das Gesicht der Stadt grundlegend verändern sollte.

Die Masseneinwanderung: Drei Faktoren trugen entscheidend zur europäischen Einwandererwelle nach New York in der ersten Hälfte des 19. Jahrhunderts bei: der soziale Aufruhr, verursacht durch die Napoleonischen Kriege, die Hungersnöte in Irland und Deutschland und die industrielle Revolution, durch die viele gelernte Handwerker und Kleinbauern ihres Lebensunterhalts beraubt wurden.

Unter dem Ansturm der Massen wurde New Yorks überlastete Ein-

Ankunft in der Neuen Welt: ein Kupferstich von 1892.

Einwanderungszahlen im 19. Jahrhundert:

1820–30	150 000
1840–50	1,7 Mio
1850–60	2,5 Mio

wandererbehörde Castle Garden (jetzt Castle Clinton) 1890 durch den vom Bund finanzierten Ellis-Island-Komplex ersetzt. Dieser renovierte Altbau war wesentlich besser als die Slums, die die Neuankömmlinge erwarteten, sobald sie als frischgebackene US-Bürger New York betraten.

Nicht alle Einwanderer blieben in New York, doch die vielen, die sich hier niederließen, wurden für die Stadt zu einer massiven Belastung. Für ihre Unterbringung errichtete man ab 1860 fünf- oder sechsstöckige Wohnblocks, in denen manchmal eine ganze Familie ein einziges, fensterloses Zimmer bewohnte. Aufgrund der hohen Tuberkuloserate ihrer Bewohner erhielten die Häuser den Spitznamen »Lungenblöcke«. Wegen des schlechten Kanal- und Abwassersystems brachen ständig Cholera und Gelbfieber aus.

In einer Stadt von Einwanderern zahlten sich Initiative und harte Arbeit unter schwierigen Bedingungen zweifellos aus. Die größeren ethnischen Gruppen paßten sich schnell an und kletterten relativ rasch die soziale Leiter empor – vor allem, wenn es sich um junge Leute handelte, die mit dem schnellen Tempo der Neuen Welt gut Schritt halten konnten.

Entlang des gitterartigen Straßennetzes Manhattans pflanzte sich der Reichtum Richtung Norden fort. Die Neureichen bewohnten die neuesten und nördlichsten Häuser und hinterließen ihre Wohnungen den aufwärtsstrebenden ethnischen Gruppen, während die Armen – die neuesten Einwanderer – in den Mietwohnungen im Süden, meist an der Lower East Side, untergebracht waren.

Anti-Einwanderungsgesetze: Bereits etablierte und mächtige Gruppen setzten sich aus Furcht vor Arbeitsverlust, Krankheit und dem Niedergang der angelsächsischen Vorherrschaft (nach der Amerikanischen Revolution waren immerhin 60 Prozent der Amerikaner englischer Abstammung) für strengere Einwanderungskontrollen ein.

1882 verbot der Chinese Exclusion Act die Einbürgerung weiterer Chinesen und spiegelte damit das damalige antichinesische Ressentiment, das auch zur Schaffung von Chinatown führte. Anfang des 20. Jahrhunderts waren die USA bereits die reichste Industriemacht der Welt, und der Ruf nach einem wirksamen Schutz für die eigene Wirtschaft wurde immer lauter.

Der Ausbruch des Ersten Weltkriegs bestärkte die isolationistischen Bestrebungen und setzte der Einwanderung im großen Stil in den 20er Jahren ein jähes Ende. Eine Ausnahme bildete lediglich die Übertragung der amerikanischen Staatsbürgerschaft auf die Puertoricaner im Jahr 1917.

Zwar ist eine Wiederholung der Einwanderungswellen des 19. Jahrhunderts unwahrscheinlich, doch hat der Zustrom nach New York beileibe noch kein Ende gefunden. Die Lockerung der Einwanderungsbestimmungen in den 60er Jahren führten zu einer dramatischen Ausdehnung Chinatowns (wo auch viele Vietnamesen und Kambodschaner leben) und ist mitverantwortlich für die hohe Prozentzahl von Indern, Koreanern, Filipinos, Latinos und Menschen aus dem Mittleren Osten und der Karibik unter den 90 000 Menschen, die sich jährlich in New York niederlassen.

Unternehmer

■ Nur selten hatten Unternehmer (und auch Gauner) größere Chancen, Karriere zu machen, als im New York des 19. Jahrhunderts. Die Stadt entwickelte sich im Eiltempo vom Außenposten zur Metropole. Sie lebte von Spekulation, rüdem Geschäftsgebaren und skrupelloser Geldmacherei. An einige der Namen erinnert man sich – gern oder ungern – noch heute. ■

John Jacob Astor (1763–1848): Durch den Pelzhandel zum Millionär geworden, begann John Jacob Astor 1934, in New York Grundstücke aufzukaufen. Außerdem pflegte er engen Kontakt zu Politikern und der High Society. Der Profit aus den Slumwohnungen machte ihn zum reichsten Mann des Landes. Er starb 1848 und hinterließ – zur allgemeinen Überraschung – 400 000 $ für die Schaffung der ersten öffentlichen Bibliothek des Landes, dem heutigen Public Theater im East Village (siehe Seite 98).

Andrew Carnegie (1835–1919): Er begann als Arbeiter in einer Baumwollfabrik, wurde aber zum Großindustriellen, der mit Kohle, Eisen, Stahl, Schiffen und der Eisenbahn Geschäfte machte. Unter dem Motto »Wer reich stirbt, stirbt in Ungnade«, finanzierte er zahlreiche Gesellschaften und an die 2000 Bibliotheken und spendete zwei Millionen Dollar für den Bau der Carnegie Hall. Als er 1919 starb, besaß er noch 23 Millionen. Sein Haus an der Fifth Avenue beherbergt heute das Cooper-Hewitt Museum (siehe Seite 95).

Vom Fabrikarbeiter zum Multimillionär: Andrew Carnegie.

Als Caroline Schermerhorn im Jahr 1853 in die Familie Astor einheiratete, wurde sie zur legendären »Mrs Astor«, die aufgrund ihrer jährlich stattfindenden Bälle zum sozialen Barometer der Stadt und ihrer High Society wurde. Die jeweils 400 geladenen Gäste konnten sich als »in« betrachten. Wer nicht eingeladen wurde – etwa Leute, die sich ihren Lebensunterhalt durch Arbeit oder ihre Millionen bei der Eisenbahn verdienten – galt definitiv als »out«.

Henry Clay Frick (1849–1919): Er war der Partner von Andrew Carnegie in dessen Carnegie Steel Company und ist für das schlimmste Ereignis in der Geschichte der amerikanischen Gewerkschaften verantwortlich: Mit Hilfe einer angeheuerten Bande bereitete er dem Streik in einem Stahlwerk ein blutiges Ende. Ein Teil seines Vermögens diente dem Erwerb europäischer Kunstwerke für die Frick Collection, die in der Villa dieses verhaßten Mannes an der Fifth Avenue untergebracht ist (siehe Seite 110).

Jay Gould (1836–92): Der Räuberbaron, Händler und Prominente war bereits im Alter von 21 Jahren vermögend. Er wettete auf den Ausgang von Bürgerkriegsschlachten, nachdem er das Resultat vorher von den Telegraphenleitungen abgehört hatte. Sein spektakulärster Transfer brachte ihm elf Millionen Dollar auf dem Goldmarkt ein und verursachte den finanziellen Zusammenbruch des »Schwarzen Freitag« von 1868.

John Pierpont Morgan (1837–1913): Viele europäische Investitionen des 19. Jahrhunderts liefen über den Bankier und Finanzier John Pierpont Morgan. Er hatte seine Finger in jedem neuen Projekt, das Geld benötigte, und beaufsichtigte im Jahre 1901 die Gründung der US Steel Corporation, dem ersten Milliarden-Dollar-Unternehmen der Welt.

1907 kaufte Morgan zusammen mit der Schatzkammer 25 Millionen Dollar in Gold, um New York und die Nation vor dem Bankrott zu retten. Außerdem gründete er die Pierpont Morgan Library (siehe Seite 169).

Cornelius Vanderbilt (1794–1877): Er hatte Anfang des 19. Jahrhunderts mit einem Fährdienst zwischen Staten Island und Manhattan angefangen, schuf dann jedoch ein Dampfschiffimperium, das den Transport auf der New York Bay beherrschte und später sogar Lateinamerika und, auf der Höhe des Goldrausches, Kalifornien mit einschloß.

1864 investierte er einen Teil seiner 20 Millionen Dollar in Eisenbahnen. Seine Schienen verbanden die Stahlfabriken von Pittsburgh und die Farmen der ländlichen Umgebung New Yorks mit den Docks der Stadt – wo bereits seine Schiffe darauf warteten, beladen zu werden. Als Vanderbilt 1877 starb, besaß er ein Vermögen von 105 Millionen Dollar.

J. P. Morgan war durchaus der Typ des harten Geschäftsmannes, aber vor jeder Entscheidung fragte er die Astrologin Evangeline Adams um Rat. In der Pierpont Morgan Library, in deren üppiges Dekor die Tierkreiszeichen eingelassen sind, finden sich viele Hinweise auf das Interesse des Bankiers an der Astrologie.

Ein raffinierter Geschäftemacher der ersten Stunde: John Pierpont Morgan.

■ Die Ausdehnung New Yorks ist vergleichsweise leicht zurückzuverfolgen. Die geographischen Gegebenheiten bestimmten den Verlauf des Wachstums: Die lange, schmale Insel Manhattan wurde, im Süden beginnend, systematisch von einem Ende zum anderen zubetoniert. ■

Die europäische Besiedlung Manhattans begann an der Südspitze, wo die Schiffe leichter anlegen konnten. Hier entstanden die ersten Unternehmen, Privathäuser und auch das wirre Straßenmuster, das noch heute den Financial District charakterisiert. Eine Ausdehnung war nur nach Norden möglich.

Der Gitternetzplan: 1811 genehmigte der Stadtrat den rechteckigen, gitterförmigen Straßenplan des Vermessers John Randel. Mit Ausnahme des Broadway – einem alten Indianerpfad nach Norden – sollten die numerierten Straßen (für Wohnhäuser) von Osten nach Westen und die numerierten Avenues (für den Handel) von Norden nach Süden verlaufen.

Dieser Plan erwies sich als dringend nötig. 1820 war New York mit 123 000 Einwohnern bereits die größte Stadt der USA, obwohl sie kaum über die Canal Street hinausreichte. In der Gegend des heutigen Chelsea, Greenwich Village, Upper East Side und Upper West Side gab es lediglich vereinzelte Farmen, Ödland und Siedlerlager.

Durch die Öffnung des Erie-Kanals im Jahre 1825 wurde New York mit den Großen Seen und dem landwirtschaftlich produktiven Mittelwesten verbunden. Unangefochten blieb seine Stellung als größter amerikanischer Seehafen, was Zugang zum lukrativen internationalen Handel bedeutete. Diese Entwicklung bestimmte, zusammen mit den riesigen Einwanderungswellen der 40er Jahre des 19. Jahrhunderts, die rapide Ausdehnung New Yorks.

Das Geld wandert nach Norden: Landnehmende Gruppen drangen rasch in den Norden Manhattans vor,

Die neue Brooklyn Bridge war damals ein Wunderwerk der Technik.

Spekulanten ließen Harlem im 19. Jahrhundert im Eiltempo wachsen.

ebneten hügeliges Land ein und errichteten Häuser. Bereits um die Mitte des 19. Jahrhunderts entstanden die ersten »Brownstones«, hübsche Stadthäuser und bequeme Unterkünfte für die reichere Schicht.

Auf der Lower East Side wurden dagegen die ersten Wohnblocks für arme Wanderarbeiter gebaut. Diese Viertel verkamen aber schnell zu Elendsquartieren.

Während die Armen in Ausbeutungsbetrieben schufteten, bescherte New York seine bereits gut betuchte Elite mit unglaublichem Wohlstand. In den 60er Jahren des 19. Jahrhunderts wohnten bereits mehrere hundert Millionäre in Manhattan. Viele von ihnen bezogen die Luxusapartments, die vor kurzem entlang der Fifth Avenue gegenüber dem gerade entstandenen Central Park hochgeschossen waren – und die Upper East Side wurde zur dauerhaften Domäne der Reichen.

Geburt einer Metropole: Langsam erhielt die Stadt die Infrastruktur einer Metropole. 1868 ging der erste »El train« (Elevated Train),eine Hochbahn, in Betrieb. Zwei Jahre später wurde die erste U-Bahnlinie gebaut. Mit den Arbeiten an der Brooklyn Bridge – damals einem Wunderwerk der Technik – begann man 1870. Sie wurde 1883 fertiggestellt. 1882 initiierte Thomas Edisons Gesellschaft mit der Öffnung der ersten Generatorstation die Elektrifizierung der Stadt.

Mit der Gründung von Greater New York 1898 wurden die fünf Boroughs Manhattan, Brooklyn, die Bronx, Queens und Staten Island einer einzigen Stadtverwaltung unterstellt. Die Einwohnerzahl betrug jetzt 3,8 Millionen und machte New York zur zweitgrößten Stadt der Welt.

Als 1803 die Arbeiten an der City Hall begannen, stand das Gebäude am nördlichen Rand der Stadt. Für die Fassade und die Flügel wurde Marmor verwendet, während die Rückseite, in der Hoffnung, sie werde niemals zu sehen sein, mit billigem Sandstein verkleidet wurde. Aber bereits 1812, im Jahr ihrer Fertigstellung, war die City Hall von neuen Gebäuden umgeben.

Depression

■ Die frühen Jahre der amerikanischen Unabhängigkeit waren geprägt von wirtschaftlicher Unsicherheit. Doch der Wall Street Crash, der Börsenkrach von 1929, traf die Stadt vollkommen unvorbereitet und stürzte das Land – und die ganze Welt – in eine tiefe Wirtschaftskrise. ■

Nur ein Jahr lang war New York Hauptstadt der USA gewesen, aber die Finanzgesellschaften in der Wall Street – vor allem der US Stock Exchange, ursprünglich Handelsplatz für Obligationen im Wert von 80 Millionen Dollar, mit denen man die Schulden aus dem Unabhängigkeitskrieg bezahlen wollte – blieben das Zentrum des nationalen Finanzsystems.

Als skrupellose Investoren die Unerfahrenheit und Unsicherheiten im Finanzsystem der neuen Nation auszunutzen begannen, kam es zu Krisen. Die Panik des Jahres 1837 tilgte 60 Milliarden Dollar Aktienwerte, und 50 000 Menschen verloren ihre Arbeit. 20 Jahre später passierte fast dasselbe. Ein weiterer Börsenkrach ereignete sich 1873, und 1907 mußte der Finanzier J. P. Morgan die New Yorker Banken vor dem Konkurs bewahren.

Die wilden 20er Jahre: Als die Bundesregierung die unabhängigen Finanziers ablöste und die USA aus dem Ersten Weltkrieg als reiche und mächtige Nation hervortraten, schienen wirtschaftliche Unsicherheiten ein für allemal der Vergangenheit anzugehören.

Die Wirtschaft der USA florierte, und Gerüchte über Leute, die über Nacht zum Millionär wurden, kurbelten den Börsenmarkt immer weiter an.

Selbst wirtschaftlich unerhebliche Ereignisse wie Charles Lindberghs erfolgreicher Alleinflug über den Atlantik im Jahre 1927 führten dazu, daß 1928 immer neue Rekordbilanzen erzielt wurden.

Der Börsenkrach des Jahres 1929: Trotz vieler Warnsignale – Industrie und Wirtschaft stagnierten – gab es erst in der dritten Oktoberwoche des Jahres 1929 ein böses Erwachen, als jedermann plötzlich verkaufte. Millionen von Aktien wurden mit Verlust gehandelt, elf Börsianer begingen Selbstmord. Der 29. Oktober 1929 ging in die Geschichte als »Schwarzer Dienstag« ein – der Tag, an dem die Depression begann.

> »Früher oder später wird es einen Börsenkrach geben, und er könnte schrecklich werden« – der Finanzexperte Roger W. Babson im September 1929.

1932 war das schwärzeste Jahr der Depression. Mehr als ein Drittel von New Yorks 29 000 Fabriken schlossen. Ein Viertel der Einwohner verloren die Arbeit. Viele Menschen, die ihre Miete nicht mehr zahlen konnten, zogen in die Barackenviertel im Central Park (die nach dem amtierenden Präsidenten Herbert Hoover »Hoovervilles« genannt wurden) und stellten sich bei der Armenküche am Times Square für eine Gratismahlzeit an.

In den 20er Jahren waren viele Wolkenkratzer erbaut worden, doch der Bauboom war zum Stillstand gekommen. Das 1931 eröffnete Empire State Building wurde mehr von Touristen als durch Büromieten finanziert.

La Guardia sorgt für Aufschwung: Die Wirtschaftskrise wurde für die New Yorker durch die Inkompetenz ihres Bürgermeisters noch verschlimmert: Jimmy Walker verfügte als Songschreiber über deutlich mehr Fähigkeiten denn als Politiker. Er sollte auch nicht der letzte Bürgermeister New Yorks sein, der in einen Bestechungsskandal verwickelt war. 1932 trat er schließlich zurück und setzte sich nach Europa ab.

Walkers Nachfolger war Fiorello La Guardia, ein junger, glaubwürdiger Politiker, der Korruption und Wirtschaftskrise ein Ende setzen wollte. Während La Guardia eine Sozialpolitik entwarf, die New York in der Tat aus der Depression herausführte, legte Robert Moses ein Konzept zur Stadtentwicklung für die 30er bis zu den 60er Jahren vor. Das schloß den Bau zahlreicher neuer Verkehrsverbindungen ein, aber auch einige besondere Projekte wie z.B. den Lincoln Center. New York erhielt ein teils völlig neues Erscheinungsbild und wurde damit eine wirklich moderne Stadt.

1939 sollte die Weltausstellung in Queens die Überwindung der Wirtschaftskrise der Stadt symbolisieren. Aber erst der Eintritt der USA in den Zweiten Weltkrieg im Jahre 1941 sanierte die Finanzen New Yorks, da Zehntausende von Soldaten und Panzern, Lastwägen und Flugzeugen auf dem Weg zum Kriegsschauplatz in Europa die Stadt passierten.

1940 betrug der Haushaltsplan New Yorks 1 Million Dollar.

Unten: das Drama des Wall Street Crash, dargestellt in einer zeitgenössischen italienischen Zeitschrift.

BROOKLYN DAILY EAGLE
And Complete Long Island News

LATE NEWS

WALL ST. IN PANIC AS STOCKS CRASH

Attempt Made to Kill Italy's Crown Prince

ASSASSIN CAUGHT IN BRUSSELS MOB; PRINCE UNHURT

Hollywood Fire Destroys Films Worth Millions

FEAR 52 PERISHED IN LAKE MICHIGAN; FERRY IS MISSING

PIECE OF PLANE LIKE DITEMAN'S IS FOUND AT SEA

High Duty Group Gave $700,000 to Coolidge Drive

ATTEMPT MADE ON LIFE

FOR MORE LOBBYISTS

Korruption

■ Zum gängigen Bild New Yorks – das völlig zu Recht besteht – gehören Polizisten, die sich von Kriminellen bestechen lassen, und Bürgermeister, die sich an öffentlichen Geldern bereichern. Schon immer war die Korruption Teil des öffentlichen Lebens – und sie ist es noch heute. ■

Der Tweedring: William Marcy »Boss« Tweed ließ sich 1851 im Alter von 21 Jahren in ein Ratsherrengremium wählen, dessen Spitzname »die 40 Diebe« lautete.

Als Gegenleistung für ihre Stimmen versprach er den neuangekommenen Einwanderern Geld und Arbeit und stieg auf diese Weise schnell an die Spitze einer verbrecherischen Randgruppe der Demokratischen Partei namens Tammany (das war der Name eines Indianerhäuptlings). Schon bald stand die Stadtverwaltung unter der Kontrolle des »Tweedrings«, einer Clique korrupter Beamten, die sich schätzungsweise 300 Millionen Dollar öffentlicher Geldern aneignete.

THE "BRAINS"

Das Geheimnis des Erfolgs, wie es 1871 ein Zeichner sah.

Als Beauftragter für öffentliche Bauarbeiten erhielt Tweed von den Baufirmen als Belohnung für lukrative Aufträge fette Kommissionen, und für wichtige Serviceleistungen erpreßte er von den Unternehmen große Summen. Ein Teil davon diente wiederum der Bestechung von Polizei, Bürokratie etc. Beim Bau des New York County Courthouse (auch unter dem Namen Tweed Courthouse bekannt), der mit 250 000 Dollar veranschlagt war, die Steuerzahler letztlich aber 14 Millionen Dollar kostete, sahnte der Tweedring etwa zwölf Millionen Dollar ab.

Schließlich gab ein wütender Rathausangestellter (dem man 500 000 $ Schweigegeld geboten hatte) belastendes Material an die *New York Times* weiter. Tweed wurde verhaftet, entkam aus dem Gefängnis und floh nach Chile, wurde aber wieder gefaßt. 1878 starb er in einem jener Gefängnisse, die er während seines korrupten Regimes in Auftrag gegeben hatte.

Da die meisten seiner Wähler Analphabeten waren, behauptete Tweed, daß ihn Zeitungsberichte nur wenig interessierten. Er war der Meinung, die Karikaturen in *Harper's Weekly*, die er »diese verdammten Bilder« nannte, schadeten seiner Karriere mehr als die Zeitungsartikel über seine schmutzigen Geschäfte.

Die Bürgermeister: Trotz früherer Anklagen wegen Betrugs und der Tatsache, daß er mehr Stimmen bekommen hatte als es Wähler gab, erwartete man von dem Quäker Fer-

Bürgermeister William O'Dwyer an seinem Schreibtisch (unten).

nando Wood 1844 die Beendigung der Korruption im Rathaus. Er handelte jedoch für 50 000 Dollar hohe Posten bei der Stadt und versprach Einwanderern als Gegenleistung für ihre Stimmen die Einbürgerung.

1925 wurde der Songschreiber und Playboy Jimmy Walker,ein Symbol der goldenen 20er Jahre, zum Bürgermeister gewählt. Gekleidet in weiße Anzüge, war er häufig in Nachtclubs anzutreffen und erschien grundsätzlich erst nachmittags im Büro. Nachdem er sein eigenes Gehalt von 25 000 auf 40 000 Dollar erhöht hatte, verließ Walker 1932 New York, als bekannt wurde, daß er eine Million Dollar Bestechungsgelder für Verträge der Stadt kassiert hatte.

Nach Beendigung der Amtszeit des allseits geschätzten Bürgermeisters Fiorello La Guardia war es im Rathaus bald wieder wie zuvor. Sein Nachfolger William O'Dwyer mußte 1951 nach Mexiko flüchten, als seine Verbindungen zum organisierten Verbrechen bekannt wurden.

Die Polizei: In einer durch und durch korrupten Stadt wundert es nicht, daß auch die Polizei im New York des 19. Jahrhunderts nur selten auf dem Pfad der Tugend wandelte. Streifenbeamte agierten als bezahlte Wachen illegaler Spielhäuser und Bordelle, während

höhere Beamte ihre Gehälter durch Bestechungsgelder und Einnahmen aus Banküberfällen aufbesserten. Verbrechen wurden gegen Bezahlung ignoriert, während Diebstähle nur für eine entsprechende Belohnung verfolgt wurden.

Verhaftungen fanden nur statt, um das Stadtbild für die wohlhabenderen Klassen zu verschönern, weshalb man hauptsächlich »unanständige Frauen«, Bettler und Obdachlose aus den besseren Stadtteilen entfernte.

Auf der Karriereleiter der Polizei konnte man sich nur durch Bestechung hocharbeiten. Laut Zeitungsberichten kostete der Posten eines Streifenbeamten 300 Dollar, während sich der Preis für die Stellung eines Hauptkommissars auf 14 000 Dollar belief.

Der Hafen

■ Trotz Geschäftswelt, Hochfinanz, Medien und Kunst – die herausragende Position New Yorks unter den Weltstädten ist auf die Existenz eines großartigen natürlichen Hafens zurückzuführen. Dieser geographische Glücksfall ermöglichte den Aufstieg vom kleinen kolonialen Handelsstützpunkt zum größten Hafen der Welt. ■

Die frühen Tage: Die Entdeckung New Yorks durch die Europäer geht auf deren Suche nach der Nordwestpassage zurück, einer Abkürzung zu den Gewürzinseln des Pazifiks. Die ersten Forscher fanden zwar nicht diese Passage, entdeckten jedoch, daß die New York Bay einen geschützten Ankerplatz in mildem Klima mit wenig Nebel darstellte. Zudem bot der Hudson River einen guten Zugang ins Landesinnere.

Trotzdem blieb New York nur einer unter mehreren Häfen der Ostküste, bis die Briten, die damals über die amerikanischen Kolonien herrschten, ihm – vor Boston – den Vorzug als Hauptumschlagplatz für ihre Exportgüter gaben.

Der Eriekanal: Der Auslöser für New Yorks phänomenalen Aufstieg als Seehafen und spätere Weltstadt war der Bau des Eriekanals. Der Hudson River bildete den Transportweg zu den Farmen im Hinterland (und zu den wichtigen Städten New Englands). Der Eriekanal – dessen Bau 1817 begann und der 1825 mit einem Aufwand von sieben Millionen Dollar fertiggestellt wurde – verband jedoch den Hudson mit dem Eriesee. Dadurch wurde eine schnelle direkte Verbindungslinie zwischen New York über die Großen Seen zu den neubesiedelten Farmländern des amerikanischen Mittelwestens eröffnet.

Über den Kanal konnte die 800 Kilometer lange Strecke von Buffalo (am Ufer des Eriesee) zur Stadt in zehn

Die am Wasser gelegenen Straßen New Yorks gehören traditionell zu den schmutzigsten, gefährlichsten und kriminellsten der Stadt. Der Glanz der Fifth Avenue war nicht zuletzt auf ihre geographische Lage zurückzuführen: im Zentrum Manhattans und so weit wie möglich von den Flüssen entfernt.

Manhattan mit seinen zahlreichen Piers um 1860.

Der Hafen: South Street Seaport heute (oben) und (rechts) die Queen Mary *am 51st Street Pier.*

Tagen bewältigt werden. Die Erschließung des Landesinnern sorgte dafür, daß New York Anlaufstelle für Schiffe aus aller Welt wurde.

Die Ausdehnung des Hafens: Um die Jahrhundertwende säumten Docks über eine Länge von mehr als 35 Kilometern den Süden Manhattans, und 270 Piers erstreckten sich entlang des East und Hudson River.

Die Eisenbahn verbesserte zusätzlich das Verkehrsnetz. Viele Transportlinien liefen direkt zu den Docks, während die Grand Central Station (heute Grand Central Terminal) zum wichtigsten Bahnhof des Landes avancierte.

In den 30er Jahren befuhren »Frachter, Flußschiffe, Fähren und rußverschmierte Schlepper« regelmäßig die Flüsse der Stadt. Unterhalb der 23rd Street war der Hudson River kaum noch zu sehen. Durchschnittlich 3500 Schiffe gingen monatlich in New York vor Anker.

Die luxuriösen Ozeandampfer: Die Frachter brachten den Docks zwar das tägliche Brot, aber New Yorks Stellung als einer der größten Häfen der Welt wurde bis in die 40er Jahre durch die eleganten Ozeandampfer symbolisiert. Die *Queen Mary* wurde 1936 bei ihrer ersten Ankunft von Kunstfliegern und Wasserfontänen begrüßt. Sie war aber nur eines von vielen Schiffen, die wohlhabende und berühmte Leute aus Europa in die Vereinigten Staaten brachten, wo ihnen ein großartiger Empfang bereitet wurde.

Der allmähliche Rückgang: Mit dem Wandel des internationalen Handels ging auch New Yorks Stellung als weltgrößter Hafen verloren. Gleichzeitig wurde das Fliegen so populär, daß Ozeandampfer kaum noch gefragt waren (obwohl die *Queen Elizabeth II,* wie auch moderne Kreuzfahrtschiffe, noch immer regelmäßig hier anlegen).

Dennoch liegt der Frachthafen New Yorks mit 116,7 Millionen Tonnen Auslastung jährlich in den USA nach New Orleans und Houston an dritter Stelle. Trotz der fehlenden Nachfrage nach Passagierlinien entstand 1974 auf dem Hudson River ein neuer Passagierschiffterminal für 40 Millionen Dollar.

■ Nachdem New York in drei Jahrhunderten fast kontinuierlichen Wachstums zu einer der wohlhabendsten Städte der Welt geworden war, wollte es niemand so recht glauben, als die Stadt im Jahr 1975 am Rande des Bankrotts stand. ■

Die 60er Jahre waren in den USA eine Periode des Aufruhrs und des Wandels. In den schwarzen Ghettos Brooklyn und Harlem waren gewalttätige Ausschreitungen an der Tagesordnung. Zehntausende puertoricanischer Einwanderer ließen sich in East Harlem und der Lower East Side nieder, und der sogenannte »White Flight« – der Auszug fast einer Million angloamerikanischer Familien und vieler Betriebe aus New York – war in vollem Gang.

Das Geld wird knapp: In einer Zeit, in der die Kosten der Sozialpolitik unglaublich stiegen, nahm der Exodus der Mittelschicht und vieler profitabler Unternehmen (in den sechs Jahren seit 1969 waren 600 000 Arbeitsplätze verlorengegangen) der Stadt viele Einkünfte.

Der damalige Bürgermeister John Lindsay bestand darauf, die Kosten für das Sozialwesen nicht zu kürzen. Lindsays Unnachgiebigkeit führte 1966 zum Streik von 34 000 Transportarbeitern, der die Stadt völlig lahmlegte, 70 Millionen Dollar kostete und andere Gewerkschaften zu Forderungen nach Lohnerhöhungen ermutigte.

»Die Rettung New Yorks ist wie Sex mit einem Gorilla – man hört nicht auf, wenn man selber müde ist, sondern erst, wenn der Gorilla müde ist« – Felix Rohatyn, Präsident der MAC.

Mittlerweile war die Zahl der städtischen Angestellten in fünf Jahren um fast ein Drittel gestiegen. Gehälter, höheren Pensionen und andere Leistungen strapazierten zusätzlich die Finanzen der Stadt.

Die Stadtverwaltung ließ sich immer wieder etwas Neues einfallen, um die Ausgaben zu senken. Es wurde sogar ein Jahr mit 364 Tagen eingeführt, um Schulden auf die nächste Periode von zwölf Monaten umzulegen. Diese Kurzzeitplanung erhöhte zwar die Zinssätze des von der Stadt geliehenen Geldes, aber die Krise war nur aufgeschoben.

Am Rande der Katastrophe: Abe Beame, 1974 zum Bürgermeister gewählt, war zwar gelernter Buchhalter, konnte aber die Bilanzen der Stadt nicht verbessern. 1975 hatte New York zwei Milliarden Dollar Schulden.

Als Finanzexperten der Wall Street warnten, daß die

Streiks in den 60er Jahren.

»Ford an Stadt: Krepier endlich!« – Eine Schlagzeile der *Daily News* über Präsident Fords Einstellung zu New Yorks Krise.

Grand Central Terminal während des Streiks der Transportarbeiter 1966.

Kommunalobligationen bald wertlos sein würden, beschnitt Beame die öffentlichen Ausgaben in einer Weise, wie es seit der Depression nicht mehr vorgekommen war, und die Gewerkschaften stimmten einem Lohnstop zu.

Ohne Geld für Müllabfuhr und Wasserversorgung – Präsident Ford hatte zudem Bundesmittel verweigert – schien die gesamte Infrastruktur in New York zusammenzubrechen.

Die Rettung: Der Gouverneur von New York ließ Staatsgelder in die Stadt fließen und gründete zur Kontrolle der Ausgaben die Municipal Assistance Corporation (gemeinhin als Big MAC bezeichnet), aber erst ein Darlehen der Gewerkschaft der städtischen Kanalarbeiter verhinderte den Konkurs. Das Weiße Haus konnte überzeugt werden, daß das Weltwirtschaftssystem vom Überleben New Yorks abhing, und stimmte einem staatlichen Darlehen in Höhe von 2,3 Milliarden Dollar zu.

Die Stadt war nun der Aufsicht der MAC unterstellt, die in erster Linie das Vertrauen der Bankiers gewinnen mußte. Die städtischen Betriebe verfielen wegen des Sparzwangs weiter und Sozialleistungen wurden für die nächsten sieben Jahre gestrichen.

Der Aufschwung und Ed Koch: Der 1978 zum Bürgermeister gewählte Ed Koch war sehr beliebt. Einsparungen konnten durch die Entlassung von 65 000 Arbeitern der Stadt erzielt werden, während Nullrunden für mehrere Jahre akzeptiert und Kürzungen im sozialen Bereich beschlossen wurden. Kochs Zugriff auf die öffentlichen Ausgaben machte ihn bei den Wirtschaftsbossen beliebt. 1976 konnte das World Trade Center seine gesamten Büroräume vermieten, die zuvor drei Jahre leergestanden waren.

Während Yuppies das Bild der Wall Street prägten, kam eine Umfrage im Jahre 1985 zu dem Ergebnis, daß 23 Prozent der New Yorker unterhalb der Armutsgrenze lebten.

Ed Koch.

Fonthill Castle
Wave Hill
80
Hackensack
Englewood
Passaic
Clifton
PALISADES INTERSTATE PARKWAY
PARKWAY
E
Garfield
BERGEN - PASSAIC EXPRESSWAY
80
Cedar Grove
Passaic
Leonia
Fort Lee
Bronx Community College (Hall of Fame)
GEORGE WASHINGTON BRIDGE
TREMONT
Caldwell
Bloomfield
95
Ridgefield
Verona
Meadowlands Sports Complex (New York Giants)
Yankee Stadium
Montclair
Nutley
Lyndhurst
GARDEN STATE PARKWAY
HUDSON
SOUTH BRONX
DRIVE
87
Secaucus
North Bergen
Hudson
ROOSEVELT
278
Belleville
HENRY
Central Park
Hell Gate
West Orange
Passaic
Hackensack
Weehawken
MANHATTAN
Isamu Noguchi Garden Museum
D
280
Orange
East Orange
Kearny
Union City
LINCOLN TUNNEL
FRANKLIN D.
LONG ISLAND CITY
American Museum of the Moving Image
NEW JERSEY TURNPIKE
QUEENS
Hoboken
Irvington
Newark
PULASKI SKYWAY
HOLLAND TUNNEL
GREENPOINT
BROOKLYN QUEENS EXPRESSWAY
Jersey City
78
River
QUEENS
Museum of Migration
American Immigrant Wall of Honor
Ellis Island
BROOKLYN HEIGHTS
WILLIAMSBURG
RIDGEWOOD
Union
Hillside
East
Newark International Airport
78
BUSHWICK
Brooklyn Academy of Music (BAM)
Statue of Liberty
SOUTH BROOKLYN
Brooklyn Children's Museum
C
Elizabeth
Newark Bay
Bayonne
Upper New York Bay
Prospect Park
Brooklyn Museum
Brooklyn Botanic Garden
95
Kill Van Kull
Staten Island Children's Museum
QUEENS EXPRESSWAY
Linden
BAYONNE BRIDGE
GOETHALS BRIDGE
PORT RICHMOND
Snug Harbor Cultural Center & Botanic Garden
NEW BRIGHTON
FLATBUSH
The Narrows
278
Shore Road Park
BROOKLYN
TURNPIKE
Staten Island Zoo
Clove Lakes Park
278
Alice Austen House
Harbor Defense Museum, Fort Hamilton
Rahway
William T Davis Wildlife Refuge
Willow Brook Park
CLIFTON
BERGEN BEACH
STATEN ISLAND EXPRESSWAY
VERRAZANO NARROWS BRIDGE
Marine Park
SHORE PARKWAY
NEW JERSEY
STATEN ISLAND
Fresh Kills Park
La Tourette Park
High Rock Park
Garibaldi-Meucci Museum
Lower New York Bay
SHEEPSHEAD BAY
Sheepshead Bay
B
WEST SHORE EXPRESSWAY
SOUTH BEACH
Jaques Marchais Center of Tibetan Art
Norton Point
Carteret
Astroland
BRIGHTON BEACH
Richmond Town Historic Restoration
Staten Island Historical Museum
New York Aquarium
CONEY ISLAND
OAKWOOD
Arthur Kill
Gateway National Recreation Area
Great Kills Park
Clay Pit Pond Park
Rockaway Point
RICHMOND PARKWAY
ANNADALE
OUTERBRIDGE CROSSING
Crookes Point
PRINCES BAY
TOTTENVILLE
Conference House
Raritan Bay
Wards Point
A
1
2
3

NEW YORK von A bis Z

RIVERDALE
Mount Vernon
Pelham Manor
New Rochelle
Van Cortlandt Park
WOODLAWN
Long Island Sound
Van Cortlandt Mansion
Woodlawn Cemetery
Bruno Hauptman House
EASTCHESTER
Prospect Point
KINGSBRIDGE
Pelham Bay Park
Barstow-Pell Mansion
Edgar Allen Poe Cottage
Sands Point
New York Botanical Garden
BAYCHESTER
Hunters Island
Sands Point
Bronx Zoo
Hart Island
Port Washington
CROSS BRONX EXPRESSWAY
EXPRESSWAY
Eastchester Bay
City Island
Manhasset Bay
BRONX
BRUCKNER
SOUNDVIEW
THROGS NECK
Bronx Museum of the Arts
Throgs Point
Kings Point
Great Neck
HUNTS POINT
East River
BRONX WHITESTONE BRIDGE
THROGS NECK BRIDGE
Manhasset
Rikers Island
COLLEGE POINT
Little Neck Bay
CROSS ISLAND PARKWAY
La Guardia Airport
Flushing Bay
WHITESTONE EXPRESSWAY
CLEARVIEW EXPRESSWAY
DOUGLASTON
LONG ISLAND EXPRESSWAY
ASTORIA
Bowne House
Lake Success
GRAND CENTRAL
JACKSON HEIGHTS
Shea Stadium (New York Jets & New York Mets)
GLEN OAKS
New York Hall of Science
Flushing Meadows
GRAND CENTRAL PARKWAY
ELMHURST
REGO PARK
Queens Museum
Colden Center for the Performing Arts, Queens College
Floral Park
Corona Park
Garden City
FOREST HILLS
JAMAICA
QUEENS VILLAGE
Belmont Park Race Track
GLENDALE
INTERBOROUGH PARKWAY
KEW GARDENS
VAN WYCK EXPRESSWAY
Elmont
Forest Park
RICHMOND HILL
ST ALBANS
WOODHAVEN
OZONE PARK
SOUTHERN STATE PARKWAY
Valley Stream
EAST NEW YORK
Aqueduct Racetrack
SOUTHERN PARKWAY
ROSEDALE
HOWARD BEACH
Lynbrook
CANARSIE
SHORE PARKWAY
Jamaica Bay
John F Kennedy International Airport
Gateway National
Cedarhurst
Jamaica Bay Wildlife Refuge
Inwood
Lawrence
Floyd Bennett Field
Recreation Center
Lawrence Marsh
Jacob Riis Park
Atlantic Beach
Atlantic Beach
Rockaway Beach
ROCKAWAY POINT

0 2 4 6 8 10 km
0 2 4 6 miles

4 5

New Yorks Stadtteile

Immer unterhaltsam: ein Bummel durch Greenwich Village. Die Geschäfte sind hier ausgefallen bis exotisch.

New York ist für die meisten Menschen gleichbedeutend mit Manhattan, einer langen, schmalen Insel zwischen zwei Flüssen. Manhattan ist die Quelle des New Yorker Lebens und die Kernzelle ihres Wohlstands und Elans. Viele New Yorker wohnen jedoch in den Outer Boroughs (äußeren Stadtbezirken), die den Rest der Stadt bilden: Brooklyn, The Bronx, Queens und Staten Island.

Manhattan: Manhattan scheint alles zu besitzen, was New York charakterisiert: riesige Wolkenkratzer, belebte Straßen, unaufhörlichen Lärm und gigantische Leuchtreklamen, die die Nacht zum Tag machen. Aber nur ein Bruchteil Manhattans – knapp zwanzig Kilometer lang und durchschnittlich vier Kilometer breit – entspricht dieser Vorstellung. Jedes Gebiet der Insel hat seine eigene Geschichte, Atmosphäre und typischen Bewohner.

Auf der Südspitze Manhattans, in **Lower Manhattan**, überragen die modernen Wolkenkratzer des **Financial District** den ältesten Teil New Yorks. Hier ließen sich die ersten Holländer nieder, und obwohl heute nicht mehr viel an die Kolonialzeit erinnert, ist der Unternehmergeist von damals immer noch zu spüren – vom Boden der New York Stock Exchange bis hin zu den Essensständen am Straßenrand, wo den elegant gekleideten Maklern alle möglichen Gerichte der vielen in New York vertretenen Nationalitäten angeboten werden.

Gleich nördlich vom Financial District liegen die kurzen, emsigen Straßen von **Chinatown**, einer der ältesten ethnischen Gegenden New Yorks. In jüngerer Zeit überschritten ihre Banken, Bäckereien und düsteren Häuser die traditionelle Grenze zu **Little Italy**, einem kleinen Areal, wo man aber noch immer seinen heißen Cappuccino und Cremetörtchen auf der Straße genießen kann.

Weiter im Norden weicht die folkloristische Atmosphäre den schicken Künstlervierteln SoHo und TriBeCa, die vor

CITY HIGHLIGHTS

BROOKLYN MUSEUM *siehe Seiten 78–79*
CENTRAL PARK *siehe Seiten 82–84*
CHRYSLER BUILDING *siehe Seite 89*
ELLIS ISLAND *siehe Seite 100*
EMPIRE STATE BUILDING *siehe Seiten 100–102*
GUGGENHEIM MUSEUM *siehe Seiten 122–123*
METROPOLITAN MUSEUM OF ART *siehe Seiten 142–148*
MUSEUM OF MODERN ART *siehe Seiten 158–159*
NEW YORK PUBLIC LIBRARY *siehe Seite 168*
PIERPOINT MORGAN LIBRARY *siehe Seite 169*
STATUE OF LIBERTY *siehe Seite 180*

noch gar nicht langer Zeit Standort stillgelegter Industriebetriebe waren – ein Beispiel für die schnelle Veränderung der Stadtviertel, die für New York so typisch ist.

Der Landbogen, der sich zum East River neigt, wird von der **Lower East Side** eingenommen, schon immer erste Anlaufstelle der Neuankömmlinge, wo man bestimmt kein elegantes Loftapartment findet. Aber die billigen Läden und Straßenmärkte verweisen noch auf das amerikanische Ethos des Sich-Hocharbeitens.

Manche New Yorker kommen nicht weiter nach Lower Manhattan hinein als bis nach **Greenwich Village**, das Zentrum das Nachtlebens in diesem Gebiet mit seinen unzähligen Bars, Restaurants, Cafés und Musikkneipen. Aber auch tagsüber kann Greenwich Village mit viel Atmosphäre aufwarten, mit schönen Häusern und engen Straßen. Von seiner magischen Anziehungskraft wurden schon jene Künstler und Schriftsteller angelockt, die Amerikas Literaturgeschichte geschrieben haben.

Das **East Village** jenseits des Broadway ist das grobe Gegenstück zu Greenwich Village. Die Bars und Clubs sind dort weniger zahlreich und elegant, während die vielen ausgefallenen Cafés und Geschäfte sowie relativ niedrige Mieten und die noch nicht kommerzialisierte Atmosphäre die hiesigen Bohemiens von heute anlocken.

H. G. Wells über New York
»Für Europa verkörperte es Amerika, für Amerika war es das Tor zur Welt. Aber die Geschichte New Yorks zu erzählen, hieße, eine Sozialgeschichte der Welt zu schreiben.«

Viele Aussichtsplattformen bieten ein atemberaubendes Panorama über Manhattan.

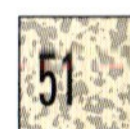

Der WPA Guide to New York City (1939)
Der Städteführer beschreibt die Docks des Hudson River wie folgt: »Ein wogendes Meer fehlzündender und hupender Lastwagen und Taxis mit knirschendem Getriebe.«

Ogden Nash in der Bronx
»Die Bronx? Nein danke.« schrieb Ogden Nash 1931 und faßte damit die Einstellung vieler New Yorker gerade zu diesem Teil ihrer Stadt in vier prägnante Worte. Einige Zeit später aber revidierte er dieses Verdikt und stellte etwas entschuldigend fest: »Die Bronx? Gott segne sie.« Leider hat sich dieses zweite Urteil von Nash bei weitem nicht so gut im Gedächtnis der Menschen halten können wie sein erstes, das weitaus häufiger zitiert wird.

Leo Trotzki über New York
»New York beeindruckte mich, weil es mehr als jede andere Stadt unser modernes Zeitalter zum Ausdruck bringt.«

Im Unterschied zu Lower Manhattan mit seinen kurzen und krummen Straßen, die auch Namen besitzen, ist **Midtown Manhattan** vom Gitternetz der Stadt geprägt. Die numerierten Straßen und Avenues machen dem Besucher die Orientierung leicht.

Mit Ausnahme der Freiheitsstatue an Manhattans Südspitze finden sich die bekanntesten Wahrzeichen New Yorks alle in Midtown Manhattan: das Empire State Building, das UNO-Gebäude, Rockefeller Center, St Patrick's Cathedral, das Chrysler Building, Grand Central Terminal, der Broadway, aber auch Kaufhäuser wie Macy's oder Bloomingdale's.

Die nördliche Grenze von Midtown Manhattan bildet die südliche Peripherie des Central Park, einer imposanten und exakt rechteckigen Grünfläche, die das Herz der Stadt belebt. Als eine gelungene Kulturlandschaft mitten in einer Weltmetropole ist der Park unbedingt einen Besuch wert.

Östlich des Central Park erheben sich die prachtvollen Villen und Wohnblocks der **Upper East Side**, von denen aus man die Grünflächen überblickt. Dies ist New Yorks weitaus wohlhabendste Wohngegend, mit exklusiven Modegeschäften, Feinschmeckerrestaurants und einer unermeßlichen Anzahl von Kunstgalerien.

Selbst Besuchern, die nicht an einem Einkaufsbummel interessiert sind, hat die Upper East Side einiges zu bieten. Schließlich befinden sich hier drei der wichtigsten Museen der Stadt: das Metropolitan Museum of Art, das Guggenheim Museum und das Whitney Museum of American Art. Und wer Kunst in einer luxuriösen Umgebung genießen möchte, sollte unbedingt die Frick Collection in Henry Clay Fricks Villa aus dem 19. Jahrhundert besuchen.

Jenseits des Central Park liegen die Hauptattraktionen der **Upper West Side:** das Lincoln Center, das American Museum of Natural History und die Kathedrale von St John the Divine. Die großen Mietshäuser boten um die Jahrhundertwende ein Höchstmaß an Luxus und sind bei den oberen Schichten auch heute noch sehr gefragt. So haben z.B. in den Dakota Apartements schon berühmte Persönlichkeiten wie Judy Garland, Leonard Bernstein oder John Lennon gewohnt.

Little Italy – eines der vielen ethnischen Gebiete in New Yorks kosmopolitischem Schmelztiegel.

Der Wollman Memorial Rink im Central Park.

Im nördlichen Bereich von Upper Manhattan erstreckt sich **Harlem,** das seit Anfang des Jahrhunderts eine Schlüsselrolle in der Geschichte und Kultur der Afroamerikaner spielt. In den letzten Jahrzehnten wurde es jedoch von der für unterprivilegierte Innenstadtviertel typischen Armut und Kriminalität heimgesucht. Auch **East Harlem** oberhalb der Upper East Side, das Zentrum der puertoricanischen Bevölkerung, hat mit immensen sozialen Problemen zu kämpfen.

Die äußeren Stadtbezirke: Auch wenn die hier Ansässigen widersprechen: Die äußeren Stadtbezirke New Yorks können leicht in Tagesausflügen erkundet werden.

Brooklyn, mit seinem außergewöhnlichen Brooklyn Museum und den reizvollen Brooklyn Heights sollte man auf keinen Fall auslassen. An der Küste liegt Coney Island. Die glorreichen Tage der Insel gehören längst der Vergangenheit an, aber der Vergnügungspark ist noch immer ein ganz besonderes Stück Americana und liegt zudem gleich neben dem New York Aquarium und der lebendigen russischen Gemeinde von Brighton Beach.

Staten Island ist ebenfalls einen Besuch wert, allein schon wegen der Überfahrt mit der Fähre, aber auch um die ländliche Umgebung zu genießen und das eine oder andere Museum auf der überraschend großen Insel zu besuchen.

In der kleinstädtischen **Bronx** bildet der Bronx Zoo (heute Bronx Wildlife Conservation Park genannt) eine Attraktion für die Kinder. Direkt angrenzend befindet sich der wunderbare New York Botanical Garden. Ein eher düsteres Relikt ist das Landhaus, in dem Edgar Allan Poe zwei sorgenvolle Jahre verbrachte.

Wie The Bronx ist auch **Queens** eine weitläufige Vorstadt, deren Sehenswürdigkeiten jedoch weit auseinanderliegen und kaum der Mühe lohnen. Flushing ist in jedem Fall schon wegen seiner ethnischen Vielfalt und Lebendigkeit einen Besuch wert, und die Zeugnisse der frühen Filmgeschichte New Yorks werden im American Museum of the Moving Image aufbewahrt.

Le Corbusier über New York
»Hundertmal dachte ich, New York sei eine Katastrophe, und fünfzigmal: was für eine wunderbare Katastrophe.«

■ New York ist, wie manch andere Großstadt auch, nicht ganz ungefährlich. Aber auf jeden Besucher, der überfallen wurde (oder schlimmer), kommen viele Hunderte, die die Stadt mit den besten Erinnerungen verlassen – und Millionen, die seit Jahren dort leben, ohne je Opfer eines Verbrechens geworden zu sein. Man muß nur auf der Hut sein – beachten Sie daher folgende Tips. ■

Stadtviertel, die nachts zu meiden sind
Nachts gilt es, noch vorsichtiger zu sein als am Tag. Mehrere Viertel, die Sie tagsüber relativ unbekümmert aufsuchen können (die meisten von ihnen sind im Teil *New York von A bis Z* beschrieben), sollten nachts unbedingt gemieden werden: Alphabet City jenseits der Avenue C (Avenue A und B sind in Ordnung), der Central Park, der westliche Rand von Greenwich Village entlang dem Hudson River, Harlem und Midtown Manhattan westlich des Theaterdistrikts. Als Faustregel gilt: Sind die Straßen belebt, droht keine Gefahr. Sind sie leer, sofort zur nächstgelegenen Avenue gehen oder das nächste Taxi besteigen.

Ankunft: Egal, wie lange Sie bleiben, am verwundbarsten sind Sie immer bei der Ankunft. Flughäfen sind vergleichsweise sicher, aber kümmern Sie sich um den Transport in die Stadt, *bevor* Sie den Terminal verlassen.

Falls Sie ein Taxi nehmen möchten, lassen Sie sich von einem uniformierten Führer den offiziellen Taxistand zeigen. Vorsicht vor Taxifahrern ohne Zulassung! Die meisten von ihnen wollen nur schnell etwas Geld verdienen, aber manche haben auch anderes vor. Halten Sie sich daher immer an offizielles Personal. Die offiziellen Fahrpreise zeigt das Taxameter an. Einige zugelassene Ausnahmen sind auf der Rückseite der Vordersitze angebracht.

Die Ankunft in Manhattans Zug- und Busterminals kann vor allem spät nachts problematisch sein. Obwohl man für gewöhnlich sofort ein Taxi anhalten kann, ist es besser, schon im Terminal seinen weiteren Weg zu planen. Lassen Sie auf keinen Fall Ihr Gepäck von Fremden tragen. Falls Sie zu Fuß zu Ihrem Hotel gehen wollen, denken Sie daran, daß die Gegend um den Port Authority Bus Terminal ziemlich schäbig ist.

Zu Fuß unterwegs: Bevor Sie aufbrechen, deponieren Sie Ihre Wertsachen im Hotelsafe (manche Hotelzimmer haben eingebaute Safes) und nehmen Sie nur soviel Bargeld mit, wie Sie für den Tag benötigen. Zahlen Sie bei einem größeren Einkauf unbedingt mit Kreditkarte oder Reiseschecks statt mit großen Summen Bargeld.

Die selbsternannten (und umstrittenen) »Guardian Angels« der Stadt wollen die Straßen und Subways von Kriminalität und Gewalt befreien.

Die Subway – oft verleumdet, aber besser als das Auto.

Sie können Manhattan sehr gut zu Fuß erkunden, wenn Sie dabei etwas Vorsicht walten lassen. Bleiben Sie in der Menge, meiden Sie verlassene Straßen und geben Sie nicht mit teurem Schmuck an. In Restaurants sollten Frauen ihre Handtaschen nicht über die Stuhllehne hängen. Männer sollten ihren Geldbeutel grundsätzlich in der vorderen Hosentasche tragen.

Planen Sie Ihre Route, bevor Sie ausgehen. Das Gitternetz der Straßen Manhattans macht die Orientierung leicht (obwohl Lower Manhattan etwas verwirrend sein kann). Selbst für den eingesessenen New Yorker ist nicht jede Straße sicher. Tragen Sie daher nichts, was man Ihnen leicht entreißen könnte. Lassen Sie sich nicht erweichen, wenn Ihnen jemand eine rührselige Geschichte erzählt. Auf der Straße verkaufte Armbanduhren und Schmuck sind meistens unecht oder gestohlen. Videos sind meist mangelhaft oder unbespielt.

Bleiben Sie nachts auf Hauptverkehrsstraßen wie dem Broadway und der Fifth Avenue und den Hauptstraßen von Greenwich Village. Müssen Sie von Ost nach West, nehmen Sie statt einer Abkürzung lieber eine der größeren Straßen und gehen Sie in der Nähe des Randsteins.

Bargeld
Die Chancen, in New York überfallen zu werden, sind äußerst gering. Sollte jedoch jemand auftauchen und Geld verlangen, ist es nicht schlecht, etwas davon griffbereit zu haben. Viele New Yorker haben sich daher angewöhnt, immer etwa 20 Dollar bei sich zu tragen (manchmal in einem separaten Geldbeutel), teils um keine größere Summe zu verlieren, teils um Zeit zu gewinnen: Denn je länger der Räuber warten muß, desto unsicherer wird er wahrscheinlich werden.

Fahren mit der U-Bahn: Viele halten die New Yorker Subway für heruntergekommen und gefährlich, aber sie ist immer noch der schnellste und billigste Weg, um in der Stadt vorwärts zu kommen.

Tagsüber könnte sich lediglich das Zurechtfinden im Subway-Netz als Problem erweisen (siehe Seite 257). Falls Sie an der falschen Station oder in einer unangenehmen Gegend ankommen, nehmen Sie sofort den nächsten Zug zurück. Nachts trifft man in der Subway entweder auf ein lustiges Völkchen und Schichtarbeiter – oder sie ist leer. Steigen Sie in einen der mittleren Waggons, in denen normalerweise ein Schaffner sitzt, oder in einen gut besetzten Waggon. Falls Sie sich auf einem halbverlassenen Bahnsteig wiederfinden, suchen Sie nach dem bewachten »off-hours«-Wartebereich. Bleiben Sie aufmerksam und achten Sie darauf, daß Sie die angestrebte Station nicht verpassen.

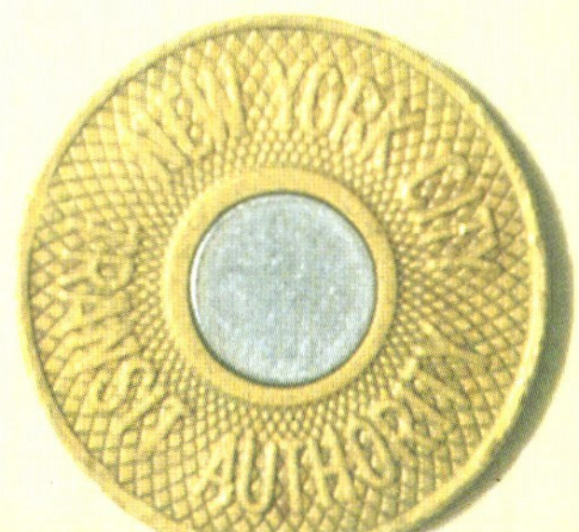

Tips für Touren

Zu Fuß
Einige Museen und Gesellschaften veranstalten Wanderungen in einige Neighbourhoods Manhattans. Die besten davon sind im Teil *Von A bis Z* zu finden. Interessant sind auch die historischen Rundgänge – hauptsächlich nach Lower Manhattan – von City Walks (Tel.: 989 2456) und die Spaziergänge am Sonntag nachmittag durch die Lower East Side vom Lower East Side Tenement Museum (siehe Seite 138).

Man kann sein ganzes Leben in New York verbringen und wird trotzdem das Gefühl nicht los, noch nicht alles gesehen zu haben. Die folgenden Tourenvorschläge sollen helfen, ein abgerundetes Bild von New York zu bekommen.

Wochenendtour
Erster Tag: Besuchen Sie morgens das Empire State Building und gehen Sie anschließend zu Fuß zur New York Public Library, dem Rockefeller Center und St Patrick's Cathedral. Mittagessen in Midtown Manhattan. Den Nachmittag verbringen Sie im Museum of Modern Art.
Zweiter Tag: Nehmen Sie eine der ersten Fähren vom Battery Park zur Freiheitsstatue und nach Ellis Island. Mittagessen im World Financial Center. Am Nachmittag Spaziergang durch Greenwich Village.

Seit zwanzig Jahren nicht mehr das höchste Gebäude der Welt, aber immer noch Publikumsmagnet: das Empire State Building.

Einwöchige Tour
Erster Tag: wie Tag eins der Wochenendtour.
Zweiter Tag: Nehmen Sie eine der ersten Fähren vom Battery Park zur Freiheitsstatue und nach Ellis Island. Mittagessen im World Trade Center. Am Nachmittag Streifzug durch den Financial District und den South Street Seaport.
Dritter Tag: Verbringen Sie den Tag im Metropolitan Museum of Art. Falls Ihnen das zu lange ist, Shopping in den besten Läden Midtown Manhattans und der Madison Avenue oder in den Secondhand-Shops in Lower Manhattan.
Vierter Tag: Morgens Rundgang durch den Central Park. Mittagessen in Greenwich Village. Nachmittags erkunden Sie Greenwich Village, SoHo, Little Italy und Chinatown.
Fünfter Tag: Besuchen Sie die Frick Collection und das Cooper-Hewitt Museum in der Upper East Side. Nach dem Mittagessen geht es weiter mit dem Guggenheim Museum und dem Whitney Museum of American Art.
Sechster Tag: Fahren Sie mit der Subway zum Brooklyn Museum und verbringen Sie die Mittagspause mit einem Picknick im Brooklyn Botanical Garden. Alternativ können Sie an diesem Tag auch eine Tour durch Brooklyn Heights unternehmen und dabei die Brooklyn Historical Society und das New York Transit Museum besuchen.
Siebter Tag: Streifzug durch die Lower East Side und das East Village. Nachmittags Spaziergang durch das Gramercy-Park-Viertel. Ende der Tour in der Pierpont Morgan Library.

Die Freiheitsstatue: *das berühmte Symbol der Freiheit ist nur mit einer Fähre erreichbar.*

Zweiwöchige Tour

Erster bis dritter Tag: wie erster bis dritter Tag der einwöchigen Tour.

Vierter Tag: Morgens Streifzug durch den Central Park. Mittagessen auf der Upper West Side, danach Besuch des American Museum of Natural History.

Fünfter Tag: Verbringen Sie den Tag auf Staten Island und besichtigen Sie den Snug Harbour Cultural Center, die Richmondtown Historic Restoration sowie auch den Jacques Marchais Center of Tibetan Art.

Sechster Tag: Streifzug durch die Lower East Side und Chinatown. Mittagessen in Chinatown, nachmittags Bummel durch Greenwich Village.

Siebter Tag: wie sechster Tag der Wochentour.

Achter Tag: Streifzug durch die Frick Collection und das Cooper-Hewitt Museum auf der Upper East Side. Nachmittags zum Museum of the City of New York und dem Puerto Rican Market in der 116th Street.

Neunter Tag: Besuch von Forbes Gallery und Washington Square Park. Mittagessen in einem Café in Greenwich Village, dann ins East Village und Gramercy Park-Viertel in Midtown Manhattan. Abschließend ein Besuch in der Pierpont Morgan Library in der 36th Street.

Zehnter Tag: Streifzug durch Harlem und die Museen des Audubonkomplexes. Nachmittags Bummel über das Gelände der Columbia University und Besuch von St John the Divine.

Elfter Tag: Tagesausflug nach Queens oder in die Bronx.

Zwölfter Tag: Eine Hälfte des Tages für das Whitney Museum of American Art, die andere für das Guggenheim Museum.

Dreizehnter Tag: Fahren Sie zunächst mit der Subway nach Coney Island, besichtigen Sie das New York Aquarium und setzen Sie dann ihren Weg fort nach Brighton Beach.

Vierzehnter Tag: Morgens in den Cloisters, dann zum Mittagessen nach Midtown Manhattan, anschließend Besuch des Museum of TV and Radio und des American Craft Museum – und irgendeines Gebäudes, das Sie noch nicht aus der Nähe gesehen haben.

Führungen durch Harlem
Harlem gehört zu den bekanntesten Stadtteilen New Yorks, kann aber beim ersten Besuch schockierend sein. Eine Führung ist der beste Weg, Harlem kennenzulernen. Harlem Spirituals, Inc (Tel.: 757 0425) bietet drei Möglichkeiten: eine Sonntagstour mit Gospelgottesdienst und einem Ausflug durch das historische Harlem. Eine Tagestour ,in der Woche inklusive »Soulfood« und Vortrag über die Geschichte des Stadtteils. Und eine nächtliche Tour mit mehreren Stunden Jazzmusik im Cotton Club.

Schöne Aussichten

■ **Ob vom World Trade Center oder der Staten Island Ferry – in Sachen Aussichten ist New York nicht zu überbieten. Viele Wolkenkratzer haben öffentliche Aussichtsplattformen. Zwei von ihnen, das Empire State Building und das Woolworth Building, können heute sogar von noch höheren Türmen aus bewundert werden – ein Anblick, den die Architekten von damals wohl kaum für möglich gehalten hätten.**

Wenn Sie nicht schwindelfrei sind, verlassen Sie Manhattan, um es aus der Ferne zu betrachten. Geben Sie nicht auf, wenn es Nacht wird. Das Tageslicht eignet sich gut, um bestimmte Orientierungspunkte zu sehen, aber das nächtliche Panorama werden Sie nie vergessen. ■

H. G. Wells über das Stadtbild von New York, 1906
»Als ich noch einmal einen Blick auf die Wolkenkratzer New Yorks warf, fiel mir plötzlich etwas Seltsames auf. Sie erinnerten mich an Verpackungskartons. Ich war erstaunt, daß mir diese Ähnlichkeit nicht schon früher aufgefallen war.«

Das Empire State Building: Vom Aussichtsdeck im 86. Stock sieht man durch das Sicherheitsgitter (für Selbstmordgefährdete) an klaren Tagen bis nach Massachusetts und Pennsylvania und kann die Flugzeuge beim Anflug auf New Yorks Flughäfen beobachten. Das Gebäude ist bis Mitternacht geöffnet, so daß man auch Manhattan bei Nacht genießen kann.

World Trade Center: Die beiden Türme überragen als das Empire State Building zwar nur um acht Stockwerke, wirken aber aufgrund ihrer glatten Außenwände wesentlich höher. Der Fernblick nach Süden vom südlicheren Turm aus gleicht im wesentlichen dem vom Empire State Building. Aber von der im freien liegenden Aussichtsplattform auf dem Dach genießt man einen einzigartigen Blick auf die Dächer des Financial District und die Kupferkuppel des 1913 erbauten Woolworth Building.

Rockefeller Center: Von den Fenstern des Rainbow Room im 65. Stock des GE (früher RCA) Building sieht man das Empire State Building, das sich königlich im Süden erhebt, und dahinter das World Trade Center. Schauen Sie Richtung Norden, sehen Sie, wie sich das grüne Rechteck des Central Park zwischen den imposanten Mietshäuser der Upper East Side und denen der Upper West Side bis nach Harlem erstreckt.

Über dem East River: Von der Endstation der Drahtseilbahn, die den East River nach Roosevelt Island überquert, an der Kreuzung der Second Avenue mit der 60th Street, erblickt man die früheren Irrenanstalten und Krankenhäuser der Insel. Weitaus beeindruckender – und weniger makaber – ist auf der Rückfahrt die Aussicht auf Manhattan vom UN-Gebäude bis weit in die Upper East Side hinein.

Fort Tryon Park: Nahe der nördlichen Spitze Manhattans gelegen, bietet der Fort Tryon Park nicht etwa nur einen überraschenden Blick auf ein mittelalterliches europäi-

sches Kloster (The Cloisters), das hier wieder aufgebaut wurde. Vom Hügel des Forts aus kann man über den Hudson River sogar bis nach Palisades Park, New Jersey, sehen und, auf der anderen Seite Manhattans, den Harlem River überblicken.

Brooklyn: Die beste Aussicht auf Manhattan ergibt sich im allgemeinen von einigen Punkten außerhalb der Stadt. An der Brooklyn Heights Promenade beginnend, umgibt der östliche Rand des Financial District – der sogenannte Water Street Corridor, eine Mischung aus Glas, Stahl und Marmor – den East River wie eine Mauer. Dort sollten Sie zwei der höchsten Gebäude der Welt, das Woolworth Building und das World Trade Center, erkennen können. Zwei weitere berühmte Bauwerke, das Chrysler Building und das Empire State Building, ragen deutlich sichtbar über Midtown Manhattan hervor.

Brooklyn Bridge: Verschießen Sie auf der Promenade nicht Ihren gesamten Film: Eine Fußwanderung über die Brooklyn Bridge liefert einem begabten und engagierten Fotografen zwischen den Brückenstreben hindurch eine wirklich reichhaltige Palette von Motiven aus zahlreichen, ständig wechselnden Perspektiven.

Staten Island Ferry: Ein Blick über den Hafen von Brooklyn Heights enthüllt im Süden die grünen Hügel von Staten Island. Vielleicht entdecken Sie sogar die Staten Island Ferry auf einer ihrer Fahrten zwischen der Insel und dem Financial District. Diese Fähre tatsächlich zu benutzen, ist jedoch wesentlich aufregender, als sie einfach nur anzusehen. Die Überfahrt bietet einen wirklich eindrucksvollen Blick auf die Skyline Manhattans (am besten wirkt dieses grandiose Bild auf der Rückfahrt, weil die Wolkenkratzer dann immer höher zu werden scheinen) und Governor's Island (die von der Küstenwache besetzt ist), auf die Freiheitsstatue und die bis 1981 längste Hängebrücke der Welt, die Verrazano-Narrows Bridge, die Staten Island mit Brooklyn verbindet.

Die Freiheitsstatue
Der Blick von der Freiheitsstatue, die auf einer Insel zwischen Manhattan und New Jersey ihre Fackel gen Himmel reckt, ist einzigartig. Jenseits des Hudson River ragen Battery Park City und das World Trade Center empor. Im Vordergrund auf dem Wasser tuckern Yachten und Schlepper, während über der Statue die Hubschrauber vorbeizischen.

Die Straßenschlacht von Tompkins Square Park
In einer schwülen Augustnacht des Jahres 1988 war Tompkins Square Park im Zentrum von Alphabet City Schauplatz einer plumpen Polizeiaktion: Vier Stunden lang versuchten zwölf berittene und 400 weitere Polizisten, den sechs Hektar großen Park von Obdachlosen zu säubern.

Der Zwischenfall wurde von einem Künstler auf Video aufgenommen. Das brutale Vorgehen der Polizei erregte den Zorn der gesamten Stadt und führte im Park zu nächtlichen Gewalttaten. Bürgermeister Dinkins ließ ihn daraufhin wegen Renovierungsarbeiten schließen. Einlaß bekamen nur noch Hundebesitzer und Basketballspieler. Heute ist der Park wieder geöffnet und tagsüber relativ friedlich.

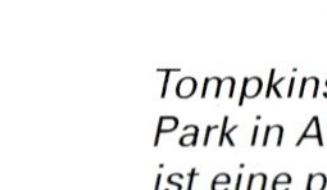

Abigail Adams Smith Museum 151D3

61st Street bei der York Avenue
Subway: N, R, 4, 6; 59th Street

Weder Abigail Adams, Tochter von John Adams, dem zweiten Präsidenten der USA, noch ihr Mann William Stephens Smith, ein Berater George Washingtons, lebten jemals in diesem Haus, das heute das Museum beherbergt. Statt dessen war das Haus aus Quaderstein – ein Gebäude mit prägnantem Charakter, umgeben von modernen Wohnblocks – das Kutschenhaus ihres geplanten, neun Hektar großen Landguts am Ufer des East River.

Finanzielle Schwierigkeiten zwangen das Paar, im Jahre 1799 umzuziehen, worauf die Stallungen zunächst in ein Gasthaus und später in ein privates Wohnhaus umgebaut wurden. 1924 dann wurde der Besitz von den Colonial Dames gekauft, einer Organisation, die die Geschichte der revolutionären Ära bewahren wollte. Nach und nach statteten sie neun Zimmer mit Möbeln aus der Föderationszeit aus, die einen halbstündigen Besuch durchaus lohnen.

Alphabet City UIVC3

Subway: F; Second Avenue

Der Aufwertungsprozeß, der Greenwich-Village 1970 erfaßte, setzte sich in East Village fort. Mitte der achtziger Jahre hatte er Alphabet-City erreicht, das östlich der First Avenue zwischen Houston und 14th Street liegt. Es verdankt seinen Namen der Tatsache, daß die Straßen nicht numeriert, sondern durch Buchstaben gekennzeichnet sind. Die Restaurants, deren kulinarische Bandbreite von Asien bis Osteuropa reicht, ziehen auch bürgerliche New Yorker an. Die Bevölkerung besteht zum großen Teil aus Puertoricanern. Zu den Ortsansässigen zählen aber auch jene, die sich ein kleines, renoviertes Appartement in einem der zahlreichen Wohnblöcke leisten können.

Tompkins Square Park in Alphabet City ist eine problematische Gegend, tagsüber aber relativ friedlich und sicher.

Das Abigail Adams Smith Museum liegt in einem eleganten Kutschenhaus aus dem 18. Jahrhundert – ein angenehmer Kontrast zur Architektur der New Yorker Wolkenkratzer.

Das Gebiet wurde in den frühen achtziger Jahren von einer Brandkatastrophe heimgesucht, aber dank der Bemühungen der kommunalen Behörden und eines großangelegten Polizeieinsatzes, und nicht zuletzt aufgrund des zunehmenden Interesses von Immobilienmaklern, befindet der Ort sich wieder im Aufwind. Dennoch ist Armut weitverbreitet und die Gegend östlich von Avenue B kann auf Fremde schockierend wirken.

► American Academy and Institute of Arts & Letters *UIHD2*

Broadway an der 155th Street
Subway: C, D, 1; 155th oder 157th Street
Zwei ehrenwerte Kulturgremien – das 1898 gegründete National Institute of Arts und die 1904 gegründete American Academy – verbanden sich 1977, um die Errungenschaften der amerikanischen Kunst, Literatur und Musik zu würdigen.

Die Organisation vergibt Stipendien an Künstler und stellt hin und wieder Werke von Mitgliedern aus. Sollte es sich dabei gerade um Ihren Lieblingsmaler, -schriftsteller oder -komponisten handeln, könnte sich ein Besuch lohnen. Weitere Auskünfte unter Tel.: 368 5900.

► American Bible Society *151D1*

Broadway an der 61st Street
Subway: A, B, C, D, 1, 2, 3, 9; 59th Street
Das einen Steinwurf vom lauten Columbus Circle entfernt stehende Betongebäude würde man kaum für das Haus der American Bible Society halten. Sie wurde 1816 gegründet, um »die Bibel kommentarlos zu verbreiten«.

Die von der Gesellschaft vertriebenen Bibeln sind bei weitem nicht so bedeutend wie die, die sie im Laufe der Jahre zusammengetragen hat. Das riesige Archiv und die Bibliothek bestehen aus historischen Bibeln von nah und fern sowie einem illustrierten armenischen Bericht über die vier Evangelien aus den frühen Jahren des 15. Jahrhunderts. Interessant ist auch die Übersetzung eines Predigers aus Neuengland, der die Bibel im 16. Jahrhundert ins Massachusetts, die Sprache der Algonquin, übertrug.

Im ersten Stock sind die Rekonstruktion einer Druckerpresse Gutenbergs und eine Dokumentation über die Funde der Schriftrollen im Toten Meer zu sehen.

Audubon Terrace
Die American Academy and Institute of Arts & Letters befindet sich in einem Teil der Audubon Terrace, eines im Renaissancestil gebauten Komplexes, der 1908 mit dem Ziel geplant wurde, verschiedenen, nationalen Institutionen wie der American Numismatic Society (siehe Seite 65) und der Hispanic Society of America (siehe Seite 126) einen imposanten Rahmen zu verleihen.

Dieses Vorhaben, angelegt zwischen Riverside Drive, Broadway,155th und 156th Street, ist nicht ganz gelungen. Abgesehen von der schlecht geplanten Architektur beklagen sich die Bewohner auch über die Lage weit abseits des pulsierenden Herzens von New York.

Audubon Terrace wurde auf dem Grundstück von John James Audubon, dem herausragenden amerikanischen Naturforscher des späten 19. Jahrhunderts, gebaut.

Wechselnde Ausstellungen von Keramiken, Textilien, Möbeln und anderen Kunstprodukten sind in den großen Räumen des American Craft Museum zu sehen, das sich auf Arbeiten zeitgenössischer Kunsthandwerker spezialisiert.

Museum of American Illustration
Nur wenige Schritte von der American Federation of the Arts entfernt, unterhält die 1875 gegründete Society of Illustrators in der 63rd Street zwischen Lexington und Park Avenue das kleine Museum of American Illustration. Wechselnde Ausstellungen beleuchten die Einflüsse von Cartoons, Anzeigen oder Zeichnungen auf die amerikanische Kunst. Der Eintritt ist kostenlos (Informationen Tel.: 838 2560).

►► American Craft Museum *151C2*

53rd Street zwischen Fifth und Sixth Avenue
Subway: E, F; Fifth Avenue

Vom Teegeschirr bis zum Teppich, vom Brotkorb bis zur Brosche, die Ausstellungen des American Craft Museum sind immer wieder sehenswert. Die Exponate stammen aus dem unermeßlich großen Lager des Hauses oder sind Leihgaben. Sie demonstrieren neue Trends in Design und Technik der besten amerikanischen Kunsthandwerker des 20. Jahrhunderts.

Das Museum wird vom American Craft Council geleitet, der 1959 an dieser Stelle ein Brownstone erwarb. 1980 wollte ein Bauspekulant einen riesigen Wohnblock errichten, überließ dem Museum aber einen Großteil des Erdgeschosses, so daß die Ausstellungsstücke um ein dreistöckiges Atrium herum angeordnet wurden und durch das riesengroße Frontfenster teilweise umsonst besichtigt werden können.

► American Federation of the Arts *151D2*

65th Street zwischen Park Avenue und Madison Avenue
Subway: 6; 68th Street

Diese Vereinigung organisiert Ausstellungen für die kleineren Museen der USA, findet aber auch manchmal die Zeit, diese in den eigenen Galerien zu präsentieren. Man muß mit dem vorliebnehmen, was gerade ausgestellt wird, kann dabei aber auch gleichzeitig das üppig ausgestattete Interieur des Hauses besichtigen, das 1910 von einem erfolgreichen Börsenmakler gebaut und 1960 restauriert wurde.

▸▸ American Museum of Natural History *UIVF2*

Central Park West und 79th Street
Subway: 1, 9, B, C; 79th oder 81st Street

Mit 36 Millionen Ausstellungsstücken – vom ausgestopften Tiger bis zur antiken Inschrift aus Guatemala – ist dies eines der größten Museen der Welt.

Darwins Evolutionstheorie und Mendels Vererbungsgesetze waren die beiden Errungenschaften der Naturwissenschaft, die 1869 die Gründung des Museums anregten. Nach zehn Jahren hatte die Sammlung am Central Park eine Bleibe gefunden: in einem imposanten Bauwerk im neoromanischen Stil, das das »größte Gebäude des Kontinents« werden sollte. Leider sind die Anbauten so fantasielos, daß das Resultat zwar beeindruckt, aber ein architektonischen Durcheinander sondergleichen darstellt.

Der Umfang der Sammlungen des American Museum of Natural History kann auch auf die wirklich begeisterten Besucher zunächst etwas entmutigend wirken. Die kostenlosen und mehrmals am Tag stattfindenden Führungen (Informationen an den Schaltern im Museum oder unter Tel.: 769 5700) bieten aber eine gute Möglichkeit, alles Wesentliche zu besichtigen, ohne sich dabei überanstrengen zu müssen. Die vielbewunderte Sammlung von Dinosaurierskeletten – Fossilien in furchterregender Pose, die bis in die Jurazeit vor 180 bis 120 Millionen Jahren zurückdatieren – wurde grundlegend umgestaltet. In sechs renovierten Räumen wird die Entwicklung der Evolution dargestellt; die spektakulärsten Exponate sind ein Tyrannosaurus Rex und ein Apatosaurus.

Carl Akeley
Die Akeley Gallery im American Museum of Natural History ist nach Carl Akeley benannt, einem Naturforscher, Entdecker und Erfinder. Zweimal entrann Akeley nur knapp dem Tod. 1911 wurde er von einem Elefanten aufgespießt, rettete sich aber, indem er sich unter den Körper des Tieres schwang. Ein anderes Mal ging ihm die Munition aus, als er einem wütenden Leoparden gegenüberstand. Er erwürgte ihn. Zu seinen vielen technischen Innovationen gehört eine neue Technik des Ausstopfens, die bei den sieben Elefanten der Galerie angewandt wurde. Ironie des Schicksals: 1926 starb Akeley an den Folgen eines Mückenstichs.

Riesiges Exponat in einem riesigen Museum – der Barosaurus im Museum of Natural History.

Das Hayden Planetarium
Direkt an das American Museum of Natural History angrenzend befindet sich das Hayden Planetarium in einem auffälligen Gebäude mit einer Kuppel aus Kupfer. Dort gibt es neben Ausstellungen auf dem Gebiet der Astronomie vor allem eine einstündige »Sky Show« zu bestaunen, die die Besucher mittels modernster Technik auf eine virtuelle Reise durch den Kosmos führt (Information Tel.: 769 5100).

Das Leben der nordamerikanischen Indianer und die Entwicklung von Tier- und Vogelarten werden in ausführlichen, doch nicht eben kurzweiligen Dioramen präsentiert.

Ausgezeichnet angelegt sind dagegen die anthropologischen Sammlungen Afrikas, Asiens sowie Mittel- und Südamerikas. Besonders sehenswert sind die Tausende religiöser, zeremonieller und alltäglicher Objekte. Suchen Sie nach den aztekischen Musikinstrumenten aus Menschenknochen, den Blechlamas der Anden aus dem 17. Jahrhundert, den Schrumpfköpfen aus dem Amazonasgebiet – und machen Sie verblüffende Entdeckungen bei der Begegnung mit mit der Astronomie der Maya.

1993 wurde im Museum eine neue Dauerausstellung eröffnet, die *Hall of Human Biology and Evolution*. Sie beschäftigt sich mit der Funktionsweise des menschlichen Körpers, verfolgt unsere Vorfahren über Jahrtausende zurück, zeigt eine von Computern betriebene archäologische Ausgrabung und eine elektronische Zeitung über die Evolution des Menschen.

Das größte Ausstellungsstück, 30 Meter lang und zehn Tonnen schwer, hängt über der *Hall of Ocean Life and Biology of Fishes* und ist eine Nachbildung des größten Säugetiers der Welt – des Blauwals. Diese riesige Fiberglaskonstruktion stiehlt allen anderen Exponaten die Schau. Doch sind auch all die anderen Nachbildungen und Fischskelette, die die unterhalb des Meeresspiegels verborgenen Geheimnisse enthüllen, äußerst sehenswert.

Verglichen mit den Stücken der *Hall of Minerals and Gems*, einer Sammlung, deren Wert auf 80 Millionen Dollar geschätzt wird, erscheinen die sündteuren Schmuckstücke der Juweliergeschäfte Midtown Manhattans wie billige Imitationen. Ein Klumpen kristallimprägnierten Kupfers und eine Reihe Vitrinen voller glitzernder Steine sind nur ein Teil der Ausstellung der teuersten Gesteine der Welt. Einige von ihnen haben die Größe einer Stecknadel, andere sind faustgroß; der brasilianische Princess Topaz ist mit 21 000 Karat und dem Gewicht von einer viertel Tonne der größte ungeschliffene Edelstein der Welt.

Das Gorilladiorama im American Museum of Natural History. Die umfangreiche Sammlung enthält fast alles, was in freier Wildbahn lebt.

Bequem vom Museum aus erreichbar ist das **Nature Max Cinema** mit Naturfilmen, die auf den gigantischen IMAX-Bildschirm projiziert werden. Falls Sie schon immer einmal das Gebiß eines Löwen aus nächster Nähe studieren wollten, ist dies die sicherste Methode.

▶ American Numismatic Society UIHD2

Broadway an der 156th Street
Subway: C, D, 1; 155th oder 157th Street

Diese faszinierende Sammlung von Münzen und Medaillen dient in erster Linie dazu, Münzsammlern bei ihren Nachforschungen zu helfen. Das Erdgeschoß beherbergt jedoch auch zwei Ausstellungen, die für die Öffentlichkeit bestimmt sind. Die erste enthält Landkarten, Fotografien und bemerkenswerte Exponate antiker Münzen und dokumentiert so den Ursprung und die Verbreitung des Geldes über die ganze Welt.

Hoffentlich haben Sie dann noch genügend Energie für die zweite Ausstellung, eine einzigartige Medaillensammlung. Beim Informationsstand im oberen Stockwerk können Sie herausfinden, ob die ausländische Münze, die Sie gerade unter ihrem Kleingeld gefunden haben, Ihren Lebensstil entscheidend verändern wird.

▶ Asia Society 151D3

Park Avenue Ecke 70th Street
Subway: 6; 68th Street

1956 zum Zweck der gegenseitigen Verständigung zwischen Asien und Amerika gegründet, veranstaltet die Asia Society Konferenzen, Konzerte, Workshops und Filmvorführungen und stellt zeitgenössische asiatische Kunstwerke aus. Die Gesellschaft zeigt auch Gegenstände aus eigenem Besitz, wie z. B. chinesische Keramik aus dem 11. Jahrhundert v. Chr., sehr schöne kambodschanische Skulpturen aus der Prä-Angkor-Zeit sowie wundervolle japanische Drucke aus der Edo-Periode. Alle Exponate wurden von John D. Rockefeller III gestiftet. Der dekorative Löwe über dem Eingang des achtstöckigen Galeriegebäudes aus rotem Granit ist das Wahrzeichen der Gesellschaft und der Bronzestatue eines nepalesischen Wachlöwen aus dem 18. Jahrhundert nachempfunden.

St James Church
In kurzer Entfernung von der Asia Society lockt der Sonntagsgottesdienst in der St James Episcopal Church (861–863 Madison Avenue) viele von New Yorks bessergemittelten Gläubigen aus ihren Wohnungen in der Upper East Side. Die bunten Fenster der Kirche bewundern Sie am besten während der Woche. Wahrscheinlich wissen nur wenige der reichen Gemeindemitglieder, daß Arme und Obdachlose aus der Suppenküche von St James gespeist werden.

Der helle Innenraum von St James Church auf der Madison Avenue – einer der bemerkenswerten Kirchen der Upper East Side.

St Elizabeth Ann Seton
Das gut erhaltene, im Federal Style errichtete Haus an der State Street, dessen Säulen angeblich aus Schiffsmasten geschnitten sind, wurde 1783 für die prominente Familie Watson gebaut. Berühmt wurde es jedoch als Kirche zu Ehren von Elizabeth Ann Seton. Sie gründete 1812 die Sisters of Charity, den ersten Nonnenorden der USA, und wurde 1975 als erste gebürtige Amerikanerin von der Römisch-Katholischen Kirche heiliggesprochen. Sie lebte hier von 1801 bis 1803.

Battery Park

104B1

Subway: 4; Bowling Green

Am Rande des Financial District gelegen, bietet der Battery Park eine acht Hektar große Grünfläche und einen hervorragenden Blick auf den Hafen. Die Laternenpfahle sind mit historischen Texten verziert, die viel über das frühe New York erzählen.

Seinen Namen erhielt der Park von den Kanonen, die die Briten im 17. Jahrhundert entlang der State Street aufstellten. Diese grenzt heute an den Park, bildete damals jedoch die Küstenlinie von Manhattan. Seine gegenwärtige Form erhielt der Park als Folge der Landauffüllung in der Mitte des 18. Jahrhunderts.

Um den Schalter für die Karten der Fähre zur Freiheitsstatue und nach Ellis Island zu erreichen, müssen Sie den einstigen Exerzierplatz von **Castle Clinton** betreten. Diese runde Befestigung hatte man 1811 gebaut, um britische Angriffe abzuwehren.

Heute merkt man nichts mehr von der wichtigen Rolle, die Castle Clinton – ursprünglich lag das Gebäude gut 90 m von der Küste entfernt und war mit dem Festland nur über einen Damm verbunden – im Leben New Yorks gespielt hat. Als das Fort nicht mehr für militärische Zwecke gebraucht wurde, bepflanzte man es mit Blumenbeeten und nutzte es für Konzerte und Ausstellungen. Später wurde es als Sitz der Einwanderungsbehörde zum Vorläufer von Ellis Island. Zwischen 1855 und 1889 landeten hier fast acht Millionen Einwanderungswillige. Das Fort diente auch 46 Jahre lang als Stadtaquarium und wurde so zum Ziel vieler Sonntagnachmittagsausflüge der New Yorker.

Im restlichen Battery Park liegen mehrere weniger wichtige Statuen und Denkmäler verstreut, die man aber nicht mit den Betonplatten verwechseln sollte, die die Abzugsöffnungen des Brooklyn-Battery-Tunnels abdecken, der unter dem Park hindurchläuft. Nennenswert ist die Statue von Giovanni da Verrazano, dem ersten Europäer, der in den Hafen von New York segelte, während die winzige Peter Minuit Plaza nach dem Holländer benannt ist, der den Indianern die Insel Manhattan für etwas Werkzeug und Schmuck im Wert von 24 Dollar abkaufte.

Oben und rechts: der Battery Park.

Bootsfahrten

■ In den engen Straßen zwischen den riesigen Wolkenkratzern vergißt man leicht, daß Manhattan eine Insel ist. Deren Umfang und Größe lernt man erst so richtig vom Wasser aus zu würdigen, z. B. auf einer Bootsfahrt. ■

Auf den ersten Blick scheint das Programm der meisten Passagierlinien dasselbe zu sein: eine Besichtigungsfahrt auf Hudson und East River mit Besuch der Freiheitsstatue und Ausblicken auf sämtliche Sehenswürdigkeiten New Yorks, obwohl nur in einem Fall Manhatten ganz umrundet wird. Kleinere Unterschiede sind dennoch festzustellen.

Sightseeing intensiv: Die umfassendste Besichtigungsfahrt bietet **Circle Line** (Tel.: 563 3200) an, obwohl manche sie zu langweilig finden. Auf der dreistündigen Fahrt rund um Manhattan Island passieren die Boote u. a. 20 Brücken. Dieselbe Gesellschaft veranstaltet eine zweistündige Kreuzfahrt nach Einbruch der Dunkelheit (den Blick auf das

Selbst bei einem kurzen Aufenthalt bietet eine Bootsfahrt eine willkommene Abwechslung vom heißen Pflaster und den Verkehrsstaus.

nächtliche Manhattan vergißt man so schnell nicht) sowie sogenannte »celebrity cruises« mit berühmten New Yorkern, die die Stadt aus ihrer Sicht beschreiben.

Alternativen: Spirit Cruises (Tel.: 727 7735) bietet ein kompaktes zweistündiges Programm mit Schwerpunkt auf Lower und Midtown Manhattan und der Freiheitsstatue. Samstags und sonntags gibt es auch Brunchfahrten, außerdem eine Moonlight Party Cruise an Freitagen und Samstagen. Letztere beginnt um 1.30 Uhr und beinhaltet Getränke, Tanz und den Blick auf das mondbeschienene Manhattan. Sie endet erst in den frühen Morgenstunden.

Falls Sie wenig Zeit haben, bringt Sie der Katamaran von **Express Sightseeing Cruises** (Tel.: 800 BOAT RIDE) in 75 Minuten von der Freiheitsstatue zu den United Nations. Dagegen gibt sich die **Seaport Liberty Cruises** (Buchung telefonisch: 630 8888) mit ihrer Nachbildung eines Schiffs aus dem 19. Jahrhundert nostalgisch: Sie bietet 90minütige Rundfahrten sowie zweistündige Lunch Cruises und eine einstündige abendliche Cocktailfahrt an.

Essen auf dem Schiff
Die New Yorker essen bekannterweise gerne, weshalb man auf den Lunch, Brunch und Dinner Cruises der World Yacht vornehmlich Einheimische trifft (Tel.: 630 8100). Diese Fahrten verlaufen nicht besonders kalorienbewußt: Brunch und Mittagessen sind üppige Büffets, und das Abendessen besteht aus vier Gängen. Beim anschließenden Tanz kann man jedoch wieder etwas abspecken.

Die erste Kurve des Broadway
Der sensenförmige Verlauf des Broadway durch Manhattans Schachbrettmuster ließ Plätze wie Union, Madison und Times Square entstehen. Die erste Kurve entstand etwa fünf Kilometer nördlich von Bowling Green, nachdem sich ein holländischer Grundstücksbesitzer, Jacob Brevoort, geweigert hatte, ihn über sein Anwesen laufen zu lassen. Auf seinem Grund und Boden steht heute die Grace Church.

Das Herz des Broadway: der Theater District nahe dem Times Square.

Times Square Tours
Wenn Sie Näheres über den Times Square wissen wollen, so wenden Sie sich an den Times Square Visitors' Center im Harris Theatre, 226 W 42nd Street. Jeweils am Freitag um 12 Uhr findet eine kostenlose Führung statt, die Ihnen auf einem zweistündigen Spaziergang Vergangenheit und Gegenwart des Viertels gleichermaßen nahebringt.

▸▸ Broadway *151C2*

Die Geschichte des Broadway ist gleichzeitig die Geschichte New Yorks. Diese längste und älteste Verkehrsader der Stadt durchquert nicht nur Manhattan von Süden nach Norden, sondern setzt sich noch mehr als 200 Kilometer weiter bis nach Albany fort. Der Broadway hat gute und schlechte Zeiten gesehen, und der international berühmte Theater District am Times Square bildet für viele das Kernstück New Yorks.

Der Broadway war ursprünglich Teilstück eines Indianerpfads. Die holländischen Siedler nannten ihn De Heere Straat oder Hauptstraße. Seit diesen Tagen gilt er als New Yorks wichtigste und berühmteste Straße.

1793 erhielt der Broadway seine erste Hausnummer. Der Handel blühte in schäbigen Bars, Bordellen und Spielhöllen, aber auch in exklusiven Geschäften. Um 1880 kursierte das Sprichwort, daß man an der Kreuzung des Broadway mit der Houston Street eine Schrotflinte in sämtliche Richtungen abfeuern könnte, ohne einen ehrlichen Menschen zu treffen.

Als es noch keine Verkehrsampeln und Einbahnstraßen gab, war der Broadway ein Tollhaus. Da er die Hauptstraße nach Norden bildete und die wichtigsten Betriebe beherbergte, wimmelte er nur so von Fußgängern und Pferdekarren. Manchmal mußte die Polizei einschreiten, um eine völlige Blockierung zu verhindern.

Fußgänger mußten beim Überqueren des Broadway um ihr Leben fürchten. Die Kreuzung mit der Fulton Street war so berüchtigt, daß die Behörden dort 1867 eine Überführung errichten ließen – die die anliegenden Geschäftsinhaber jedoch aus Angst vor Verlusten wieder abrissen.

Der eigentliche Theater District entstand im Süden und dehnte sich ständig nach Norden aus. Eines der ersten Theater, 1798 eröffnet, befand sich an der Kreuzung mit der heutigen Park Row. Im Gegensatz zur Bowery, wo ein anspruchsloser Massenkonsum vorherrschte, erlangten die Theater am Broadway schnell den Ruf, mit künstlerisch wertvollen Produktionen zur Unterhaltung der wohlhabenderen Klassen beizutragen.

In den 80er Jahren des 19. Jahrhunderts, als das Vaudeville mit Stars wie Lillie Langtry seinen Höhepunkt hatte, waren die Theater des Broadways bereits bis zum Union Square nach Norden vorgedrungen. Zur selben Zeit eröffnete jedoch 26 Blocks weiter nördlich das Metropolitan Opera House. Es zog das elitäre Publikum der Stadt in eine Gegend, in der sonst nur Mietställe lagen. Der Broadway kreuzte dieses Viertel am Longacre Square.

An dieser Stelle wurde erst zehn Jahre später ein Theater eröffnet. Zu jener Zeit erstrahlte der Abschnitt in der Nähe der 34th Street bereits unter gigantischen Leuchtreklamen und wurde daher »the Great White Way« genannt.

Schon bald war der **Times Square** – der damals Longacre Square hieß – ähnlich beleuchtet. Seinen neuen Namen erhielt er, nachdem die *New York Times* dort die Erlaubnis zum Bau eines Büroturms erhalten hatte. Nach seinem Anschluß ans Subwaynetz wurde er schnell zum Herz des Theater District.

Obwohl sich der Broadway ständig weiter nach Norden ausehnte, blieb der Theater District in seinem ursprünglichen Viertel. In den 20er Jahren zeigten die meisten Theater nur noch Filme, und 50 Jahre später mußten die ältesten von ihnen Bürogebäuden weichen.

Der Times Square fiel wieder in die Schäbigkeit des ursprünglichen Broadway zurück und wurde zur Hochburg von Pornoläden, Prostitution und Drogenhandel. Dennoch ziehen die schrille Umgebung und die wenigen verbliebenen guten Theater in seiner Umgebung immer noch Scharen von Touristen an.

In den 90er Jahren nahm allerdings ein völlig anderer Times Square seine neue Gestalt an. Ausgaben in Höhe von mehreren Milliarden Dollar garantierten neben einer deutlichen Verbesserung im Erscheinungsbild auch neue wirtschaftliche Perspektiven (siehe Seite 18).

Die Neonlichter des Broadway – vielleicht nicht mehr ganz der Glanz früherer Jahre, aber ein Jahrhundert nach Inbetriebnahme der ersten Leuchtreklame für den Besucher noch immer ein Erlebnis.

Eine Fahrt mit der Einschienenbahn durch den Bronx Zoo zeigt einen Großteil seiner 4000 Bewohner.

Praktische Hinweise für den Bronx Zoo
Pelham Parkway ist die dem Zoo am nächsten gelegene Subwayhaltestelle. Von ihr aus ist es nur noch ein kurzer Fußweg zum Bronxdale-Eingang des Zoos. Von Manhattan aus kann man auch den Liberty Lines Express Bus (BxM11) nehmen, der von der Madison Avenue zum Bronxdale-Eingang fährt (Information Tel.: 718 652 8400).

Da im Winter viele der Freigehege geschlossen sind, ist ein Besuch im Sommer vorzuziehen. Statt eines Eintrittsgeldes wird von dienstags bis donnerstags nur eine freiwillige Spende verlangt. Weitere Gebühren zahlt man im Affen- und Reptilienhaus und für die Einschienenbahn.

Allgemeine Informationen unter Tel.: 718 367 1010.

► Die Bronx *49D4*

Daß der Bronx ein schlechterer Ruf als jedem anderen New Yorker Viertel vorauseilt, liegt hauptsächlich daran, daß ein Abschnitt, die South Bronx, zum weltweiten Symbol für extremsten städtebaulichen Verfall wurde. Seit den 70er Jahren verschandeln verlassene Gebäude, die völlig ausgeschlachtet und regelmäßig Ziel von Brandstiftungen wurden, die Gegend. Die Einrichtung einer Reihe von Fonds, um billige Wohnquartiere für die an der Armutsgrenze lebende Bevölkerung zu schaffen, zeigt aber auch erst allmählich Wirkung und es ist schwierig, das Image eines »kaputten« Viertels wieder abzuschütteln.

Die übrige Bronx ist ganz anders. Abseits des **Grand Concourse**, eines großen Boulevards, der 1892 fertiggestellt wurde und den Stadtbezirk von Süden nach Norden durchquert, liegen sichere und saubere Wohnviertel, historische Flecken, riesige Parks und der **Bronx Zoo**.

Seit seiner Fertigstellung im Jahre 1923 ist das **Yankee Stadium** (161st Street und River Avenue) in der South Bronx die Spielstätte des Baseballteams der New Yorker Yankees. Ein Renovierungsprogramm von 100 Millionen Dollar, das Mitte der 70er Jahre durchgeführt wurde, sollte nicht nur das Stadion, sondern auch seine gesamte Umgebung verschönern. Nach einem Besuch des Stadions können Sie zum 1971 eröffneten **Bronx Museum of the Arts** weitergehen (1040 Grand Concourse), das Werke ortsansässiger Künstler ausstellt.

Neben dem Baseballstadion ist die Bronx bei New Yorkern vor allem wegen des **Bronx Zoo**► beliebt (offiziell Wildlife Conservation Society's Bronx Zoo genannt), dem größten städtischen Zoo der USA. Auf den 100 Hektar leben die Tiere hauptsächlich in Freigehegen. In Jungle

World dagegen, einem im Innern eines Hauses angelegten Regenwald, betrachten die Gibbons und Affen die Besucher vom anderen Ufer eines künstlichen Flusses aus. Dort entdeckt man auch einige indische Gharials, alligatorenähnliche Reptilien, deren Vorfahren bereits vor 180 Millionen Jahren lebten. Die seltenen Schneeleoparden sind die Hauptattraktion der Himalayan Highlands, während World of Darkness Füchse, Buschbabys, Fledermäuse (einschließlich einer Vampirart, die täglich eine Ration Blut erhält) und andere Nachttiere zeigt.

Die Tiere in der zentralen Freifläche des Zoos, Wild Asia, können nur auf einer 25minütigen Fahrt mit der Einschienenbahn betrachtet werden. Die offenen Waggons gleiten über eine Ebene mit Antilopen, Elefanten, Nashörnern und Sikahirschen – einer Gattung, die in der freien Natur bereits ausgestorben ist.

Außerdem gibt es noch ein Affenhaus, ein Reptilienhaus und das ungewöhnliche Maushaus. Eigens für Kinder ist der Children's Zoo eingerichtet, der das Verhalten von Tieren erklärt und wo man das eine oder andere geduldige Tier auch streicheln darf.

Jenseits der Fordham Road befindet sich der **New York Botanical Garden** ▸, eine wunderbare Mischung aus normalen Gärten, Felsgärten und wilden Waldlandschaften – einschließlich eines 16 Hektar großen Schierlingwaldes. In der Nordwestecke steht das Enid A Haupt Conservatory mit vielen Bananenstauden, Palmen, Kakteen und

anderen in diesen Breitengraden seltenen Pflanzenarten und veranstaltet saisonale Blumenausstellungen. Nach der Pflanzenpracht sollten Sie auf jeden Fall auf der Snuff Mill Terrace, die mit einladendem Schatten und Blick auf den Bronx River winkt, eine Rast einlegen.

Die **Edgar Allan Poe Cottage** ▸ (beim Grand Concourse an der East Kingsbridge Road) war für zwei Jahre das Haus des Schriftstellers, der in der Hoffnung hierhergezogen war, die Landluft würde seiner an Tuberkolose leidenden Frau gut tun. In der unbeheizten Wohnung überlebte sie jedoch nicht einmal den ersten Winter. Mit seinen wenigen noch erhaltenen Möbeln weckt das Landhaus eine düstere Erinnerung an jenen Mann, dessen Leben nur wenige glückliche Augenblicke kannte.

Das Bruno Hauptman House
In diesem Haus in 1279 East 222nd Street, östlich vom Woodlawn Cemetery, verhaftete die Polizei 1934 einen gewissen Bruno Hauptman wegen Entführung, Erpressung und Mord am Baby des berühmten Fliegers Charles Lindbergh.

Der aufsehenerregende Fall sorgte für Schlagzeilen. Damals entstand auch der Ausdruck »Kidnapping«. Hauptman wurde für schuldig befunden und hingerichtet. Das Urteil wurde jedoch angezweifelt, als man entdeckte, daß die Polizei wichtige Beweisstücke unterschlagen hatte.

Der Ort, an dem das Lösegeld in Höhe von 50 000 Dollar übergeben wurde, liegt ebenfalls in der Bronx: St Raymond's Cemetery südlich von Throg's Neck zwischen East Tremont Avenue und Eastern Boulevard.

Das erste Match im Yankee Stadium
Finanziert vom Brauereibesitzer und späteren Yankee-Eigentümer Colonel Jacob Ruppert fand das erste Baseballmatch im April 1923 vor 60 000 Zuschauern statt. Mit 3 Homeruns gelang es dem legendären Babe Ruth, den Yankees den Sieg über sein ehemaliges Team, die Boston Red Sox, zu sichern. Er trug auch dazu bei, daß die Yankees im gleichen Jahr die World Series für sich entscheiden konnten.

Riverdale
Wenn New Yorker von der Bronx sprechen, denken Sie im allgemeinen nicht an Riverdale. Dieses Viertel enthält einige Wohlstandsenklaven mit beneidenswert schönen gemauerten Häusern und erstreckt sich vom Ostrand des Van Cortlandt Park bis zum Hudson River.

Einen Besuch wert ist das **Fonthill Castle** aus dem Jahr 1846, eine Nachahmung im gotischen Baustil und ursprünglich das Wohnhaus des Schauspielers Edwin Forrest. Heute dient es als Aufnahmebüro für das College of Mount St Vincent an der Riverdale Avenue und der 263rd Street. In Wane Hill (675W 252nd Street, Tel.: 718/549 3200), einem Anwesen oberhalb des Hudson River, sind zwei Villen aus dem 19. Jahrhundert sowie einige Gärten und Gewächshäuser zu besichtigen.

Auf dem Gelände des **Bronx Community College** ▶ (181st Avenue und University Avenue) steht die Hall of Fame for Great Americans. Entlang einer Freiluftkolonnade erinnern hier Bronzebüsten an rund hundert prominente Amerikaner. Die Architektur der Hall of Fame ist ebenso pompös wie ihr Name, und ihr neoklassizistischer Baustil ist überall auf dem Campus wiederzufinden. Urheber dieser Idee war der berühmte New Yorker Architekt Stanford White, der um die Jahrhundertwende lebte.

Noch älter als das College ist das **Van Cortlandt Mansion** ▶ (am Broadway zwischen 240th und 242nd Street), das 1748 für eine in Landwirtschaft und Politik bedeutende Familie gebaut wurde. Zu ihrem Anwesen gehörte auch das riesige Grundstück des heutigen **Van Cortlandt Park**. Das Haus im Georgian Style diente vorübergehend auch George Washington als Stützpunkt. Von hier aus marschierte er nach Manhattan, um 1783 die Unterzeichnung des Pariser Friedensvertrags zu feiern, der den Unabhängigkeitskrieg beendete. Unter anderem sind englische, holländische und koloniale Möbel zu sehen.

Es mag seltsam klingen, aber interessanter als diese Villa ist der **Woodlawn Cemetery** ▶ (East 223rd Street und Webster Avenue). Statt europäische Kunstsammlungen zu plündern oder Wolkenkratzer in Manhattan zu finanzieren, gaben einige reiche New Yorker ihr Vermögen für extravagante Mausoleen aus. In prunkvollen Grabstätten ruhen hier u.a. die Kaufhausgründer Richard H. Macy, J. C. Penney und F. W. Woolworth, dessen sphinxbewachter Palast besonders hervorsticht. Diskretere Grabmäler erinnern an Kultfiguren wie den Schriftsteller Herman Melville und den legendären Jazzmusiker Duke Ellington.

Der New York Botanical Garden.

■ Der Kampf, den die Menschen afrikanischer Abstammung um die Erlangung der Menschenrechte fochten, war lange und mühsam. Die ersten Afroamerikaner New Yorks kamen mit den Holländern, von denen sie vergleichsweise gut behandelt wurden. Das änderte sich unter den Briten, die die Afroamerikaner als lebendes Eigentum betrachteten. Aufständische Sklaven wurden entweder kurzerhand gelyncht oder verbrannt. ■

Früher Rassismus: Nach dem Unabhängigkeitskrieg erlangten einige freigelassene Sklaven respektable soziale Stellungen, aber viele wurden illegal in den Süden gebracht. Und alle waren rassistischer Feindseligkeit ausgesetzt.

Anfang des 19. Jahrhunderts waren die öffentlichen Plätze New Yorks für Afroamerikaner verboten. Man verwehrte ihnen eine Ausbildung. So konnten sie nur als Arbeiter oder Diener ihr Leben fristen.

Aufstieg und Niedergang Harlems: Als Reaktion formierten sich bald erste schwarze Kirchen und Hilfsorganisationen. Seltsamerweise fanden die Afroamerikaner ausgerechnet in den eleganten Brownstones von Harlem (ursprünglich für wohlhabende Weiße gebaut) eine sichere unabhängige Enklave, nachdem sie zuvor jahrelang den Rassismus der Slums erduldet hatten.

In den 20er Jahren verdoppelte sich die Einwohnerzahl Harlems, und während der »Harlem Renaissance« erlebten Musik, Literatur und Kunst einen Aufschwung. Die Depression ließ Harlem jedoch wieder zum Ghetto werden, dessen Probleme die Behörden ignorierten. Die Bürgerrechtsbewegung und die Harlem-Reden von Malcolm X brachten in den 60er Jahren die Rassendiskriminierung ans Tageslicht.

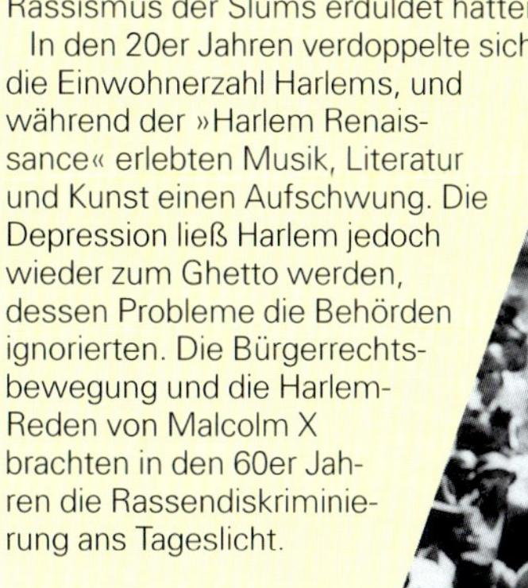

Moderne Zeiten: 1990 wurde David Dinkins zum ersten schwarzen Bürgermeister New Yorks gewählt, als Harlem gerade begann, sich zu einer Sehenswürdigkeit für Touristen zu entwickeln. Inzwischen haben Harlems afroamerikanische Institutionen wie das Schomburg Center breite Anerkennung gefunden.

In den 60er Jahren trug der Feldzug von Malcolm X, der hier vor Muslimen in Harlem spricht, entscheidend zu einem stärkeren Selbstbewußtsein der Afroamerikaner bei. Er wurde 1965 ermordet.

Green-Wood Cemetery
Henry Pierrepont, der Mann, der Brooklyn Heights ausbaute, schuf auch den Green-Wood Cemetery (Haupteingang an der Fifth Avenue und der 25th Street), ein 160 Hektar großes Grundstück, auf dem einige der prominentesten New Yorker ihre letzte Ruhestätte gefunden haben.

Bis zu 100 000 Besucher wandern jährlich auf den mehr als 30 Kilometer langen Fußwegen, genießen den Blick auf den New Yorker Hafen und betrachten die vielen (manchmal geschmacklos) geschmückten Gräber. Auffallend auch Richard Upjohns Tor im neugotischen Stil am Eingang des Fort Hamilton Parkway.

►►► Brooklyn 48C3

Brooklyn war einst eine selbständige Stadt mit einer wohlhabenden Bevölkerung und großartigen kulturellen Einrichtungen. Als 1898 die Brooklyn Bridge eröffnet wurde, entschied sich eine nur knappe Mehrheit für den Anschluß an New York City.

Der Verlust der Unabhängigkeit brachte viele Demütigungen mit sich. Eine hohe Einwanderungsquote und die Depression verwandelten die eleganten Neighbourhoods Brooklyns in Slums und Nährboden für das organisierte Verbrechen. Die Werften wurden geschlossen. Nach einem Streik mußte Brooklyns preisgekrönte Zeitung, der *Daily Eagle*, aufgeben. Am ärgerlichsten war wahrscheinlich der Umzug der Brooklyn Dodgers, dem lokalen Baseballteam, nach Los Angeles im Jahre 1955.

Trotz dieser Rückschläge ist Brooklyn noch immer der angenehmste und eigenständigste Stadtbezirk unter den Outer Boroughs. Das gemäßigte Tempo auf seinen Straßen ist nach der Hektik Manhattans eine wahre Erholung.

Hätte Brooklyn seine Unabhängigkeit behalten, wäre es heute die sechstgrößte Stadt der USA. Besonders interessant sind die vier folgenden Stadtteile: Downtown Brooklyn und das historische Brooklyn in unmittelbarer Nachbarschaft Manhattans; Fort Greene im Norden, das sich zu einer neuen, afroamerikanischen Künstlergemeinde entwickelt; südlich von Downtown führt der Parkway zum riesigen Brooklyn Museum und dem Botanischen Garten; und schließlich, noch weiter im Süden, der legendäre, aber verblaßte Coney Island Amusement Park sowie das von Russen beherrschte Brighton Beach.

Rechts der Brooklyn Bridge gelangt man in die kurzen, begrünten Straßen von **Brooklyn Heights** ►►►. Seit der Erfindung der dampfbetriebenen Fähre im Jahre 1814 ist dieser auf den Klippen des East River liegende Bezirk bei den Bankiers und Spekulanten des Financial District wieder als Wohngegend heiß begehrt.

Fortsetzung auf Seite 76.

Brooklyn – die Stadt in der Stadt.

Brooklyns Küste

■ An der Atlantikküste Brooklyns finden sich zwei gegensätzliche Bilder des New Yorker Lebens: der Vergnügungspark Coney Island, weltberühmt, aber nur noch ein Schatten seiner selbst, und Brighton Beach, ein heruntergekommenes Seebad, das seit den 70er Jahren durch die Masse russischer Einwanderer wieder neuen Aufschwung erhielt. ■

Coney Island: 30 Jahre lang, bis etwa Mitte der 40er Jahre, war Coney Island für viele New Yorker Inbegriff des Paradieses. Wer wollte schließlich nicht die überfüllten und überhitzten New Yorker Straßen gegen einen Tag am Meer eintauschen und dort Zuckorwatte essen, Achterbahn fahren oder um die Peepshows herumlungern? Coney Island ist zweifellos eine Legende, aber heute gehört es schon fast ganz der Vergangenheit an.

Auf der Fläche des Vergnügungsparks zwischen Surf Avenue, dem Boardwalk und West 8th und West 16th Street erinnert nur noch gewöhnliche Rummelplatzatmosphäre an frühere Zeiten, obwohl eine klapprige Achterbahn mit dem furchteinflößenden Namen Cyclone und das noch ältere hölzerne Wonder Wheel weiterhin in Betrieb sind. Im Sommer ist Coney Island noch immer stark besucht und dabei bemerkenswert sauber. Den Boardwalk umgibt wie schon von jeher eine ganz eigene Atmosphäre.

New York Aquarium: Haie, Weißwale, Delphine und Seelöwen gehören zu den Bewohnern des New York Aquarium, das vom Boardwalk aus betreten wird. Zudem findet sich eine ausgeklügelte Rekonstruktion von Meeresklippen, in der eine felsige Küste die natürliche Lebenswelt von z. B. Seehunden oder Pinguinen darstellt.

Brighton Beach: Diesen wieder zu neuem Leben erwachten Teil New Yorks erreicht man, wenn man den Boardwalk in östlicher Richtung überquert. Zwischen 10 000 und 20 000 sowjetische Immigranten, die noch vor dem Zusammenbruch der UdSSR in den Genuß der gelockerten Bestimmungen kamen, bilden hier die größte russische Gemeinde der USA, auch Little Odessa genannt (viele Einwanderer kamen aus der Schwarzmeerregion). Zur Atmosphäre dieser einzigartigen und berühmten Gegend New Yorks gehören Kaviar und eiskalter Wodka, Anzeigen in kyrillischer Schrift, laute Restaurants an der Brighton Beach Avenue und abendlicher Tanz mit bisweilen handgreiflich endenden Saufgelagen.

Der Name Coney Island
Die plausibelste Erklärung ist die, daß der Name von dem holländischen *Konijn Eiland*, Kanincheninsel, herrührt.

Maxim Gorki über Coney Island
»Welch ein märchenhaftes, unvorstellbar schönes und feuriges Funkeln.«

Von der Brooklyn Heights Promenade aus hat man einen herrlichen Blick auf Manhattan und den South Street Seaport.

Fortsetzung von Seite 74

Bald entstanden überall auch heute noch intakte Brownstonehäuser in neogotischem, neogriechischem und neoromanischem Stil, und Brooklyn Heights wurde 1965 unter Denkmalschutz gestellt.

Die Heights eignen sich hervorragend für einen gemütlichen Spaziergang, wobei Sie aber keinesfalls die Orange Street mit der **Plymouth Church of the Pigrims** ▶ auslassen sollten. An dieser Stelle predigte Anfang des 19. Jahrhunderts der Priester Henry Ward Beecher (siehe Kasten auf Seite 78) mit großer Leidenschaft gegen die Sklaverei. Im angrenzenden Garten erinnert eine Statue an ihn. Das **Brooklyn's Historical Museum** ▶ an der 128 Pierrepont Street zeigt eine Sammlung von Ausstellungsstücken zur örtlichen Geschichte.

Unterhalb der Heights, an der Fulton Street, die um die unattraktive Greek Revival Borough Hall aus dem Jahre 1848 herumführt, erstreckt sich Downtown Brooklyn. Wesentlich interessanter ist die **New York Transit Museum** ▶▶▶ in einer ehemaligen Subwaystation an der Kreuzung Boerum Place und Schermerhorn Street. Sie zeigt Luftschachtdeckel im Stil des Art déco und aus Mosaiksteinen zusammengesetzte Haltestellenschilder – Indiz für die Sorgfalt, die einst in die Gestaltung des städtischen Transportsystems gesteckt wurde.

Im Untergeschoß stehen auf den einstigen Bahnsteigen Züge aus der Zeit zwischen 1904 und 1964: Beim Einsteigen werden Sie sich vielleicht wundern, wie es den damaligen Passagieren gelang, nicht von den gefährlich aussehenden Ventilatoren, den Vorläufern der Klimaanlage, erfaßt zu werden.

Zwischen Downtown Brooklyn und den ehemaligen Docks liegt **Fort Greene** ▶ mit seinen Brownstones und begrünten Straßen. Die eleganten Häuser wurden von Brooklyns wohlhabenderen Afroamerikanern aufgekauft, nachdem die Weißen weggezogen waren. Während der Depression benutzte man sie als Pensionen, was den allmählichen Verfall der Gegend verursachte.

Fort Greene befindet sich im Aufschwung, obwohl es immer noch Anzeichen von Armut gibt. 70 Prozent der

Spaziergang durch Brooklyn Heights
Brookly Heights Promenade, auch Esplanade genannt, eignet sich hervorragend für einen Verdauungsspaziergang. Der Blick über den East River und Manhattan ist so herrlich, daß viele Büroangestellte aus Brooklyn mit ihren Lunchpaketen hierherkommen; die Preise der Apartments im nahegelegenen Columbia Heights stiegen denn auch ins Unermeßliche.

Einwohner sind Afroamerikaner und zum Großteil erfolgreiche Künstler. So wohnen hier seit langem die Jazzsängerin Betty Carter, der Künstler Ernest Critchlow und der Filmemacher Spike Lee, der hier seine Produktionsgesellschaft etablierte. Lee wuchs in Fort Greene auf und drehte 1986 seinen Film *She's Gotta Have It* an einem Originalschauplatz: dem 1860 von Olmsted und Vaux (bekannter durch den Central Park) entworfenen Fort Greene Park. Zur Erinnerung an die 12 000 amerikanischen Patrioten, die während des Unabhängigkeitskriegs auf britischen Schiffen starben und unter dem Park begraben wurden, errichtete man eine dorische Säule.

Ein Besuch Fort Greenes ist zwar ungefährlich, aber da sich wenige Touristen hierher verlaufen, sollten Sie Vorsicht walten lassen. Bleiben Sie südlich des Parks, wo die schönsten Brownstones stehen.

Weitere Brownstones stehen in den Straßen zwischen Flatbush Avenue und Sixth Avenue, die zur Park Slope Neighbourhood gehören. Spektakulärer ist jedoch der

Gebürtige Brooklyner
Woody Allen (1935), Clara Bow (1905), George Gershwin (1899), Mickey Rooney (1922), Barbra Streisand (1943), Mae West (1892).

Brooklyn.

Die hasidischen Juden
Der Williamsburg District in Brooklyn (nördlich von Downtown) ist seit den 40er Jahren die Heimat der äußerst strengen hasidischen Gemeinde. Die Männer tragen Bärte, Locken, dunkle Gehröcke und Hüte. Verheiratete Frauen werden geschoren und tragen Perücken. Die hasidischen Juden halten sich an eine außergewöhnlich strenge, koschere Diät und einige meiden Fernsehen und Radio. Eine andere ziemlich große orthodoxe jüdische Gemeinde in Brooklyn sind die Lubavicer Juden. Anhänger einer hasidischen Sekte, die sich im 18. Jahrhundert in Rußland gründete.

Henry Ward Beecher
Fast 40 Jahre Priester der Plymouth Church of the Pilgrims, sprach sich Henry Ward Beecher Ende des 19. Jahrhunderts gegen die Sklaverei und für das Frauenwahlrecht aus. Seine ebenso kontroversen Veröffentlichungen unterstützten die Evolutionstheorie Darwins. Im Alter wurde er der Unkeuschheit bezichtigt, eine Rehabilitation fand erst nach seinem Tod im Jahr 1887 statt.

übergroße Soldiers' and Sailors' Memorial Arch in der Mitte der Grand Army Plaza (an der Flatbush Avenue beim Haupteingang zum Prospect Park, der unten beschrieben wird). Er gedenkt den Streitkräften der Union, die während des Bürgerkriegs starben.

Diese Version eines römischen Triumphbogens entwarf John H. Duncan, der auch für das ähnlich bombastische General Grant Memorial (siehe S. 110f) verantwortlich ist. Allein durch seine Größe wirkt dieses Denkmal eher wie ein architektonisches Kuriosum. Der Eindruck des Pompösen wird durch die 1898 hinzugefügten heroischen Skulpturen noch zusätzlich verstärkt, obwohl die feinen Reliefs an der Innenseite des Bogens einiges wiedergutmachen. Der **Prospect Park**▶ selbst wurde 1874 angelegt und besteht aus einer weiten, offenen Fläche. Den Architekten Olmsted und Vaux wurden hier nicht solche Auflagen wie im Central Park gemacht, so daß sie hier ihrer Phantasie freien Lauf lassen konnten. Sie bezeichneten den Prospect Park als ihr Meisterwerk.

Prachtstraßen, großangelegte Flächen und Denkmäler waren das Markenzeichen der im 19. Jahrhundert aufblühenden Stadt. Dem Optimismus der Zeit entsprechend – und um Brooklyns kulturelle Überlegenheit gegenüber Manhattan zu symbolisieren – wurde 1897 das

Brooklyn Heights. Wolkenkratzer gibt es nicht nur in Manhattan.

Brooklyn Museum ▶▶▶ (200 Eastern Parkway) gegründet. Eigentlich sollte es das größte Museum der Welt werden. Angesichts der bekannteren Museen Manhattans spielt es seit Jahrzehnten, unverdientermaßen, nur die zweite Geige.

Die Abteilung des fünften Stocks (fifth floor) zeigt eine Sammlung amerikanischer Porträts aus dem 19. Jahrhundert, einschließlich Gilbert Stuarts ikonographischem Bildnis George Washingtons. Hervorragend auch Francis Guys leichte und luftige *Winter Scene in Brooklyn* von 1817. Eine Auswahl der Hudson River School gipfelt in Albert Bierstadts *Storm in the Rocky Mountains, Mt Rosalie,* einer zerklüftete Landschaft aus Granitfelsen, hinter der sich gewaltige Gewitterwolken auftürmen.

Der dritte Stock (third floor) zeigt Keramiken aus der Kolonialzeit und die Einrichtung von Farmhäusern aus dem 17. Jahrhundert bis zu Art-deco-Sofas der 20er Jahre. Sehen Sie sich den Moorish Room an, ein verträumtes Konglomerat aus gemusterten Ziegeln, Wänden aus Goldbrokat, Eichenplatten und dicken Samtstoffen, das einst John D. Rockefellers Wohnhaus in Manhattan zierte.

Die anderen Etagen präsentieren umfassende, asiatische Kunstsammlungen, das Erdgeschoß stellt Tonwaren, Statuetten und Votivobjekte aus Afrika, Ozeanien, Zentral- und Südamerika aus. Eindrucksvoll das Paracastuch, ein 2000 Jahre alter, peruanischer Begräbnismantel.

Die Sammlung der Ureinwohner Amerikas auf demselben Stockwerk zeigt Stücke verschiedenster Stämme, von der Hirschlederjacke bis zum Totempfahl, ebenso der Welt drittgrößte Sammlung altägyptischer Kunst aus vordynastischer Zeit bis hin zur römischen Eroberung.

Fühlen Sie sich nach dem Museumsbesuch etwas müde, machen Sie einen Abstecher zum 20 Hektar großen **Brooklyn Botanic Garden** ▶▶, dessen weiche Farben und geheimnisvolle Düfte Ihre Sinne wiederbeleben werden.

Der stille Reiz, den Brooklyn Heights auch heute noch ausübt, hat nichts gemein mit dem hektischen Treiben in Manhattan.

Das literarische Brooklyn Heights

Brooklyn Heights ist eng mit der amerikanischen Literatur verknüpft. In den 20er Jahren lebten der Lyriker Hart Crane und der Erzähler John Dos Passos in Columbia Heights 110 (Crane wohnte auch kurz in Willow Street 77). Ebenfalls in den 20er Jahren lebte Henry Miller für einige Zeit in Remsen Street 91, und Truman Capote schrieb *Frühstück bei Tiffany's* im Erdgeschoß von Willow Street 70. Norman Mailer schuf *Die Nackten und die Toten*, als er mit seinen Eltern in der Pierrepont Street 102 wohnte. Dort schrieb Arthur Miller *Alle meine Söhne*, bevor er in die Willow Street 155 zog, wo eine Gedenktafel an ihn erinnert. *Tod eines Handlungsreisenden* entstand in Grace Court 31.

Die Brooklyn Bridge und ihre Tragödien
Seit Beginn der Bauarbeiten war die Brooklyn Bridge regelrecht vom Pech verfolgt. Ihr Planer, John A. Roebling, starb nach einem Unfall noch vor ihrer Vollendung. Sein Sohn Washington übernahm die Leitung, mußte aber wegen einer Lähmung den Bau vom Krankenbett aus verfolgen. Während des Baus verunglückten 20 der 600 Arbeiter. Sechs Tage nach Eröffnung der Brücke löste eine Frau, die beim Betreten der Brücke gestolpert war, eine Panik aus, und zwölf Menschen starben, weil sie fälschlicherweise dachten, die Brücke würde einstürzen. Erst nachdem im Jahr 1884 21 Elefanten des Zirkusbesitzers T. Barnum die Brücke unbeschadet überquert hatten, wurde ihre Haltbarkeit nicht mehr angezweifelt.

▶▶ Brooklyn Bridge *77D1*

Subway: 4, 5, 6; Brooklyn Bridge/City Hall

Die 1883 fertiggestellte Brooklyn Bridge war die erste Stahlseil-Hängebrücke der Welt, und zwanzig Jahre lang auch die längste. Ihre beiden neogotischen Bögen sind 82 Meter hoch (damals wurden sie nur vom Turm der Trinity Church überragt), und sie bildete die erste Verbindung zwischen den Städten Brooklyn und Manhattan.

Die Brücke ist ein Wunderwerk der Technik und inspirierte zahlreiche Schriftsteller, unter ihnen auch den in Brooklyn lebenden Walt Whitman, ihre Schönheit in Versen festzuhalten.

Die Atmosphäre des Bauwerks genießt man am besten auf dem Fußgängerweg über die Brücke, auf dem manchmal jedoch Jogger, Radfahrer, Rollschuhläufer und gelegentlich Straßenräuber – bisweilen aber auch der oft ziemlich kräftige Wind – zu einer Gefahr werden können. Zwei Schautafeln am Fußweg zeigen den Blick von Manhattan auf die Werften von Brooklyn und die Brücke im Anfangsstadium.

▶ Carnegie Hall *151C2*

57th Street an der Seventh Avenue
Subway: D, E, N, R; Seventh Avenue oder 57th Street

Eine Zwei-Millionen-Dollar-Spende des Stahlmagnaten Andrew Carnegie ermöglichte 1891 die Eröffnung der Carnegie Hall, deren hufeisenförmiger Saal mit seiner hervorragenden Akustik italienischen Opernhäusern nachgebaut wurde. Sie genoß schon bald internationalen Ruf.

Vor einiger Zeit wurde die Hall renoviert und der Glanz alter Tage aufpoliert. Am besten, Sie nehmen an einer Führung teil oder besuchen eines der zahlreichen Konzerte.

Versäumen Sie keinesfalls das **Carnegie Hall Museum**, das mit einer langen Liste von Künstlern an die Anfänge der Hall erinnert. Sie werden Namen wie Benny Goodman, Arturo Toscanini und einen handschriftlichen Eintrag aus dem Jahre 1964 entdecken, als die »Beetles« zum ersten Male in New York auftraten.

Der Fußweg über die Brooklyn Bridge. Hinter den gewaltigen Stahlseilen schimmern die Türme von Manhattans Financial District.

Das neogotische Gewölbe (links) und (unten) ein Detail der, falls sie jemals vollendet wird, größten Kathedrale der Welt.

►► Cathedral of St John the Divine UIHB2

Amsterdam Avenue an der 112th Street
Subway: 1; Cathedral Parkway (110th Street)

Der Grundstein zur Cathedral of St John the Divine wurde 1892 gelegt. Das riesige Gottesheim nimmt einen Platz von vier Hektar ein, was es zum größten Sakralbau der USA und zur größten gotischen Kirche der Welt macht. Aber selbst heute, hundert Jahre später, ist sie noch weit von ihrer Fertigstellung entfernt.

Zunächst sollte die Kirche im byzantinisch-romanischen Stil entstehen. Bau- und Finanzprobleme führten zu Verzögerungen, so daß in den ersten 25 Jahren lediglich Chor und Vierung vollendet wurden. Nachdem der ursprüngliche Architekt starb und sich der allgemeine Geschmack änderte, wurden Hauptschiff und Westfassade im neogotischen Stil errichtet, der ein wenig an Notre-Dame in Paris erinnert.

Das Schiff mit seiner riesigen Grundfläche von fast einem Quadratkilometer war bereits nach zehn Jahren fertiggestellt. Doch der Eintritt der USA in den Zweiten Weltkrieg sowie eine Entscheidung der Behörden in den 60er Jahren, das Baugeld für andere Gemeindezwecke zu verwenden, führten immer wieder zu Verzögerungen. Ein weiteres Bauprogramm lief dann 1978 an, als die entsprechenden finanziellen Mittel zur Verfügung standen. Zur Bearbeitung des Kalksteins aus Indiana für die Türme und zur Ausbildung einiger Lehrlinge zog man einen Steinmetzmeister aus England heran.

Die Türme sind noch immer unvollendet und vollständig eingerüstet. Das Aufeinandertreffen von neogotischem und romanisch-byzantinischem Baustil erlebt man am besten vom Kirchenkreuz aus, über das sich die 1909 aus roten Ziegeln gebaute Kuppel erhebt.

Zur auffälligsten Dekoration der Kirche gehören die Mortlake Tapestries (diese Wandteppiche wurden 1623 in England nach Vorlagen von Raffael gewebt) und die auf päpstlichen Webstühlen gefertigten Barberini Tapestries aus dem 17. Jahrhundert.

New York Public Library: die Zweigstelle in der 115th Street

Das Hauptgebäude der New York Public Library auf der Fifth Avenue (siehe S.168) ist ein architektonisches Meisterwerk, und auch die Zweigstelle in der 115th Street (zwischen 7th und 8th Avenues) kann sich durchaus sehen lassen. Die Bibliothek wurde 1908 von dem Architektenteam McKim, Mead and White vollendet. Ihr imposanter Neo-Renaissancestil sollte mit der Pracht des frühen Harlem konkurrieren.

1 Charles A Dana Discovery Center
2 El Museo del Barrio
3 Museum of the City of New York
4 International Center of Photography
5 Jewish Museum
6 Cooper-Hewitt Museum
7 Guggenheim Museum
8 Cleopatra's Needle
9 Delacorte Theater
10 Belvedere Castle
11 Swedish Cottage
12 American Museum of Natural History and Hayden Planetarium
13 San Remo Apartment Building
14 Loeb Boathouse
15 Alice in Wonderland Statue
16 Hans Christian Andersen Statue
17 Frick Collection
18 Bandstand
19 Holy Trinity Lutheran Church
20 Tavern-on-the-Green
21 Heckscher Playground
22 Wollman Memorial Rink

▶▶▶ Central Park *UIVA2*

Von jeder Aussichtsplattform in Manhattan sticht nichts so sehr ins Auge wie diese riesige, rechteckige Grünfläche im Zentrum des städtischen Dschungels. Der Central Park dehnt sich auf einer Fläche von 320 Hektar über eine Länge von 50 Häuserblocks zwischen der Upper East und der Upper West Side aus.

Die Kandidaten für die Bürgermeisterwahl des Jahres 1850 waren sich in einem Punkt einig: Man brauchte einen öffentlichen Park, so wie ihn Journalisten und Mitglieder des Stadtrats forderten, seit der Dichter und Zeitungsherausgeber William Cullen Bryant bereits 1844 dieses Thema angeschnitten hatte. Zu jener Zeit rissen Grundstücksmakler alles Land in Richtung Norden an sich.

1856 bezahlte die Stadt 5,5 Millionen Dollar für ein Stück Land weit nördlich der damaligen Stadt, in einer Gegend, in der nur einige Schweinefarmen, Müllhalden und ein paar Obdachlosenlager zu sehen waren. Zwei Jahre später begannen die Arbeiten nach den Plänen von Frederick Olmstedt (der bisher als Farmer, Ingenieur, Journalist und Landschaftsarchitekt gearbeitet hatte) und dem englischen Architekten Calvert Vaux.

Die Gestaltung des Parks betonte die natürliche Form des Gebiets mit Lichtungen, Büschen und Steinformationen. Fünf Millionen Bäume wurden angepflanzt. Um das natürliche Flair zu erhalten, wurden die Durchfahrtsstraßen über Brücken verbunden und der Verkehr durch den Park auf tiefergelegten Straßen versteckt.

Der Park bot für jeden etwas: von Bäumen gesäumte Fahrwege für die Pferdekutschen der Reichen und Fußwege für die Arbeiter (die damals in Ausbeutungsbetrieben schufteten und in schäbigen Wohnungen untergebracht waren). Und er wurde von der Bevölkerung begeistert aufgenommen.

Heutzutage ist die Grünfläche von Gebäuden eingeschlossen und mit mehr Denkmälern ausgestattet, als Olmsted lieb gewesen wäre. Aber die Apartment-Häuser der Fifth Avenue und Upper West Side, die über den Baumwipfeln zu sehen sind, tragen durchaus zur besonderen Attraktivität des Parks bei und verstärken den Eindruck, in einer Landschaft innerhalb der Stadt zu sein.

Im Central Park kann man sich leicht verlaufen. Besorgen Sie sich deshalb einen Plan an einem der Informationskioske, bevor Sie sich auf den Weg machen.

Vom Süden erreichen Sie als erstes die **Dairy**. Als dieses neogotische Gebäude 1870 entstand, war Milch für viele ein Luxus. Deshalb wurden Kühe angeschafft, und traditionell gekleidete Milchmädchen verteilten die Milch an Mütter und Kinder. Das seltsam anmutende Gebäude beherbergt heute das Visitor Center, das Besuchern Informationen, Karten und Führungen anbietet.

Nördlich der Dairy, jenseits der 65th Transverse, liegt die **Sheep Meadow**, tatsächlich eine ehemalige Schafsweide. In den ersten Jahren des Parks wurden die Schafe zweimal am Tag über den West Drive zur Schafshürde getrieben, die sich auf dem Gebiet der jetzigen Tavern on the Green befand. Seltsamerweise war die Sheep Meadow ursprünglich als Platz für Militärparaden gedacht.

Östlich der Sheep Meadow beginnt die **Mall**, die als erstes vollendet war und der einzige formal angelegte Teil des Parks ist. Viele New Yorker des 19. Jahrhunderts bekamen hier auf dieser Allee einen ersten Eindruck von Europas Promenaden und konnten ebenfalls zum ersten Mal mit Esel- und Ziegenkarren fahren.

Olmsted war zunächst gegen das Aufstellen von Statuen, gab aber seine Zustimmung zu den Denkmälern von Shakespeare, Robert Burns und Sir Walter Raleigh, die den **Literary Walk** am südlichen Ende der Mall flankieren.

Im Norden führt die Mall zum **Concert Ground** und der **Naumberg Bandshell**, wo im Sommer an den meisten Wochenenden gratis Live-Musik geboten wird.

Überqueren Sie die 72nd Street Transverse, so erreichen Sie **Bethesda Terrace**. Ihre Mitte schmücken der Bethesda-Springbrunnen und die anmutige Statue *Angel of the Waters*. Angeregt durch eine biblische Geschichte über das Bethesda-Bassin in Jerusalem, ist sie eine der wenigen Figuren, die speziell für den Park angefertigt wurde. 1873 wurde sie anläßlich der Eröffnung des Aquädukts enthüllt, das New York zum ersten Mal regelmäßig mit frischem Wasser versorgte.

Auf dem nördlich von Bethesda Terrace gelegenen **Lake** können Sie, zum Abschluß eines Parkbesuchs, eine beschauliche Rudertour unternehmen. Boote vermietet das Loeb Boathouse am östlichen Ufer.

Ein Spaziergang durch Strawberry Fields
Betritt man den Park von der Upper West Side durch den Eingang auf der 72nd Street, erreicht man Strawberry Fields, ein 1,2 Hektar großes Wäldchen, das Yoko Ono in Erinnerung an John Lennon anlegen ließ. Es wird vom Dakota Building überragt, in dem die Lennons wohnten (siehe S. 96), und ist mit 161 Pflanzenarten bepflanzt, die 161 Nationen repräsentieren. Das Imagine-Mosaik auf dem Gehweg ist ein Geschenk der Stadt Neapel. Die Behörden waren sich über die Stiftung keineswegs einig. Konservative Stimmen plädierten für ein Bing Crosby-Denkmal.

New Yorks »Grüne Lunge« und das Plaza Hotel.

Stilvoll durch den Central Park
Machen Sie es wie die Menschen Ende des 19. Jahrhunderts: Mieten Sie eine Pferdekutsche. Das Ticket erhalten Sie am Kiosk der Grand Army Plaza (an der Kreuzung 59th Street und Fifth Avenue). Die Preise sind seit damals allerdings gestiegen: für eine halbe Stunde müssen Sie mit 15 $ pro Person rechnen.

Falls Ihnen eine romantische Bootsfahrt zu langweilig ist, überqueren Sie den See auf der Bow Bridge – einer der sieben ursprünglichen gußeisernen Brücken des Parks –, die zu **The Ramble** führt, einer bewaldeten Wandergegend mit Vogelhäusern und Bienenstöcken. Wandern Sie aber nicht alleine, da dieser Abschnitt des Parks wegen seiner Abgelegenheit gefährlich sein kann.

Jenseits der 79th Street Transverse befindet sich die 1869 rein zum Spaß errichtete Miniaturausgabe eines schottischen Schlosses. Viele Jahre lang war hier eine Wetterstation untergebracht. Diesen meteorologischen Zwecken dient das Gebäude heute aber nicht mehr. Seine Steinterrassen bieten jetzt vielmehr einen wundervollen Ausblick über den Park und darüber hinaus.

Möglichkeiten, den Park zu genießen – eine Kutschfahrt (ganz oben) oder Rollerblading (oben).

Links führt ein Pfad zum **Shakespeare Garden**, dessen Weißdorn- und Maulbeerbäume von Ablegern aus Shakespeares Garten in Stratford-on-Avon stammen sollen, und weiter zur **Great Lawn**. Diese einst größte Rasenfläche des Parks bedecken heute meist betonierte Sportplätze. 1981 spielten hier Simon & Garfunkel vor 500 000 Menschen, und die Sommerkonzerte der New York Philharmonic sind kaum schlechter besucht.

Der nördliche Abschnitt des Parks (nördlich des Reservoir) wird weniger frequentiert und ist daher gefährlicher. Sollten Sie ihn dennoch wegen seiner felsigeren und hügeligeren Landschaft besichtigen wollen, betreten und verlassen Sie den Park am besten durch den Eingang an der Fifth Avenue und der 105th Street. Auf diese Weise gelangen Sie direkt in den **Conservatory Garden** mit seinen schmiedeeisernen Toren, die einst die Villa von Cornelius Vanderbilt beschützten.

Trotz massiver Polizeieinsätze ist der Central Park nicht sicher. Raubüberfälle sind durchaus an der Tagesordnung, und es wurden auch schon Menschen ermordet. Trotzdem ist der Park nicht gefährlicher als die Straßen New Yorks. Gehen Sie aber niemals alleine abseits der Hauptwege. Nach Einbruch der Dunkelheit sollte der Park grundsätzlich gemieden werden.

Das Chelsea Hotel

■ Als an der West 23rd Street im Jahr 1888 das Chelsea Hotel eröffnet wurde, war es New Yorks erstes Apartmenthaus mit einer Penthousewohnung. Seine Fassade bestand aus schmiedeeisernen, mit Sonnenblumenmotiven dekorierten Balkonen. 1905 in ein Hotel umfunktioniert, wurde es zum Anziehungspunkt für viele Schriftsteller, Maler und Komponisten. Diese bohemehafte Atmosphäre wird von keinem anderen Hotel der Welt übertroffen. ■

Zu den ersten Gästen des Hotels gehörten der Maler John Sloan und die Schriftsteller Mark Twain und O. Henry (bürgerlicher Name: William Sidney Porter). Als Künstlertreffpunkt wurde es aber erst in den 30er Jahren bekannt, als der Lyriker Edgar Lee Masters das Haus in seinen Versen pries und der Schriftsteller Thomas Wolfe einzog.

Wolfe war von der Größe seiner Suite so beeindruckt, daß er sein Badezimmer »Throne Room« taufte und 4000 lose mit Prosa beschriebene Blätter am Boden herumliegen ließ. Teile davon faßte er zusammen und übergab sie seinem Verleger als abgeschlossene Werke.

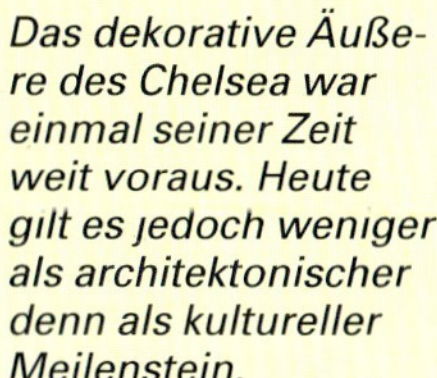

Das dekorative Äußere des Chelsea war einmal seiner Zeit weit voraus. Heute gilt es jedoch weniger als architektonischer denn als kultureller Meilenstein.

Die 50er und 60er Jahre: In den frühen 50er Jahren machte Dylan Thomas das Chelsea zu seinem New Yorker Wohnsitz. Seine letzten wachen Stunden verbrachte er, nachdem er in einer Bar in Greenwich Village 18 Whiskies konsumiert hatte, in Zimmer 205. Wenige Tage darauf starb er im St Vincent's Hospital.

Ein Jahrzehnt später suchte Brendan Behan im Chelsea Zuflucht und bat darum, man möge ihm eine Gedenktafel widmen. Dieser Wunsch ging in Erfüllung. Weitere Renegaten, die sich damals an der Bar des Chelsea (heute ein spanisches Restaurant) trafen, waren die »Beat«-Autoren William Burroughs und Gregory Corso, der emigrierte russische Schriftsteller Vladimir Nabokov und der abstrakt arbeitende, expressionistische Maler Jackson Pollock.

Pop und Punk: Andy Warhol drehte im Chelsea seinen Film *Chelsea Girls* (mit seinem Gefolgsmann Edie Sedgwick, einem Bewohner des Hotels), und während der 60er Jahre verkehrten hier viele Idole der Popmusik – unter ihnen Bob Dylan, der seinen Song *Sad Eyed Lady of the Lowlands* in einem der Zimmer schrieb. 1978 erlebte das Hotel seine schlimmste Nacht, als Punkmusiker Sid Vicious seine Freundin im Drogenrausch erstach – der Film *Sid and Nancy* erzählt die Geschichte der beiden.

Im Foyer finden Sie Gedenktafeln der berühmtesten Gäste und viele der von ihnen gestifteten Arbeiten. Die Zimmer im Chelsea unterscheiden sich aber erheblich in Größe, Ausstattung und Preis. Einige von ihnen sind zudem von etwas exzentrischen Dauergästen belegt.

Der erstickende Bürgermeister
Der frühere Bürgermeister New Yorks, Ed Koch, war Stammgast in den Restaurants Chinatowns. Als er 1981 eines Tages bei Sun Lok Kee (13 Mott Street) speiste, blieb ihm ein Bissen im Hals stecken. Er sprang mit den Worten »Ich ersticke« auf die Beine, worauf sein Begleiter ihm auf den Rücken klopfte, bis der Hals des Bürgermeisters wieder frei war.

Woran Ed Koch beinahe erstickt wäre, ist unklar. Er selbst meinte, es sei Brunnenkresse gewesen. Manche dagegen behaupteten, es sei ein Stück Schweinefleisch gewesen, aber der Bürgermeister hätte wegen der anstehenden Wahlen seine Anhänger unter den orthodoxen Juden nicht brüskieren wollen.

▶▶▶ Chinatown UIVB3

Das Straßenbild New Yorks ändert sich drastisch, sobald man nach Chinatown kommt. Die dichtgedrängten und dichtbevölkerten Straßen dieses Viertels werden vom Civic Center, Little Italy und der Lower East Side eingeschlossen. Die Verkaufsstände sind mit frischem Fisch, Gemüse und Obst beladen, Kräuterläden verkaufen wundersame Heilmittel, Konditoreien backen übersüße Kuchen, und farbenprächtige Neonlichter weisen in englischer und chinesischer Sprache auf Nudelläden, Teehäuser und Dim-sum-Lokale hin, den Hauptanziehungspunkt für Nichtchinesen in diesem Viertel.

Chinesen gab es in diesem Viertel bereits in den 50er Jahren des 19. Jahrhunderts. Chinatown dehnte sich jedoch erst durch die Lockerung der Einwanderungsbestimmungen im Jahre 1965 aus. Hier lebt die Hälfte von New Yorks 300 000 Chinesen, und täglich wächst die Bevölkerung, denn der Zustrom von Einwanderern aus Vietnam und anderen Teilen Südostasiens hält an.

Chinas Machtübernahme in Hongkong ist auch hier nur allzu deutlich zu spüren. Hongkonger Banken eröffneten neue Filialen in Chinatown, und entlang der Canal Street sieht man hell erleuchtete Einkaufszonen mit Juwelier- und Elektrogeschäften.

Trotz ihrer Hektik gehören Chinatowns Straßen zu den sichersten New Yorks. Die etwa 300 Restaurants und anderen Betriebe sind von New Yorkern und Touristen, die das Exotische suchen, abhängig, daher sind alle daran interessiert, daß hier Ruhe herrscht. Chinatowns Kriminalität spielt sich eher hinter den Kulissen ab: Streitigkeiten rivalisierender Banden und Neuankömmlinge, die für einen kümmerlichen Lohn ihr Dasein in den Kleiderfabriken fristen, sind Facetten Chinatowns, die kein Fremder zu Gesicht bekommt.

Das Straßenleben in Chinatown: hektisch, aber faszinierend.

CHINATOWN

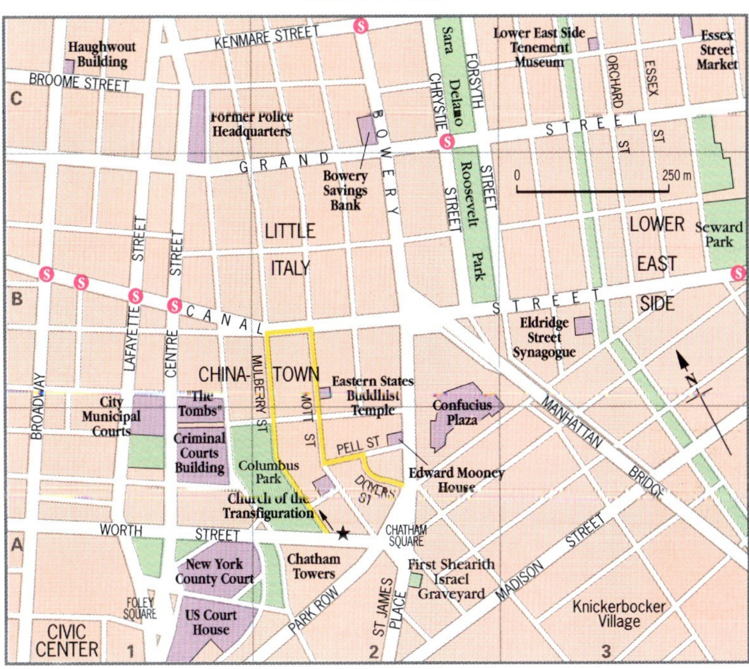

Zu Fuß

Chinatown

Hauptattraktion Chinatowns ist das pulsierende Straßenleben. Der Spaziergang konzentriert sich daher auf einige Sehenswürdigkeiten und die typische Atmosphäre dieses Viertels.

Beginnen Sie am **Columbus Park**, der eine berüchtigte Slumgegend und einen Rotlichtbezirk der 50er Jahre des 19. Jahrhunderts verdrängte. Der lärmende Verkehr der Mulberry Street und laute Ballspiele lassen jedoch keine Ruhe aufkommen. Gehen Sie weiter Richtung **Canal Street**; noch vor der Mott Street kommen Sie an großen, erleuchteten Kaufhäusern vorbei.

Der **Eastern States Buddhist Temple** (64 Mott Street) ist zwar ein Tempel, gleichzeitig aber auch eine Touristenfalle, in der billige Buddhafiguren verkauft werden. Die 1801 im Georgian Style erbaute **Church of the Transfiguration** ist älter als Chinatown. Die **Doyers Street** ganz in der

Nähe war einst eine Domäne der Opiumhändler und Prostituierten. Hier spielten sich im 19. und frühen 20. Jahrhundert die Tong-Kriege ab, in denen rivalisierende chinesische Banden um die Kontrolle über Drogenhandel, Prostitution und Spielhöllen kämpften. Doyers Street ist heute völlig sicher und voller Restaurants.

Chinesen

■ Im 19. Jahrhundert sah man kaum ein chinesisches Gesicht in den Straßen New Yorks. Heutzutage nimmt die chinesische Gemeinde New Yorks ständig an Größe und Bedeutung zu. Chinesen sind sowohl in der Geschäftswelt als auch in akademischen Kreisen erfolgreiche Persönlichkeiten. ■

Die Chinesen in den USA
Anfang bis Mitte des 19. Jahrhunderts lebten in Amerika nur wenige Chinesen, aber in Kalifornien hatten sie sich bereits seit 1852 fest etabliert. In jenem Jahr waren 25 000 gekommen, um in den Goldminen und anschließend für die Transkontinentale Eisenbahn zu arbeiten, die die Westküste mit dem Rest der USA verbinden sollte. Schnell erwarben sich die Chinesen den Ruf, geduldige Arbeiter zu sein, aber in der wirtschaftlichen Depression nach dem Goldrausch wurde ihnen die Eröffnung eines Betriebes und der Besitz von Land untersagt. Viele von ihnen schlossen sich daher in »Chinatown-Bezirken« zusammen, die damals in vielen Gemeinden Kaliforniens entstanden. Doch einige zog es in die weniger feindselige Atmosphäre New Yorks.

1870 schätzte man die Zahl der Chinesen in New York auf 75. Es handelte sich um Einzelgänger, die von den Schiffen geflüchtet waren und sich nach besten Kräften anpaßten. 1890 war ihre Zahl bereits auf 12 000 gestiegen. Viele von ihnen waren aus Kalifornien gekommen, wo sie als Kulis für die Transkontinentale Eisenbahn gearbeitet hatten.

Wegen des Unterschieds in Aussehen, Sprache und Kultur verließen diese einsamen Männer (das Einwanderungsgesetz von 1898 untersagte ihren Verwandten die Einreise) Chinatown nur selten. Mit der Unterstützung von Selbsthilfeorganisationen arbeiteten sie in Geschäften und Wäschereien und schickten die Ersparnisse nach Hause.

Die Kehrseite: Die Allgemeinheit sah in Chinatown nur das Exotische. Reiche Touristen nahmen zwar an Führungen teil, übersahen jedoch die Morde, die Sklaverei, das Glücksspiel und die Opiumhöhlen, die immer wieder in den Schlagzeilen der Presse auftauchten.

Glücksspiel, Prostitution (weißer Frauen) und Opiumhöhlen existierten tatsächlich, aber für gewöhnlich in den oberen Stockwerken oder in Kellern. Dieses Geschäft stand unter der Kontrolle der Tongs, ein chinesisch-amerikanischer Geheimbund, der sich auf eine lange Geschichte beruft, um neue Mitglieder zu beeindrucken.

Anerkennung und Expansion: Die japanische Invasion Chinas im Jahre 1937 einte die verschiedenen Parteien innerhalb der chinesischen Gemeinde, und die darauffolgende amerikanisch-chinesische Allianz milderte die antichinesische Stimmung unter den New Yorkern. Als die Einwanderungsbeschränkung für Chinesen 1965 aufgehoben wurde, strömte eine Flut von Menschen aus Taiwan und Hongkong nach Chinatown.

Die neuen Chinesen paßten sich schnell an und drückten dem New Yorker Alltagsleben ihren Stempel auf. Viele zogen bereits nach kurzer Zeit in die Vororte. Manche jüngeren Leute gerieten jedoch durch Banden wie den Ghost Shadows oder den Flying Dragons auf die schiefe Bahn.

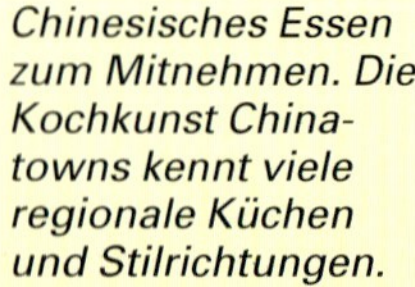

Chinesisches Essen zum Mitnehmen. Die Kochkunst Chinatowns kennt viele regionale Küchen und Stilrichtungen.

Der beliebteste Wolkenkratzer New Yorks – das unverwechselbare Chrysler Building im Art-déco-Stil.

►► Chrysler Building *151B3*

42nd Street Ecke Lexington Avenue
Subway: 4, 6, 7; 42nd Street/Grand Central

Das fast 319 Meter hohe, 1930 fertiggestellte Chrysler Building ist *das* Symbol des New Yorker Art-deco-Stils. Kurze Zeit war es das höchste Gebäude der Welt. Sein Turm gehört zu den auffälligsten Merkmalen der Stadt. Noch beeindruckender ist die Eingangshalle mit Wänden aus afrikanischem Marmor und einem Wandgemälde von Edward Trumbull. Die Fahrstühle besitzen noch immer ihr ursprüngliches Dekor aus Plüsch und Holzintarsien, und das gesamte 77stöckige Gebäude ist mit abstrahierten Automotiven bestückt.

Der Trick mit der Turmspitze
Das Chrysler Building erwarb sich den Titel als höchstes Gebäude der Welt nur durch das trickreiche Vorgehen seines Architekten William Van Alen. Die nadelartige Konstruktion, die seine 77 Stockwerke überragt, wurde in aller Heimlichkeit innerhalb des Turms fertiggestellt und schließlich durch das Dach geschoben. Auf diese Weise konnte Van Alen seinen früheren Partner H. Craig Severance überlisten, der sich mit seinem fast zur gleichen Zeit vollendeten Bank of Manhattan Building (40 Wall Street) ansonsten den Siegespreis verdient hätte.

► Civic Center *104C2*

Subway: N, R; City Hall

Die Bezeichnung Civic Center umfaßt eine Ansammlung verschiedener Behörden am Fuße der Brooklyn Bridge.

Das älteste Gebäude, die **City Hall**, wurde 1811 in einer Mischung aus Föderal- und französischem Renaissancestil fertiggestellt. Die Barrieren auf der Vorderseite des Gebäudes sollen den Stadträten während der häufigen Demonstrationen im City Hall Park den Zugang erleichtern. Im Innern führt eine doppelläufig geschwungene Treppe zum ersten Stock. Hier sind im **Governor's Room** Porträts wichtiger Persönlichkeiten New Yorks, historische Möbelstücke sowie ein Schreibtisch, den George Washington benutzte, zu sehen.

Gleich nördlich davon steht das **Old New York County Court House**, das als Heiligtum der Justiz geplant war, dessen Finanzierung jedoch eine der größten Betrügereien in der Geschichte New Yorks darstellt (siehe S. 42). Heute beherbergt es eine städtische Behörde. Jenseits der Center Street liegt das in Form eines Hexagons erbaute **New York County Courthouse** mit einem prächtigen korinthischen Säulengang.

Polizeikrawalle
1857 war der City Hall Park Schauplatz gewaltsamer Auseinandersetzungen zwischen zwei rivalisierenden New Yorker Polizeitruppen, der in Verruf geratenen Municipal Force und der neuformierten Metropolitan. Die Kämpfe verlagerten sich bis in die City Hall und konnten erst durch das Einschreiten der Nationalgarde beendet werden.

1992 blamierten sich »New York's Finest« erneut, als betrunkene Polizeibeamte bei einer schlecht geplanten Demonstration gegen Bürgermeister Dinkins über die Barrikaden stiegen, um den Eingang zur City Hall zu blockieren.

Sport

■ Sport wird in den USA groß geschrieben, und die Sportbegeisterung der New Yorker – die in beiden Nationalsportarten jeweils zwei professionelle Mannschaften besitzen – bildet dabei keine Ausnahme. Die Rivalität unter den Fangemeinden ist groß, wenngleich die meisten von ihnen die Matches nur im Fernsehen verfolgen. Nicht etwa aus Faulheit: Karten, vor allem die für American Football, sind teuer und nur schwer zu bekommen. ■

Der New York Marathon
Der mittlerweile weltgrößte Marathon begann 1970 als kleines Rennen mit nur 127 Teilnehmern. Auf der 42 Kilometer langen Strecke messen heute 22 000 Läufer im Beisein von mehr als zwei Millionen Zuschauern ihre Kräfte. Der New York Marathon findet am dritten oder vierten Sonntag im Oktober statt. Start ist dabei die Verrazano Bridge in Staten Island. Die Strecke führt durch sämtliche Boroughs und endet am Tavern on the Green im Central Park.

Eines der großen sportlichen Ereignisse in New York.

Baseball: Bis in die jüngste Zeit waren die New York Mets das erfolgreichere der beiden Baseballteams der Stadt. Sie spielen im Shea Stadium in Queens (Tel.: 718 507 8499). Eintrittskarten gibt es ab acht Dollar für die nicht überdachte Tribüne (*bleachers* genannt), auf der die Fans die geistreichsten Bemerkungen machen, der Blick aber am schlechtesten ist, und bis zu 17 Dollar für die höher gelegenen Ränge.

Anfang der 90er Jahre wurden die New York Yankees durch außersportliche Probleme aus der Bahn geworfen. Sie sind aber gerade im Begriff, ihre Schwierigkeiten zu überwinden und zu der Form ihrer glanzvollen Tage zurückzukehren. So konnten sie 1996 den Gewinn der World Series feiern. Die Yankees spielen im Yankee Stadium in der Bronx (Tel.: 718 293 6000). Die Eintrittspreise entsprechen denen der Mets.

Die Baseballsaison dauert von April bis Oktober.

Basketball: Basketballfans können die Spiele der New York Knicks (einer Kurzform von »Knickerbockers«) vom

Frühling bis zum Herbst im Madison Square Garden verfolgen (Tel.: 465 JUMP). In den frühen 70er Jahren hatten die Knicks einmal eine fantastische Saison, in der sie ungeschlagen blieben, aber seitdem sind sie in ihrer Leistung unbeständig. Eintrittskarten sind von 17 Dollar an aufwärts erhältlich – sie sind aber nur sehr schwer zu bekommen, wenn sich die Knicks einmal für die Endrunden qualifiziert haben.

Auch College Basketball sollte man nicht unterschätzen. Viele der Collegespieler sind zukünftige Profis, und die Besten von ihnen nehmen im November und März an den Collegeturnieren im Madison Square Garden teil.

Eishockey: Das anhaltende Pech der New York Rangers endete überraschend 1994, als sie den Stanley Cup gewannen. Die Rangers spielen vom Spätherbst bis ins Frühjahr im Madison Square Garden (Tel.: 308 NYRS). New Yorker, die ein heimisches Team auch einmal gewinnen sehen möchten, fahren lieber nach Uniondale auf Long Island, wo die New York Islanders im Nassau Coliseum spielen (Tel.: 516/794 4100).

American Football: Beide New Yorker Profiteams spielen außerhalb der Stadtgrenzen im Giants Stadium in Meadowlands, East Rutherford, New Jersey (Tel.: 201/935 8222). In den letzten Jahren waren die New York Giants allerdings bei weitem erfolgreicher als ihre Rivalen, die New York Jets.

Die Footballsaison dauert von August bis Dezember. Die billigsten Eintrittskarten für die Jets kosten etwa 25 Dollar, während man die Tickets für die Giants Monate, wenn nicht Jahre im voraus bestellen muß.

Pferderennen: Den Vollblutpferden kann man täglich zuschauen: auf der Pferderennbahn in Belmont Park Elmont, Long Island (Tel.: 516/488 6000) von Mai bis Juli und September bis Mitte Oktober, und am Aqueduct Racetrack, Ozone Park, Queens (dieselbe Telefonnummer) von Ende Oktober bis Mai. Im August begibt sich das Volk der Pferdeliebhaber auf den Saratoga Raceway (Tel.: 518/584 6200).

Pferdewetten: Falls sich Ihr Interesse an Pferderennen aufs Wetten beschränkt, gehen Sie in eine der vielen Zweigstellen der New York City Off-track Betting, in denen man die Rennen auf dem Bildschirm verfolgt. Weitere Möglichkeiten: The Inside Track, Second Avenue zwischen 53rd und 54th Street (Tel.: 752 1940), eine Bar im Stil eines englischen Pub mit zwei gigantischen Bildschirmen und 15 Monitoren oder der elegante Select Club, 165 Water Street (Tel.: 425 0052).

Tennis: Anfang September finden die US Open in Flushing Meadows, Queens, statt (Tel.: 718/271 5100). Die Tickets hierfür sind bereits lange im voraus ausverkauft. Dennoch sollten Sie versuchen, den großen Stars in den ersten Runden zuzuschauen – die Ticket-Situation hat sich in letzter Zeit verbessert. Auch am Tournament of Champions, das im Frühjahr im West Side Tennis Club in Forest Hills, Queens (Tel.: 718/271 5100), abgehalten wird, nehmen viele der Topstars teil.

Der Schwarzmarkt
Schwarzhändler verkaufen Tickets für Sportereignisse meist in der Nähe des Veranstaltungsortes. Achten Sie auf Fälschungen und darauf, daß der in aller Regel weit über dem offiziellen Wert liegende Preis erheblich sinkt, wenn sich der Beginn des Spiels nähert.

Sports Bars
In den vielen Sports Bars gibt es nicht nur Alkohol. Man kann hier auch das Geschehen aller möglichen Sportereignisse auf einem der TV-Bildschirme verfolgen. Wenn eine Mannschaft aus New York beteiligt ist, rechnen Sie mit lauten Zwischenrufen und fachlichen Bemerkungen.

Basketballspiel.

Die George Washington Bridge
Südlich der Cloisters erblickt man die elegante George Washington Bridge, die den Hudson River von der 178th Street aus überspannt. Der berühmte Architekt Le Corbusier bezeichnete sie einst als »schönste Brücke der Welt«.

►► The Cloisters

UIVF1

Fort Tyron Park, Washington Heights
Subway: A; 190th Street
Manhattan und mittelalterliche Klöster – das scheint auf den ersten Blick ein Widerspruch. Aber im Fort Tyron Park, nahe der nördlichen Spitze Manhattans, finden sich tatsächlich, hoch über dem Hudson River thronend, Teile von fünf französischen und spanischen Klostergebäuden aus dem 12. bis 15. Jahrhundert. Zusammen bilden sie The Cloisters, das angemessene Ambiente für einen Großteil der mittelalterlichen Sammlung des Metropolitan Museum of Art.

Obwohl ein Großteil der Gebäude neugebaut wurde und dem alten Stil nur nachempfunden ist, stammen die echten, historischen Stücke – Säulen, Kreuzgänge, Kapellen, Apsiden und noch vieles mehr – von dem Bildhauer George Gray Bernard, der diese auf mehreren Europareisen Anfang dieses Jahrhunderts gesammelt hatte. Dabei nahm er alles mit, was nicht niet- und nagelfest war. Er entdeckte die Schätze in Schweineställen und Gräben in der Nähe alter Kirchen oder in Gärten, wo sie als

Altargemälde und Kapelleneinrichtung in den Cloisters.

Schmuckstücke dienten. Bernard stellte diese buntgemischte Sammlung zunächst in Manhattan aus. Von dort aus wurde sie 1925 durch eine Stiftung John D. Rockefellers zum Met gebracht. Rockefeller finanzierte auch den Bau der Cloisters, um die Stücke ausstellen zu können.

Der wohlhabende Rockefeller besaß zudem schon das Land, das später in den Fort Tryon Park umgestaltet wurde (siehe den Kasten auf der gegenüberliegenden Seite). Mit den Unicorn Tapestries vermachte er den Cloisters ein bemerkenswertes Ausstellungsstück (siehe unten).

Die Abteilungen sind chronologisch und nach verschiedenen mittelalterlichen Stilrichtungen geordnet. So wurden in der Romanesque Hall die Eingangsportale wieder aufgebaut, die den stilistischen Wandel von der Romanik des 12. Jahrhunderts zur Gotik des 13. Jahrhunderts veranschaulichen. Am beeindruckendsten ist sicher das letzte der drei Portale, ein Meisterstück aus Burgund, das die Krönung Mariens zeigt. Neben Christus stehen Clovis, der erste christliche Herrscher Frankreichs, und sein Sohn

Zwei Tickets zum Preis von einem
Falls Sie das Metropolitan Museum of Art und die Cloisters an einem Tag besuchen, gilt eine Eintrittskarte für beide Museen. Im Sommer gibt es sogar eine direkte Busverbindung, die schneller, aber auch teurer als die öffentlichen Verkehrsmittel ist.

Clothaire, die beide äußerst realistisch dargestellt sind.

Neben der Romanesque Hall befindet sich die aus dem 12. Jahrhundert stammende Apsis der Fuentidueña Chapel, die den Einsturz der Kirche überstand. Obwohl teilweise schon recht verwittert, sind vor allem die Fresken und die Statuen des hl. Martin und der Verkündigung Mariä sehenswert.

Es folgen die Kreuzgänge des benediktinischen Saint-Guilhem-Klosters mit gemeißelten Kapitellen aus dem 12. Jahrhundert. Durch den romanischen Raum gelangt man in die Langon Chapel. Damals kamen die besten Holzschnitzereien aus Autun in Burgund, woher auch das wichtigste Stück der Kapelle, eine Madonna mit Kind, stammt. Lassen Sie Ihre Blicke über dieses Werk gleiten, um die sorgfältig gearbeiteten Details in Form und Material würdigen zu können.

Jenseits der Langon-Kapelle befinden sich mehrere gotische Räume und das Cuxa Cloister, dessen roséfarbene Bogen und Säulen 1188 für ein Kloster in den Pyrenäen geschaffen wurden. Gegenüber sind die herrlichen Unicorn Tapestries aus dem 16. Jahrhundert zu sehen, wahrscheinlich flämischen Ursprungs. Dargestellt wird die Jagd nach dem mystischen Einhorn als Allegorie der Wiedergeburt Christi. Die Gobelins sind äußerst farbenfroh und reich an Details. Christliche Symbole, vermischt mit Fruchtbarkeitssymbolen, lassen erkennen, daß der Teppich für eine Hochzeit gewebt wurde.

Die Schönheit der Gobelins wird nur noch von den sechs Glasfenstern des angrenzenden Boppard Room übertroffen. Diese stammen aus dem 15. Jahrhundert und schmückten ursprünglich die Karmeliterkirche St. Severinus in Boppard am Rhein. Die Glasfenster zeigen Heiligenfiguren, die in überdachten Nischen um die zentrale Gestalt der Jungfrau Maria angeordnet sind.

Nur wenige Schritte entfernt steht ein weiteres wichtiges Ausstellungsstück: Robert Campins Altargemälde *Verkündigung*, ein frühes flämisches Triptychon in Öl auf Holz. Neu für die damalige Zeit war die Darstellung dieser Thematik in einer häuslichen Umgebung.

Ein »mittelalterliches« Zuhause für mittelalterliche Schätze: The Cloisters.

Fort Tryon Park
Dieser Park war während des Unabhängigkeitskrieges Schauplatz der Schlacht von Washington Heights. Das Fort wurde von den siegreichen Briten nach dem letzten britischen Gouverneur New Yorks in Tryon umbenannt. Die 25 Hektar große Fläche wurde in einzelne private Grundstücke aufgeteilt, die John D. Rockefeller später erwarb. 1930 schenkte Rockefeller das Grundstück der Stadt, und man beauftragte die Gebrüder Olmsted (Nachkommen Frederick Olmsteds, der den Central Park entworfen hatte), dort Rasenflächen, Picknickplätze und Terrassen anzulegen.

Riverside Church
Südlich der Columbia University erhebt sich die monumentale und immer noch unvollendete Cathedral of St John the Divine. Nördlich davon, zwischen 120th und 122nd Street, erblickt man die imposanten, der französischen Gotik nachempfundenen Umrisse der Riverside Church. Das heute überkonfessionelle Kirchenzentrum hat sich von Anfang an um die Unterprivilegierten bemüht, und von der Kanzel waren oft radikal liberale Predigten zu hören. Von der Aussichtsplattform des 20 Stockwerke hohen Turms (die per Aufzug zu erreichen ist) genießt man einen herrlichen Blick über den Hudson River und Upper Manhattan. Im Turm selbst hängt ein Glockenspiel mit 74 Glocken, das größte der Welt.

▶ Columbia University — *UIHB2*

114th–120th Street zwischen Amsterdam Avenue und Broadway
Subway: 1; 116th Street

Die Columbia University wurde mittels einer Stiftung des britischen Königs Georg III. (ursprünglich hieß sie auch King's College) im Jahr 1754 in Lower Manhattan gegründet. In den damaligen Zeiten wurde die schnell wachsende Stadt von den vergleichsweise kultivierten Gemeinden Boston und Philadelphia, wo die Universität von Harvard bereits besten Ruf genoß, als ungehobelter und geldgieriger Emporkömmling betrachtet. Columbia University sollte daher das kulturelle Profil New Yorks aufwerten.

Da sich das Universitätsgelände ständig weiter nach Norden verlagerte, erwarb Columbia den Grund, auf dem später das Rockefeller Center entstand. Mitte der 80er Jahre verkaufte sie das wertvolle Grundstück für 400 Millionen Dollar. Ihren gegenwärtigen Standort auf dem Gelände einer ehemaligen Irrenanstalt hat die Universität seit 1897 inne.

Die Gebäude sind um mehrere Plazas mit Brunnen angeordnet, in deren Zentrum die majestätisch anmutende **Low Library** thront, eine Nachbildung des Pantheon in Rom. Sie wurde von Seth Low gestiftet, einem ehemaligen Präsidenten der Universität, der 1902 auch für kurze Zeit das Bürgermeisteramt New Yorks innehatte.

Den Säuleneingang der Bibliothek erreicht man über eine in drei Stufen angelegte Treppe. Im Innern entfaltet sich ein beeindruckender achteckiger Rundbau, der von 16 Säulen getragen wird. Über dicke Bücher gebeugte Studenten findet man hier allerdings nicht, denn die Bibliothek wird nur für feierliche Anlässe und Ausstellungen genutzt. Im Erdgeschoß dokumentiert die Columbiana Collection, eine große Sammlung von Zeichnungen,

Alma Mater, *David Chester Frenchs Statue vor der Low Library der Columbia University.*

Papieren, Gemälden und sonstigen Utensilien die Geschichte der Universität.

Die Außentreppe führt an Daniel Chester Frenchs symbolhafter Statue *Alma Mater* vorbei. Sie war bis 1962 mit Blattgold bedeckt. 1968 fungierte sie während der Demonstrationen gegen den Vietnamkrieg als Sammelpunkt. Östlich der Bibliothek beherbergt die im Neo-Renaissancestil gebaute **St Paul's Chapel** ein grandioses Gewölbe.

An den meisten Wochentagen finden kostenlose Führungen statt (Tel.: 857 1754).

►► Cooper-Hewitt Museum *187C1*

91st Street Ecke Fifth Avenue
Subway: 4, 6; 86th oder 96th Street

Die Inspiration zu diesem Design-Museum erhielten die drei Hewitt-Schwestern 1897 bei einem Besuch im Victoria and Albert Museum in London.

Seitdem ist ihre bunte Kollektion von Tapeten, Schlüsseln und ungewöhnlichen Schmuckstücken zu einer stattlichen Sammlung von über 250 000 Stücken angewachsen. Zu sehen sind Keramik, Tapeten, Textilien, Grafik und Design, Zeichnungen, Drucke, eine enzyklopädische Referenzbibliothek und ein Bildarchiv.

Die Exponate sind nach thematischen Gesichtspunkten zusammengefaßt. Egal, ob es sich um französische Stiche aus dem 17. Jahrhundert, zeitgenössische, italienische Schreibmaschinen, Stickereien aus dem Mittleren Osten, amerikanische Hutschachteln oder Landkarten aus drei Jahrhunderten handelt, die Ausstellungen sind immer phantasievoll und manchmal äußerst kontrovers.

1967 wurde das Museum dem angesehenen Smithsonian Institute unterstellt und von Lower Manhattan in das frühere Stadtschloß des Stahlkönigs Andrew Carnegie verlegt. Carnegie, einer der reichsten Männer seiner Zeit, hatte vor, das »schlichteste und geräumigste Haus New Yorks zu bauen«. Die 1901 im Georgian Style aus rotem Backstein und Kalkstein erbaute Villa war alles andere als schlicht. Sie wird von riesigen Gärten umgeben und umfaßt 64 Zimmer, gedacht für Carnegie, seine Frau, seine Tochter und 19 Bedienstete.

Achten Sie auch auf die gewölbten Decken, die Fenster aus Tiffany-Glas und das Musikzimmer mit französischen Antiquitäten aus der Zeit Ludwigs XVI. sowie den Dudelsack, der an Carnegies schottische Abstammung erinnert.

► Daily News Building *151B3*

220 East 42nd Street
Subway: 4, 6, 7; Grand Central Terminal/42nd Street

Das 1930 vollendete Daily News Building (auch einfach nur News Building genannt), ein schlichtes, hochaufragendes Gebäude, wurde von Raymond Hood geschaffen, der damit seinen Ruf als Vater der New Yorker Wolkenkratzer-Architektur festigte. Im Foyer schildert ein Fries den kontinuierlichen Aufstieg der Zeitung New Yorks, die wegen ihrer gewagten Schlagzeilen und schlüpfrigen Artikel zu einer Legende geworden ist, über deren Zukunft jetzt allerdings ein großes Fragezeichen steht. Im Zentrum einer Ausstellung über meteorologische Themen dreht sich ein riesiger Globus. Ruhm erlangte das Gebäude in den 80er Jahren, als es in den *Superman*-Filmen als Hauptquartier des *Daily Planet* fungierte.

Unruhen an der Columbia Universität
Im Jahre 1968 gipfelten die Aktivitäten der Studentenbewegung, die einige Jahre zuvor an der University of California in Berkeley begonnen hatten, in landesweiten Demonstrationen gegen das Engagement der USA in Vietnam und die veraltete akademische Verwaltung. Im April 1968 mußte die Columbia Universität Demonstrationen, Sit-ins und die Geiselnahme von fünf Beamten erdulden. Der belagerte Universitätspräsident ersuchte schließlich die Polizei um Hilfe, wobei 698 Studenten verhaftet und 100 verletzt wurden. Das führte dazu, daß Studenten und Universitätsangestellte sich einmütig gegen die brutale Vorgehensweise der Polizei stellten.

Peter Cooper
In der Gießerei von Peter Cooper, dem Großvater der Museumsgründerinnen Sarah, Amy und Eleanor Hewitt, wurden in New Jersey die Gleise der ersten großen Eisenbahn der USA geschmiedet. Als Cooper erkannte, daß sein Reichtum durch die »Kooperation der Massen« zustande gekommen war, gründete er Cooper Union, das erste freie College, das heute noch immer im East Village zu Hause ist (siehe S. 98f).

Das Dakota im Film
Sowohl die Bewohner des Dakota als auch das Gebäude selbst spielten Hauptrollen in vielen Filmen. Die schmutzige Fassade und die spukhaften Türme und Giebel bildeten z. B. den perfekten Schauplatz für Roman Polanskis berühmten Film *Rosemaries Baby*.

► Dakota Apartments

151D2

1 West 72nd Street
Subway: 1, 2, 3; 72nd Street

In den 80er Jahren des 19. Jahrhunderts waren Apartmenthäuser noch selten. Edward S. Clark, Erbe des Vermögens der Singer-Nähmaschinen, ließ trotzdem ein Gebäude mit Luxusapartments bauen, und zwar in der Gegend der heutigen Upper West Side, die damals aus offenem Land und schäbigen Hütten bestand und nicht einmal an das Stromnetz der Stadt angeschlossen war.

Kritiker meinten, das Haus läge so weit außerhalb, daß es schon fast zu Dakota gehören könnte – daher der Name des Gebäudes sowie die Motive über dem Eingang: Getreideähren, Pfeilspitzen und ein Indianerkopf.

Als sich die Stadt nach Norden ausdehnte und in Midtown Manhattan die Preise in die Höhe schossen, interessierten sich plötzlich viele für die mit Marmorböden ausgestatteten und eichen- und mahagonigetäfelten Wohnungen des Dakota. Hier fühlen sich nach wie vor viele Stars zu Hause, wie z. B. ehemals Leonard Bernstein, Lauren Bacall, Judy Garland und John Lennon – der 1980 beim Betreten des Gebäudes ermordet wurde. Lennons Witwe Yoko Ono wohnt noch hier.

Die gespenstisch wirkenden Dakota Apartments – Wohnsitz vieler Stars und selbst ein Kinostar.

Andy Warhol

■ Immer wieder im Gespräch, von Manhattans prominenter Gesellschaft mehr inspiriert als von seinen Museen, und vielleicht New Yorks einziger weltberühmter Künstler: Andy Warhol. ■

Als Sohn tschechischer Einwanderer in Pittsburgh geboren, ging Andrew Warhola 1949 nach New York und wurde innerhalb von sieben Jahren zu einem der gefragtesten kommerziellen Künstlern der Stadt.

Berühmte Suppendosen: Warhol liebte das New Yorker Partyleben. Aber erst 1962, nach einem Einkauf in einem Supermarkt, fand er seinen eigenen Stil. Während die Pop-Art-Künstler Kollagen über den Massenkonsum schufen, begann Warhol, Suppendosen im Stil ernsthafter Porträtmalerei darzustellen.

Warhol genoß die Publicity, die ihm seine Bilder von Dollarscheinen, elektrischen Stühlen und Brillo-Schachteln einbrachten. Ein Kritiker schrieb, Warhols Bilder von Marilyn Monroe seien »so sentimental wie vom Fließband laufende Fords«. Warhol entgegnete: »Ich möchte eine Maschine sein«, und gab seinem Atelier den Namen Factory.

Mitte der 60er Jahre war Warhols Factory Treffpunkt der schrägsten Typen New Yorks. Viele von ihnen spielten Hauptrollen in den Underground-Filmen des Künstlers. Einen dieser Filme, *Chelsea Girls*, beschrieb ein Kritiker als »Abbild der völligen Degeneration der amerikanischen Gesellschaft«.

Reichtum: 1968 endeten die Exzesse der Factory abrupt, als Warhol nur knapp einem Mordversuch entkam und im selben Jahr seine Finanzen einer Überprüfung unterzogen wurden. In der Meinung, mehr Geld verdienen zu müssen, machte der Guru der Pop-Art nun Gesellschaftsporträts zum Preis von 25 000 Dollar pro Stück, und sein neu aufgelegtes Magazin *Interview* setzte auf Klatschspalten und gewinnträchtige Anzeigen.

Bald waren Warhols Reichtum und Ruf größer als seine Kreativität. Nachdem er 1975 in ein teures Haus in der Upper East Side gezogen war, verschwendete er Zeit und Geld für glücklose Projekte und schien sich nur noch bei seinen täglichen Shopping-Exkursionen wohl zu fühlen.

Kurz vor seinem Tod im Jahre 1987 meinte Warhol, daß »reich sein nicht mehr so viel Spaß macht wie früher«.

Andy Warhol:
»In Zukunft wird jeder fünfzehn Minuten lang berühmt sein.«
»Ich glaube nicht, daß meine Kunst einen dauerhaften Wert besitzt.«
»Ich wollte nie Maler werden. Ich wollte Steptänzer werden.«

»Little Ukraine«
Im East Village, nahe der Second Avenue zwischen 4th und 1th Street, begannen sich Ende des letzten Jahrhunderts Ukrainer niederzulassen. Obwohl ihre Zahl wieder abgenommen hat, fällt ihre Präsenz noch immer durch zahlreiche slawische Restaurants und traditionelle Geschäfte auf. Das winzige Ukranian Museum, 203 Second Avenue, illustriert Vergangenheit und Gegenwart ukrainischen Lebens in New York und in der Heimat.

East Village

UIVC3

In den 50er Jahren waren die revolutionären Künstler und Schriftsteller von Greenwich Village wegen der steigenden Mieten gezwungen, sich jenseits des Broadway im East Village niederzulassen. Sie bezogen billige Wohnhäuser, die zuvor von osteuropäischen Einwanderern, vornehmlich aus der Ukraine, belegt waren.

Das East Village war in den 60er Jahren Zentrum der Hippiebewegung, in den 70er Jahren Treffpunkt der Punk-Rock-Szene und ist auch heute noch das Herz von New Yorks Alternativkultur. Außer ein paar Sehenswürdigkeiten findet man dort vor allem bizarre Geschäfte, exotische Lebensmittel und ein reges Straßenleben, das zunehmend ältere Leute mitgestalten, aber weiterhin in schrillen Farben gekleidete Passanten kennt.

Astor Place wurde nach John Jacob Astor benannt, einem der reichsten Männer des frühen 19. Jahrhunderts. Wie der ebenfalls wohlhabende Cornelius Vanderbilt besaß Astor eines der Häuser mit Marmorfassade in der Colonnade Row. Die letzten dieser einst so prächtigen Residenzen haben in der Lafayette Street (Hausnummern 428 bis 434) überlebt, sind aber bereits sehr heruntergekommen.

Bei der Lafayette Street finanzierte Astor die erste öffentliche Bibliothek New Yorks, und zwar in einem Brownstone, das seit den 60er Jahren das **Public Theatre** (ursprünglich das Joseph Papp Public Theatre) beherbergt, einen Treffpunkt für die verschiedensten Theater-, Kino- und Kunstvorstellungen.

Ein weiteres Überbleibsel aus dem 19. Jahrhundert ist das **Cooper Union Building** südlich vom Astor Place. Es wurde von dem Millionär und Großindustriellen Peter Cooper gestiftet, um allen Rassen und Klassen eine kostenlose Ausbildung zu bieten, und bildete auch ein Forum für politische Ansprachen. Auch Abraham Lincoln brillierte hier mit einer Rede.

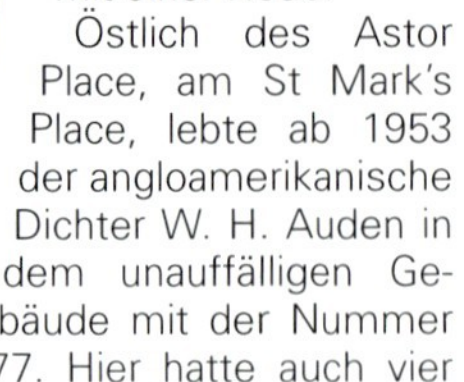

Östlich des Astor Place, am St Mark's Place, lebte ab 1953 der angloamerikanische Dichter W. H. Auden in dem unauffälligen Gebäude mit der Nummer 77. Hier hatte auch vier Jahrzehnte zuvor Leo Trotzki in einem Untergeschoß die Russische Revolution geplant.

Gleich in der Nähe, auf dem ehemaligen Besitz des holländischen Gouverneurs von New York, Peter Stuyvesant, erhebt sich die Kirche **St Mark's-in-the-Bowery**. Der ursprüngliche Bau aus dem Jahre 1799 wurde durch einen Turm und einen Säulengang ergänzt. Die Kirche bietet ihrer exklusiven Gemeinde nicht nur Gottesdienste, sondern auch Dichterlesungen und Performances. Unter ihrem östlichen Teil liegen Stuyvesant und sechs Generationen seiner Nachfahren begraben.

Zu Fuß

East Village: Läden und Sehenswürdigkeiten

Auf diesem Rundgang lernen Sie historische Stätten und die heutige Atmosphäre dieses Viertels kennen.

Beginnen Sie an der Kirche **St Mark's-in-the-Bowery** (1799) und gehen Sie auf der Stuyvesant Street zum **Cooper Union Building** (1859), dem ersten kostenlosen College der USA.

Geradeaus markiert ein Jugendstil-Kiosk die Subway-Station Astor Place. Direkt gegenüber an der Fourth Avenue findet sich die örtliche Filiale von **Barnes & Noble**, einer Buchhandlung mit einem umfassenden Sortiment.

Entlang der East 6th Street bieten eine Vielzahl von Geschäften ungewöhnliche Kleidungsstücke, Antiquitäten und Schmuck. Die »In«-Leute gehen zum Cappuccino oder Snack ins **Caffè della Pace**, East 7th Street Nr. 48. Und **McSorley's Ale House**, Nr. 15, ist bereits seit 1854 ein Wahrzeichen dieses Viertels.

EAST VILLAGE

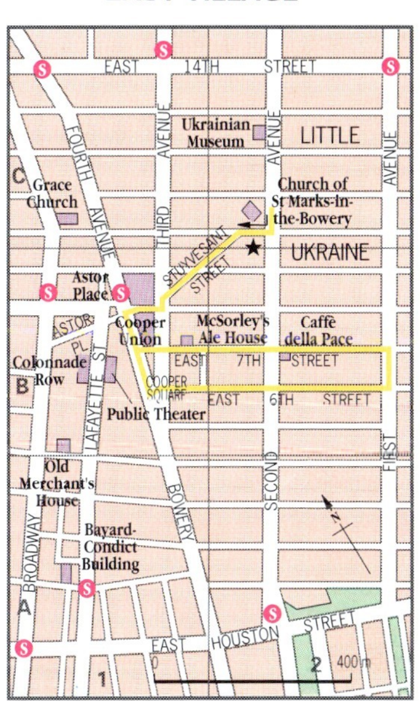

Ausgefallener Laden im East Village.

Die Wall of Honor
Um Ellis Island herum verläuft die American Immigrant Wall of Honor mit einer Liste von 200 000 Namen – nur ein winziger Prozentsatz derer, die hier amerikanische Staatsbürger wurden. Berühmtheiten, die auf Ellis Island landeten, sind u. a. Isaac Asimov, Irving Berlin, Bela Lugosi, Golda Meir, Edward G. Robinson und Rudolph Valentino.

▶▶▶ Ellis Island 48C2

Etwa 100 Millionen der heutigen Amerikaner haben Vorfahren, die auf dem Weg in die USA Ellis Island passieren mußten, eine kleine Insel im Schatten der Freiheitsstatue in New Yorks Upper Bay. Sie war von 1892 bis 1924 die meistbeschäftigte Einwanderungsstation des Landes.

Danach diente sie als Armeehospital und Internierungslager für Ausländer. Ellis Island wurde 1954 geschlossen und geriet in Vergessenheit. 1990 öffnete das Hauptgebäude nach einer 160 Millionen Dollar teuren Renovierung als Ellis Island Immigration Museum wieder seine Pforten.

Wer zu den Behörden auf Ellis Island kam, stammte meist aus ärmeren Verhältnissen, da wohlhabendere Einwanderer anderswo abgefertigt wurden und eine sofortige Aufenthaltserlaubnis erhielten. Das Hochgefühl, das ihnen der Anblick der Freiheitsstatue vermittelte, legte sich schnell, wenn sie die »Insel der Tränen« erreicht hatten und in die Mühlen der Bürokratie gerieten.

Die Einwanderer wurden auf ansteckende Krankheiten und ihren Geisteszustand untersucht sowie über ihre Verwandten und ihre Arbeitsfähigkeit ausgefragt. Falsche Antworten oder eine Krankheit hatten die sofortige Internierung zur Folge. Durchschnittlich zwei Prozent der Neuankömmlinge mußten wieder umkehren. Andere wiederum machten ihre erste Erfahrungen mit der amerikanischen Korruption: Einwanderungsbeamte ließen sich bestechen oder verkauften die Tickets für die Weiterreise in die USA zu einem überhöhten Preis.

Das Museum zeigt viele Details aus der Geschichte der USA, von Statistiken über die zukünftige ethnische Zusammensetzung der USA bis zu Säcken und Taschen, die damals kostbare Errungenschaften enthielten. Die gefängnisartigen Schlafsäle der Internierten sind deprimierend, und die aufgezeichneten Verhöre früherer Einwanderer vermitteln einen anschaulichen Eindruck ihrer Hoffnungen und Ängste.

Ellis Island. In diesen Gebäuden wurde über die Zukunft vieler Möchtegern-Amerikaner entschieden. Das Museum vermittelt einen Eindruck von den Hoffnungen, Ängsten und Enttäuschungen der Neuankömmlinge.

▶▶▶ Empire State Building 151B2

34th Street Ecke Fifth Avenue
Subway: B, D, F, N, R; 34th Street
Trotz des höheren World Trade Center und der als nationales Symbol geeigneteren Freiheitsstatue ist das über 60 Jahre alte und sich noch immer majestätisch über Manhattan erhebende Empire State Building das berühmteste Wahrzeichen New Yorks geblieben. Als in den 20er Jahren ein riesiger Bauboom einsetzte, gewann es das Rennen

Daten zum Empire State Building
Höhe: 449 Meter
Gewicht: 365 000 Tonnen
Ziegelsteine: 10 Millionen
Geplante Kosten: 60 Mio. $
Tatsächliche Kosten: 40 948 900 $
Größter Besucher: King Kong, 1933
Größte Tragödie: 1945, ein Flugzeug rast ins 79. Stockwerk und tötet 14 Menschen.

Die Lobby des Empire State Building.

New York Skyride
Sollte Sie der Blick von den Aussichtspunkten im Empire State Building unerwartet nicht zufriedenstellen – eine Ansicht der Stadt aus der Luft bietet sich Ihnen auch in einem Flug mit dem Simulator New York Skyride, den Sie im zweiten Stock des Gebäudes finden. In schwindelnder Höhe und mit einem enormen Tempo überfliegen Sie New York an Bord eines »space-copter«.

darum, das höchste Gebäude der Welt zu sein. Diesen Tital nahm es 1931 dem Chrysler Building ab und behielt ihn bis 1973, als der erste Turm des World Trade Center fertig wurde.

Obwohl das Gebäude rund 381 Meter hoch ist (mit dem 1951 errichteten Antennenmast 449 Meter), dauerte die Bauzeit nur zwei Jahre. Die stufenartige Bauweise, ein Resultat der damaligen Baubestimmungen (siehe Seite 24), trägt wesentlich zum eleganten Profil des Gebäudes bei.

Federal Hall National Memorial. Die Statue George Washingtons erinnert an die Amtseinführung des Präsidenten, die in einem früheren Gebäude auf demselben Grundstück stattfand.

Die ursprüngliche Federal Hall
Die historische Bedeutung der heutigen Federal Hall wird von ihrer Vorgängerin überschattet. Dort kam die erste Regierung der USA zusammen, nachdem im selben Gebäude George Washington im April 1789 seinen Amtseid abgelegt hatte. Trotz dieser bedeutenden Rolle für die amerikanische Geschichte verfiel das Gebäude in einen derart trostlosen Zustand, daß es 1812 verkauft wurde.

Der Wall Street Crash ereignete sich genau zu der Zeit, als man das ursprüngliche Waldorf Astoria Hotel abriß. Auf diesem Grundstück wurde das Empire State Building errichtet. Das Richtfest fand statt, als die Depression gerade in vollem Gang war, und nur ein kleiner Teil der Büroflächen konnte vermietet werden. Touristen, die die herrliche Aussicht genießen wollten, finanzierten das Gebäude in den ersten Jahren.

Beachten Sie die Art-deco-Ausstattung des Foyers, bevor Sie mit dem Aufzug zur Aussichtsplattform in das 86. Stockwerk hinauffahren (die zusätzliche Fahrt zum 102. Stockwerk lohnt sich kaum). An einem klaren Tag beträgt die Sichtweite über 100 Kilometer.

► Federal Hall National Memorial *104B2*

Wall Street Ecke Nassau Street
Subway: 2, 3, 4, 5; Wall Street

Die wohlproportionierten Treppen und dorischen Säulen im Zentrum des Financial District wirken zwar imposant, aber das Innere der im 19. Jahrhundert erbauten Federal Hall läßt doch einiges zu wünschen übrig. Das Gebäude war das erste Zollhaus der USA und wurde später zu einer Bank umfunktioniert, bevor man es 1939 zur nationalen Gedenkstätte erklärte.

Bei einem Besuch des Financial District sollte die Federal Hall unbedingt auf Ihrer Liste stehen. Erwarten Sie aber nichts Besonderes. Im Innern zeigen lediglich ein kurzer Film und eine bescheidene Ausstellung einige der Ereignisse, die hier einmal stattfanden. In einer Virtine sind ein Stück der Balkonbrüstung zu sehen, gegen die sich George Washington lehnte, als er nach seinem Amtseintritt zu den Massen sprach, sowie eine Gürtelschnalle des großen Mannes zu sehen.

► Film Center Building *151C1*

Ninth Avenue zwischen 44th und 45th Street
Subway: A, C, E; 42nd Street

Sicher planen Sie nicht, eine der 75 Filmgesellschaften zu besuchen, die hier ihre Büros haben. Anschauen sollten Sie sich das Gebäude allerdings schon, allein wegen der fantastischen Art-deco-Innenaustattung von Foyer, Vorhalle und Eingangshalle – der Arbeit von Ely Jacques Kahn. Dieser außergewöhnliche modernistische Architekt wurde Ende der 20er Jahre vor allem wegen seiner Innendekorationen berühmt, in denen er geometrische Formen auf wundersame Weise miteinander verknüpfte – und dies sind einige der schönsten Beispiele .

►► Financial District *UIVA1*

Schon zu Beginn des 19. Jahrhunderts ließen sich hier die Geldinstitute nieder. Mit der Stadt wuchs auch der Financial District und entwickelte sich schnell zum globalen Zentrum von Geld und Handel. In dieser engbebauten Gegend sind prächtige neoklassizistische Gebäude, deren äußere Form bereits ihren Status als Geldstätte verdeutlicht, neben modernen Wolkenkratzern aus Glas und Stahl zu bewundern, den zeitgenössischen Symbolen des Mammons.

Die Wall Street (nur eine Durchfahrtstraße, aber internationales Synonym für die Hochfinanz) produzierte im Überschwang der 80er Jahre Millionengewinne und die

Yuppies, bis schließlich mehrere Skandale die besonders Geldgierigen hinter Gitter brachten und die wirtschaftlichen Unsicherheiten der 90er Jahre einleiteten. Bis 1996 hatten die Börsenkurse die fieberhafte Rekordjagd fast wie selbstverständlich wieder aufgenommen, und Millionengewinne kurbelten die Geschäfte in der Stadt an.

Die auffallende neogotische Silhouette der **Trinity Church** erinnert die Börsenmakler bereits seit den 40er Jahren des 19. Jahrhunderts an eine Macht, die stärker als das Geld ist. Achten Sie auf die Bronzetüren. Das kleine Museum zeigt Bilder mit einer Skyline Manhattans, die von Kirchtürmen statt Wolkenkratzern beherrscht wird. Auf dem Friedhof, der schon seit 1681 die Toten aufnimmt, liegt Alexander Hamilton, der erste Finanzminister der USA begraben.

Ein Jahrhundert älter als Trinity Church ist die im Georgian Style erbaute **St Paul's Chapel**. Sie wurde regelmäßig von George Washington, dem ersten Präsidenten der USA, besucht. Der Stuhl, auf dem er nach seiner Amtseinführung im Jahre 1789 an einem Gottesdienstes teilnahm, ist mit einem »G« gekennzeichnet.

Die Herkunft des Namens »Wall Street«

1653 ließ der holländische Gouverneur Peter Stuyvesant eine Mauer aus Eichenholz errichten, um die nördliche Grenze von New Amsterdam festzulegen und britische Angreifer abzuwehren. Diese »wall« gab der berühmten Straße ihren Namen. Der Schutzwall erfüllte seinen Zweck nur ungenügend, da zum Ausbessern der Siedlerhütten ständig Holz entfernt wurde. Die Überreste wurden 1699 von den Briten vollends zerstört.

Trinity Church, mit ihren etwa 80 Metern einst höchstes Bauwerk der Stadt, wird heute um ein Mehrfaches von Wolkenkratzern überragt.

Die Bundesbank (Federal Reserve)

Viele Gebäude im Financial District beherbergen mächtige Finanzunternehmen, wo täglich Millionen von Dollar elektronisch oder auf dem Papier bewegt werden. Eines, in dem tatsächlich Geld aufbewahrt wird, und zwar in Form von Gold, ist die Manhattaner Filiale der Federal Reserve, die offiziell als Federal Reserve Bank of New York firmiert. Die Bank operiert landesweit als Kreditgeber für andere große Geldinstitute und die US-Regierung, bestimmt die nationale Geldpolitik und legt die Zinssätze fest. Auf legalem Wege kann man das hochgesicherte Gebäude nur bei einer Führung betreten. Tickets sollte man jedoch geraume Zeit im voraus kaufen (Tel.: 720 6130).

FINANCIAL DISTRICT

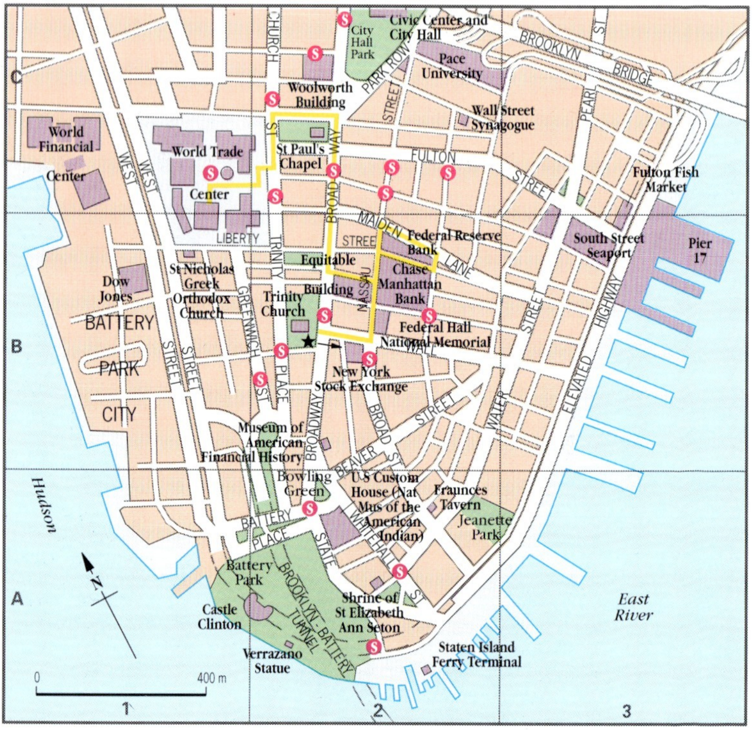

Zu Fuß

Financial District

Dieser Spaziergang zeigt Ihnen die vielen Gesichter des Financial District.

Gehen Sie von der **Trinity Church** (Seite 103) aus die Wall Street entlang bis zur **Federal Hall**. Ein kleiner Umweg über die Broad Street führt zur **Stock Exchange** (siehe S. 182). Gehen Sie auf der Nassau Street weiter zur **Chase Manhattan Bank**, Manhattans erstem Gebäude im International Style.

Jenseits der Maiden Lane können Sie einen Blick auf 11 000 Tonnen Gold werfen, die in der Erde unter der **Federal Reserve Bank** aufbewahrt werden (nur nach vorheriger Reservierung möglich. Tel.: 720 6130). Achten Sie auch auf die dekorative Eisenverzierung der Fassade.

An der Ecke zum Broadway ragt das 40 Stockwerke hohe, ungeliebte **Equitable Building** aus dem Jahr 1915 in den Himmel, das erste Bürohochhaus – das den umliegenden Häusern und Straßen das Sonnenlicht nahm.

Folgen Sie dem Broadway zur **St Paul's Chapel** (siehe S. 103) und beenden Sie den Rundgang am **World Trade Center** (siehe S. 193).

Osteuropäer

■ Die Zwistigkeiten unter den slawischen Völkern Osteuropas im 19. Jahrhundert – Polen, Ukrainern und Russen – und die totalitäre Unterdrückung in jüngerer Zeit waren für die Entstehung zweier stark nationalistischer Bevölkerungsgruppen in New York verantwortlich: die Polen und Ukrainer, die heute in friedlicher Koexistenz neben ihren früheren Feinden, den Russen, leben. ■

Polnische Amerikaner: Die Kämpfe gegen die koloniale Unterdrückung im eigenen Land machte die New Yorker Polen im Kampf gegen die Briten zu natürlichen Verbündeten der Amerikaner. New York bot den an einem erfolglosen Aufstand in Polen Beteiligten 1830 politisches Asyl. Die 234 Flüchtlinge gehörten zur Intelligenz Polens und brachten New York erste polnische Kultureinrichtungen.

Die polnischen Einwanderer späterer Jahre waren meist Bauern, die in Greenpoint, dem Industriegebiet Brooklyns, Fabrikarbeit fanden. Andere wiederum gründeten genau jene Geschäfte, die dann zu zentralen Treffpunkten ihrer Volksgruppe wurden. Zu der Zeit des Kalten Krieges trieb die sowjetisch kontrollierte Diktatur in Polen noch einmal viele polnische Intellektuelle ins Exil nach New York.

Die Ukrainer: Im 19. Jahrhundert flohen viele Ukrainer wegen des verschärften Militärdienstes im Zarenreich aus ihrer Heimat. 1919 wurde die Gegend des heutigen East Village zur größten ukrainischen Gemeinde der Welt.

Die russischen Einwanderer: Viele der russischen Einwanderer waren Juden, die vor der Verfolgung durch den Zaren flohen (siehe Seite 139). Aber symptomatischer für die Auswirkungen der politischen Aufstände in Europa waren die russischen Aristokraten, die nach New York kamen, als Leo Trotzki (der hier seit der mißglückten Revolution von 1905 lebte) nach Moskau ging, um den Bolschewiken bei der Machtergreifung zu helfen. Ein weiterer bedeutender Neuankömmling war der berühmte Choreograph George Balanchine. Die betuchten Einwanderer konnten sich sehr schnell in New Yorks High-Society integrieren – im Gegensatz zu den Sowjetrussen, die sich in Brighton Beach niederließen (siehe Seite 75).

Die Pulaski- und die Kosciuszkobrücke
Beide Brücken verbinden Brooklyn und Queens und tragen die Namen von Polen, die im Unabhängigkeitskrieg der amerikanischen Sache dienten. Der Kavallerieexperte Kasimierz Pulaski zeichnete sich durch seine Tapferkeit auf dem Schlachtfeld aus (er fiel bei einem Angriff auf die Briten), und der Ingenieur Tadeusz Kosciuszko machte sich durch die Errichtung antibritischer Befestigungen in West Point und Saratoga verdient.

Für die europäischen Einwanderer erste Kostprobe der Neuen Welt: Ellis Island

Das dreieckige Grundstück, auf dem das Flatiron Building steht, ergibt sich durch den unregelmäßigen Weg des Broadway durch das gitterförmige Straßennetz New Yorks.

23 Skidoo
Es geht das Gerücht, daß in den Tagen, als elegant gekleidete Damen lange Röcke trugen, Voyeure um das Flatiron Building auf der 23th Street herumschlichen und darauf hofften, daß der starke Wind das eine oder andere Frauenbein enthüllte. Der Ruf, mit dem die Polizisten diese Männer wegjagten, gilt als Ursprung des Ausdrucks »23 Skidoo«.

Daniel H. Burnham
Der Architekt des Flatiron Building erwarb seine Reputation in Chicago in den 1880er Jahren, als er mit seinem Kollegen John Root das erste Hochhaus in Stahlbauweise fertigstellte und somit den Vorläufer der modernen Wolkenkratzer schuf. Burhams Entwürfe wurden fester Unterrichtsbestandteil an der einflußreichen Chicago School of Architecture. Bei der Verwirklichung seiner Entwürfe kam ihm teilweise zugute, daß ein Großbrand fast das gesamte Stadtzentrum Chicagos zerstörte. Auch bei der Neugestaltung San Franciscos nach dem verheerenden Erdbeben von 1906 spielte er eine maßgebliche Rolle und plante unter anderem das neue Civic Center.

▶ **Flatiron Building** 151A2

Broadway und Fifth Avenue Ecke 23rd Street
Subway: N, R; 23rd Street

Der Architekt Daniel H. Burnham fand für das Problem, ein Gebäude auf einem dreieckigen Grundstück an der Kreuzung Broadway und Fifth Avenue zu errichten, die plausibelste Lösung: ein dreieckiges Haus. Bei dessen Vollendung im Jahre 1902 war es das höchste Bauwerk der Welt (87 Meter) und eines der ersten, die um ein Stahlskelett herum errichtet wurden. Diese Bauweise diente allen späteren Wolkenkratzern als Vorbild.

Heute gehört das Flatiron Building wegen seiner hübschen Neo-Renaissance-Fassade und der Tatsache, daß der Kalksteinbau an seiner schmalsten Seite nur zwei Meter breit ist, zu den beliebtesten Gebäuden New Yorks. In den letzten Jahren hat dieser architektonische Klassiker seinen berühmten Namen außerdem an das unmittelbar benachbarte Gebiet, den Flatiron District, weitergegeben.

▶ The Forbes Galleries 113C2

Fifth Avenue zwischen 12th und 13th Street
Subway: L, N, R, 4, 6; 14th Street/Union Square
Der Zeitschriftenverleger Malcolm S. Forbes unternahm Dinge, die selbst für einen New Yorker ungewöhnlich waren: Er brach den amerikanischen Geschwindigkeitsrekord im Ballonflug und raste zuweilen auch mit seinem Motorrad auf der Fifth Avenue auf und ab. Seine Karriere begann mit einem Zufall, und bei seinem Tod schätzte man sein Vermögen auf über 700 Millionen Dollar.

1919 geboren, zwei Jahre, nachdem sein Vater *Forbes* gegründet hatte, ein Finanzmagazin mit eindrucksvollen Recherchen und Reportagen, übernahm Forbes 1964 den kränkelnden Betrieb, um ihn in einen erfolgreichen Konzern zu verwandeln. Das Geheimnis für seinen Erfolg lag in seiner Begabung, für sich und sein Magazin eine ungeheure Publicity zu schaffen. In den 70er Jahren berichteten sämtliche Medien von Forbes' Aktivitäten: den ausgelassenen Partys, seiner Manie für Motorräder und Ballons und seinen ausgefallenen Sammlerinteressen.

Die Forbes Galleries im Erdgeschoß des Forbes Magazine Building tragen die Früchte seiner schrulligen Sammlerleidenschaft. Dazu gehören 500 Modellschiffe und U-Boote (zum Teil in Badewannen), die man sich, begleitet vom Kriegslärm der Schlacht von Jütland, ansehen kann. Ungefähr 12 000 Spielzeugsoldaten sind in verschiedenen Schlachtordnungen aufgestellt, und ein eigener Trophäenraum zeigt Auszeichnungen für außergewöhnliche Leistungen, wie z. B. den Besitz des besten Zuchtbullen von 1878 oder die beste Rübenernte, die mit einem bestimmten Dünger erreicht wurde.

Der Presidential Papers Room enthält weniger exzentrische Stücke und etwa 3000 historische Dokumente, während ein weiteres besonderes Zimmer unbezahlbare Kunstgegenstände zeigt, wie – neben unzähligen wertvollen Kunstobjekten – die beiden edelsteinbesetzten Ostereier, die der Meistergoldschmied Peter Carl Fabergé für die beiden letzten russischen Zaren fertigte.

▶▶ Fraunces Tavern 104A2

54 Pearl Street
Subway: 4, 1, 9; Bowling Green, South Ferry o. Broad Street
Dieser Ziegelbau im späten Kolonialstil sieht zwischen den Glas- und Stahlriesen des Financial District wie ein Puppenhaus aus. Die ursprüngliche Fraunces Tavern (die jetzige ist ein Neubau) war im 18. Jahrhundert eine Brutstätte des Aufstands, da George Washington hier regelmäßig mit Gleichgesinnten verkehrte.

Nach erfolgreicher Beendigung des Unabhängigkeitskrieges verabschiedete sich George Washington von seinen Offizieren im Long Room – eine Szene, die im ersten Stock nachgestellt ist. Andere Erinnerungsstücke an jene Zeit sind im zweiten Stock zu sehen.

In den ersten Tagen der neuen Nation wurde die Taverne sogar zum inoffiziellen Sitz mehrerer Regierungen und beherbergte Außen-, Kriegsministerium und die Schatzkammer, bevor man sie an einen Metzger aus Brooklyn verkaufte.

Besuchen Sie die Taverne zur Mittagszeit. Geschäftemacher aus dem Financial District bringen oft ihre Kunden hierher, um Eindruck zu schinden.

Der Salmagundi Club
An der Fifth Avenue, Nr. 47 gegenüber der Forbes Magazine Gallery beherbergt seit 1917 ein Gebäude aus italienischem Sandstein, das ursprünglich für einen Kohlemagnaten erbaut wurde, den 1871 gegründeten Salmagundi Club. Er ist die älteste Künstlervereinigung der USA und zählte Stanford White und Louis Comfort zu seinen ersten Mitgliedern. Gelegentliche Ausstellungen erlauben einen Blick auf das extravagante Interieur des Gebäudes.
Der Name »Salmagundi« bezeichnet eigentlich eine im 18. Jahrhundert beliebte Salatspeise, hier wurde er aber von den Salmagundi Papers hergeleitet, einer Serie von Flugschriften, die Washington Irving und seine Freunde im frühen 19. Jahrhundert veröffentlichten. In ihnen wurde satirisch das New Yorker Leben beschrieben und auch New Yorks Zweitname »Gotham« geprägt.

Der Bombenanschlag auf Fraunces Tavern
George Washington war nicht der letzte Revolutionär in Fraunces Tavern. Im Januar 1975 forderte ein Bombenanschlag vier Tote und 55 Verletzte. Eine Untergrundgruppe namens FALN gab vor, dafür verantwortlich zu sein und nannte als Motiv die Weigerung der USA, den Puertoricanern die Unabhängigkeit zuzugestehen.

New York exklusiv

■ Wer Geld oder, noch besser, ein bekanntes Gesicht (oder einen bekannten Namen) hat, kann sich in New York bestens amüsieren. Nachfolgend eine Liste exklusiver Adressen in Manhattan. Für nicht so Betuchte bietet ein flüchtiger Blick in ein oder zwei dieser Etablissements einen gewissen Eindruck vom Luxusleben der Metropole. ■

Café des Artistes (67th Street am Central Park West, Tel.: 877 3500). New Yorks angeblich romantischstes Eßlokal, mit einem Wandgemälde, das spielende Nymphen darstellt und 1934 von Howard Chandler Christy gemalt wurde. Die kontinentale Küche ist ausgezeichnet. Ein Abendessen für zwei Personen kostet mit Wein etwa 150 Dollar. Billiger ist die Bar des Cafés, in der man bei einem Cocktail kultiviert Smalltalk führt.

Nachmittagstee im Pierre (Fifth Avenue Ecke 61st Street, Tel.: 838 8000). Der anspruchsvolle Besucher sollte, auch wenn er woanders wohnt, für eine kurze Kostprobe des Highlife unbedingt seinen Nachmittagstee im Pierre einnehmen. Dieses alteingesessene Ritual findet unterhalb der auffälligen Rotunde des Hotels statt. Über zwei Stockwerke hoch ist Edward Melcarths bemerkenswerte Wandmalerei, eine Art Dokumentation der Geschichte der Menschheit. Das devote Hotelpersonal kann Ihnen ein Dutzend verschiedener exklusiver Tees reichen und Teegebäck, das im Munde zergeht. Das Vergnügen kostet um die 20 Dollar.

Four Seasons (East 52nd Street zwischen Park Avenue und Lexington Avenue, Tel.: 754 9494). Architektur- und Kunstfans werden hier ihre Freude haben. Um ernste Umsätze geht es den Top-Manager, Rechtsanwälten, Politikern und Verlegern, die hier, mit einem unerschöpflichen Spesenkonto gesegnet, groß auftischen lassen. Das von Philip Johnson entworfene Restaurant im Erdgeschoß von Mies van der Rohes Seagram Building ist mit einem Wandteppich Picassos und anderen bemerkenswerten modernen Kunstwerken ausgestaltet. Das Menü ist gut, aber bewußt einfach, damit nicht von den Geschäften abgelenkt wird. Beim Abendessen dagegen übertrifft sich der Chefkoch selbst und bereitet manche Gerichte am Tisch zu. Diese Exklusivität kann unter Umständen bis zu 100 Dollar kosten, wogegen sich das Mittagessen mit 40 Dollar noch bescheiden ausnimmt.

Unterwegs mit Stil
Wenn Geld keine Rolle spielt, können Sie der Hektik Manhattans durch Mieten einer Luxuslimousine inklusive Chauffeur vorübergehend entfliehen. Die Autos sind mit Videorekorder, Telefon und Bar ausgestattet und kosten etwa 50 Dollar die Stunde. Carey Limousines (Tel.: 599 1122) und VIP Prestige (Tel.: 868 8999) freuen sich auf Ihren Anruf.

The 21 Club (West 52nd Street zwischen Fifth und Sixth Avenue, Tel.: 582 7200). An der Fassade steht eine Reihe gußeiserner Modelljockeys, die dem Ankommenden ihre Achtung erweisen. Der 21 Club, der Silvester 1929 eröffnete, war zur Zeit der Prohibition eine der vielen Flüsterkneipen (in denen Alkohol verkauft wurde) der 52nd Street. Die anderen verschwanden schnell wieder, aber der 21

Club hielt sich und wurde zu einem der bevorzugten Treffs des New Yorker Establishments.

Trotz einer umfassenden Renovierung in den 80er Jahren vermitteln die dunklen, holzgetäfelten Wände und die weichen Teppiche einen Eindruck von Luxus alten Stils, den man heute sonst kaum noch findet. Obwohl dieses Äußere etwas Anderes nahelegt, ist es kein exklusiver Club, aber Sie sollten nicht ohne Reservierung erscheinen. Viele Stammgäste kommen nicht nur wegen des Essens, sondern auch, um ihren Rang in New Yorks sozialer Hierarchie zu bestätigen. Die Qualität des Essens ist gut, aber sie variiert. Probieren Sie den »21 Burger« für knapp 30 Dollar oder vor dem Theater das *prix-fixe*-Dinner für etwa 50 Dollar.

Rainbow Room (30 Rockefeller Plaza, 50th Street zwischen Fifth und Sixth Avenue, Tel.: 632 5100). Hier erleben Sie New Yorks romantische Seite, mit einem fantastischen Blick auf Manhattan aus dem 65. Stock und einer Big Band, die Musik von Gershwin und Cole Porter spielt.

Bei seiner Eröffnung im Jahre 1934 war der Rainbow Room die Perle des Rockefeller Center. Die Renovierung in den 80er Jahren verschlang 20 Millionen Dollar und brachte ein gutes Stück des alten Glanzes zurück, obwohl sich dieser heute unverfroren am Tourismus ausrichtet.

Empfohlene Reihenfolge im Rainbow Room: Getränke, Abendessen, Tanz auf der drehbaren Tanzfläche und anschließend Nachtisch mit Baked Alaska.

Sightseeing mit dem Hubschrauber

Den Menschenmassen an der Freiheitsstatue oder dem World Trade Center können Sie aus dem Weg gehen, wenn Sie sich derlei Attraktionen vom Hubschrauber aus ansehen. Sightseeing-Flüge bieten Island Helicopter Sightseeing (Tel.: 683 4575) und Liberty Helicopter Tours (Tel.: 800 542 9933, 967 6464).

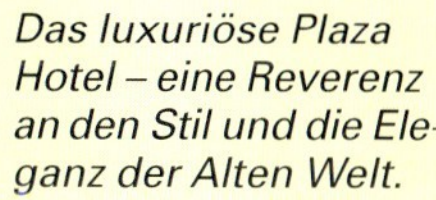
Das luxuriöse Plaza Hotel – eine Reverenz an den Stil und die Eleganz der Alten Welt.

Nachdem er in Pittsburgh ein Vermögen verdient hatte, zog der Industriemagnat Henry Clay Frick nach New York, wo er seine vorzügliche Sammlung europäischer Kunstwerke in dieser Villa unterbrachte.

Bewegte Bilder
Jeden Sommer ließ Henry Frick seine fantastischen Kunstgemälde in Kisten verpacken und in einem speziellen Waggon auf sein Gut in Massachusetts verfrachten. Auf die Frage, ob er nicht Angst habe, seine Sammlung bei einem Zugunglück zu verlieren, soll er geantwortet haben: »Nein, sie ist ja versichert«.

▶▶ Frick Collection *151D2*

70th Street Ecke Fifth Avenue
Subway: 6; 68th Street

Henry Frick galt zu seiner Zeit als Räuberbaron, der sich gegen die Gewerkschaften stellte und mit Koks, Stahl und üblem Geschäftsgebaren ein Vermögen machte. Ironischerweise gehört die Frick Collection, eine Sammlung europäischer Kunst des 14. bis 19. Jahrhunderts, zu den beliebtesten Museen New Yorks. Sie befindet sich im Erdgeschoß der im französischen Neoklassizismus errichteten Villa, in der Frick die letzten fünf Jahre seines Lebens verbrachte (er starb 1919).

Der private Charakter des Wohnhauses bleibt durch das Fehlen von Absperrungen und beschreibenden Texten erhalten. Überall sind jedoch Wachen aufgestellt. Die Sammlung besticht durch ihre Qualität. In den neunzehn Räumen hängt kein einziges Gemälde, das seinen Platz nicht verdient hätte.

Beeindruckend ist vor allem Gainsboroughs *Spazierweg im St James's Park*, eine Vision privilegierter Spaziergänger, die in der Sammlung englischer Porträts aus dem 18. Jahrhundert besonders hervorsticht.

Bemerkenswerte Gemälde der Living Hall sind Tizians *Mann mit dem roten Turban* und El Grecos *Hl. Hieronymus*. In der West Gallery hängen die kostbarsten Bilder, darunter zwei von Turners Studien nordeuropäischer Häfen, ein Selbstbildnis Rembrandts aus dem Jahr 1658 und *Der polnische Reiter* vom selben Künstler (die Zuschreibung ist jedoch umstritten).

Machen Sie im Garten eine kleine Pause, bevor Sie sich bei einem zweiten Rundgang die Statuen, Wandteppiche und sonstigen Ausstellungsstücke ansehen.

 Fulton Fish Market *104C3*

South Street Ecke Fulton Street
Subway: 2, 3, 4; Fulton Street
Geöffnet: Apr–Okt, 1. oder 3. Donnerstag im Monat, 6 Uhr

Falls Sie Frühaufsteher sind, besuchen Sie den Fulton Fish Market (Tel.: 732 7678) und werfen Sie einen Blick hinter die Kulissen des täglichen Marktgeschehens. Hier werden zappelnde Fische und Krustentiere entladen und für den Verkauf an die besten Restaurants der Stadt vorbereitet.

1995 wurde der Markt in der Folge eines heftigen Streits zwischen den Stadtbehörden als der zuständigen Kontrollinstanz und den angeblich mit gewissen Mafiakreisen verbundenen Unternehmern zeitweilig geschlossen.

▶ General Grant Memorial *UIHB2*

Riverside Drive Ecke 122nd Street
Subway: 1; 116th Street

Der graue Granitblock des größten Mausoleums der USA erhebt sich fast 50 Meter hoch neben dem Hudson River. Seine Fassade schmücken sechs dorische Säulen. Das General Grant Memorial (im Volksmund »Grant's Tomb« genannt) enthält in neun Tonnen schweren Marmorsarkophagen die sterblichen Überreste von Ulysses S. Grant und seiner Frau. Während des Bürgerkriegs erntete er Ruhm als Kommandant der siegreichen Föderierten: 1885 wohnten eine Million Menschen seiner Begräbnisprozession bei. Der ehrgeizige Versuch, ein europäisches Mausoleum zu kopieren, wurde 1897 vollendet.

Im Innern herrscht eine kühle Atmosphäre, und die Schritte des Besuchers hallen gespenstisch wider. Gedenktafeln schildern Grants militärische Laufbahn und seine weniger erfolgreiche achtjährige Amtsperiode als 18. Präsident der USA.

▶ Gracie Mansion 187C2

East End Avenue Ecke 88th Street
Subway: 4, 6; 86th Street
Führungen: Apr–Okt, Mi

Gracie Mansion wurde 1799 als Landsitz für den Schiffsmagnaten Archibald Gracie erbaut und ist seit 1942 offizieller Wohnsitz des Oberbürgermeisters von New York. Nach dem Niedergang von Gracies Betrieb wurde die Villa verkauft und diente als Erfrischungsstand, bis sie schließlich von der Stadt erworben wurde. Nach vielen Renovierungen ist das Haus ein Paradebeispiel für den Federal Style, dem ersten streng amerikanischen Baustil, und ansehnlicher als in seinen ersten Tagen. Um in den vollen Genuß seiner Schönheit zu kommen, sollten Sie an einer Führung teilnehmen (Reservierungen Tel.: 570 4751).

Grants militärische Laufbahn

Nach einem wenig bemerkenswerten Abschluß (als 21. von 39 Kadetten) an der Westpoint Militärakademie zeichnete Ulysses S. Grant sich im Dienst aus, verließ jedoch 1854, als er in Kalifornien stationiert war, die Armee, um Farmer zu werden. Das Unternehmen schlug fehl und Grant mußte im Geschäft seines Vaters in Illinois arbeiten. Als der Bürgerkrieg ausbrach, meldete er sich beim Freiwilligenkorps von Illinois. In der Folge konnte er eine Reihe von Schlachten siegreich beenden. Grants strategische Brillianz führte zur Einahme der Konföderiertenstellung bei Vicksburg. Ein Jahr später wurde Grant zum Kommandeur aller Unionsarmeen befördert. Während seiner Präsidentschaft galt es, die Aufgabe des nationalen Wiederaufbaus zu bewältigen, die jedoch auch manchen erfahrenen Politiker überfordert hätte. Grants militärisch-strategischen Fähigkeiten genügten nicht, um den Washingtoner Schikanen und ihren Urhebern Einhalt zu gebieten.

Henderson Place

Auf der nördlichen Seite der 86th Street, ganz in der Nähe von Gracie Mansion, bildet in einer Sackgasse eine Reihe von 24 bezaubernden Häusern im Queen Anne Style den sogenannten Henderson Place Historic District. Die Häuser wurden während der 80er Jahre des 19. Jahrhunderts von dem Pelzhuthersteller John C. Henderson in Auftrag gegeben, um günstigen Wohnraum für »Minderbemittelte« zu schaffen.

Das pompöse Mausoleum des Bürgerkriegsgenerals Ulysses S. Grant ist vom Grabmal Napoleons in Paris inspiriert.

In den Secondhandläden im Village ergattert man vielleicht keine Schnäppchen, aber die Auswahl, die einem hier geboten wird, macht dies sicherlich wett.

►►► Greenwich Village UIVC2

Kein anderes Viertel New Yorks besitzt soviel Flair wie Greenwich Village. Seit fast einhundert Jahren ist dieser Ort Wiege und Treffpunkt der kreativsten und einfallsreichsten Köpfe des Landes.

Greenwich Village hat sich von Anfang an seine Eigenständigkeit gegenüber New York bewahrt. Die ersten Häuser, die den Wohlhabenden als Zufluchtstätten vor den Seuchen des ausgehenden 18. Jahrhunderts dienten, haben die Stadtgrenze, die einstmals mit Lower Manhatten endete, weiter nach Süden geschoben.

Als Ende des 18. Jahrhunderts die Reichen wieder in den Norden zogen, wurden aus ihren Stadthäusern in Greenwich Village Läden, Fabriken und Quartiere für neuangekommene Einwanderer. Anfang des 20. Jahrhunderts schufen die verschiedenen ethnischen Minderheiten eine Atmosphäre der Toleranz, die, nicht zuletzt bedingt durch niedrige Mieten, Freidenker und Künstler anzog. So entstand dort das erste und schließlich bekannteste Boheme-Viertel des Landes.

Im Laufe von drei Jahrzehnten stellten Künstler und Schriftsteller von Walt Whitman bis Edward Hopper die gesamte amerikanische Kulturlandschaft auf den Kopf. In den 50er Jahren entfernte sich dieses Viertel mit den Autoren der Beatgeneration noch weiter von den Werten des etablierten Amerika; leider rückte die zahlungskräftige Schickeria auf ihrer Suche nach schicken Wohnungen bald nach und trieb die Mietpreise in die Höhe.

Wer heute in Greenwich Village wohnen will, muß über ein gesichertes Einkommen verfügen; aber die Anwälte und Investmentberater, die sich hier niederließen, konnten dem freien Geist des Village keinen Abbruch tun. Die unkonventionelle Lebensweise seiner Bewohner ist noch in den unzähligen italienischen Cafés und Restaurants zu spüren, obwohl die meisten Besucher eher Vorstädter auf Vergnügungssuche sind denn brotlose Künstler an der Schwelle zu neuen kreativen Taten.

Fortsetzung auf Seite 116

Grace Church
Eines der wenigen Dinge, die in Greenwich Village an das europäische Mittelalter erinnern, ist die 1846 am Broadway zwischen 10th und 11th Street errichtete Grace Church. Die grazil gestaltete neugotische Kirche – sie zählt zu den ersten Arbeiten dieser Art in den Vereinigten Staaten – brachte dem Architekten James Renwick den Auftrag ein, die größere und mächtigere St. Patrick's Cathedral in Midtown Manhatten zu bauen. Der Kirchturm von Grace Church war ursprünglich noch vom heutigen Battery Park aus zu sehen.

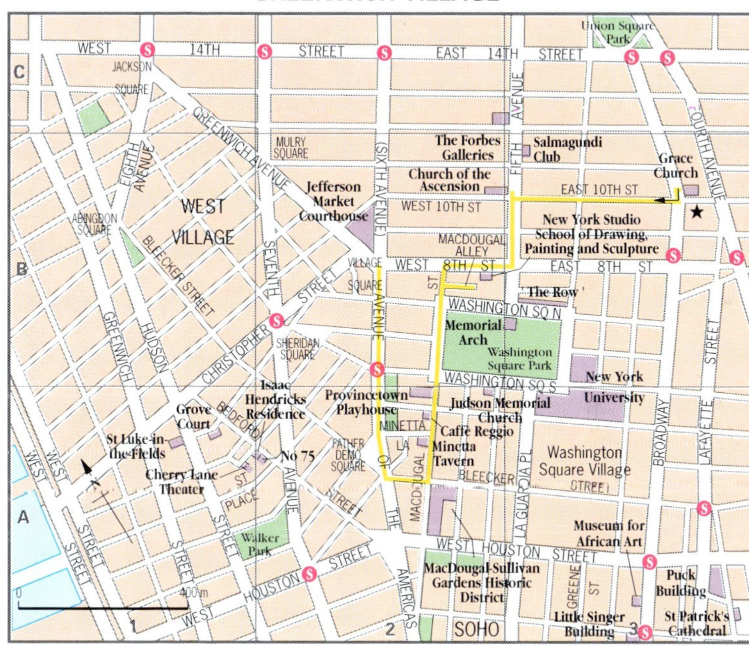

Zu Fuß

Im Herzen von Greenwich Village

Dieser Spaziergang führt von der Grace Church im Osten durch das Herz von Greenwich Village bis zur Christopher Street.

Auf der 10th Street geht man bis zur 1840 erbauten **Church of the Ascension**; Architekt des gotische Backsteinbaus war der Engländer Richard Upjohn, der auch die Trinity Church gebaut hat.

Auf der von Läden gesäumten 8th Street befindet sich die New York Studio School of Drawing, Painting and Sculpture, erste Bleibe des Whitney Museum, das Gertrude Vanderbilt Whitney 1931 gründete; ihr eigenes Atelier war der umgebaute Stall in 17½ MacDougal Alley.

Das **Caffè Reggio**, das älteste der vielen Cafés auf der MacDougal Alley, war unter anderem in Filmen wie *Der Pate II* und *Serpico* zu sehen.

Der Village Square an der Sixth Avenue wird beherrscht von den Giebeln und Türmen des 1877 erbauten **Jefferson Market Courthouse**, einem Gerichtsgebäude, das heute als Bibliothek dient. Gegenüber an der Sixth Avenue finden Sie **Balducci's**, ein alteingesessenes Lebensmittelgeschäft.

Washington Square Park.

■ **Bars gehören ebenso zu New York wie Delis und die Subway. Von altertümlichen Treffs bis zu eleganten Cocktail Lounges gibt es Bars in allen Formen und Größen. Wer sie nicht kennt, kennt New York nicht.** **(Weitere Informationen über den Besuch von Bars in New York finden Sie auf den Seiten 224–225).** ■

Zigarrenbars
Während das Zigarettenrauchen verabscheut wird, erfreut sich der Zigarrengenuß in New Yorks Bars zunehmender Beliebtheit. Deshalb haben einige einen Abend der Woche für Zigarrenraucher reserviert, die so ihren Drink und ihre Zigarre gleichzeitig genießen können. Gilt das Zigarrenrauchen generell auch als männliche Leidenschaft, so haben sich doch auch viele New Yorkerinnen diese Gewohnheit zu eigen gemacht. Ein guter Tip ist immer der Havana Tea Room (265 E, 78. Straße), wo auch kubanische Musik zu hören ist.

New Yorks älteste Bar
Das McSorley's Old Ale House (15 East 7th Street), 1854 gegründet, gilt offiziell als die älteste Bar New Yorks. In der ursprünglich reinen Männerkneipe, deren Stammkunden meist aus der Bowery kamen, sind seit den 70er Jahren auch Frauen zugelassen. Heute finden sich vorwiegend Studenten im McSorley's ein.

Schriftsteller, Künstler und Bars: Im Village findet man eine Unzahl von Bars, in denen sich einst Künstler und Literaten zu Speis und Trank eingefunden und (nicht selten) auch einen über den Durst getrunken haben.

Während seiner Aufenthalte in der Stadt pflegte Dylan Thomas in der **White Horse Tavern** (567 Hudson Street) Hof zu halten. Eines Nachts im Jahr 1953 soll er betrunken gelallt haben: »Das war jetzt mein achtzehnter Whisky, das ist rekordverdächtig.« Wenige Tage später war er tot. Angesichts des Getümmels fällt es schwer zu glauben, daß die literarischen Gesellschaften tot sind. Zeitungsausschnitte erinnnern die Besucher von **Pete's Tavern** daran, daß hier zu Beginn des Jahrhunderts, unter dem Pseudonym O Henry, der Kurzgeschichtenautor und bissige Beobachter New Yorks, William Sydney Porter ein und aus ging. Um einen Eindruck des Bohèmelebens von East Village zu erhaschen, sollten Sie in ein schwarzes Lokal hineinschauen und auch bei **d.b.a.** (41, First Avenue), einem minimalistisch ausgestatteten lokalen Treffpunkt, wo eine gute Auswahl an Bieren serviert wird.

Die **Cedar Tavern**, einst Treffpunkt der Maler der New York School of Abstract Expressionism, ist umgezogen (82 University Place). Als Jackson Pollock und andere über die Kunst klagten, spitzten Beat-Schriftsteller wie Allen Ginsberg und William Burroughs an den Nebentischen die Ohren.

Bierlokale: Bierkenner erfreuen sich an den 200 importierten Sorten, die im **Peculier Pub** (145 Bleecker Street) ausgeschenkt werden. Auf den Holzbänken drängen sich New Yorker Studenten. Das beste Brauhaus, das eigenes Bier ausschenkt, ist die **Manhattan City Brewing Company** (42 Thompson Street) mit einer Vielzahl von süffigen Bieren.

Bars mit Aussicht: Die Skyline von Manhattan ist noch beeindruckender mit einem Cocktail in der Hand. In der **Greatest Bar on Earth** im 107. Stockwerk des World Trade Centers streichelt ein Pianist die Tasten, gleiten vornehm gekleidete Tänzer über das Parkett und kann der Blick weit schweifen. In Midtown Manhattan sind das im 39. Stock gelegene **Top of the Sixes** (666 Fifth Avenue), wo vor einem phantastischen Panorama Drinks mit kleinen Gratissnacks serviert werden, und **Top of the Tower** mit einem herrlichen Blick auf den East River zu empfehlen.

Single-Bars: Die Jungen und Schönen treffen sich an der langen, gewundenen Theke im **Coffee Shop** (29 Union Square West), das zu brasilianischer Küche viel laute Musik bietet. Alternativ kann man in **Sticky Mike's Frog Bar**

(im Untergeschoß des Time Café an der Ecke Lafayette und Great Jones Street) zu gutem Jazz tanzen. Viele schöne Gesichter trifft man auch im **Live Bait** (14 East 23rd Street), einer imitierten Fischerhütte, in der man gut ißt und trinkt. Ein vielversprechender Ort ist zudem die mit einem französisch-marokkanischen Bistro verbundene **Bar Six** (502 Sixth Avenue).

Echte Bars: Costello's (225 East 44th Street) ist unbestreitbar eine der besten aller irischen Kneipen in Midtown Manhattan. Die Upper West Side bietet das **All State Café** (250 West 72nd Street), einen mäßig beleuchteten, holzgetäfelten Saloon, in dem man nach New Yorker Art die ganze Nacht lang ungestört trinken kann.

Hotelbars: In Hotelbars finden sich keineswegs nur Gäste ein. Bei Einheimischen sind sie beliebt wegen ihrer eleganten Einrichtung und der Tatsache, daß eine Unterhaltung in normaler Lautstärke möglich ist. Die **King Cole Bar** im St. Regis Hotel (2 E 55th Street) serviert ihre Drinks vor einem Wandgemälde von Maxwell Parrish. Für ein Rendezvous bieten sich die **Vodka Bar** im **Royalton** (44th Street, zwischen Fifth und Sixth Avenue – für die Prominentenjagd ist auch die Lobby Bar geeignet), die Conservatory Bar im **Mayflower Hotel** (Central Park West an der 61st Street) oder **Fifty Seven Fifty Seven** im Four Seasons Hotel (57 E 57th Street) an, das von Verlags- und Medienbossen aufgesucht wird.

Marie's Crisis Café
Kaum ein anderer Ort spiegelt die Veränderung in New York so deutlich wider wie Marie's Crisis Café (59 Grove Street). Wo vor zwei Jahrhunderten Thomas Paine weilte, der mit seinem Werk *Crisis* den Amerikanischen Unabhängigkeitskrieg unterstützte, singen heute homosexuelle Männer Lieder aus berühmten Broadway-Shows.

Die Photos und Flaggen an den Wänden von McSorley's Old Ale House stammen aus einer Zeit, in der New Yorks Bars noch als Arbeitsvermittlungsstellen fungierten, wo viele Immigranten ihren ersten Job fanden.

Schriftsteller im Village
James Agee, James Baldwin, Willa Cather, James Fenimore Cooper, Hart Crane, Theodore Dreiser, E.E.Cummings, Henry James, Ruth McKenney, Herman Melville, Edna St. Vincent Millay, Eugene O'Neill, Anaïs Nin, John Dos Passos, Edgar Allan Poe, John Reed, William Styron, Mark Twain, Tennessee Williams, Edmund Wilson, Thomas Wolfe.

Washington Square Memorial Arch.

Fortsetzung von Seite 112

Es gibt keinen besseren Ausgangspunkt für eine Entdeckungsreise durch Greenwich Village als den **Washington Square Park** ▶▶▶, wo Jongleure, Schachspieler und Einradfahrer die Spaziergänger unterhalten.

An der Nordseite des Parks steht der **Washington Memorial Arch** ▶▶, ein Triumphbogen, den Stanford White 1892 anstelle der hölzernen Plastik errichtete, die zum hundertsten Jahrestag der Amtseinführung George Washingtons gebaut worden war.

Der Triumphbogen aus weißem Marmor erinnert jedoch nicht an die 22 000 Toten, für die der Park während Epidemiezeiten als Massengrab diente. Der Besucher findet auch keinen Hinweis darauf, daß sich Anfang des 18. Jahrhunderts hier eine öffentliche Hinrichtungsstätte befand.

Das Ende der öffentlichen Hinrichtungen, die Zuschüttung des Massengrabs und die Anlegung des Parks im Jahr 1827 wirkten sich entscheidend auf die umliegenden Straßen aus. Es entstanden schmucke Reihenhäuser rings herum, von denen nur **The Row** ▶▶ an der Nordseite erhalten geblieben ist. Interessant sind die Säulengänge, Fensterläden und die hohen Treppen zur Eingangstür hinauf, die den Abstand zu den ebenerdig angelegten Eingängen der Dienerschaft betonen sollten.

An der Süd- und Ostseite des Parks gruppieren sich Gebäude der New York University. Mit ihren 14 Fakultäten, die über das ganze Village verstreut liegen, ist die Universität einer der größten Grundbesitzer der Stadt.

Fortsetzung auf Seite 118

Im Innern des Memorial Arch
1916 brach der Künstler Marcel Duchamp mit Freunden die Tür des Triumphbogens auf und erklomm die 110 Stufen nach oben. Dort hängten sie Luftballons, Laternen und Fahnen auf und riefen die Unabhängige Republik Greenwich Village aus. Nach einem ausgedehnten Picknick dort oben wurden Duchamp und Gefolge von der Polizei heruntergeholt.

Ein weniger spektakulärer Aufenthalt war der eines Mannes, der während des Zweiten Weltkriegs sieben Monate lang in dem Bauwerk gelebt haben soll. Man sah ihn nur, wenn er seine Wäsche zum Trocknen aufhängte.

■ Mit Chelsea und Greenwich Village ist New York City die Heimat einer der pulsierendsten homosexuellen und lesbischen Gemeinden der Vereinigten Staaten. Ihre Mitglieder tragen in Verlagen, der Werbung, Kunst und Design, Theater, Tanz, Restaurants, als Anwälte und Geschäftsleute mit dazu bei, daß New York das ist, was es heute ist. ■

Die Volkszählung von 1870 erfaßte fünf Männer, die für »unsägliche Verbrechen wider die Natur« – eine Umschreibung für homosexuelle Aktivitäten– im Gefängnis saßen. In den 30er Jahren hatte sich in Manhattan ein kleines unsichtbares Netz schwuler Treffpunkte etabliert, wo Diskretion das oberste Gebot war.

Nach Kriegsende, als die Werte der Familie zur höchsten Tugend erhoben wurden, fühlten sich Lesben und Schwule zunehmend an den Rand gedrängt. Sexuelle Außenseiter wurde in der Presse geschmäht und die Polizei war angehalten, Verhaltensweisen, die eine Bedrohung der Gesellschaft darstellten, zu bekämpfen.

Gay Pride – schwule Ehre: Die zweitägigen Unruhen, die auf eine Polizeirazzia im Stonewall Inn in Greenwich Village folgten, markierten einen Wendepunkt in der Geschichte der Homosexuellen. Zum ersten Mal hatten sie sich verteidigt und die neue Solidarität war der Beginn der Gay-Pride-Bewegung. Dies wird jährlich mit der Lesbian and Gay Pride Day Parade entlang der Fifth Avenue und durch Greenwich Village gefeiert (siehe Seite 27).

Die Homosexuellen haben sich inzwischen in der Stadt etabliert und sind weithin akzeptiert, nicht zuletzt weil ihre Kaufkraft einen erheblichen Effekt auf die lokale Wirtschaft zeigt. Schwule Themen werden in den Medien diskutiert und die formelle Anerkennung homosexueller Paare im Jahre 1993 stellt einen der gesetzlichen Durchbrüche dar. Homosexuelle hatten auch großen Anteil an der Verjüngungskur des Chelsea-Viertels.

Information
Für generelle Auskünfte und aktuelle Veranstaltungen, Nachtclubs etc. wenden Sie sich an das Gay and Lesbian Switchboard (Tel.: 777 1800). Gewalt gegen Homosexuelle kommt in New York nicht so häufig vor wie in manchen anderen Städten. Im Notfall hilft man unter Tel.: 807 0197.

Geschäfte für Homosexuelle erfreuen sich regen Zulaufs. Dieses Bekleidungsgeschäft befindet sich in Greenwich Village.

Bummel durch Greenwich Village
In den Sträßchen rund um die Christopher Street stößt man auf die ruhigsten und schönsten Eckchen im Village. Nicht versäumen sollte man, einen Blick auf die hübschen Backsteinhäuser am St Luke's Place oder die Isaacs Hendricks Residence in der Bedford Street (siehe Seite 130) sowie das nur 2,70 Meter breite Haus Nr. 75 1/2 zu werfen. Seine winzigen Ausmaße haben weder Bühnenautorin Edna St Vincent Millay noch Schauspieler Cary Grant davon abgehalten, es – zu verschiedenen Zeiten – zu bewohnen.

Weil Stanford White mit seinem Triumphbogen nicht zufrieden war, baute er die **Judson Memorial Church** ▸ auf der Südseite des Parks im italienischen Renaissancestil. Besonders beachtenswert sind die Glasmalereien von John LaFarge im Kircheninnern.

Nur eine Straße weiter, auf der MacDougal Alley, deutet hinter dem unscheinbaren Äußeren des **Provincetown Playhouse** nichts darauf hin, daß das amerikanische Drama im zweiten Jahrzehnt unseres Jahrhunderts hier dank Eugene O'Neill eine neue Richtung fand. Südlich davon, an der Ecke der Minetta Lane, findet man in der **Minetta Tavern** Photos und Erinnerungen an die Anfänge der Boheme-Zeit in Greenwich Village.

Auf der **Bleecker Street** ▸▸, der Querstraße zu MacDougal, befinden sich die besten Bars und Clubs im ganzen Village, wenngleich die frühen 60er Jahre, während derer Talente wie Bob Dylan, Judy Collins und Arlo Guthrie in einfachen Folkclubs auftraten, unwiederbringlich vorbei sind. Ein Jahrzehnt zuvor dröhnten die Cafés in der Bleecker Street wider vom Echo der Rezitationen und wilden Diskussionen der ersten Beatschriftsteller wie Gregory Corso, Jack Kerouac, Allen Ginsberg und William Burroughs (siehe S. 119).

Auch nachdem die Bleecker Street die Sixth Avenue kreuzt und ins West Village verläuft, wird sie von Geschäften, Cafés und Restaurants gesäumt. Von der Sixth Avenue – der großen Hauptstraße in Richtung Norden, wo sich auch **Balducci's** (siehe S. 113) präsentiert – führt die Christopher Street vom Village Square und dem **Jefferson Market Courthouse** (siehe S. 113) aus in Richtung Hudson River.

An der Christopher Street im Haus Nr. 53 befand sich das bekannte **Stonewall Inn**, nach dem die »Stonewall Riots« benannt wurden, die die Homosexuellen 1969 vereinten und fast unmittelbar zur Gründung der Gay-Pride-Bewegung führten (siehe S. 117).

Die U-Bahnstation mit den blauen Originalfliesen blieb erhalten (oben), aber in der Bleecker Street von heute (rechts) erinnert nur wenig an ihre Bedeutung in den 50er und 60er Jahren. Damals waren die Cafés und Folkclubs voll von Leuten mit bahnbrechenden Ideen und den Klängen einer ganz neuen Subkultur der Nachkriegszeit, die von den Beatschriftstellern angeführt wurde und später Folksänger hervorbrachte, die man bald in der ganzen Welt kannte.

■ Eine Handvoll Künstler, die in den 40er Jahren die Bars rund um die Columbia University und das Greenwich Village bevölkerten, begründeten die Beat-Generation, die erste Subkultur der Nachkriegszeit, die mit Drogen, Jazz und fernöstlichen Religionen eine neue Art der Literatur schuf, die in den 50er Jahren für kurze Zeit die amerikanische Gesellschaft zu untergraben drohte. ■

Wenn die Beat-Generation eine Wiege hatte, dann stand sie im West End Café (Broadway zwischen 113th und 114th Street). Mitte der 40er Jahre fanden sich der Student Allen Ginsberg, der 30jährige William Burroughs und der 22jährige Jack Kerouac dort zu lebhaften Diskussionen ein, die sie später zu den Klängen des Bebop in einer Wohnung in der 421 West 118th Street fortsetzten.

Beat-Literatur: Ginsberg schrieb »ernsthafte« Gedichte, Kerouac arbeitete an seiner atemlosen Prosa, und Burroughs sammelte Material für seine Romane. Ende der 40er Jahre wurden das San Remo (189 Bleecker Street) und das Cedar Tavern (damals 24 University Place) ihre Stammkneipen.

Erfolg und Ruhm: Während Ginsberg für eine Werbeagentur arbeitete und den Buddhismus studierte, schrieb er 1956 in San Francisco sein episches Gedicht *Das Geheul,* das Figuren und Ideen der vorausgegangenen Jahre vorstellte. Das Werk löste Begeisterungsstürme aus – und einnen Prozeß wegen Obszönität, was jedoch die Popularität der »Beats« mehrte – wie auch Kerouacs Roman *Unterwegs,* der ein Jahr später erschien.
Als *Village Voice* die Rückkehr Ginsbergs und Kerouacs nach New York in großen Schlagzeilen würdigte, wurden die Ereignisse des vorangegangenen Jahrzehnts schnell zur Legende.

Warum »Beat-Generation«? Die Schriftsteller Ginsberg und John Clellon Holmes prägten den Begriff »Beat-Generation« zum einen in Anlehnung an die »Verlorene Generation« der 20er Jahre und zum anderen wegen eines Junkies, der sich selbst als »beat« bezeichnete. Als 1952 Holmes' Roman *Go* erschien, griff der Rezensent der New York Times den Begriff auf, was aber Ginsberg, Kerouac und Burroughs keineswegs zu einem Verleger verhalf.

Allen Ginsberg (links) 1960 als Zuhörer während einer Anti-Vietnam-Kundgebung am Tompkins Square Park.

Gebetsstätten

■ Auf jedes große religiöse Gebäude wie die St Patrick's Cathedral oder die Kathedrale St John the Divine kommen Dutzende von Gebetsstätten, die von Passanten nur selten bemerkt werden. Viele davon sind im Kapitel *New York von A bis Z* beschrieben, aber die nachstehend Aufgeführten stehen stellvertretend für die mannigfaltigen Formen der Kirchenarchitektur und die ethnische und religiöse Vielfalt der Stadt. ■

Verschiedene Religionen in einer Kirche
Die Veränderung der ethnischen Zusammensetzung der Lower East Side zeigt sich daran, daß die ehemals russisch-orthodoxe Kirche in der 4th Street heute **San Isidro y San Leandro Orthodox Catholic Church** heißt und der vorwiegend puertoricanischen Bevölkerung der Lower East Side als Gotteshaus dient.

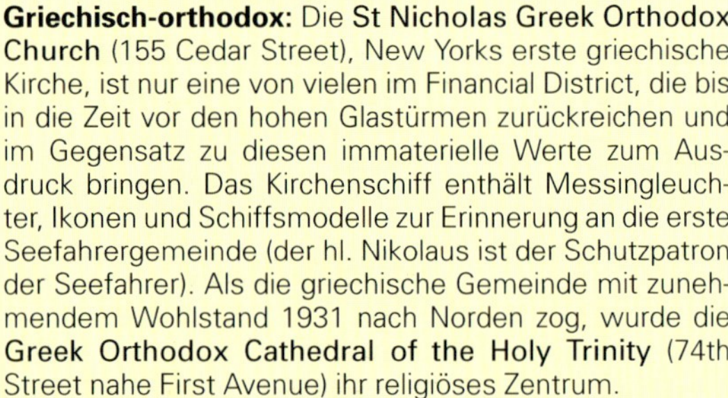

Griechisch-orthodox: Die **St Nicholas Greek Orthodox Church** (155 Cedar Street), New Yorks erste griechische Kirche, ist nur eine von vielen im Financial District, die bis in die Zeit vor den hohen Glastürmen zurückreichen und im Gegensatz zu diesen immaterielle Werte zum Ausdruck bringen. Das Kirchenschiff enthält Messingleuchter, Ikonen und Schiffsmodelle zur Erinnerung an die erste Seefahrergemeinde (der hl. Nikolaus ist der Schutzpatron der Seefahrer). Als die griechische Gemeinde mit zunehmendem Wohlstand 1931 nach Norden zog, wurde die **Greek Orthodox Cathedral of the Holy Trinity** (74th Street nahe First Avenue) ihr religiöses Zentrum.

Jüdisch: Auch die erste Synagoge wurde vor ungefähr 300 Jahren im heutigen Financial District in der späteren William Street errichtet. Eine Nachbildung dieses ersten Raumes für zwanzig Personen befindet sich im vierten Stock der **Wall Street Synagogue** (47 Beekman Street). Da sich in New York Juden aus allen Teilen Europas niederließen, erbaute der erste jüdische Architekt der Stadt die **Central Synagogue** (Lexington Avenue, 55th Street), die mit ihrer maurischen Fassade, ihren Zwiebeltürmen und Rundbögen an die Zeit der Juden im maurischen Spanien erinnern soll. Die Synagoge mit ihrer farbenprächtigen Innenausstattung in Rot-, Blau- und Ockertönen wurde 1872 fertiggestellt.

Römisch-katholisch: Unweit der Central Synagogue errichtete der Architekt Bertram Goodhue 1918 die eindrucksvolle **Church of St Vincent Ferrer** (Lexington Avenue, 66th Street), deren Innenausstattung jedoch das Äußere noch übertrifft. Besonders erwähnenswert sind die Altaraufsätze sowie die außergewöhnlichen Glasmalereien von Charles Connick.

Die Statue Shinran-Shonins vor der New York Buddhist Church.

Russisch-orthodox: Das Zentrum der russisch-orthodoxen Kirche Nordamerikas befindet sich in der New Yorker Upper East Side, wo die **St Nicholas Orthodox Cathedral** (97th Street nahe Fifth Avenue) um die Jahrhundertwende mit Spenden aus dem zaristischen Rußland erbaut wurde. Der üppige Stil der Kirche – rote Ziegelsteine verziert mit blauen und gelben Fliesen und fünf Zwiebeltürmen – geht auf die Architektur des 17. Jahrhunderts in Moskau zurück.

Ein beschämter Kirchenarchitekt
Mit der Grace Church (Seite 112) und der St Patrick's Cathedral (Seite 150) machte sich James Renwick einen Namen. Zu seinen weniger rühmlichen Arbeiten gehörte die 1846 erbaute **Calvary Church** (Park Avenue, 21st Street). Die Kirche steht zwar noch, jedoch ohne ihre Türme, die Renwick angeblich niederreißen ließ, weil er sich ihrer schämte.

Muslimisch: Die Mosque of the Islamic Culture Center (Third Avenue und 96th Street) hebt sich durch ihre Architektur von den faden Gebäuden ihrer Umgebung ab; ihre Ausrichtung nach Mekka durchbricht zudem das schachbrettartige Straßenmuster Manhattans. Die Kosten für das erste Gebetshaus der New Yorker Muslime trug zum großen Teil die kuwaitischen Regierung.

Buddhistisch: Die New York Buddhist Church auf der anderen Seite des Central Park (Riverside Drive zwischen 105th und 106th Street) könnte man leicht verfehlen, stünde nicht vor ihrer Tür die unübersehbare Bronzestatue von Shinran-Shonin, dem Gründer einer buddhistischen Sekte im 13. Jahrhundert.

Abessinisch-baptistisch: Harlems Abyssinian Baptist Church (138th Street nahe Lenox Avenue) wurde 1808 von und für die afroamerikanische Bevölkerung New Yorks gegründet, die sich bald zur größten afroamerikanischen Gemeinde der USA entwickelte. Adam Clayton Powell, das erste afroamerikanische Kongreßmitglied, war hier Pfarrer. Sein Einsatz für die Beendigung der Rassendiskriminierung und die Anhebung des Lebensstandards der Afroamerikaner machte ihn zu einer umstrittenen, in der Gemeinde jedoch verehrten Figur der 40er Jahre. Die heutige gotische Kirche wurde 1923 erbaut und enthält eine Fülle von Material über Powells Errungenschaften.

Ob griechisch-orthodox (oben links) oder buddhistisch (oben), die Gebetsstätten der Stadt spiegeln ihre ethnische Vielfalt wider.

Sarabeth's Kitchen
Auch wenn der Name etwas bieder anmutet, kann die feine Adresse von Sarabeth's Kitchen (Madison Avenue und 92nd Street) eigentlich nur eines bedeuten: erstklassige Küche, die den Gaumen erfreut. Es begann mit Marmelade, die seit acht Generationen nach demselben Rezept hergestellt wird. Heute beginnt man seinen Tag in Sarabeth's Kitchen (eine Filiale befindet sich an der Upper West Side; siehe S. 279) mit einem exquisiten Frühstück aus köstlichen hausgemachten Muffins, Waffeln und Pancakes, aber Sie erhalten jederzeit auch ein vollwertiges Mittag- oder Abendessen.

▶▶▶ Guggenheim Museum 187C1

Fifth Avenue zwischen 88th und 89th Street
Subway: 4, 5, 6; 86th Street

Solomon R. Guggenheim, Sproß einer schwerreichen New Yorker Familie, deren Vermögen aus Kupfer- und Silberminen stammte, folgte dem Beispiel anderer Upper-East-Side-Millionäre, die mehr Geld hatten, als sie ausgeben konnten, und wurde Kunstmäzen. Nachdem Guggenheim einige Werke unbedeutender alter Meister erworben hatte, lernte er im Jahr 1927 Baronin Hilla Rebay von Ehrenwiesen kennen, die seinen Geschmack künftig entscheidend beeinflußte; sie selbst war eine begeisterte Anhängerin der europäischen abstrakten Kunst.

Durch die Baronin lernte Guggenheim Künstler wie Robert Delauny, Fernand Léger und Albert Gleizes kennen, deren Werke er fortan nebst Arbeiten anderer Künstler ihrer Epoche, darunter auch Wassily Kandinsky, in großer Zahl erwarb. Mit den Kunstwerken schmückte er die Wände seiner Suite im Plaza Hotel. Auf Anraten der Baronin verpflichtete Guggenheim den Architekten Frank Lloyd Wright, ein Museum zu entwerfen und zu bauen, das (ebenfalls auf Wunsch der Baronin) den Namen Museum of Non-Objektive Painting tragen sollte.

Guggenheim erlebte die Vollendung des Baus dieses schließlich nach ihm benannten Museums im Jahr 1959 nicht mehr. Aufnahme in das Museum fand die ursprüngliche Sammlung abstrakter Kunstwerke, die jedoch im Laufe der Zeit beträchtlich erweitert wurde, sowie die Thannhauser-Sammlung – benannt nach dem bekannten Kunsthändler und -sammler Justin K. Thannhauser, der sie dem Museum 1976 vermachte – mit impressionistischen und postimpressionistischen Werken.

Am besten kann man die Ausstellung genießen, wenn man mit dem Fahrstuhl bis zur Rotunda fährt und sich von dort über die spiralförmig angelegte Rampe das Museum erobert. Auf diese Weise kann man sich an den Kunstwerken erfreuen und einen Blick in die Halle werfen, um schließlich wieder dort zu enden, wo man begonnen hat. Welche Werke wann ausgestellt werden, wird jeweils Jahre im voraus festgelegt; das Museum bietet oft mehrere Sonderausstellungen pro Jahr an, die meist einem Künstler gewidmet sind. Ständig zu sehen ist die Thannhauser-Sammlung, eine vergleichweise konventionelle Ausstellung, die in sieben Räumen auf der zweiten Ebene präsentiert wird.

Zur ständigen Ausstellung gehören Werke von Kandinsky, Modigliani, Klee, Mondrian, Braque, Malewitsch, Miró und Chagall sowie natürlich die Thannhauser-Sammlung. Hierzu zählen Van Goghs *Berge bei Saint-Rémy*, 1899 nach einem seiner Anfälle geistiger Umnachtung in unvergleichlicher Farbenpracht entstanden.

Cézannes *Stilleben: Flakon, Glas und Becher* und *Bibémus*, eine flimmernde abstrakte Landschaft sowie der eigenartige *Mann mit gekreuzten Armen*, ein Werk, das als »typisch kubistisch« gilt; die dargestellte Figur, so wird angenommen, verkörpert ein Gefühl der stillen Resignation, unter der auch der Maler in den letzten Jahren seines Lebens litt.

Einige Bilder des geheimnisvollen Henri Rousseau (u.a. bekannt als »Le Douanier« – der Zöllner) dagegen sind heiter und eher komisch. Das Bild *Die Fußballspieler* zeigt fünf geckenhafte Gestalten mit riesigen Schnurrbärten, die in einem Wald seltsame Posen einnehmen und sich mit einem Ball vergnügen; ebenfalls mit riesigen Schnurrbärten versehene, wenngleich korrekter gekleidete Soldaten zeigt das Bild *Die Artilleriesoldaten*.

Das früheste von mehreren Ölgemälden von Picasso, *Le Moulin de Galette*, entstand um 1900; der 19jährige Künstler verarbeitete darin seinen ersten Besuch in Paris. Das 1904 entstandene Bild, das eine düstere und steife Gestalt zeigt und den Namen *Bügelnde Frau* trägt, ist ein Werk aus der Spätphase von Picassos Blauer Periode; nur ein bis zwei Jahre später entstand *Fernande mit schwarzer Schildkröte* in markant neuem Stil – vielleicht der erste Schritt in Richtung Kubismus.

Ein äußerst bemerkenswertes Stück der Thannhauser-Sammlung ist *Die Eremitage in Pontoise*, die 1867 von Camille Pissarro gemalt worden ist. Dem Künstler – später einer der führenden Neoimpressionisten (unter seinen Schülern befanden sich Gaugin und Cézanne), damals aber noch Vertreter des realistischen Stils, der nichts gemein hatte mit der seinerzeit gängigen französischen Landschaftsmalerei – gelang es, eine ländliche, zum Greifen nahe Szenerie zu schaffen.

Raymond Hood
Architekturliebhaber, denen das Daily News Building und das RCA Building im Rockefeller Center ein Begriff sind, sollten auch einen Blick auf die 1928 von Raymond Hood gebauten Wohnblocks an 3 East 84th Street werfen, an denen er bereits Details wie die Metallspandrillen verarbeitet, die später in ausgefeilterer Form in seinen berühmteren Bauten auftauchen.

Das faszinierende Innere des Guggenheim Museum.

Architektur des Guggenheim

■ Obwohl man es Brummkreisel, Schnecke und eine Beleidigung der Kunst geschimpft hat, ist Frank Lloyd Wrights Guggenheim Museum eine Bereicherung der New Yorker Architekturlandschaft, auch wenn es sich nicht leugnen läßt, daß das Äußere oftmals der Kunst im Innern die Show stiehlt. Das Zitat Wrights, das den Eingang ziert – »Jeder übe die Kunst, die er beherrscht« – kann auch als eine Erwiderung an die Kritiker seiner Arbeit betrachtet werden. ■

Das Guggenheim Museum heute

Nachdem Renovierung und Erweiterung 1992 abgeschlossen wurden, sieht das Museum wieder aus wie neu. Der neue zwölfstöckige Turm von Gwathmey/Siegel, der im folgenden Jahr an die Rotunda angebaut wurde, sorgt für dringend benötigte Büro- und Ausstellungsfläche, ohne Wrights ursprüngliches Werk zu bedrängen – aller Kritik zum Trotz, er füge sich gerade in dieses nicht wirklich ein.

Seit seiner Eröffnung vor fast 40 Jahren ist das Guggenheim Museum auch heute noch einzigartig – und umstritten.

»Organische Architektur«: Der Begründer des »Prairie Style« versuchte stets, seine Gebäude der Natur anzupassen. Das runde Äußere des Guggenheim Museums steht zwar in krassem Gegensatz zu den vertikalen Linien der benachbarten Gebäude der Upper East Side, doch es hat sehr viel gemein mit den Bäumen und Sträuchern im Central Park auf der anderen Seite der Fifth Avenue.

Mit dem Guggenheim Museum, das sein einziger großer Auftrag in New York bleiben sollte, wandte sich Wright auch radikal von der traditionellen räumlichen Aufteilung eines Museums ab. Die Kunstwerke befinden sich an einer 400 Meter langen Rampe, die sich über sechs Stockwerke spiralförmig nach oben windet.

Streitsache: Die unablässigen Auseinanderetzungen des Architekten mit den Behörden der Stadt und seine Meinungsverschiedenheiten mit dem Direktor des Museums, nach dessen Meinung die praktischen Anforderungen an ein Kunstmuseum nicht erfüllt waren, führten dazu, daß der Bau erst 1959, 16 Jahre nach Vollendung der Pläne, im Todesjahr Wrights, fertiggestellt werden konnte. Die Debatten über den Bau haben nie aufgehört, obwohl das Museum inzwischen zum festen Bestandteil der Upper East Side geworden ist.

► Harlem *UIHC2*

Die beiden nördlich der 110th Street gelegenen Teile Harlems, die sich in jeder Hinsicht vom übrigen New York unterscheiden, haben den Charakter der Stadt seit langer Zeit entscheidend mitgeprägt.

Im Norden der Upper West Side liegt West Harlem, das älteste Viertel der afroamerikanischen Einwohner, nördlich der Upper East Side East Harlem – auch **El Barrio** (Das Viertel) genannt –, New Yorks größter spanischsprechender Stadtteil, dessen Bewohner meist aus Puerto Rico kommen.

Im ausgehenden 19. Jahrhundert bebauten Wohnungsspekulanten West Harlem mit Brownstones und eleganten Wohnblocks – in der Hoffnung, den Erfolg der Upper West Side zu wiederholen. Der blieb jedoch aus, und die Häuser wurden an Afroamerikaner vermietet. Weil zigtausende Afroamerikaner aus dem Süden nach Harlem, in das für sie Gelobte Land flüchteten, wurden die Wohnungen jedoch bald knapp, und die Mietpreise schossen in die Höhe.

Die zwanziger Jahre, in denen in Clubs wie dem **Cotton Club** oder auch **Small's Paradise** fast rund um die Uhr heißer Jazz und Blues erklang und afroamerikanische Kunst und Literatur blühten, sind als Harlem Renaissance in die Geschichte eingegangen.

Trotz vieler Probleme hat sich Harlem in den letzten Jahrzehnten verbessert. West Harlem ist zwar kein Paradies, aber seine begrünten breiten Straßen sind tagsüber ziemlich sicher, wenn man die belebten Straßen nicht verläßt.

Fidel Castro in Harlem
Nachdem Fidel Castro, der 1960 anläßlich einer Rede vor den Vereinten Nationen angereist war, samt Gefolge aus einem Hotel in Midtown Manhatten herausgeflogen war, war nur das Teresa Hotel in Harlem (272 West 125th Street), als Treffpunkt Radikaler bekannt, bereit, ihn aufzunehmen. Während des einwöchigen Aufenthalts besuchte der sowjetische Regierungschef Chruschtschow den Kubaner. Seit 1971 dient das Teresa als Bürogebäude.

Selten wird Harlem wegen seiner Architektur besucht, obwohl die Gebäude ebenso lebensfroh sind wie seine Atmosphäre.

Marcus Garvey in Harlem
Gleich nach seiner Ankunft aus Jamaica im Jahre 1914 proklamierte Marcus Garvey schwarzen Stolz und Selbstbehauptung – Ideen, wie sie später die Black Panthers verkündeten. Als glänzender Redner fand er rasch Zulauf; er gründete die Universal Negro Improvement Foundation, gab die Zeitung *Negro World* heraus und erwarb zwei Ozeandampfer, die dem Transport von Afroamerikanern zurück in ihre afrikanische Heimat dienen sollten.

Aufgrund falscher Anschuldigungen wurde Garvey jedoch des Landes verwiesen. Er starb 1940 in London. Seine Ideen wurden später von den Rastafari aufgegriffen, und 1973 wurde der Harlem Park an der Fifth Avenue zwischen 120th und 124th Street nach ihm umbenannt.

Leider ist der Park mit seinem alten Feuerwachturm heute ein Treffpunkt Drogenabhängiger und für einen Besuch nicht zu empfehlen.

Die Hauptgeschäfts- und Vergnügungsstraße Harlems ist die 125th Street; hier befindet sich auch das nicht zuletzt wegen seiner Talentabende legendäre **Apollo Theater** (Nr. 253) in dem alle afroafrikanischen Jazz- und Soulgrößen auftraten, angefangen von Billie Holliday in den 30er Jahren bis zu James Brown in den 60ern. Browns Album *Live at the Apollo* wurde 1962 hier aufgenommen und vermittelt etwas von der brodelnden Stimmung im Apollo. Auf der West 125th Street befinden sich neben dem Studio Museum of Harlem (Nr. 144), einem Kulturzentrum, mehr Soulfood-Restaurants als irgendwo anders auf der Welt.

Die frühe Architektur Harlems schaut man sich am besten im **St Nicholas Historic District** um die 139th Street herum an. In den Townhouses zwischen Seventh und Eight Avenue wohnten Anfang des Jahrhundert erfolgreiche Afroamerikaner, daher erhielt sie ihren Namen »Striver's Row« (Streberreihe).

Beschwingte sonntägliche Gospel-Gottesdienste sind zu einem der größten Anziehungspunkte für Besucher in Harlem geworden, obwohl bei einigen Kirchen die große Zahl der Besuchergruppen zu der Beschwerde geführt hat, daß ansässige Kirchengemeinden recht schroff abgefertigt werden würden. Eine der angesehensten Kirchen in Harlem, berühmt für ihre wunderschöne Chorempore und das lange Bestehen der Gemeinde, ist die Abyssinian Baptist Church, 132 W 138th Street (siehe Seite 121).

East Harlem war von Anfang an etwas schäbiger als sein westliches Pendant. Ab 1920 siedelten sich Puertoricaner in East Harlem an, bis es zum größten puertoricanischen Viertel der Stadt wurde. Das **Museum of the City of New York** und **El Museo del Barrio** (siehe S. 156f) liegen ebenfalls in Harlem, und keinesfalls versäumen sollte man **La Marqueta** unter der Park Avenue zwischen der 110th und 116th Street, wo an Ständen Zuckerrohr, Yams (Süßkartoffeln) und Papayas, Snacks aus Schweinefleischkrusten und Bananenmus zu lauten Salsaklängen feilgeboten werden.

Der Gospelchor von Harlem.

▶ Hispanic Society of America

Broadway und 155th Street
Subway: 1; 157th Street

Gemälde von Velásquez, El Greco und Goya gehören zu den Schätzen der Hispanic Society of America, die 1904 von Archer M. Huntington, Sohn des wohlhabenden Transportunternehmers Huntington, gegründet wurde. Die erlesene Sammlung spanischer und portugiesischer Gemälde, prähistorischer Funde, Keramik und Grabschmuck, ist in einem prächtigen zweistöckigen Gebäude im spanischen Renaissancestil untergebracht, dessen Innenwände mit rubinrotem Terrakotta ausgekleidet sind.

Puertoricaner

■ Puerto Rico ist ein autonomes Territorium der USA. Puertoricaner können sich deshalb als US-Bürger ohne weiteres auch in New York ansiedeln. Sie bilden dort die größte und älteste spanischsprechende Bevölkerungsgruppe. ■

Zu Beginn des 19. Jahrhunderts waren viele Puertoricaner in New York im Zucker- und Kaffeehandel tätig, doch zog der Amerikanische Unabhängigkeitskrieg auch solche in die Stadt, die hofften, von hier aus den Sturz der spanischen Kolonialregierung organisieren zu können.

Die Vereinigten Staaten in Puerto Rico: 1898 wurde Puerto Rico hauptsächlich aus wirtschaftlichen Interessen heraus zur Kolonie Amerikas gemacht; im Gegenzug wurden die Puertoricaner (jedoch erst im Jahr 1917) amerikanische Staatsbürger.

Die Wucherpreise amerikanischer Unternehmen trieben viele Puertoricaner zur Flucht in die USA, und 1930 hatten sich 45 000 Puertoricaner in New York niedergelassen. Einige traten in die Fußstapfen von Juden und Italienern, die inzwischen qualifiziertere Arbeiten verrichteten, andere betätigten sich in traditionellen Handwerksberufen wie der Zigarrenherstellung.

El Barrio: Einige ließen sich zwar in Manhattan nieder, die meisten aber zogen wegen der günstigeren Mieten East Harlem vor. Diese Gegend entwickelte sich zu *El Barrio*, das Zentrum puertoricanischer Kulturinstitutionen sowie spanischsprachiger Kinos und Presse. Bürgermeister Fiorello La Guardia, der sein Amt 1933 antrat, erkannte schließlich als erster das politische Machtpotential der Puertoricaner und forderte sie auf, an Wahlen teilzunehmen.

Als in den 50er Jahren die Flüge zwischen New York und San Juan billiger wurden, stieg die Zahl der Puertoricaner in New York in kürzester Zeit auf 600000 an. Die Einwanderer waren in der Mehrzahl zuvor Landarbeiter gewesen und hatten jetzt Mühe, sich in der neuen, völlig ungewohnten Umgebung der Großstadt zurechtzufinden.

Amerikaner puertoricanischer Abstammung bilden inzwischen eine der bedeutendsten ethnischen Gruppen der Stadt und ihre Mitglieder sind in allen Bereichen des öffentlichen Lebens vertreten. Heute steht El Barrio bei manchen New Yorkern vor allem wegen seiner schmackhaften Küche und Salsamusik hoch im Kurs. Das ändert aber nichts an den Problemen, die auch dieser Stadtteil zu lösen hat.

Der aus puertoricanischem Zuckerrohr gebrannte Rum gehört zu den bekanntesten Spezialitäten in den USA.

Abstrakter Expressionismus

■ **Der Begriff der »New York School« wurde 1956 während einer Ausstellung in Los Angeles geprägt. Fortan bezeichnete er die Künstler, die in New York ein Jahrzehnt zuvor die erste Bewegung moderner Kunst des Landes angeführt hatte – und die auch dem amerikanischen abstrakten Expressionismus zu weltweitem Ansehen verhalf.** ■

Cedar Tavern
Es gibt kaum eine große Kunstbewegung, die nicht von lautstarken Diskussionen in Kneipen und Lokalen beeinflußt wurde. Der Abstrakte Expressionismus bildet da keine Ausnahme. Bevorzugter Treffpunkt der Künstler, die zur New Yorker School zählten, war die Cedar Tavern zwischen Greenwich Village und East Village. Meist ging es bei solchen Zusammenkünften hoch her, und oftmals stand am nächsten Morgen nichts mehr an seinem angestammten Platz.

Liebhaber des Abstrakten Expressionismus, die zudem gerne trinken, können die inzwischen umgezogene Cedar Tavern (82 University Place) aufsuchen. Leider ist der ehemalige Künstlertreffpunkt heute eine ziemlich langweilige Bar.

Die Armory Show im Jahr 1913 (siehe S. 149) stellte nicht nur zum erstenmal moderne europäische Kunst in Amerika aus, sondern machte deutlich, daß Amerika keine eigene moderne Kunst besaß. Für den Dadaisten Marcel Duchamp waren »die Rohrleitungen und Brücken« Amerikas der einzige Beitrag zur modernen Kunst.

Trotzdem war New York das Mekka junger amerikanischer Künstler, auch wenn die Stadt nur als Zwischenstop auf dem Weg nach Paris diente. Sie kamen aus den trostlosen Städten auf dem Land, um an der Art Students League zu studieren und in den geräumigen hellen Lofts zu malen, die günstig zu mieten waren.

Europäische Einflüsse: Als Europa vom Krieg überschattet wurde, suchten die kreativsten und einflußreichsten Künstler auf der anderen Seite des Atlantiks Zuflucht. Als die Nazis in Paris einmarschierten, wurde Paris von New York als Zentrum der internationalen Kunst abgelöst.

In den späten 40er Jahren entwickelte sich der Abstrakte Expressionismus; es schien, als sei die Welt nun, nach dem Krieg, frei von einengenden Fesseln.

Jackson Pollock: Der Bauernsohn Pollock kam in den 20er Jahren nach New York, wo er später für kurze Zeit im Guggenheim Museum arbeitete.

1947 nahm Pollock eines seiner Bilder von der Staffelei, legte es auf den Fußboden und goß die Farbe in großen Bögen direkt auf die Leinwand. Bald danach nahm er endgültig Abschied von Staffelei und Pinsel und arbeitete statt dessen mit »Stöcken, Kellen und Messern«.

Weil das Endprodukt ganz davon abhing, wie Pollock die Farbe warf (sein Werfen erinnerte an den Lassowurf eines Cowboys), wurde die Technik bald unter dem Namen »Action Painting« bekannt.

De Kooning, Gottlieb und Rothko: Die Abstrakten Expressionisten wollten die wesentlichen Gefühlszustände des Menschen vermitteln – ein Ziel, das durch die Schrecken des Kriegs entstanden war und weit über die Möglichkeiten der traditionellen Malerei hinausging. Ein weiterer wichtiger Vertreter dieser Stilrichtung war Willem de Kooning. Obwohl er sehr viel mehr Formen verwendete als Pollock – oft waren es weiße Umrisse auf schwarzem Hintergrund – war auch er mit Leib und Seele Actionmaler, der die Leinwand mit solcher Energie bearbeitete, daß nicht selten die Farbe in alle Richtungen flog.

Adolph Gottliebs *Pictographs* übten ebenfalls einen entscheidenden Einfluß auf die Abstrakten Expressionisten

aus. Es handelte sich hierbei um eine Serie von Bildern, die alle unterteilt waren, wobei jeder Teil eine mythologische Gestalt oder ein Symbol darstellte.

Mark Rothko wurde zum Hauptexponenten der Stilrichtung »Color Field«. Als nach dem Krieg das Ausmaß der Greueltaten der Nazis bekannt wurde, erklärte der Sohn russisch-jüdischer Emigranten, die »menschliche Kommunikationsunfähigkeit« habe zum Untergang der gegenständlichen Malerei geführt. Rothkos Arbeiten stellten schwebende farbige Vierecke dar, die, wie er sagte, »eine spirituelle Grundlage der Verständigung« seien.

Barnett Newman und Nachfolger: In dem Bemühen um ein »metaphysisches Verständnis« verglich Newman die Werke der Color-Field-Künstler mit denen »primitiver« Völker. In den späten 40er Jahren schuf der Künstler das erste seiner »Reißverschlußbilder«, deren durchgängige Farbfläche durch eine dünne vertikale Linie zweigeteilt wurde.Man kann es Ironie des Schicksals nennen, daß es eine Fehldeutung von Newmans Arbeiten war, die spätere Künstler wie Jasper Johns beeinflußten. Auf diese Weise wurde der Weg geebnet für die Abkehr vom Abstrakten Expressionismus hin zur Neugestaltung vertrauter Formen durch die Pop Art in den 60er Jahren.

Möglicherweise ist die qualvolle Seelenerforschung, wie sie in ihren Werken zum Ausdruck kommt, verantwortlich für den frühen Tod zweier bedeutender Vertreter des Abstrakten Expressionismus: Jackson Pollock starb 1956 durch einen selbstverschuldeten Unfall, und Mark Rothko beging 1970 Selbstmord.

Abstrakter Expressionismus in Museen

Im Museum of Modern Art (siehe S. 158-160) findet der Besucher eine ausgezeichnete Auswahl von Werken Abstrakter Expressionisten; hier sind viele Arbeiten der bereits genannten Künstler zu sehen, außerdem Werke von Robert Motherwell, Franz Kline und Arshile Gorky.

Auch das Guggenheim Museum besitzt eine stattliche Anzahl von Abstrakten Expressionisten (zuweilen in Sonderaustellungen); wichtige Werke von Pollock, de Kooning und Rothko sind außerdem zeitweilig in der Highlights Gallery des Whitney Museums (siehe S. 191) zu sehen.

One, *ein riesiges Gemälde Jackson Pollocks von 1950, im Museum of Modern Art.*

Haus der Fotografie
Eines der schönsten Gebäude im Neo-Georgian Style an der Upper East Side ist die Heimstatt des ICP. Das vierstöckige Backsteingebäude wurde 1914 von der Firma Delano & Aldrich für Willard Straight gebaut, einen wohlhabenden Ex-Diplomaten, der die einflußreiche Zeitschrift *New Republic* gründete. Eine Zweigstelle des ICP befindet sich an der Ecke Sixth Avenue/43rd Street.

Passagierschiff-Terminal
In früheren Zeiten wären große Kreuzfahrtschiffe, wie die *Queen Mary* und die *USS United States* am westlichen Ende des Kais der 48th, 50th und 52th Street (gleich nördlich des Intrepid Meer-Luft-Weltraum-Museums) vor Anker gegangen, wären sie durch den Luftverkehr nicht unrentabel (unökonomisch) geworden.
1976 wurde das protzige Terminal für Schiffspassagiere fertiggestellt, damit die Hafenanlagen den gleichen Luxus bieten konnten, wie die Schiffe.
Leider wurden die meisten geplanten Serviceleistungen damals nicht verwirklicht, obwohl man auch heute noch vereinzelt moderne Luxus-Kreuzdampfer vor Anker liegen sieht.

▶▶ International Center of Photography *187D1*

Fifth Avenue und 94th Street
Subway: 6; 96th Street
Der Welt größtes Museum, das sich ausschließlich der Fotografie widmet, besteht aus vier Galerien, deren wechselnde Ausstellungen sowohl Werke namhafter Künstler zeigen wie auch die weniger bekannter Neulinge, die sich gerade auf dem Weg zum Erfolg befinden.

In einer Galerie ist in der Regel eine Auswahl der ständigen Ausstellung des ICP zu sehen – mit Aufnahmen fast aller berühmter Fotografen der Welt, darunter Henri Cartier-Bresson, Ernst Haas, Wegee und Robert Capa.

▶ Intrepid Sea-Air-Space Museum *151C1*

Westseite der 46th Street
Subway: A, C, E; 42nd Street
Das Flugdeck des *Intrepid*, ein Flugzeugträger der US Navy, bildet das Kernstück dieses durch und durch militaristischen Museums. Dauerhaft auf dem Hudson River stationiert, erlebte die Intrepid Manöver während des Zweiten Weltkriegs auf dem Pazifik mit, und während des Vietnam-Krieges wurde sie in der U-Boot Abwehr eingesetzt.

Das ausgediente Schiff erinnert an seinen Kriegseinsatz – seine Flugzeuge schossen 650 feindliche Flugzeuge ab und zerstörten 289 Schiffe –, aber auch an den Einsatz in Friedenszeiten, z. B. als es die beiden Raumkapseln Mercury und Gemini barg. Militärische Ausrüstungsgestände sind zu sehen, darunter auch Dutzende von Kampfflugzeugen und Bombern, die man sogar von innen besichtigen kann.

Zeitweilige Ausstellungen beschäftigen sich mit der Kriegsführung, neigen allerdings dazu, technische Errungenschaften hervorzuheben und menschliche Erfahrungen zu vernachlässigen. Als 1997 Rockkonzerte und Tanzveranstaltungen im Museum stattfanden, um den Etat aufzubessern, und angeblich Flugzeuge in der Wartung vernachlässigt wurden, entstand eine Kluft zwischen Museumsleitung und Militär – insbesondere der US Navy, die damit drohte, ihre Ausstellungsstücke zurückzuziehen.

▶ Isaacs-Hendricks Residence *113A2*

77 Bedford Street, Greenwich Village
Subway: 1; Christopher Street
Es wäre nicht weiter verwunderlich und sicherlich verzeihlich, würden Sie an der Isaacs-Hendricks Residence vorbeigehen, ohne sie zu bemerken. Umbauten in den Jahren 1836 und 1928 haben den ursprünglichen Federal Style, zu dessen ältesten verbliebenen Exemplaren das 1799 erbaute Haus gehört, ziemlich verfälscht. Die Schindelwand auf der Seite der Commerce Street ist der deutlichste Hinweis auf das außergewöhnliche Alter des Gebäudes.

▶ Jan Hus Presbyterian Church *187B2*

74th Street zwischen First und Second Avenue
Subway: 6; 77th Street
Gebaut wurde die nach dem tschechischen Märtyrer der Reformation benannte Kirche im Jahr 1914. Sie diente den tschechischen Einwanderern, die ihr Viertel bis in die 30er Jahre »Kleinböhmen« nannten, als vertrauter Anlaufpunkt. In der Kirche, deren Glockentürme dem Pulverturm in Prag nachempfunden sind, finden Gottesdienste, aber auch weltliche Aktivitäten statt, darunter musikalische

Darbietungen sowie Theateraufführungen. Sie ist außerdem die Hausbühne eines Komödienensembles.

Heute lebt nur noch ein kleiner Teil der tschechisch-amerikanischen New Yorker in Little Bohemia, und außer der Kirche gibt es nur wenig, das an die Tschechen erinnert, wie die 1895 erbaute, inzwischen sehr ungepflegte Bohemian Nation Hall (73rd Street zwischen First und Second Avenue).

► Jewish Museum *187D1*

Fifth Avenue und 92nd Street
Subway: 6; 96th Street

Ein Gebäude, das aussieht wie ein französisches Gotikschloß, mutet als Ort für die größte Sammlung jüdischer sakraler und historischer Gegenstände in den Vereinigten Staaten vielleicht etwas seltsam an. Dennoch beherbergt das Anwesen diese Sammlung schon seit 1944. In jenem Jahr stellte es die Witwe des letzten Besitzers, Felix M. Warburg, als Museum zur Verfügung.

Das Museum enthält eine ausgezeichnete Sammlung jüdischer Kulturgeschichte: Münzen, Gebrauchs- und religiöse Gegenstände, die teils noch aus aus der Römerzeit stammen. Die meisten Exponate illustrieren jedoch das Leben der Juden vom Mittelalter bis zur Neuzeit. Geradezu beispielhaft in dieser Hinsicht ist ein im Stil der Jahrhundertwende gestaltetes Café, in dem sich das jüdische Leben jener Epoche besonders wirklichkeitsnah erfahren läßt.

Doch vor allem die teilweise provokativen Sonderausstellungen des Jüdischen Museums locken den übersättigten New Yorker Museumsbesucher in das Gebäude. Es gibt auch eine spezielle Abteilung, in der Kinder Ausstellungsstücke berühren können.

Tschechen in New York
1848 flüchteten die ersten Tschechen vor der Unterdrückung durch die Habsburger aus ihrer Heimat nach New York. Sie, die scherzhaft die »48er« genannt wurden, bereiteten den Boden für die zweite Welle tschechischer Einwanderer, vor allem Bauern, die um 1870 kamen.

Die Besetzung der Tschechoslowakei durch die Nazis, der Einmarsch der Russen und die Zerschlagung des Prager Frühlings brachten immer neue tschechische Einwanderer, die sich meist sehr schnell an das Leben in der neuen Heimat anpaßten.

Das Intrepid-Sea-Air-Space Museum.

Medien

■ Von den großen Fernsehanstalten bis zu den kapriziösen kleinen Sendern, von der ehrwürdigen *New York Times* bis zu kostenlosen Zeitschriften – die Medien bestimmen das Bild von New York, und Nachrichten sprudeln aus vielen Quellen der Stadt. ■

What's on TV?
Alle fernsehsüchtigen Urlauber werden erfreut zur Kenntnis nehmen, daß alle Tageszeitungen ebenso wie der anzeigenfreie *TV Guide,* der u.a. der Sonntagsausgabe der *New York Times* beiliegt, ein ausführliches Fernsehprogramm anbieten, dessen Lektüre aber aufgrund der unzähligen Sender eine Kunst ist, die gelernt sein will.

Dem Fernsehsender Channel 9 begegnet man auch außerhalb der Sendeanstalt in Midtown Manhattan auf Schritt und Tritt.

Fernsehen: Die großen Fernsehanstalten ABC, CBS und NBC unterscheiden sich in ihrem Programmangebot nicht sehr – es besteht in der Hauptsache aus Quizsendungen und Talkshows mit Nachrichten zur vollen Stunde, die fast minütlich von Werbespots unterbrochen werden.

Seit es PBS (Public Broadcasting Service) gibt, hat der Zuschauer die Möglichkeit, anspruchsvolle Filme, Dokumentationen und gut recherchierte Nachrichtensendungen zu sehen. Das Kabelfernsehen bietet ebenfalls zumindest zum Teil sehr gute Programme an. Zu den letzteren zählen der Nachrichtensender CNN und sein Schwesterkanal *Headline News* mit einem ständig aktualisierten Programm, MTV mit zahllosen Rockvideos, The Weather Channel mit den Wetterberichten und einige Spielfilmsender wie z. B. HBO, der neue Filme zeigt, aber die Zwischenzeiten mit Shows von unterschiedlicher Qualität auffüllt.

Wenn auch alle Zimmer mit Fernsehern ausgestattet sind, gehören Kabelkanäle in günstigen Hotels nicht zum Standard und auch Mittelklassehotels bieten keine üppige Auswahl. In den kostspieligeren Häuser ist manchmal auch der Empfang lokaler Publikumssender möglich, wo Astrologen oder selbsternannte Sexualtherapeuten auf eigene Kosten halbstündige Shows ausstrahlen können.

Rundfunk: New Yorks Rundfunkstationen sind so zahlreich, daß sie nicht alle aufgeführt werden können. Musikfans, die FM-Skala durchgehen, kommen aufgrund des unglaublichen Angebots voll auf ihre Kosten: Hip-Hop, Soul, Funk, Jazz, Country, Heavy Rock bis Klassik – rund um die Uhr wird alles geboten. Die Mittelwellensender liefern hauptsächlich Sprachbeiträge und Anrufersendungen der Art, die der shock-jock Howard Stern initiierte. Was immer man auch davon hält, diese Shows sind für Stadtneulinge die beste Einführung in die Feinheiten des New Yorker Dialekts.

Zeitungen: Unter den vier großen Tageszeitungen ist die *New York Times* (jetzt farbig) mit ihren anspruchsvollen Beiträgen zum nationalen und internationalen Geschehen die angesehenste. Sonderberichte im Metro-Teil vermitteln oft faszinierende Einblicke in das Leben der Stadt. Die Freitagsausgabe ist unerläßlich wegen ihres detaillierten Überblicks über die Wochenendereignisse. Die Lektüre der *Times* kann zur Herausforderung werden, denn aufgrund der vielen Anzeigen erstreckt sich ein trocken geschriebener Artikel mitunter über mehrere Seiten.

Die *New York Times* gilt als liberal, das Sensationsblatt *New York Post* trotz mancher scharfzüngiger Kolumnisten als konservativ-reaktionär. Diejenigen New Yorker, die die politische Richtung der *Post* nicht mögen, aber auch nicht auf Sensationen verzichten möchten, greifen zur *Daily News*. Der Ruf dieser in den USA einst auflagenstärksten, jüngst aber in ernste Schwierigkeiten geratenen Zeitung gründet sich auf ihre pikanten Artikel, die den pikanten Schlagzeilen in nichts nachstehen.

Die Wochenzeitung *Village Voice*, die in den 50er Jahren in der alternativen Szene begann, ist heute aus der Zeitungslandschaft nicht mehr wegzudenken. Besonders interessant sind neben den politischen Betrachtungen die Rezensionen der Kunst- und Musikereignisse. Die starke Konkurrenz von neueren und kostenlosen Wochenzeitungen, etwa von der unterhaltsamen und gut lesbaren *New York Press*, zwang die Zeitungsmacher jedoch, den Unkostenbeitrag zu streichen und die Aufmachung der Manhattan-Ausgabe zu überdenken. Ebenfalls wöchentlich, aber nicht gratis, erscheint *Time Out New York*, dessen Veranstaltungskalender von Interviews mit berühmten Persönlichkeiten und Verbraucherinformationen begleitet werden.

Zeitschriften: Die wöchentliche Hochglanzausgabe von *New York* spiegelt den Lebensstil New Yorks wider und informiert über die Ereignisse im Unterhaltungsbereich. Dem ebenfalls wöchentlich erscheinenden *New Yorker* sagt man nach, er sei dank seinem neuen Herausgeber seit 1992 lebendiger und farbenfroher geworden. Berühmt ist die Zeitschrift für ihre langen Beiträge, die von den angesehensten Literaten des Landes stammen, und damit zählt sie auf keinen Fall zur leichten Lektüre. Lesenswert ist sie jedoch allein schon wegen ihrer fundierten Filmbesprechungen.

Kostenlose Veröffentlichungen
Kostenlose Informationsblätter gibt es in Geschäften, Bars, Hotels und auf Ständern überall in der Stadt. Viele davon stellen – ganz gleich, ob sie sich an Hundebesitzer, aufstrebende Geschäftsleute oder New-Age-Anhänger richten – nichts weiter dar als einen Werbeträger. Einige jedoch, wie *Resident* oder auch *The Tribeca Trib*, sind trotz der vielen Anzeigen lesenswert, vor allem wegen ihrer Besprechungen und Veranstaltungskalender.

Ein Besuch im Metropolitan Opera House, dessen Innenausstattung mit Sicherheit zu den Glanzlichtern des Lincoln Center gehört, lohnt sich immer.

Führungen durch das Lincoln Center
Die einstündigen Führungen durch das Lincoln Center finden durchgehend fast täglich von 10 bis 17 Uhr statt. Der Besucher wird durch alle Gebäude (mit Ausnahme des Metropolitan Opera House – siehe unten) geführt und darf sogar einen Blick hinter die Kulissen werfen. Weitere Informationen sind unter Tel. 875 5350 erhältlich. Führungen durch das Metropolitan Opera House finden von Montag bis Freitag um 15.45 Uhr und am Samstag um 10.30 Uhr ab Eingangsfoyer der Met statt. (Informationen unter Tel. 769 7020).

► Lincoln Center for the Performing Arts *151D1*

62nd bis 66th Street zwischen Columbus und Amsterdam Avenue
Subway: 1; 66th Street/Lincoln Center

Die Architektur des Lincoln Center for the Performing Arts kann man nur als veraltet bezeichnen, aber das, was sich hinter diesen Mauern abspielt, ist beeindruckend.

Der Gebäudekomplex entstand in den 60er Jahren als Teil eines ambitionierten Plans, die Metropole New York mit einem angemessenen Kulturzentrum auszustatten. Die damalige Suche der New York Philharmonics nach einer neuen Bleibe gehört ebenso zur Entstehungsgeschichte des Centers wie die Suche der Metropolitan Opera nach neuen Räumen. Die Philharmonic Hall wurde 1962 fertiggestellt und 1973 zu Ehren des Mannes, der zehn Millionen Dollar für deren akustische Verbesserung gespendet hatte, in Avery Fisher Hall umbenannt (obwohl in den 80er Jahren weitere Arbeiten erforderlich waren). Das zehnstöckige Metropolitan Opera House überragt heute als größtes Bauwerk den Platz. Durch die Fenster sind die beiden riesigen Wandgemälde von Marc Chagall zu sehen, die das Foyer schmücken. Was dem Besucher draußen allerdings verborgen bleibt, sind die Kristalleuchter, die vor jeder Vorstellung wie von Geisterhand in der mit Blattgold verzierten Decke verschwinden.

Der architektonisch anspruchsvollste, wenn auch für sein kulturelles Angebot zunächst wenig gelobte Bau ist das **Vivian Beaumont Theater** des Architekten Eero Saarinen. Daneben befindet sich das Gebäude der **New York Public Library for the Performing Arts** mit seinen 50 000 Bänden und drei Galerien, in denen wechselnde Ausstellungen zu sehen sind.

Auf der Nordseite des Komplexes, in der weltberühmten **Juilliard School,** haben bereits Geiger Itzhak Perlman und Schauspieler William Hurt studiert. In der akustisch ausgezeichnete **Alice Tully Hall**, einer Konzerthalle für die Chamber Music Society neben der Juilliard School, werden, in der Regel am Mittwoch, kostenlose Studentenkonzerte gegeben.

▶▶ Little Italy *87B2*

Little Italy, das kleine Italien in New York, hat durch die Ausdehnung von Chinatown und den Wegzug der italienischen Bewohner in andere Stadtteile seine ursprüngliche Begrenzung verloren, die einst Houston und Canal Street bildete. Zwischen 1890 und 1924 ließen sich 145 000 Einwanderer aus Sizilien und dem süditalienischen Festland hier nieder.

Nach dem Niedergang des Viertels sind nur noch wenige tausend Italiener übriggeblieben; die meisten arbeiten in Restaurants, Cafés und Bäckereien in der Grand und Mulberry Street, die noch heute die unvergleichlich italienische Atmosphäre vermitteln. Das Essen ist gut, aber leider sehr teuer. Dem preisbewußten Besucher sei daher empfohlen, die Atmosphäre bei einer Tasse Cappuccino in einem Straßencafé zu genießen.

Wenn man von einem italienischen Wahrzeichen sprechen will, dann ist dies **Umberto's Clam House** (129 Mulberry Street), das 1972 traurige Berühmtheit erlangte, als »Crazy« Joe Gallo im Zuge einer Bandenfehde beim Fischessen an seinem Tisch erschossen wurde.

Die Iren, die das Viertel vor den Italienern bewohnten, erbauten die Kirche, die heute den Namen **»Old« St Patrick's Cathedral** (264 Mulberry Street) trägt. Das älteste »gotische Bauwerk« der Stadt, das während eines Feuers im Jahr 1866 schwere Schäden davontrug, wurde nach dem Bau der neuen St Patrick's Cathedral in Midtown Manhattan 1879 zur einfachen Pfarrkirche erklärt.

Sehenswert ist außerdem das Gebäude der **Old Police Headquarters** (240 Centre Street) am Rande von Little Italy. Als dieser Neorenaissancepalast mit seiner grünen Kuppel 1909 inmitten des Viertels mit der höchsten Verbrechensrate erbaut wurde, wurde er gleichzeitig imposantes Symbol für Gesetz und Ordnung.

Von dort empfiehlt sich ein Spaziergang zum **Puck Building** (295–307 Lafayette Street). Das 1886 fertiggestellte Gebäude beherbergte einst die Satirezeitschrift *Puck* und wurde durch seine fantastische rote Backsteinfassade sofort zum Inbegriff für New Yorker Werbedesign.

Das Fest des San Gennaro
Immer im September säumen unzählige Stände und Buden die Mulberry Street in Little Italy; feilgeboten werden italienische Spezialitäten (und immer häufiger auch chinesische). Zwei Wochen feiern die Menschen das Fest des heiligen Gennaro, des Schutzpatrons von Neapel, dessen Statue zu den Klängen von Blasmusik durch die Straßen getragen wird.
1995 wurde der Vorwurf erhoben, daß die auf rund 10 Millionen Dollar geschätzten Einnahmen der Veranstaltung mehr oder weniger nahtlos in das Eigentum eines Clans der italienischen Mafia in New York übergingen. So hätte das Fest beinahe ein jähes Ende gefunden, denn Bürgermeister Giuliani weigerte sich, irgendeine Lizenz auszustellen, solange nicht garantiert sei, daß die Einkünfte tatsächlich seriösen Wohltätigkeitsorganisationen zugute kämen.

Littly Italy mit seinen Restaurants und Cafés, an denen man nicht vorbeigehen sollte, ohne sich Zeit für einen Cappuccino, ein Eis oder eine Pizza zu nehmen.

Italiener

■ Keine andere ethnische Gruppe hat New York so geprägt wie die Italiener, die erstmals im ausgehenden letzten Jahrhundert in großer Zahl ins Land kamen. Die Kombination von Fleiß, Zusammenhalt und Geschäftsinstinkt ließ sie in den 40er Jahren sogar das Ruder in der Stadt übernehmen. ■

Die Bleecker Street war in den 60er Jahren des letzten Jahrhunderts zunächst Zufluchtsort für gebildete Liberale und Revolutionäre aus dem Norden Italiens. Der große Zustrom armer Landarbeiter aus dem Süden erfolgte erst Ende des 19. Jahrhunderts, und bald lebten 145 000 Menschen dicht gedrängt in den Mietshäusern von Little Italy.

Ausbeutung und ihre Folgen: Da sie nur unzureichend oder gar nicht englisch sprachen, wurden die Neuankömmlinge nicht zuletzt von ihren eigenen Landsleuten ausgebeutet, die die Sprache bereits beherrschten und die traditionellen Werte Italiens kannten. Bei geringer Bezahlung mußten sie häufig schwer arbeiten.

Die Männer aus Little Italy bauten die New Yorker Kanalisation und U-Bahnen, die Frauen arbeiteten als Näherinnen oft unter menschenunwürdigen Bedingungen. Jeder Pfennig, der erübrigt werden konnte, wurde nach Hause geschickt. Anfang unseres Jahrhunderts dann verließen viele Bewohner Littly Italy, um sich in East Harlem niederzulassen, und in den 40er Jahren konnten es sich viele sogar leisten, in die Vororte New Yorks zu ziehen.

Viele Italiener arbeiten in der Lebensmittelbranche und versorgen New York und seine Besucher mit Pasta, Pizza und anderen Spezialitäten.

Zunehmender Wohlstand: Auch Fiorello La Guardia, nach Meinung vieler der beste Bürgermeister, den New York je hatte, stammte aus East Harlem. La Guardias Aufstieg symbolisierte den Eintritt der Italo-Amerikaner in die Politik, wo sie die Nachfolge der Iren als Lenker der Geschicke der Stadt antraten.

Angesichts des Erfolgs der Nachkommen jener ersten italienischen Einwanderer in allen geschäftlichen und sozialen Bereichen konnte die neue Einwanderungswelle der 80er Jahre unseres Jahrhunderts fast unbemerkt vonstatten gehen. Im Gegensatz zum vorigen Jahrhundert kamen jetzt wohlhabende Italiener ins Land, die sich an der Upper East Side niederließen und teure Boutiquen und wundervolle Restaurants eröffneten, mit denen sie die Herzen der wohlhabenden New Yorker im Sturm eroberten.

▶▶▶ Lower East Side UIVB3

Wer hier großartige Architektur, gestylte Menschen, teure Boutiquen und Nobelrestaurants erwartet, wird bitter enttäuscht sein, denn die Lower East Side ist New York ohne Schnörkel und Verzierungen. Heute wie damals ist diese Gegend die erste Anlaufstelle für Einwanderer, die hart arbeiten und Geld verdienen wollen, um sich dann eine bessere Gegend leisten zu können.

Die ersten Einwanderer waren die Iren, die der Hungersnot in ihrer Heimat Mitte des 18. Jahrhunderts entflohen. Ihnen folgten nach und nach deutsche und osteuropäische Einwanderer, unter ihnen auch zwei Millionen Juden, durch die die Lower East Side zur größten jüdischen Ansiedlung wurde.

Trotz – oder wegen – der bitteren und der oft menschenunwürdigen Arbeitsbedingungen, unter denen sie schufteten, gründeten die Einwanderer kulturelle Institutionen und religiöse Stätten sowie Bildungseinrichtungen, die ihren Kindern ein besseres Leben garantieren sollten.

Ab 1924 verlangsamte sich der Zustrom von Europäern in die Lower East Side, zum einen aufgrund der Verschärfung der Einwanderungsgesetze und zum anderen, weil die inzwischen Wohlhabenderen und Erfolgreichen sich anderswo niederließen und die Neuankömmlinge ihnen dorthin folgten.

Da die Grundstückspekulanten die Lower East Side noch nicht entdeckt haben, gibt es auch heute noch viele Mietshäuser, dazu die Delis, Bekleidungs- und Juweliergeschäfte, mit denen die ersten Bewohner zu Geld gelangten. Heute sind die Besitzer meist Inder und Koreaner, die mit den jüngsten Einwanderungswellen ins Land kamen.

Weit weniger ins Auge springen dem Besucher der Lower East Side die Einwanderer aus der Karibik, unter ihnen die vielen Puertoricaner, die mehrere Straßenzüge östlich der Essex Street und nördlich jenseits Houston Street bis nach Alphabet City bevölkern (siehe Seite 60).

Gerade die Geschäfte und ihre extrem niedrigen Preise ziehen viele Besucher in die Lower East Side. Sonntags ist hier der Bär los, denn dann drängeln sich die preisbe-

Das Leben als Mieter oder der jährliche Umzug

Wenige Lower East Siders wohnen länger als irgend nötig in einer Mietswohnung, und das Angebot eines mietfreien Monats für einen Jahresvertrag war in der Regel Anreiz genug, um jedes Jahr umzuziehen. So ist es keine Seltenheit, daß eine Familie in derselben Straße von einer Seite auf die andere umzieht und im Laufe von mehreren Jahren sogar immer wieder einmal in derselben Wohnung wohnt.

Die Superpreise in den Bekleidungsgeschäften und an den Ständen in der Orchard Street im Herzen des jüdischen New York sind nicht zu unterbieten.

Das Leben der anderen
Fotos und Texte zu *How the Other Half Lives* stammen von Jacob Riis; das 1894 veröffentlichte Buch, das die bedrückenden Lebensumstände in der Lower East Side zeigte, gab den Anstoß für die Gesetze zur Verbesserung der Wohn- und Arbeitsbedingungen. Für viele Lower East Siders gab es jedoch nur einen Ausweg: genügend Geld sparen und nach Brooklyn, in die Bronx oder nach Queens ziehen.

wußten New Yorker in den schmalen Straßen, um die besten Schnäppchen zu ergattern. Am größten ist das Getümmel vor den Bekleidungsgeschäften in der **Orchard Street** ▶. Sollte Ihnen der Rummel zuviel werden, erkunden Sie die etwas weniger belebten Nebenstraßen wie Allen, Grand und Essex.

So lebhaft wie es hier am Sonntag zugeht, so still – und mitunter sogar öde – ist es während der Woche. Die einzige Ausnahme bildet der **Essex Street Market** ▶, auf dem die Einheimischen Fleisch, Obst und Gemüse kaufen. Die gegenwärtige ethnische Zusammensetzung des Viertels erkennt man sowohl an den jiddischen, spanischen und chinesischen Sprachklängen als auch den kulinarischen Spezialitäten. Nur am Sonntag findet kein Markt statt. Denken Sie immer daran, daß viele Geschäfte am Sabbat, also am Samstag, geschlossen sind.

Wenn Sie eingekauft, die Atmosphäre genossen und die frischgemachten *Knishes* (mit Fleisch oder Kartoffeln gefüllte Teigtaschen) in den jüdischen Bäckereien gekostet haben, bleibt eigentlich nicht mehr viel übrig. Bevor Sie weitergehen, sollten Sie allerdings noch das **Lower East Side Tenement Museum** ▶▶▶ (97 Orchard Street) besuchen (samstags geschlossen). Das Museum befindet sich in einem sechsstöckigen, 1863 erbauten ehemaligen Mietshaus, in dem im Laufe von 70 Jahren – man höre und staune – 11 000 Menschen gewohnt haben.

Das Museum vermittelt interessante Einblicke in das Leben in der Lower East Side und bringt die entbehrungsreichen Lebensumstände der Bewohner näher, die häufig eng zusammengepfercht wohnten. Die oberen Stockwerke zeigen detailgenau, wie die Menschen – Iren, Deutsche, russische Juden und Italiener – hier gelebt haben.

Spaziergänge mit Führung
Das Lower East Side Tenement Museum bietet solche Spaziergänge an, wobei jeweils auf einen speziellen Aspekt des Lebens in der Lower East Side eingegangen wird – ethnische Abstammung, Leben der Frauen, Mietshausarchitektur und erste New Yorker Straßenbanden. Die Spaziergänge sind nicht billig, aber dafür unterhaltsam und lehrreich. Treffpunkt ist das Museum an jedem Sonntag nachmittag. Informationen und Reservierungen unter Tel. 431 0233.

Typische Mietshäuser in der Delancey Street in der Lower East Side. Im 19. Jahrhundert wurden unzählige solcher Mietskasernen für die Einwanderer aus dem Boden gestampft.

Juden

■ Seit 1654 die ersten 23 sephardischen Juden nach ihrer Ausweisung aus Brasilien nach New York kamen und sich dort allen Widerständen zum Trotz niederließen, hat die jüdische Gemeinde den Charakter New Yorks geprägt. Die jüdische Bevölkerung hat der Welt nahezu alles gegeben – von *Bagels* bis Irving Berlin. ■

Die sephardische Gemeinde, die es in Handel und Gewerbe des kolonialistischen Amerika zu Wohlstand und Ansehen brachte und deren Ursprünge bis zurück ins maurische Spanien gehen, blieb auch nach dem Amerikanischen Unabhängigkeitskrieg erfolgreich. In den 30er Jahren des letzten Jahrhunderts kamen auf der Suche nach neuen Möglichkeiten auch Deutsche – askenasische Juden mit anderen Traditionen – in die Stadt.

Deutsche und russische Juden: Mit Unterstützung eigener Hilfsorganisationen konnten sich die deutschen Juden in der Lower East Side niederlassen, wo sie bald das Schmuck- und Bekleidungsgeschäft übernahmen. Dort fanden dann auch askenasische russische Juden Arbeit, die im ausgehenden 18. Jahrhundert vor den Pogromen des zaristischen Rußland geflohen waren. Sie lehnten größtenteils die deutsch-jüdischen Hilfsangebote ab und gründeten ihre eigenen Organisationen. Zur Verbesserung der oft unmenschlichen Arbeitsbedingungen in der Bekleidungsindustrie gründeten sie auch die ersten Gewerkschaften.

Die askenasischen Einwanderer bereicherten die Lower East Side mit ihrer vielfältigen Kultur: In dem Viertel, das später den Namen »Yiddish Rialto« trug, gründeten sie jiddische Theater. Mit dem russischen Dramatiker Jakob Gordin entstanden ernste Stücke im Stil Henrik Ibsens und Maxim Gorkis; im jiddischen Theater traten auch Walter Matthau und Edward G. Robinson auf. Gleichzeitig entwickelten sich die rauchgeschwängerten Lower-East-Side-Cafés zu Zentren politischer und literarischer Diskussionen.

Auch in New York gab es antisemitische Strömungen, wenngleich die Feindseligkeiten nie auch nur annähernd so stark waren wie in Europa, so daß sich die jüdische Kultur gleichberechtigt ausbreiten konnte.

Spätere Einwanderungswellen: Die Lower East Side war auch für die armen türkischen, griechischen und syrischen Juden, die während der Balkankriege anfangs des Jahrhunderts einwanderten, die erste Anlaufstelle. Die gebildeten Juden, die in den 30er Jahren vor dem Hitlerterror flüchteten, verfügten allerdings über ausreichende Mittel, um sich gleich an der Upper West Side oder in anderen Stadtteilen niederzulassen. In den 70er Jahren zogen sowjetische Russen nach Brighton Beach in Brooklyn. Heutzutage sieht man die auffälligsten Erscheinungsformen der New Yorker Juden in Gebieten der ultra-orthodoxen Glaubensgemeinschaften. Nur noch wenige New Yorker Juden befolgen die strengen orthodoxen Gesetze. Zu diesen wenigen gehören die Satmarer und die Lubavicher.

Schwarze Hüte (am Pelzbesatz erkennt man den Rabbi) und Kaftane verraten sofort die Mitglieder der hasidischen Sekte.

Secondhand-Shopping

■ Viele Besucher kommen ausschließlich zum Einkaufen nach New York. Wenn der ernsthafte Käufer die Designerboutiquen und Kaufhäuser durchstöbert hat, wendet er sich meist den Flohmärkten und Secondhand-Läden zu, wo die Suche nach dem gewünschten Stück zum Niedrigstpreis ein stundenlanges Vergnügen bescheren kann. ■

Thrift Stores
Der unerschrockene Schnäppchenjäger wird New York nicht verlassen, ohne wenigstens ein paar der vielen Thrift Stores gesehen zu haben. Viele sind kirchliche Einrichtungen und haben nur ehrenamtliche Mitarbeiter; auch die Einnahmen kommen oft wohltätigen Zwecken zugute. Kaufen kann man in Thrift Stores so gut wie alles. Sie sind in den Gelben Seiten *(Yellow Pages)* aufgeführt.

Flohmärkte: Überall, wo die Gehsteige breit genug sind, stößt man unwillkürlich auf einen Flohmarkt. Die Angebote rangieren vom größten Ramsch bis hin zu gestohlener Ware (oftmals mit falschen Designerlabels). Widerstehen Sie der Versuchung und besuchen Sie stattdessen einen der vier »seriösen« Flohmärkte, auf denen Sie mit Sicherheit mehr Glück haben.

An Wochenenden bietet der **Canal Street Flea Market** (am westlichen Ende der Canal Street) eine große Auswahl an billigen und oft häßlichen und nutzlosen Gegenständen, obwohl man tatsächlich auch hübsche Accessoires ausgraben kann.

Von März bis Dezember gibt es auf dem **Annex Antiques Fair and Flee Market** (Sixth Avenue zwischen 24th und 26th Street) jedes Wochenende Antiquitäten nebst Kleidung und Schmuck. Die Qualität läßt zwar im allgemeinen zu wünschen übrig, was jedoch nicht heißt, daß man nicht auch hier ab und zu ein Schnäppchen ergattern kann.

Auf dem samstäglichen **Greenwich Village Flea Market** (Greenwich Street und Charles Street) sind die Preise zwar höher, doch ein Besuch lohnt sich immer.

Der **Green Flea Indoor/Outdoor Market** (Columbus Avenue zwischen 76th und 77th Street) ist am Sonntag eine größere und noblere Veranstaltung als alle anderen und bietet Kleidung, Schmuck, Zierat, aber auch Möbel. An Samstagen findet der Markt an der 67th Street zwischen der First und der York Avenue statt.

Bücher: Die New Yorker lieben nicht nur Schnäppchen, sondern auch das Lesen. Im **Strand Book Store** (Broadway, 12th Street) kann man mühelos einen ganzen Tag verbringen, ohne auch nur die Hälfte der etwa zwölf Kilometer langen Regale durchstöbert zu haben. Das Angebot reicht von Paperbackbestsellern bis zu vergriffenen Hardcovern, allesamt zu einem Bruchteil des ursprünglichen Preises.

Viel kleiner, aber nicht weniger interessant ist **Bleecker Street Books** (350 Bleecker Street), wo Sie Bücher zu allgemeinen Themen erhalten. Im Gegensatz dazu findet man bei **Ruby's Book Sale** (119 Chamber Street) Berge von Paperbacks jeder Art und dazu viele alte Zeitschriften.

Kleidung: Die Betuchteren kaufen vielleicht in den Designerboutiquen, die es in Midtown Manhattan zuhauf gibt. Wer etwas Ausgefallenes oder Preiswertes sucht, schaut sich dagegen in den älteren Geschäften von Greenwich Village und Soho um.

Die Auktion der Post
Einmal im Monat findet eine Auktion im General Post Office (33rd zwischen Eight und Ninth Avenue) statt. Versteigert wird der Inhalt von Paketen, auf die ein Jahr lang niemand Anspruch erhoben hat. Auch wenn Sie nichts kaufen wollen, sollten Sie sich diese kuriose Sammlung, die von der New Yorker Post organisiert wird, nicht entgehen lassen. Nähere Informationen unter Tel. 330 2932.

Links: In der Canal Street findet man jede Menge Ramsch (mit etwas Glück sogar ein Schnäppchen).

In der **Antique Boutique** (712–714 Broadway) gibt es für alle etwas, die nach Älterem Ausschau halten, doch die Preisbewußteren kommen eher bei **Stella Dallas** (218 Thompson Street) oder **Cheap Jack's** (Broadway zwischen 13th und 14th Street) auf ihre Kosten.

Erschwingliche Klamotten aus den 50er Jahren findet man bei **Love Saves the Day** (Second Avenue und East 7th Street). **The Family Jewels** (832 Sixth Avenue) führt alles, vom Abendkleid aus den 20er Jahren bis zum Minirock der 60er, zusätzlich ein ausgewähltes Sortiment an Hüten, Taschen und Schuhen. Auch **Church Street Surplus** (Church Street, Ecke Canal Street) bietet eine große Auswahl an Kleidung ebenso wie **The Quilted Corner** (Fourth Avenue, Ecke 12th St.), bei dem man zusätzlich noch Vorhänge und Stoffe findet.

Ein weiteres dankbares Betätigungsfeld zum Stöbern ist **Alice Underground** (Broadway zwischen Broome und Grand Street). Hier findet man eine große Auswahl an erstklassiger und zugleich preiswerter Ware.

Die Bücherstapel im Strand Book Store, dem angeblich größten Antiquariat der Welt, sind überwältigend.

CDs und Schallplatten: In New York gibt es unzählige Musikfreunde, in Secondhand-Läden findet man jedoch vorwiegend Rock und Klassikraritäten.

Underground Rock und heiße Tanzplatten verkauft **St. Marks Sounds** (20 St Mark's Place). Auf der Suche nach unbekannten Stücken von Jazz-, Reggae-, African-, Gospel- und Rockmusik kann man sich stundenlang in **The Golden Disc** (239 Bleecker Street) aufhalten. **Footlight Records** (113 E 12th St.) bietet eine ausgezeichnet Auswahl an Jazz-Musik. Die Liebhaber klassischer Musik sollten die Secondhand-Abteilung von **Academy Records** (10 West 18th Street) durchstöbern und zudem einen Blick auf die vielen Raritäten mit stattlichen Preisen bei **Gryphon Records** (251 West 72nd Street) werfen.

Der imposante neoklassizistische Eingang des Met.

Entstehung des Baus
Von der beeindruckenden Fassade des Metropolitan Museum of Art darf man ruhig überwältig sein, auch wenn dieser neoklassizistische Teil zur Fifth Avenue hin nur eine der vielen Ergänzungen des ursprünglichen Gebäudes ist.

Die beiden Architekten, Jacob Wrey Mould und Calvert Vaux (der auch den Central Park mitentworfen hat), versuchten 1880, das Museum der Landschaft des gegenüberliegenden Parks anzupassen, und erbauten den ersten Teil im neugotischen Stil.

Da die Sammlung ständig wuchs, mußten immer wieder neue Gebäudeteile angefügt werden. Im Jahr 1902 entstand das zentrale Hauptgebäude mit seinem Eingang an der Fifth Avenue, der noch heute existiert. Der ursprüngliche Bau von Mould und Vaux ist heute integrierter Bestandteil des neueren Robert Lehman Wing.

▶▶▶ Metropolitan Museum of Art *187C1*

Fifth Avenue und 82nd Street
Subway: 4; 6; 86th Street
Das 1870 gegründete Metropolitan Museum of Art besitzt eine der größten Kunstsammlungen der Welt, die teilweise auf Geschenken reicher Mäzene beruht. Unzählige Besuche sind notwendig, um sich einen Gesamteindruck zu verschaffen. Es ist hilfreich, sich das »Met« im Geiste in mehrere Museen einzuteilen.

Sie sollten zudem Ihren Besuch gut planen. So schließen einige der Galerien in turnusmäßigem Wechsel. Informationen gibt es am Schalter bzw. unter der Tel.Nr.: 535 7710.

Wenn Sie nicht wissen, wo Sie beginnen sollen, empfehlen sich die europäischen Gemälde im ersten Stock. In der »English Gallery« nehmen Porträts englischer Aristokraten von Malern wie Reynolds, Gainsborough und Lawrence fast den gesamten ersten Raum ein. Am beeindruckendsten sind jedoch zwei Landschaftsbilder: Turners *Grand Canal, Venice*, das der Künstler auf dem Höhepunkt seiner Schaffenskraft malte, und Constables *Salisbury Cathedral*.

In dem der französischen Malerei gewidmeten Teil befinden sich herausragende Werke aus drei Jahrhunderten, so George de la Tours *Büßerin Magdalena*, ein Bild, das den Blick des Betrachters sofort auf die Düsterkeit der Darstellung lenkt, und Rousseaus *Winterwald bei Sonnenuntergang*, das die Naturgewalten widerspiegelt.

Zu den Werken der französischen Impressionisten und Postimpressionisten zählen wunderbare Gemälde von Manet, Monet, Cézanne, Gauguin und Renoir. Herausragend sind Van Goghs Bilder, vor allem sein *Selbstporträt mit Strohhut* und *Zypressen*.

In den »Dutch Galleries« hängen zahlreiche Bilder von Rembrandt sowie fünf von Vermeer.

Fortsetzung auf Seite 144

Unentbehrlich sind die detaillierten Informationstafeln, die dem Besucher die Ägyptische Sammlung des Metropolitan Museum of Art näherbringen. Sie besteht aus 40 000 Einzelobjekten und reicht von prähistorischen Dokumenten bis in die Zeit der Römer.

Man muß Gott sei Dank kein Gelehrter sein, um die Sammlung und die Eindrücke genießen zu können, die eine der reichsten Kulturen der Menschheit vermittelt. Ein Teil der Ausstellungsobjekte stammt aus Privatbesitz, viele Stücke aber auch aus den eigenen 30jährigen Ausgrabungen des Met. Das Prunkstück der Ausstellung ist der Tempel von Dendur (siehe rechts), ein Geschenk der ägyptischen Regierung in den 60er Jahren.

Das begehbare Grab von Perneb – ein Bau, der sofort nach Betreten des Ägyptischen Flügels die Aufmerksamkeit auf sich zieht –, ist zwar eine Nachbildung, doch die Kunstgegenstände darin sind größtenteils guterhaltene Originale. Sie scheinen viel jünger, als sie in Wirklichkeit sind, und die farbenprächtigen Bemalungen wirken kräftig und frisch.

Totenkult: Die beeindruckendsten Zeugen sind die zahlreichen farbig ausgestatteten Königsgräber, die zum Teil in die 12. Dynastie (1897–1843 v. Chr.) zurückreichen. Den Toten wurden, damit sie in das Reich der Lebenden blicken konnten, die Augen bemalt, die den Besucher noch heute mit ungebrochener Intensität anstarren.

Beachtenswert sind auch die kleineren Gegenstände. Aus der ptolemäischen Zeit (332–330 v. Chr.) stammen ein Anubis, der schakalköpfige Gott der Einbalsamierung und Wächter des Todes, sowie die frappierend echt wirkende Bronzestatue einer Katze, die von den Ägyptern als heilig verehrt wurde. Das Modell eines Hauses und eines Gartens aus der 11. Dynastie (2009–1998 v. Chr.) zeigt den Grundriß des Besitzes der Verstorbenen.

Der Tempel von Dendur
Um ihn vor der Zerstörung durch den Assuanstaudamm zu retten, wurde der 2000 Jahre alte Tempel Stein für Stein abgetragen und nach Amerika transportiert, wo er im Met wieder aufgebaut wurde. Der römische Kaiser Augustus hatte das Bauwerk aus Sandstein, das der Göttin Isis geweiht war, errichten lassen, weil er hoffte, dadurch die Herzen der eroberten Ägypter zu gewinnen. Der Anblick im Met ist gleichzeitig spektakulär und enttäuschend, denn der gigantische Glasbau, der den Tempel beherbergt, und die durch die riesige Glaswand zu sehenden Bäume und Penthousewohnungen der Fifth Avenue erdrücken ihn fast.

Der Tempel von Dendur in seiner riesigen Galerie.

Fortsetzung von Seite 142

Unter den spanischen Kunstwerken befindet sich El Grecos *Ansicht von Toledo*, eine glänzende Abbildung des religiösen Zentrums (16. Jh.) unter Sturmwolken.

Im American Wing ist eine einzigartige Sammlung amerikanischer Werke untergebracht, die hervorragend die Loslösung von der europäischen Kunst und eigene Stile dokumentieren.

An erster Stelle sind die hervorragenden Landschaftsbilder der Hudson River School zu erwähnen, die detailgetreu die Lebensbedingungen der ersten Siedler wiedergeben. Eine Reihe von »Period Rooms« vermitteln dagegen Einblicke in die Entwicklung des Kunsthandwerks und der dekorativen Kunst, von Queen Anne-Lehnstühlen und Chippendale-Kommoden bis zu den Glasarbeiten von Louis Comfort Tiffany, der lange auf Long Island arbeitete. Ein großes Zimmer, das als Nachbildung der großen, weiten Ebenen in einem häuslichen Rahmen zu verstehen ist, zeigt die Präriestilarchitektur Frank Lloyd Wrights.

Im Vergleich dazu wirken die europäischen »Period Rooms« mit ihren venezianischen Schlafzimmern, den englischen Möbeln von Robert Adam und einer Schlafkammer im Stil Ludwigs XIV. schrecklich überladen. Die unglaubliche Sammlung von Uhren, Spiegeln und *objects d'art*, treibt jedem Antiquitätenhändler die Tränen in die Augen.

Über den reich ausgestatteten spanischen Patio aus dem 16. Jahrhundert gelangt man über Treppen zum Haupteingang der mittelalterlichen Galerie. Sind Sie ein Liebhaber mittelalterlicher Kunst, sollten Sie Ihren Rundgang hier beginnen. Zu sehen sind mehr als 4000 Ausstellungsstücke – von der nachrömischen Zeit bis zu den Anfängen

Fortsetzung auf Seite 146

Mittelalterliche Kunst im m Klosterflügel
Kenner und Liebhaber des Mittelalters dürfen auf keinen Fall die mittelalterlichen Kunstschätze im Cloister Wing des Met versäumen (siehe S.92f). Eintrittskarten gelten für beide Ausstellungen.

Der Petrie Sculpture Court, ein weniger bekanntes und geruhsameres Plätzchen im Museumslabyrinth.

Islamische Kunst

■ Die Abteilung der islamischen Kunst erstreckt sich über zehn Galerien im ersten Stock. Diese größte Sammlung ihrer Art gehört zwar zu den weniger bekannten Ausstellungen des Met, doch sie enthält die schönsten Arbeiten aus Kunst und Kunsthandwerk der gesamten islamischen Welt, von den Anfängen bis heute. ■

Nach dem Eingangsraum, der Muhammad, dem Gründer des Islam, und der Ausbreitung dieser Religion von Mekka aus gewidmet ist, gelangt der Besucher in die ersten Ausstellungsräume mit ihren Dutzenden von Schaukästen, die schöne Gold- und Silberarbeiten in Form von Ketten, Hängeschmuck und Spangen aus Ägypten, dem Iran und Syrien des 9., 10., und 11. Jahrhunderts präsentieren.

Ein Nebenraum enthält eine Fülle von Keramikarbeiten, die das Met während seiner Ausgrabungen in den 30er und 40er Jahren im iranischen Nischapur, einem Zentrum islamischer Kunst im 10. Jahrhundert, zu Tage gefördert hat.

Kalligraphie und Keramik: Umgeben von wertvollen Moscheeleuchtern und Parfümzerstäubern, findet der Besucher in einem der weiteren Räume Seiten aus dem Koran, die die Entwicklung der Kalligraphie zeigen, von der ungelenken altarabischen Schrift auf Pergament im 9. Jahrhundert bis zur feinen Schreibschrift, die durch die schräge Bearbeitung der Feder im 13. Jahrhundert im Irak möglich wurde. (Das Museum stellt für deren Studium Stühle zur Verfügung.) Im selben Raum befindet sich eine Gebetsnische (Mihrab) aus dem 14. Jahrhundert, deren winzige Keramikkacheln einzeln beleuchtet sind, um ihren Glanz zu intensivieren. Da die Mihrab immer gen Mekka zeigt, ist sie der wichtigste Ort jeder muslimischen Gebetsstätte.

Small is beautiful: Kostbare Miniaturen aus dem 14. Jahrhundert, die der Buchillustration dienten, bestechen durch ihre reine und harmonische Farbgebung und die wunderschönen Muster. Die Miniaturmalerei beeinflußte später die islamische Teppichkunst, die in den nachfolgenden Räumen anhand von Knüpf- und Gebetsteppichen zu bewundern ist. Von überwältigender Schönheit sind vor allem die in den verschwenderischsten Farben und Mustern geknüpften Teppiche der Mongolenherrscher.

Zum Schluß sollten Sie sich den Nurad-Din-Raum ansehen, eine detailgetreue Nachbildung eines winterlichen Empfangszimmers im Hause wohlhabender Syrer des 17. Jahrhunderts: Marmoreinlegearbeiten, holzgetäfelte Wände, farbige Fensterscheiben und eine prächtige gewölbte Decke.

Eine vergoldete Glaslampe aus dem 14. Jahrhundert.

Drucke und Fotografien
So umfassend und beeindruckend wie das ganze Museum ist auch die Sammlung der Drucke und Fotografien, in der man von Rembrandt-Radierungen bis zur russischen experimentellen Fotografie alles findet. Alle bekannten und unbekannten Grafiker, Maler und Lichtbildner sind hier vertreten.

Fortsetzung von Seite 144

der Renaissance, von einen winzigen Medaillon aus dem 3. Jahrhundert bis zu einem spanischen dreistöckigen schmiedeeisernen Chorlettner aus dem 17. Jahrhundert.

Ganz anders als die fast überladen wirkenden Räume des Hauptgebäudes präsentiert sich der weitläufige, kürzlich fertiggestellte Lila Acheson Wallace Wing und bildet so einen großzügigen Rahmen für die hier präsentierten Werke des 20. Jahrhunderts.

Picassos Gertrude-Stein-Porträt zieht die Aufmerksamkeit des Besuchers auf sich, doch die meisten Werke sind Arbeiten amerikanischer Künstler, darunter de Kooning, Lichtenstein, Pollock und O'Keefe. Das Met kann zwar mit der Berggruen-Sammlung von Zeichnungen Paul Klees aufwarten; die größte Sammlung zeitgenössischer

Wechselnde Skulpturausstellungen und ein berauschender Blick über den Central Park sind zwei gute Gründe für einen Besuch des Dachgartens des Met.

Kunst befindet sich jedoch im Museum of Modern Art (siehe S. 158–160). Der Skulpturengarten auf dem Dach, von dem aus man einen guten Blick auf den Central Park hat, ist ebenfalls zu empfehlen.

Der Michael C. Rockefeller Wing, benannt nach dem Kunstsammler, der 1961 während einer Reise nach Papua-Neuguinea spurlos verschwand, ist ebenfalls eine neuere Ergänzung des Museums. Dieser Flügel beherbergt Kunst aus Afrika, Ozeanien, Süd-, Mittel- und Nordamerika. Die Gegenstände der Asmat aus Irian Jaya, dem indonesischen Teil Neu-Guineas, sind wohl am beeindruckendsten. Die Asmat glaubten, daß der Tod kein natürliches Ereignis, sondern immer von Feinden verursacht werde; zu viele Todesfälle müssen deshalb gerächt werden. Die *mbis*-Zeremonie diente dazu, diese Feinde aufzuspüren und zu töten; ihre Schädel wurden auf *mbis-Pfähle* gespießt, in die Ahnenfiguren und andere Symbole eingeschnitzt waren. Im Museum ragen mehrere fast sieben Meter hohe Pfähle über dem Besucher auf.

Fortsetzung auf Seite 148

Die Lehman-Sammlung

■ Gestiftet wurde die Sammlung von einem wohlhabenden Bankier, dem man nachsagt, er habe in seiner Jugend Europa durchstreift und Kunstwerke gesammelt, die sein Vater dann bezahlen mußte. Untergebracht ist die Robert-Lehman-Sammlung in einem modernen Pavillon, der, verglichen mit dem Hauptgebäude, angenehm geräumig ist. ■

Zu den wichtigsten Ausstellungsstücken der Lehman-Kollektion gehören italienische Gemälde des 14. und 15. Jahrhunderts, die heute in nachgebildeten Räumen des Lehman Townhouse (West 54th Steet) untergebracht sind. Im Erdgeschoß befinden sich Zeichnungen berühmter Maler, darunter Dürer und Rembrandt.

Botticelli: Botticellis *Verkündigung Mariä*, ein kleinformatiges, jedoch überaus bedeutsames Gemälde, veranschaulicht die perspektivische Darstellung der florentinischen Kunst des 15. Jahrhunderts. Das Bild zeigt zwischen der Jungfrau Maria und dem Erzengel Gabriel eine klassische Säulenreihe. Gottes Botschaft erscheint in Form von Licht, das durch die Tür fällt, dessen diagonal einfallende Strahlen die horizonalen und vertikalen Strukturen durchkreuzen und die Figuren miteinander verbinden.

Venezianische Maler: Neben der *Madonna mit Kind* von Jacopo Bellini ist eine frühe Arbeit seines berühmteren Sohnes Giovanni von 1460, die *Madonna mit Kind* vor einer beunruhigend stillen Landschaft zeigt. Nur wenige Jahre später entstanden zwei Porträts von Jacometto Veneziano: *Alvise Contarini* und *Die Nonne von San Secondo*, interessante Vorläufer eines Porträtstils, der erst im 15. Jahrhundert populär wurde.

Giovanni da Paolo: Da Paolos *Vertreibung aus dem Paradies* nimmt unter den vielen Werken sienesischer Maler auch wegen seiner leuchtenden Farben eine Sonderstellung ein. Vor einem strahlenden Himmel zeigt ein zorniger Gott auf die kahle Erde, den Ort der Verbannung für Adam und Eva, die von einem Engel aus dem Garten Eden getrieben werden.

Ein weiteres interessantes Werk ist *Die Versuchung des Heiligen Antonius als Abt*, das dem Meister der Osservanza zugeschrieben wird. Der Gründer des abendländischen Mönchtums wird vor einer Landschaft gezeigt, die einer verwüstete Einöde nach einem Atomkrieg gleicht.

Französische Werke
Die Werke französischer Künstler des 19. Jahrhunderts wirken trotz der illustren Namen oft langweilig. Monets *Landschaft bei Zaandam* ist jedoch ebenso sehenswert wie *Spaziergang unter Olivenbäumen* (oben) von Matisse und Cézannes *Haus hinter Bäumen auf der Straße nach Tholonet* und *Die Badende*.

Jacopo Bellinis Madonna mit Kind.

Essen und Trinken im Met
Auch für das leibliche Wohl ist bestens gesorgt, denn selbst wenn Sie vorher gut gefrühstückt haben, werden Sie bald wieder Hunger und Durst verspüren: so viel Kunst macht einfach hungrig.

Ebenerdig finden Sie neben dem Eingang zum Michael C. Rockefeller Wing eine Selbstbedienungscafeteria, die preiswerte warme und kalte Speisen anbietet, sowie ein – etwas teureres – Restaurant mit Bedienung am Tisch.

Wenn Sie aber gar nicht wegen der Kunst gekommen sind oder eine größere Pause einlegen wollen, dann können Sie in der Bar bei einem Gläschen oder auch zweien gut und gern ein paar Stunden verbringen.

Fortsetzung von Seite 146

Das Met bietet auch einige ausgefallene Abteilungen, die – selbst wenn sie ursprünglich nicht dafür gedacht waren –, gestreßten Eltern mitunter wie ein Geschenk Gottes vorkommen werden.

Die Abteilung für Musikinstrumente beherbergt 4000 wunderbare und in ihrem Wert unschätzbare tonerzeugende Gerätschaften, darunter das älteste Piano der Welt von 1720 aus der Werkstatt von Bartolommeo Cristofori und eine restaurierte Stradivari aus dem Jahr 1691.

Es gibt viele seltsam anmutende Instrumente, etwa die indische Sitar in Form eines Pfaus aus dem 19. Jahrhundert oder eine indianische Schamanenrassel, deren Tierschnitzereien die Übertragung magischer Kräfte von den Geistern auf den Schamanen darstellen.

Auch die Sammlung der Waffen und Rüstungen des Met gehört zu den besten der Welt. Anhand der langen Reihe von Rüstungen ist erkennbar, welch künstlerische Begabung und handwerkliche Arbeit in die Herstellung von Kriegsausrüstung flossen. Eine dieser Rüstungen, die Sir George Clifford im ausgehenden 15. Jahrhundert getragen haben soll, zeigt ein kompliziertes Muster von ineinanderverschlungenen Tudorrosen und Lilien. Auch die Waffen sind teilweise reich verziert, angefangen von gravierten Pistolen bis zu smaragd- und diamantverzierten Säbeln.

Schon die Besichtigung einiger dieser Ausstellungen nimmt wenigstens einen ganzen Tag in Anspruch, und dann bleiben Ihnen immer noch die griechisch-römische Kunst mit Teilen eines von der Lava bedeckten, pompeiischen Dorfes und zahllosen kostbaren griechischen Vasen. Darüber hinaus sind die Chinesischen und Japanischen Galerien mit ihren unzähligen Schriftrollen und dem Astor Court, einem nach dem Original aus dem 12. Jahrhundert erschaffenen, traditionellen Chinesischen Garten, sowie die asiatische Kunst und die antike Kunst des Nahen Ostens sehenswert. Gönnen Sie sich ein paar Tage Pause und kommen Sie dann zu einem zweiten Besuch.

Die Fülle an Kunstschätzen macht mehr als nur einen Besuch erforderlich.

Der im venezianischen Stil erbaute Turm der Metropolitan Life Insurance, einst das höchste Gebäude der Stadt, ragt am Madison Square Park auf.

▶▶▶ Midtown Manhattan UIVD2

Nirgendwo entfaltet sich der Charakter New Yorks anschaulicher als in Midtown Manhattan: Adrett gekleidete Angestellte eilen überfüllte Gehsteige entlang, durchdringende Sirenen von Polizeiautos und ein Meer von Autos füllen die Straßen, während Stände am Fuße der höchsten Wolkerkratzer Hot-dogs und Knishes feilbieten.

Solche Szenen findet man jedoch nur zwischen 42nd und 59th Street, einer Gegend, deren Glanzlichter fast alle an anderer Stelle ausführlich beschrieben und auf Spaziergängen (siehe S. 150), erforscht werden können. Für New Yorker wird Midtown im Norden von der 59th Street und im Süden von der 34th Street begrenzt. Die Karte auf Seite 151 bezieht allerdings die Straßen bis zur 14th mit ein.

An der Kreuzung von Broadway und 14th Street liegt der **Union Square** ▶, im ausgehenden 19. Jahrhundert das Zentrum des Theater District. Als sich aber in den ersten Jahrzehnten des 20. Jahrhunderts das gesellschaftliche Leben weiter in den Norden der Stadt verlagert, wurde er zum Treffpunkt lautstarker Linker. 1927 bezog die Polizei während einer Demonstration Stellung auf den Dächern der Häuser, drei Jahre später endete ein Protestmarsch gegen Arbeitslosigkeit in Straßenschlachten.

Nachdem der Platz anfangs der 80er Jahre zum Treffpunkt Drogensüchtiger heruntergekommen war, hat er inzwischen einen Teil seines alten Ansehens zurückerobert. Zwei neue Art-deco-Eingänge zur Subway und der **Farmers' Market**, der dreimal wöchentlich Obst, Gemüse, Käse und selbstgebackenes Brot bietet, tragen ebenfalls dazu bei.

Wendet man sich auf der 14th Street nach Osten, ist es nicht weit bis zum Gebäude des Edison-Konzerns – der Firma, die die Energieversorgung der Stadt garantiert; bei Nacht sollte man sich die beleuchtete Fassade und den Glockenturm, bei Tag das **Energy Museum** ▶ ansehen, das den von Thomas Edison eingeleiteten Siegeszug der Elektrizität in der Stadt dokumentiert. Selbst das Gewirr von Kabeln und Rohren unter einer typischen New Yorker Straße wird bildlich dargestellt.

Armory Show

Im Gebäude des 69th Regiment Armory (Lexington Avenue zwischen 25th und 26th Street), das einer mittelalterlichen Wehranlage gleicht und heute die Nationalgarde beherbergt, fand 1913 die legendäre Armory Show statt, die erste Ausstellung moderner europäischer Kunst in einem Land, das über Landschafts- und Porträtmalerei nicht hinausgekommen war. Kritiker und Publikum waren gleichermaßen schockiert, aber die Wirkung auf die amerikanische Kunst blieb nicht aus. Eine kleine Tafel an der Wand weist auf das historische Ereignis hin.

Zu Fuß

Wahrzeichen in Midtown Manhattan

Der Spaziergang vom Empire State Building zum Gebäudekomplex der Vereinten Nationen zeigt Wahrzeichen aus sieben Jahrzehnten.

Hinter dem **Empire State Building** (Seiten 100–102) gehen Sie in nördlich bis zur **New York Public Library** (Seite 168), deren Eingang zwei Steinlöwen bewachen. Von dort die 42nd Street ostwärts zum **Grand Central Terminal** (siehe S. 166f) und den **Philip Morris Headquarters** auf der Park Avenue, einem modernen Gebäude, in dem das Whitney Museum of American Art ausstellt.

Treten Sie weiter östlich auf der 42nd Street durch die bronzenen Türen der 1923 erbauten **Bowery Savings Bank** (jetzt Home Savings Bank of America) in das im neoromanischen Stil verschwenderisch ausgestattete Innere. Nicht weit davon hat Edward Trumbull das Äußere des **Chanin Building** mit wunderschönen Art-déco-Flachreliefs verziert. Vor Ihnen liegen jetzt das unverwechselbare **Chrysler Building** (siehe S. 89) und das **Daily New Building** (siehe S. 95), und von dort ist es nur einen Steinwurf bis zur First Avenue und den Vereinten Nationen (siehe S. 184).

Zu Fuß

Kirchen und Museen in Midtown

Blick auf St Patrick's Cathedral und Olympic Tower.

Anfang und Ende des Spaziergangs ist das Rockefeller Center, dazwischen können Sie mehrere Kirchen, das Museum of Modern Art (siehe S. 158f) und das American Craft Museum (siehe S. 62) besichtigen.

Gegenüber vom **Rockefeller Center** (siehe S. 173f) ragen die reich verzierten gotischen Zwillingstürme der **St Patrick's Cathedral** empor.

Das im Art-déco-Stil erbaute **Waldorf-Astoria Hotel** (East 50th Street) hat seit seiner Eröffnung im Jahr 1931 Hoheiten und sämtliche amerikanische Präsidenten beherbergt; falls der Präsident in der Stadt ist, sollte man vor die Tür gehen. Vielleicht erhascht man einen Blick auf seine Wagenkolonne. Ganz in der Nähe fällt der Blick auf den schlanken achteckigen Backsteinturm des **General Electric Building**, ein weiteres Wahrzeichen im Art-déco-Stil und auf die im byzantinischen Stil errichtete St Bartholomew's Church mit ihren gewölbten Portalen.

Der einzige Eckturm der **St Thomas' Episcopal Church** verleiht dieser Kirche auf der Fifth Avenue ein asymmetrisches Äußeres.

MIDTOWN MANHATTAN

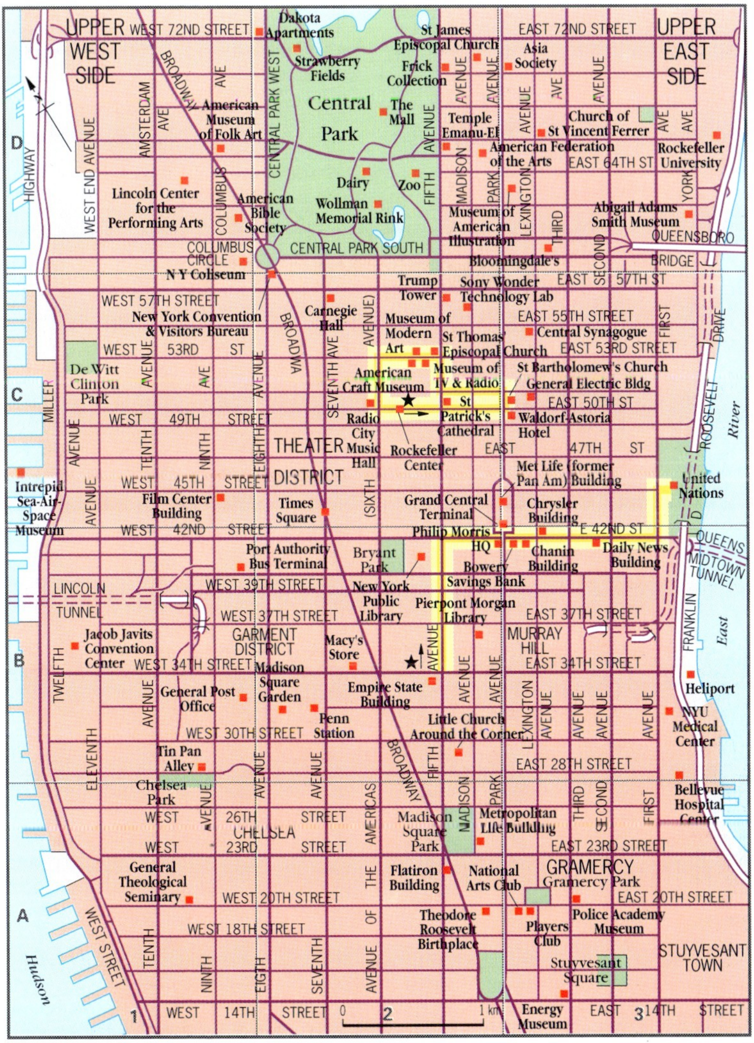

Madison Square Park.

Fortsetzung von Seite 149

Ungefähr Mitte des 19. Jahrhunderts zog die Elite der Stadt aus dem Village in die neu gebauten Gegenden **Gramercy** ▸ und **Murray Hill** ▸. Die Prominenz bewohnte die Backsteinhäuser um den **Gramercy Park** ▸▸ zwischen 20th und 21st Street, dessen Architektur den großen Plätzen in London nachempfunden ist.

Publicityscheue New Yorker zieht es in das von diskreter Eleganz umgebene Gramercy, dessen Park der einzig private der Stadt ist. Nur die Anwohner erhalten einen Schlüssel gegen eine saftige jährliche Spende. Durch den hohen Zaun kann man eine Statue des Schauspielers Edwin Booth als Hamlet erspähen. Booth gründete 1888 in dem 1845 von Stanford White erbauten Gebäude 16 Gramercy Park South den einflußreichen **Players Club** ▸, dessen Eingang zwei Steinmasken schmücken.

Der zweite Architekt des Central Park, Calvert Vaux, entwarf im gotischen Stil das Gebäude daneben, das heute den **National Arts Club** beherbergt, früher jedoch von Samuel Tilden, ab 1874 Gouverneur des Staats New York, bewohnt wurde. Obwohl Tilden sich gegen Korruption in der Stadt einsetzte, lebte er in ständiger Angst vor einem Aufstand der Massen: Aus diesem Grund ließ er einen Geheimgang unter dem Haus anlegen, durch den er im Notfall entkommen wollte.

Weiter östlich, in 235 East 20th Street, zeigt das **Police Academy Museum** ▸▸ zahlreiche interessante Ausstellungsstücke, darunter Al Capones Maschinengewehr und eine furchterregende Sammlung von Waffen.

Westlich davon finden Sie in der 20th Street **Theodore Roosevelts Geburtshaus** (siehe S. 182). Die von Geschäften gesäumte 23rd Street führt zum **Madison Square Park**, auf dessen Südseite das **Flatiron Building** (siehe Seite 106), im Osten das 1893 errichtete **Metropolitan Life Building** mit seinem Turm von 1909 emporragt.

Die Geburtsstätte des Baseball
Bereits 1842 tauchte das Spiel zum erstenmal in den USA auf, aber erst 1845 legte eine Gruppe von Spielbegeisterten verbindliche Regeln fest und gründete den allerersten Baseballclub, den Knickerbocker Club. Weil das Spiel von New York aus seinen Siegeszug antrat, war es zunächst als »New York Game« bekannt.

Als 1870 ein Kirchenvorsteher in Murray Hill um ein Begräbnis für einen Schauspieler gebeten wurde, antwortete er: »Wir beerdigen keine Schauspieler, aber gehen Sie doch mal in die kleine Kirche um die Ecke.« Seit damals heißt die 1849 erbaute Church of the Transfiguration, die sich verstorbener Mimen annimmt, auch **Little Church Around the Corner** ▶▶. Im Inneren erinnern viele Andenken an berühmte Schauspieler, und draußen erfreut man sich am malerischen Garten.

Chelsea ▶, westlich der Fifth Avenue, ist sowohl eine Bastion der lokalen Homosexuellen-Kultur, als auch die Heimat des **General Theological Seminary** ▶ zwischen Ninth und Tenth Avenue und 20th und 21st Street. Das Gebäude ist eines der ältesten im Gothic Revival-Stil. Die ältesten Teile gehen zurück auf 1830 und liegen an einem ruhigen Platz im Herzen des **Chelsea Historical District** ▶. Bei einem Spaziergang kann man die verschiedenen Baustile des 19. Jahrhunderts erkunden.

Nördlich davon, Ecke Ninth Avenue und 33rd Street, steht das monumentale, von McKim, Mead & White 1913 erbaute **General Post Office** ▶ direkt zwischen Chelsea und dem **Garment District**, dem Zentrum der New Yorker Modebranche. An diesen grenzt der **Theater District** in der Nähe des Times Square.

Das Algonquin Hotel
Im Oak Room des Algonquin Hotel in der 59 West 44th Street steht ein runder Tisch, der seit 1919 *der* Round Table und *das* Zentrum der literarischen Welt war. Kritiker, Schriftsteller und Journalisten fanden sich allabendlich ein, um in intimer Runde geistreiche Diskussionen zu führen und ihre Ideen zu verbreiten, wovon einige in der Zeitschrift *New York World* nachzulesen waren.

In vertrauter Gemeinschaft: Wolkenkratzer in Midtown – mit Aussicht!

Iren

■ Ein Ire namens Thomas Dongan war der Namensgeber jener Satzung aus dem Jahr 1686, mit der New Yorks modernes Verwaltungssystem begründet wurde. Doch wahrscheinlich hätte es sich der Gouverneur der britischen Kolonie nie träumen lassen, daß viele seiner Landsleute später vor britischer Unterdrückung nach New York fliehen und dort seßhaft werden würden. ■

Unwillkommene Iren
Eine große Zahl mittelloser Iren suchten im 19. Jahrhundert in New York bessere Lebensbedingungen. Ihnen wurden jedoch die schlechtesten Wohngegenden zugewiesen, viele mußten sich mit Kleinkriminalität über Wasser halten. So zogen sie sich den Zorn der alteingesessenen New Yorker zu. Der Auktionär und ehemalige Bürgermeister Philip Hone schrieb über die irische Bevölkerung in New York: »Durch sie erhöhen sich die Steuern, sie essen unser Brot und versperren unsere Straßen, und nicht einer von zwanzig kann sich selbst helfen.«

Die Iren waren zwar unter britischer Herrschaft im Berufsleben erfolgreich, doch begrüßten sie – angesichts der Unterjochung ihrer Landsleute zu Hause durch die Briten – den Amerikanischen Unabhängigkeitskrieg, denn auch sie erhofften eine demokratische, unabhängige Gesellschaft.

Aufstieg und Fall: Aufgrund der durch die Kartoffelmißernten ausgelösten Hungersnöte im 19. Jahrhundert kamen Zigtausende von Iren auf überfüllten Schiffen nach New York. Dort wurden die mittellosen katholischen Iren oft unter schrecklichen Bedingungen in winzigen stickigen Räumen zusammengepfercht.

In den 60er Jahren des 19. Jahrhunderts machten die Iren bereits ein Viertel der Bevölkerung aus und bildeten das Rückgrat der New Yorker Polizei, der Feuerwehr und des Baugewerbes. Sie gründeten einflußreiche Gewerkschaften und ebneten den Iren den Weg, die von den 70er Jahren des 19. Jahrhunderts bis in die 40er Jahre unseres Jahrhunderts New Yorks Verwaltung innehatten.

Beten und trinken: Ein Symbol der Vorherrschaft der katholischen Iren in New York war der Bau der St Patrick's Cathedral im Jahr 1888. Aber die irischen Einwanderer liebten nicht nur ihre Gebets-, sondern auch ihre Gasthäuser. Kein Neuankömmling, der sich nicht auch in einem Pub nach einem Job umgehört hätte. Einige boten den irischen Arbeitern sogar ein freies Mittagessen.

Die irische Kultur sieht man inzwischen mit nostalgisch verklärtem Blick. Authentische irische Kultur gibt es heute nur noch in Bainbridge in der Bronx, das um 1840 von den Arbeitern gegründet wurde, die entlang der saftig grünen Wiesen die Harlem Railway bauten; die Bars in Bainbridge sind urwüchsig und unverfälscht.

St Patrick's Day (17. März) wird mit einer Parade auf der Fifth Avenue gefeiert.

▶ Museum for African Art 113A3

Broadway zwischen Houston und Prince Street
Subway: N; R; 6; Prince Street oder Spring Street
Kunst und Artefakte aus Schwarzafrika sind in diesem bedeutenden Museum zu sehen, das nach der Smithsonian Institution in Washington die wichtigste amerikanische Einrichtung für afrikanische Kunst ist. Die Exponate sind alles andere als langweilig, und so manche Sonderausstellung wirkt regelrecht provokant. 1995 beispielsweise untersuchte eine Ausstellung mit dem Titel *Exhibitionism,* wie westliche Museum mit afrikanischer Kunst umgehen.

▶ Museum of American Financial History 104B2

Broadway nahe Bowling Green
Subway: 4; Bowling Green
Im Financial District sollten Sie einen Blick in dieses kleine Museum werfen, das die immer wieder von Krisen gebeutelte Entwicklung der amerikanischen Wirtschaft illustriert. Untergebracht ist es in einem Raum im früheren Gebäude der Gesellschaft Standard Oil, der einst der Multimillionär John Davison Rockefeller vorstand.

Visitor Information Center
Das Fremdenverkehrsamt im Erdgeschoß des an eine arabische Moschee erinnernden Visitor Information Center am Columbus Circle unweit vom Museum of American Folk Art steht Besuchern mit kostenlosen Informationen und Stadtplänen zur Verfügung. In den Regalen findet man außerdem vielerlei Broschüren über alles Wissenswerte in der Stadt.

Handgewebte Wandbehänge im Museum of American Folk Art – ein Schaufenster für das Kunsthandwerk aus allen Teilen Amerikas.

▶ Museum of American Folk Art 151D1

2 Lincoln Square (in Kürze in der West 53rd Street)
Subway: 1; 66th Street
Eine außergewöhnliche Sammlung folkloristischer Kunst aus Nord-, Mittel- und Südamerika befindet sich im Museum of American Folk Art. Seien es Spielzeuge oder Wetterfahnen, geschnitzte Spazierstöcke, mexikanische Holztiere oder Decken der Navajos, alle Kunstwerke wurden mit viel Liebe zum Detail hergestellt. Daher sind ihre Feinheiten erst bei näherem Hinsehen erkennbar. Fast alle Ausstellungsstücke stammen von anerkannten Künstlern und Kunsthandwerkern.

Diese Ausstellung uramerikanischen Kunstgegenstände – manche Exponate sind ständig zu sehen, manche wiederum nur in Spezialausstellungen – ist in einer Stadt, die ansonsten fast ausschließlich der europäischen Kunst huldigt, besonders zu begrüßen.

MUSEUM OF THE CITY OF NEW YORK

Das Museum of the City of New York, dessen würdevoller Eingang an der Fifth Avenue das Tor zur Vergangenheit des Big Apple bildet.

Die New York Academy of Medicine
Einen kurzen Spaziergang vom New Yorker Stadtmuseum enfernt, findet sich in einem aus byzantinischen, italienischen und romanischen Elementen bestehenden Gebäude von 1926 die medizinische Akademie. Die Bibliothek ist für das Publikum geöffnet und besitzt eine 4000, zum Teil seltene Bände umfassende Kochbuchsammlung – Schenkung eines Arztes, der die Auffassung hegte, daß Gesundheit vor allem von einer guten und nahrhaften Nahrung abhänge.

▶▶ Museum of the City of New York *UIHA3*

Fifth Avenue, 103rd Street
Subway: 6; 96th Street

Niemand wird behaupten, die Darstellung der Geschichte und des Werdegangs dieser aufregenden Stadt sei ein einfaches Unterfangen. Daran mag es auch liegen, daß die Anordnung der vielen Ausstellungsstücke und Informationen in diesem geräumigen Gebäude im Neo-Georgian Style etwas unübersichtlich ist.

Der geschichtsbewußte Besucher wird jedoch Interessantes in Hülle und Fülle finden. Die »Anfänge der Stadt« liegen im ersten Stock, denn dort sind in Schaukästen Objekte aus dem Leben der Indianer vor der Entdeckung Amerikas durch die Europäer zu sehen. Aufschlußreich sind die ersten Karten der Gegend um New York sowie Zeichungen und Gemälde aus dem 17. Jahrhundert, die frühesten Darstellungen des damaligen holländischen Handelspostens Nieuw Amsterdam.

Sechs mehr oder minder stilechte Räume vermitteln einen Eindruck von der häuslichen Einrichtung New Yorker Salons vom 17. bis ins frühe 20. Jahrhundert. In weiteren Räumen befindet sich eine Sammlung von silbernen Teebüchsen, Krügen und Bestecken – Gegenstände, die die Küchen der vornehmsten New Yorker Familien im ausgehenden 18. Jahrhundert zierten.

Ein paar Gallionsfiguren und unzählige Schiffsmodelle sind die Hauptstücke eines Raums, der die Entwicklung der Stadt zum wichtigen Seehafen dokumentieren soll. Ganz besonders sehenswert sind jedoch die Bilder, dar-

Veranstaltungen
Das Museum of the City of New York organisiert zahlreiche Veranstaltungen, darunter Puppentheater für Kinder sowie klassische Konzerte und Vorträge für Erwachsene. Im Frühjahr und Herbst veranstaltet das Museum auch vierstündige Führungen durch verschiedene Teile der Stadt. Nähere Informationen zu Veranstaltungen und Führungen unter Tel. 534 1672.

unter Alonzo Chappels einfaches und dennoch eindrucksvolles *Bowery on a Rainy Day* aus dem Jahr 1849 sowie seine Eisläufer im Central Park 1865, die ein echteres Bild des damaligen New York vermitteln als manches wertvollere Stück daneben.

Der Höhepunkt des Museums ist der zweite Stock, der eine wunderbare Spielzeugsammlung, deren Einzelstücke zum Teil bis in die Mitte des 18. Jahrhunderts zurückreichen, und kunstvoll gearbeitete drei- und vierstöckige Puppenhäuser mit den dazugehörigen Puppen präsentiert. Man findet dort fast alle Arten von Puppen, die zwischen dem Ende des 18. und der Mitte des 19. Jahrhunderts in Amerika hergestellt wurden; die älteste ist eine aus Frankreich importierte aus dem Jahr 1724.

Die Rockefeller-Räume im vierten Stock enthalten das Schlaf- und Ankleidezimmer des Herrenhauses von John D. Rockefeller in der West 54th Street, an dessen Stelle sich heute der Garten des Museum of Modern Art befindet. Die beiden Zimmer, die der Engländer Charles Eastlake ausstattete, gehörten zu den Glanzlichtern des viktorianischen New York. Das wunderschöne Maurische Zimmer des Hauses ist dagegen im Brooklyn Museum zu bewundern (siehe S. 78f).

Das Erdgeschoß ist wechselnden Sonderausstellungen vorbehalten, das Untergeschoß zeigt etwas lieblos zusammengestellte Erinnerungsstücke an die erste New Yorker Feuerwehr. Im Mittelpunkt steht ein gut erhaltener Schlauchwagen aus dem Jahr 1865, aber an den Wänden befinden sich kleinere und interessantere Stücke, darunter Helme, Laternen und Werkzeuge sowie Pressemeldungen über die Einsätze der ersten Feuerwehrmänner. Werfen Sie auf jeden Fall einen Blick auf das Hörrohr der Feuerwehr, ein Instrument, das der besseren Verständigung in brennenden Gebäuden dienen sollte. Wenn das eine Ende zugestöpselt wurde, konnte es aber auch als Bierkrug genutzt werden, und nicht zuletzt diente es als handliche Waffe für die »fire laddies« (die Burschen von der Feuerwehr), wenn sie sich nach getaner Arbeit in der Taverne zusammenfanden.

El Museo del Barrio
Nur wenige Schritte vom Museum of the City of New York befindet sich El Museo del Barrio, ein echtes Produkt East Harlems. Angefangen hat es in einem Klassenzimmer, doch längst haben die Ausstellungsstücke aus Lateinamerika, in erster Linie aus Puerto Rico, diesen Rahmen gesprengt. Die kleine ständige Ausstellung besteht aus präkolumbianischen Stücken, in wechselnden Sonderausstellungen sind Bilder, Skulpturen, Videos und vieles mehr aus Vergangenheit und Gegenwart Lateinamerikas zu sehen.

Zeitenwechsel: Eines der plastischen Schaubilder im Museum zeigt das Ufer des New Yorker East River um 1850.

Schlange stehen vor dem MoMA.

Das Gebäude
Im Jahr 1939 bezog das MoMA seine jetzige Bleibe – eines der ersten Gebäude im International Style. Zwischen den Backsteingebäuden in der West 53rd Street errichteten die Architekten Philip Goodwin und Edward Durrell Stone eine beeindruckende Fassade aus Glas und Marmor. Der Begriff »International Style« wurde während einer Ausstellung im MoMA 1932 von Philip Johnson, dem späteren Erbauer des Skulpturengartens, geprägt.

Van Goghs Sternennacht.

►►► Museum of Modern Art *151C2*

53rd Street zwischen Fifth und Sixth Avenue
Subway: E; F; Fifth Avenue

Das MoMA ist *das* Museum der modernen Kunst schlechthin, mit dem sich kein anderes Museum der Welt messen kann; denn nirgendwo sonst wird die Kunst der letzten 150 Jahre in solcher Fülle und mit so viel Geschick präsentiert.

Bilder und Skulpturen bilden den Kern der ständigen Ausstellung, aber auch Fotografien, Zeichnungen, Drucke und illustrierte Bücher, Architektur und Design sowie ein umfassendes Film- und Videoarchiv gehören zu seinem Bestand.

Als das MoMA, wie es meist genannt wird, 1929 erstmals ausstellte, waren die gezeigten Künstler – Cézanne, Gaugin, Seurat und van Gogh – in keinem anderen New Yorker Museum vertreten. Selbst das Metropolitan Museum of Art hielt eine derartige Ausstellung damals für riskant. Doch die 47 000 Besucher, die sich im ersten Monat einfanden, straften alle Befürchtungen Lügen.

Zehn Jahre später erwarb das MoMA (durch großzügige Spenden der Familie Rockefeller) den Grund und Boden, auf dem es sich heute befindet, und im Laufe der nachfolgenden Jahre gelang es ihm, die wichtigste Sammlung moderner Kunst zu erwerben.

Das Museum ist ein äußerst anregender Ort. Fahrstühle und Rolltreppen sowie gute Lichtverhältnisse garantieren, daß weder Füße noch Augen des Besuchers allzu schnell ermüden. Die Bilder- und Skulpturengalerien sind übersichtlich und chronologisch im ersten und zweiten Stock angeordnet; der erste Raum enthält Werke von Cézanne, Toulouse-Lautrec, Seurat und weiteren berühmten Postimpressionisten. Das Glanzstück dieses Raums und wahrscheinlich des gesamten Museums ist allerdings van Goghs *Sternennacht*.

In einer eigenen Nische außerhalb des ersten Raums hängen Monets *Seerosen,* gemalt im Jahr 1920; Monet gelang es hier, die Wirkung von Licht und Schatten so vollkommen darzustellen, daß der Betrachter glaubt, die Bewegungen des Wassers tatsächlich zu sehen.

In den anschließenden Räumen befinden sich einige der wichtigsten Werke kubistischer Künstler, darunter Picassos *Drei Frauen am Brunnen* und Braques *Mann mit Gitarre,* aber auch Arbeiten anderer führender Maler dieses Stils wie Gris und Léger.

Natürlich sind auch die Werke des Expressionismus und Futurismus vertreten, und Mondrians farbenprächtigen geometrischen Abstraktionen, unter denen das von New York beeinflußte *Broadway Boogie-Woogie* eine Sonderstellung einnimmt, ist sogar ein eigener Raum gewidmet.

Viele Werke von Matisse – dazu gehört auch sein unvergleichlicher *Tanz* – sind hier vertreten, ebenso zahlreiche Bilder und Zeichnungen von Paul Klee. Im Anschluß daran kommen Sie an eine Wand, die über und über mit Werken von Picasso bedeckt ist. Einige dieser aus den 30er Jahren stammenden ergreifenden Bilder zeigen Picassos Verarbeitung der drohenden Kriegsgefahr in Europa. Sein düsteres *Leichenhaus* ist schrecklicher Vorbote und Mahnung zugleich.

Der Skulpturengarten
Der Skulpturengarten, der sich gegenüber der Eingangshalle befindet, ist nach dem Besuch des Museums der ideale Ort zum Ausruhen und Träumen. Zu der reichhaltigen Sammlung von Skulpturen gehören Henry Moores *Family Group*, Picassos *Ziege* und Rodins eindrucksvolle übergroße Bronzestatue mit dem Titel *Balzac*, die seinerzeit bei der Pariser Kunstwelt auf Ablehnung stieß.

Ein Blick ins Innere des ersten New Yorker Bauwerks im International Style, das den passenden Rahmen für die berühmtesten Bilder und Skulpturen des 20. Jahrhunderts abgibt. In diesem umsichtig und mit viel natürlichem Licht ausgestatteten Bau, der den Besuchern genügend Bewegungsfreiheit gewährt, ist das Studium der Kunst ein wahres Vergnügen.

Die Fülle von Arbeiten von Miró, der in den 40er Jahren viele New Yorker Künstler nachhaltig beeinflußte, nehmen eine Sonderstellung unter den surrealistischen Werken ein, auch wenn die weniger geglückten Werke von Dalí *(Zerrinnende Zeit)* und Magritte *(Der falsche Spiegel)* zugegebenermaßen einen Wiedererkennungseffekt auslösen.

Im ersten Stock werden wechselnde Fotoausstellungen gezeigt, von Cartier-Bresson bis Diane Arbus, die alle zum Fundus des Museums gehören.

Der zweite Stock wird auf Seite 160 ausführlich beschrieben. Der dritte Stock, den Sie mit der Rolltreppe, vorbei an einem Pinin-Farina-Sportwagen mit Aluminiumgehäuse und einem Hubschrauber aus dem Jahr 1945, erreichen, ist der Architektur und dem Design gewidmet mit Modellen von Frank Lloyd Wright, Le Corbusier und anderen. Die ständige Designausstellung bietet alles von Tiffanylampen bis zu den neuesten italienischen Pfannen.

Der zweite Stock des MoMA

Das Museum of Modern Art präsentiert einige der wichtigsten Werke der modernen amerikanischen Kunst, von den Arbeiten der ersten Abstrakten Expressionisten bis zu den neuesten multimedialen Experimenten.

Sonderausstellungen im MoMA
Für ein Museum vom Format des MoMA sind Sonderausstellungen in keiner Hinsicht ein Problem. Das kunstbeflissene New Yorker Publikum weiß dies zu schätzen, nur der Besucher der Stadt ist mitunter enttäuscht, wenn seine Lieblingskunstwerke für einige Zeit ins Lager verfrachtet werden, um einer Supersonderausstellung Platz zu machen. Um eine solche Enttäuschung zu vermeiden, informieren Sie sich beim Museum (Tel. 708 9480) oder beim New York Convention & Visitor's Bureau (Tel.: 800 NYC Visit, 397 8222).

Europäische Einflüsse: Viele Arbeiten sind von europäischen Künstlern wie Matisse und Miró beeinflußt, deren spätere Werke sich ebenfalls hier befinden. Matisse und seinem wunderbaren *Swimming Pool*, ein Gemälde, das einst eine Wand seines Wohnhauses schmückte, ist gar ein ganzer Raum gewidmet.

Die New York School: Das MoMA dokumentiert die Entwicklung der abstrakten Malerei und der New York School (siehe S. 128–29). Der Einfluß der Surrealisten mit ihrem Interesse am Unbewußten und den universellen Mythen ist in den frühen Werken Jackson Pollocks *(Die Wölfin* und *Gothic)* und Willem de Koonings erkennbar.

Ähnliche Themen vertraten die Künstler des Action Painting und der lyrischen Farbfeldmalerei, darunter Frank Kline und Robert Motherwell, die mit großen Schwarz-Weiß-Blöcken arbeiteten. Vertreter der Color-Field-Richtung wie Barnett Newman und Mark Rothko dagegen arbeiteten mit glänzenden, leuchtenden Farbstrichen.

Wenn Sie durch die chronologisch angeordneten Galerien gehen, werden Sie bemerken, daß die Arbeiten der Abstrakten Expressionisten immer großer und kühner werden und schließlich in Pollocks monumentalem *One* ihren Höhepunkt erreichen.

Neuere Werke: Nach diesen anstrengenden Werken können Sie bei der zeitgenössischen Kunst geradezu aufatmen: Jasper Johns' *Target with Four Faces*, Robert Rauschenbergs Studie *Bed*, Lichtensteins Comicstrips und Claes Oldenburgs lustige überdimensionale Pappmachémodelle der Lieblingsspeisen der Amerikaner.

Kunstwerke im ausgezeichneten zweiten Stock des MoMA.

▶▶ Museum of Television and Radio *151C2*

25 West 52nd Street

Subway: E; F; Fifth Avenue

Ein Muß für alle Studenten der Kommunikationswissenschaften und alle Fernsehsüchtige, aber auch für jeden, der, eine kleine Abwechslung zum ständigen Sightseeing braucht. Dieses Museum ist etwas Besonderes! Im Archiv lagern 40 000 amerikanische Fernseh- und Rundfunksendungen von den 20er Jahren bis heute, die sich der Besucher per Knopfdruck auf den Bildschirm holen kann. Und jeden Tag kommen einige tausend hinzu, die die Sammlung bereichern.

In mehreren kleinen Videoräumen laufen ständig Ausschnitte aus den Archiven des Museums (Programme sind am Eingang oder über Tel. 621 6800 erhältlich), und in den kleinen gemütlichen Radioräumen kann der Besucher einen von fünf Sendern wählen, die jeweils eine Periode in der Geschichte des Rundfunks abdecken. Das Spektrum reicht von Übertragungen aus der Metropolitan Opera bis hin zu Komödien, die die Zuhörer in Kriegszeiten unterhalten sollten.

Der Traum eines jeden Fernsehsüchtigen – das Museum mit seinen einhundert Videokonsolen und einem Programm, das man selbst zusammenstellen kann.

Anspruchsvollere Besucher können sich aus den gesamten Beständen des Museums mit Hilfe der hauseigenen Datenbank ihre eigene Auswahl zusammenstellen. Dieses Nachschlagewerk verfügt über unzählige Stichwörter, und so lassen sich beispielsweise auch Informationen zu jedem Mitwirkenden einer Fernseh- oder Rundfunksendung abrufen. Hier können Sie endlich erfahren, wer z. B. hinter *Batman* steckt!

Sobald Sie Ihre Wahl getroffen haben (die Gesamtzeit ist allerdings auf zwei Stunden begrenzt), begeben Sie sich unverzüglich an eine Videokonsole, denn Ihr Programm wird, sofern es sich nicht um eine außergewöhnlich entlegene Sendung handelt, unverzüglich auf dem Bildschirm erscheinen.

Nicht zuletzt lagern in den Archiven des Museums 10 000 Werbespots und ausgewählte ausländische Fernsehproduktionen – seien es anspruchsvolle Dokumentationen oder Ausschnitte aus dem amüsanten Programm von Monty Python's Flying Circus.

Das Gebäude
Der Bau, der das Museum of Television and Radio beherbergt, stellt eine seltsame Mischung aus klassischen und modernen Stilrichtungen dar. Die beiden Architekten waren Philip Johnson und John Burgee. Der 16stöckigen kalksteinverkleidete Turmbau wird gern das erste vertikale Museum der Welt genannt.

Art déco

■ Der Art-déco-Stil entwickelte sich Hand in Hand mit der abenteuerlichen Wolkenkratzerarchitektur, die New York in den 20er Jahren wie eine Welle überschwemmte. Man findet diesen Stil deshalb sowohl in der Außen- als auch in der Innenarchitektur zahlreicher weltberühmter Gebäude der Stadt. ■

Erstes Baugesetz
Als 1915 das Equitable Building im Financial District senkrecht in die Höhe schoß und den umliegenden Gebäuden Licht und Luft nahm, sahen sich die Stadtväter gezwungen, das erste Baugesetz des Landes zu erlassen.

Mit den »Zoning Laws« wurde New York 1916 in gewerbliche und private Bereiche aufgeteilt; außerdem wurde festgelegt, daß sich künftige Wolkenkratzer in einem bestimmten Verhältnis zur Höhe nach oben hin verjüngen mußten. Ein Gesetz, an dem sich die Architektur der kommenden 50 Jahre orientierte.

Mit dem Art-déco-Stil, benannt nach der Ausstellung »L'Exposition Internationale des Art Décoratifs et Industriels Modernes« 1925 in Paris, wollte man das Können der Pariser Handwerker dem damals aufsehenerregenden deutschen Bauhausstil gegenüberstellen.

In New York war dieser Stil bereits durch die Sammlung des Metropolitan Museum of Art bekannt, das die besten europäischen Arbeiten besaß. Aber die Amerikaner wollten ihre eigene, leider mißglückte Version dieses Stils schaffen. Exponate dieses »modernen« Stils stellte das Met ebenfalls aus. Die amerikanische Variante war auf die Bedürfnisse des amerikanischen Geschmacks abgestimmt. Beispiel hierfür waren jene Terrakotta- und Bronzefriese mit geometrischen oder floralen Mustern, die, in Massen produziert, bald die Häuser im ganzen Land schmückten.

Der Stil beinflußte auch die Inneneinrichtung. Einige der Eingangshallen im Art-déco-Stil wie die des Film Center Buildings (siehe S. 192) sind von Ely Jacques Kahn.

Eine der vielen großartigen Art-déco-Skulpturen im Rockefeller Center.

New York Telephone Company: Eines der ersten New Yorker Bauwerke im Art-déco-Stil war dieses, auch unter dem Namen Barclay-Vesey Building, 140 West Street, bekannte Gebäude, das von einem seiner Kritiker als »Mayakunstwerk« bezeichnet wurde. Um der Enge der Straße entgegenzuwirken, stattete der Architekt Ralph Walker das Haus mit einer Reihe von Fußgängerwegen aus, die mit Betonfriesen geschmückt sind, auf denen Trauben, Kaninchen, Elefantenköpfe, Glocken und weitere Motive dargestellt sind.

Chrysler Building: Das wohl eigenwilligste und beeindruckendste Art-déco-Gebäude in ganz New York (siehe Seite 89) war eines der ersten, dessen Außenwände aus reinem Metall bestanden. Keine der vielen Ebenen gleicht der anderen, alle sind mit unterschiedlichen Dekorationen versehen. Unvergleichlich ist dann auch der siebenstöckige schuppenartige Turm aus rostfreiem Stahl und seine 36 Meter hohe Stahlspitze. Bis zur Fertigstellung des Empire State Buildings war es das höchste Gebäude der Welt.

Empire State Building: Da das 381 Meter hohe Gebäude (siehe Seiten 100–102) ausschließlich der gewerblichen Nutzung dienen sollte (heute arbeiten dort 15 000 Beschäftigte), wurde es unter rein funktionellen Gesichtspunkten ohne Schnörkel und Verzierungen entworfen. Damit wurde es zu einem Symbol des zurückhaltenden und gesetzteren Art-déco-Stils.

Chanin Building: Der Bildhauer René Chambellan schuf die Fassade des Chanin Building (122 East 42nd Street), das ein ebenbürtiger Nachbar des Chrysler Building ist. Vögel zieren das Bronzeband, das sich unterhalb des Terrakottafrieses um das Gebäude schlingt. Auch in der bronze- und marmorverzierten Eingangshalle wird auf Flachreliefs die »City of Opportunity«, die Stadt der vielen Möglichkeiten, so beschrieben, wie sie der Besitzer Irwin Chanin, ein zu Wohlstand gekommener Grundstückshändler, sah.

Raymond Hood: Hood, einer der führenden Architekten des Rockefeller Center, benutzte schwarzen Ziegelstein und goldfarbene Terrakotta, um die vertikale Form des **American Radiator Building** (40th Street zwischen Fifth und Sixth Avenue) zu betonen. Diese vertikale Anordnung der Fenster verfeinerte er später im **Daily News Building** (siehe Seite 95). Im ehemaligen **McGraw-Hill Building** näherte sich Hood bereits dem Internationale Style an, wenn auch die Eingangshalle ein wunderschönes Beispiel für den Art-déco-Stil ist.

Das Rockefeller Center (siehe S. 173–74) ist New Yorks gelungenster Beitrag zum Art déco. Raymond Hood war auch maßgeblich an der Gestaltung des RCA (inzwischen GE) Building, dem Kernstück des Komplexes, beteiligt. Vor dem Gebäude steht Paul Manships goldener *Prometheus*, eines der vielen Art-déco-Kunstwerke der gesamten Anlage. Die berühmte **Radio City Music Hall** ist ein Glanzstück des Art-déco-Stils. Das weitläufige, einem Theatersaal gleichende Innere soll dem Besucher ebenso unvergeßlich bleiben wie die Darbietungen auf der großen Bühne.

Die Turmspitze des Chrysler Building mit den gigantischen Chromadlern.

Sonderausstellungen in der National Academy
In den wechselnden Ausstellungen in der National Academy of Design werden Werke der angeschlossenen Kunstvereinigungen und der Schüler der School of Fine Arts gezeigt. Interessanter sind aber oftmals die Ausstellungen, die jungen oder wiederentdeckten europäischen und amerikanischen Künstlern gewidmet sind.

Our Lady of Lourdes Church
Ihr bizarres Aussehen verdankt die Kirche Our Lady of Lourdes in Harlem, 142nd Street zwischen Amsterdam und Convent Avenue, dem Umstand, daß zu ihrem Bau Teile der 1865 im gotischen Stil errichteten ersten National Academy of Design (damals 23rd Street und Park Avenue South) und anderer Gebäude verwendet wurden.

►► Museum of the American Indian *104A2*

US Custom House, Bowling Green
Subway: 4; Bowling Green

In dem Maße, in dem die amerikanische Regierung die Rechte der Ureinwohner anerkennt, werden die Ausstellungsgegenstände an die Indianerstämme zurückgegeben, denen sie einst geraubt worden waren. Trotzdem beherbergt das Museum immer noch unglaubliche Schätze, so Körbe, Decken und Tonwaren der vielen unterschiedlichen Stämme Nord-, Mittel- und Südamerikas, aber auch einige jener berüchtigten Verträge, die den europäischen Kolonisatoren den Weg nach Amerika ebneten.

► National Academy of Design *187C1*

Fifth Avenue und 89th Street
Subway: 4; 6; 86th Street

Gegründet wurde sie im Jahre 1825 von einer Gruppe von bekannten Künstlern, darunter Samuel Morse und der Erbauer der hübschen Townhouses am Washington Square, Ithiel Town. Sie wollten Schule und Museum von und für jene Künstler bereitstellen, die sich den »höchsten Werten der Kunst« verschrieben hatten.

Bedauerlicherweise verhindern die begrenzten räumlichen Möglichkeiten eine Ausstellung der meisten dieser Werke der berühmtesten amerikanischen Künstler der vergangenen 150 Jahre; nur einige sind in jeweils wechselnden Sonderausstellungen in den oberen Stockwerken zu sehen. Die Skulptur *Diana* von Anna Hyatt Huntington allerdings (Ehrenmitglied der Akademie) ist ständiges Ausstellungsstück am Fuße der eleganten Treppe, die nach oben führt.

Ein Blickpunkt in der National Academy of Design: Anna Hyatt Huntingtons Statue Diana.

Alte Gerätschaften im Fire Museum.

► New York City Fire Museum UIVB2

278 Spring Street, SoHo
Subway: 6; Spring Street

Das New York City Fire Museum bietet einen interessanten Einblick in die Geschichte der Feuerwehr, die die Stadt mehr als einmal vor der vollkommenen Zerstörung bewahrte.

Die alten Feuerwehrwägen sind sicherlich die interessantesten Exponate, die Sammlung von Schlauchdüsen, Leitern, Äxten, Werkzeugen, Feueralarm- und Löschgeräten, Uniformen und Helmen in jeder Größe und Form beeindruckt dagegen durch ihre unglaubliche Vielfalt.

►► New-York Historical Society UIVF2

Central Park West Ecke 77th Street
Subway: 1; 79th Street

Noch bevor es überhaupt ein Museum in New York gab, wurde 1804 die New-York Historical Society ins Leben gerufen (seit damals mit Bindestrich geschrieben). Viele reiche New Yorker vermachten der Gesellschaft Schenkungen; die ihr überlassenen Gemälde, Zeichnungen, Skulpturen und Kunstgegenstände wurden später als richtungweisend für eine amerikanische Kunst angesehen.

Der Society gehören unter anderem zahlreiche Porträts von einflußreichen New Yorker Bürgern – die allerdings in künstlerischer Hinsicht nicht gerade Beachtung verdienen – und wichtige Gemälde der ersten eigenständigen Malerrichtung Amerikas, der sogenannten Hudson River School. Darunter befinden sich auch Werke von Thomas Cole, dem führenden Vertreter der Schule. Außerdem besitzt die Gesellschaft eine nennenswerte Sammlung von Glasarbeiten Louis Comfort Tiffanys und alle noch existierenden Aquarelle von John Audubons Serie *Birds of America,* die in der Mitte des 19. Jahrhunderts das Interesse an der Erforschung des amerikanischen Vogelreichtums stark belebte.

Der große Brand von 1835
Obwohl die Temperaturen am 16. und 17. Dezember 1835 weit unter Null lagen, zerstörte einer der schlimmsten Brände in der Geschichte der Stadt 674 Gebäude im heutigen Financial District.

Da auch viele Versicherungsgesellschaften zu den Geschädigten gehörten, war es vielen Banken und anderen Geldinstitutionen zunächst nicht möglich, ihren Geschäftsverkehr wiederaufzunehmen, was in den darauffolgenden zwei Jahren zu einer bedrohlichen Inflation führte.

Grand Central Terminal

■ Für die Reisenden, die in den 30er Jahren im Grand Central Terminal den Abendzug nach Chicago bestiegen, wurde buchstäblich der rote Teppich ausgerollt. Niemand hätte es damals für möglich gehalten, daß dieses einzigartige Bauwerk, das auch »das Tor nach Amerika« genannt wurde, nur wenige Jahrzehnte später durch günstige Flugpreise und den Anstieg der Grundstückspreise ernsthaft bedroht werden könnte. ■

Grand Central Station? Nicht wenige, darunter auch viele geborene New Yorker, sprechen irrtümlich von der Grand Central Station, obwohl die Bezeichnung »Terminal« die adäquate Bezeichnung dieses Kopfbahnhofs ist.

Als die Penn Central Railroad (Betreiberin des Grand Central Terminal und verantwortlich für den Abriß der ursprünglichen und vielgeliebten Pennsylvania Station) einen 55stöckigen Wolkenkratzer über dem Terminal errichten wollte, stieß sie auf erbitterten Widerstand bei der New Yorker Bevölkerung, die schließlich durchsetzte, daß das Gebäude unter Denkmalschutz gestellt wurde.

Grand Central Terminal entstand 1913 am damaligen Rand von New York. Eisenbahnmillionär Cornelius Vanderbilt (siehe S. 37), der alle Zugverbindungen in die Stadt kontrollierte, hatte das Grundstück erworben. Nach Beendigung der zehnjährigen Bauphase wurde das Gebäude als unvergleichliche technische Leistung und architektonisches Juwel gepriesen.

Architektonische Eleganz: Der Grand Central Terminal war eine Gemeinschaftsleistung mehrerer Architekten. Die einen zeichneten für die neuartige mehrstöckige Bauweise verantwortlich, die die reibungslose Abwicklung des Zug-, Subway- und Fußgängerverkehrs gewährleistete, andere für die prächtige Innenausstattung im Beaux-Arts-Stil. Seit damals hat der Grand Central Terminal Millionen von Reisenden gesehen (schon bis 1939 waren es so viele, wie das damalige Amerika Einwohner hatte). In seiner Umgebung haben sich unzählige Läden, Hotels, Restaurants und Büros niedergelassen, so daß dieses Viertel eines der lebhaftesten in Midtown Manhattan ist.

Zahllose Eingänge und ein Labyrinth von unterirdischen Gängen verbinden das Gebäude mit den umliegenden Straßen und angrenzenden Bürotürmen, so auch mit dem ehemaligen Pan Am Building (dem heutigen Metropolitan Life Building, siehe S. 183 rechts) auf der Nordseite.

Auf der Südseite fällt der Blick auf Jules-Félix Coutans 16 Meter hohe Statuen von Merkur, Herkules und Minerva, die den amerikanischen Adler umgeben. Dort befindet sich auch die Bronzestatue von Cornelius Vanderbilt, der heute noch die vielen Reisenden zählt.

Das Innere: Im Innern sollten Sie sich sofort auf die zweite Ebene begeben und dort nach oben schauen. An der 50 Meter hohen gewölbten Decke des französischen Künstlers Paul Helleu zeigen 2500 Glühbirnen die Tierkreiszei-

Die riesige, prächtige Haupthalle des Grand Central Terminal, angeblich der größte Raum der Welt, erinnert an das Goldene Zeitalter der Eisenbahn.

chon am Nachthimmel. Als Vorlage verwendete der Künstler eine mittelalterliche Buchillustration, und es ist bis heute unklar, ob er sich der Tatsache bewußt war, daß die mittelalterlichen Illustratoren die Gestirne umgekehrt, also aus der Sicht Gottes, dargestellt hatten.

Wenn Sie den Blick nur wenig senken, sehen Sie die verglasten Stege, durch die sich unzählige Fußgänger hoch über dem Terminal hin- und herbewegen (hier hat man den besten Überblick). Die meisten Züge werden heutzutage von Pendlern benutzt.

Die Erhabenheit der Haupthalle wird leider durch das Getrampel von Zigtausenden von Füßen zunichte gemacht. Aber vielleicht ist Ihnen trotzdem ein ruhiger Moment beschert, in dem Sie die Marmorstufen hinunterschreiten können, um dann von einem stillen Eckchen aus die 25 Meter hohen Fenster des angeblich größten Raums der Welt zu betrachten. Irgendwann kam tatsächlich jemand auf die Idee, daraus drei getrennte Bowlingzentren zu machen. (Derzeit wird der Grand Central Terminal einer umfangreichen Renovierung unterzogen. Die Arbeiten sollen bis zum Herbst 1998 abgeschlossen sein).

Eine Perle unter den Restaurants: Im Untergeschoß des Grand Central Terminal befindet sich neben den Eingängen zur Subway auch die inzwischen legendäre **Oyster Bar**. Sie ist nicht nur für ihre große Auswahl an Austern und anderen Fischgerichten bekannt, sondern auch für das Interieur: Der Gast sitzt in niedrigen Hallen mit gewölbten Decken, ausgekleidet mit cremefarbenen Kacheln. Auch die ungewöhnliche Akustik des Restaurants ist einmalig; selbst ein leises Flüstern ist am anderen Ende des Raums mühelos zu hören. (Derzeit wird das Restaurant gerade renoviert, man kann aber trotzdem dort essen). Es gibt kaum einen besseren Ort, um beim Lunch den neuesten Klatschgeschichten der New Yorker Geschäftswelt zu lauschen, obwohl die auf dieser Grundlage an der Börse gemachten Vermögen wohl ein Gerücht sein dürften.

Führungen
Die von der Municipal Art Society (Tel.: 935 3960) veranstalteten Führungen durch den Grand Central Terminal sind unbedingt zu empfehlen. Treffpunkt ist der Eingang der Chemical Bank in der Haupthalle jeden Mittwoch um 12.30 Uhr.

Der prächtige Eingang der New York Public Library an der Fifth Avenue.

▶▶▶ New York Public Library 151B2

Fifth Avenue und 42nd Street
Subway: B, D, F; 42nd Street

Keinen einzigen der etwa drei Millionen Bände kann man ausleihen, sie sind allesamt Nachschlagewerke, aber schon die erstklassige Architektur des 1911 von der legendären Firma Carrère & Hastings errichteten Beaux-Art-Tempels ist einen Besuch wert.

Bereits der äußere Anblick ist ein Genuß. Die eleganten Stufen zum Gebäude werden von zwei Löwen bewacht, zwei Statuen stellen Wahrheit und Schönheit dar, und die bronzenen Flaggensockel entstammen einer Werkstatt auf Long Island.

Ein dreifach gewölbter Säuleneingang führt in die Astor Hall, die nach dem Deutschamerikaner John Astor benannt ist, der mit seiner privaten Büchersammlung den ersten Bestand der Bibliothek sicherte. Am Informationsschalter erhält der Besucher kostenlose Pläne der Bibliothek, auf denen die besten Rundgänge eingezeichnet sind (Führungen Mo bis Sa, 11 bis 14 Uhr).

Geradeaus liegt die Gottesman Hall mit ihren wechselnden Sonderaustellungen und links am Ende des Korridors der De Witt Wallace Periodical Room. Der Verleger De Witt Wallace brachte hier viele Stunden über Zeitschriften zu, deren Artikel er für seinen neugegründeten *Reader's Digest* zusammenfaßte. Er finanzierte 1983 dann auch die Restaurierung des Raums, dessen Messinglampen und Stühle aus Walnußholz jetzt im alten Glanz erstrahlen; hinzu kamen Richard Haas' vortreffliche Wandgemälde, die New Yorker Zeitungs- und Zeitschriftenbüros darstellen.

Die marmorne Treppe zum zweiten Stock zieren wunderschöne Lampen und Trinkbrunnen in Form von Löwenköpfen. Die McGraw-Rotunde schmücken Wandgemälde von Edward Laning aus dem Jahr 1940. Von dort gelangt man in den Katalograum mit seinen Datenbanken. Darüber liegen die Leseräume – der schönste Teil der Bibliothek. Auf der anderen Seite des Korridors befindet sich der Edna Barnes Salomon Room, in dem Bilder und einige seltene Manuskripte ausgestellt sind.

Die Schätze der Bibliothek
Zu den Schätzen der Bibliothek zählt eine ganz außergewöhnliche Sammlung seltener und wertvoller Bücher, darunter eine Gutenberg-Bibel, ein Brief von Christoph Kolumbus von 1493, eine Erstausgabe der Werke Shakespeares von 1623, das Bay-Psalmbuch aus dem Jahr 1640 (das erste in Amerika gedruckte Buch), ein handgeschriebenes Exemplar von George Washingtons Abschiedsrede und ein handgeschriebener Entwurf von Jeffersons Unabhängigkeitserklärung.

►►► Pierpont Morgan Library *151B2*

36th Street und Madison Avenue
Subway: 6; 33rd Street

Der wohlhabende und kunstsinnige Bankier J. Pierpont Morgan verwandte, im Gegensatz zu vielen Neureichen, sein Vermögen darauf, in Europa seltene Bücher, Manuskripte und Zeichnungen zu erwerben, die Ende des 19. Jahrhunderts eine der umfangreichsten privaten Sammlungen Amerikas bildeten.

1902 verpflichtete Morgan den führenden Architekten der damaligen Zeit, Charles F. McKim, die Pierpont Morgan Library im zu entwerfen. Dem palladianischen Portal, das den ursprünglichen Eingang zur Bibliothek bildete, gebührt besondere Aufmerksamkeit; der heutige Eingang befindet sich auf der Seite der Madison Avenue in einem Anbau von 1928 an die ehemalige Residenz von Morgans Sohn.

Bevor Sie sich den wechselnden Ausstellungen in den angrenzenden Räumen zuwenden, sollten Sie sich der Bibliothek selbst widmen. Beginnen Sie im West Room, Morgans Arbeitszimmer, in dem er bis zu seinem Tod 1913 gearbeitet hat. Das Zimmer, das zuweilen als »das schönste in ganz Amerika« bezeichnet wird, enthält beeindruckende Gemälde italienischer Maler der Renaissance und wird von dem riesigen Schreibtisch des Bankiers beherrscht .

Vom Arbeitszimmer weisen freistehende Säulen aus grünem Marmor den Weg zur imposanten Rotunde und dem East Room, eines der luxuriösesten Lesezimmer, das man sich vorstellen kann. An drei Wänden erheben sich Bücherregale aus Bronze und Walnußholz bis zur mit farbenprächtigen Gemälden versehenen Decke, die vierte Wand schmückt über dem Kamin ein flämischer Wandteppich aus dem 16. Jahrhundert.

Trotz der verschwenderischen Ausstattung wirkt der East Room nicht erdrückend, und während man hier sitzt und die unschätzbaren Briefe und seltenen Manuskripte studiert, vergeht die Zeit wie im Flug.

Die Pierpont Morgan Collektion
Die folgende Aufzählung nennt nur einige wenige Schätze aus dem riesigen Bestand: drei Gutenberg-Bibeln, eine Erstausgabe von Shakespeare, ein signiertes Manuskript von Miltons *Verlorenem Paradies*, Manuskripte und Erstausgaben von Rudyard Kipling, Oscar Wilde und Gertrude Stein, zum Teil mit Korrekturen der Autoren, Originalpartituren von Bach, Brahms und Beethoven, Radierungen und Holzschnitte von Rembrandt, Rubens und Degas und unzählige Bilder und Kunstgegenstände aus der Zeit vor 1900.

Ein Ort für Informationssuchende: der Lesesaal der New York Public Library. Wenn Sie ihn finden, können Sie den gewünschten Band gleich hier lesen.

Straßenbezeichnungen
Vorneweg sei gesagt, daß jeder Schwierigkeiten hat, sich in Queens zurechtzufinden. Lassen Sie sich also nicht entmutigen. Angefangen hat es damit, daß eine der Bedingungen für die Eingemeindung des Stadtteils im Jahr 1898 lautete, daß die Straßen in Queens keine Namen, sondern Nummern tragen sollten.

Leider krankte dieses System von Anfang an. In der Regel verlaufen Streets und Avenues im rechten Winkel zueinander, weshalb die Adresse 10–35 14th Street in der 14th Street nahe der Kreuzung mit der 35th Avenue zu suchen ist. Es gibt jedoch auch Ausnahmen, und die meisten Probleme ergeben sich dadurch, daß sich Straßen nicht immer im rechten Winkel kreuzen.

Wenn Sie sich verlaufen oder verfahren haben, fragen Sie am besten einen Einheimischen, der sich dann – hoffentlich– besser auskennt als Sie.

Das Innere des Bowne House, des ältesten Gebäudes in Queens.

▶ Queens 48C3

Damit dieser riesige flache Vorort auf Long Island mit seinen zwei Millionen Menschen nicht ganz unbegreiflich bleibt, muß man es so machen wie die Bewohner selbst: Man sollte ihn gedanklich in mehrere selbständige Viertel aufteilen, die jeweils ihre eigene ethnische Zusammensetzung und mit ihren Nachbarn nur die geographische Lage gemeinsam haben.

Einerseits findet man in Queens die typische amerikanische Mittelklassefamilie mit ihrem Häuschen und ihren zwei Autos, andererseits aber auch die New Yorker Einwandererszene, d. h. Viertel, in denen nur Koreaner, Inder, Japaner, Griechen oder Puertoricaner leben.

Falls Sie bei Ihrer Einreise in La Guardia oder JFK gelandet sind, haben Sie, wahrscheinlich unwissentlich, bereits Bekanntschaft mit Queens gemacht. Die Flugzeuge, die JFK anfliegen, überqueren das über 50 Quadratkilometer große Sumpfgebiet **Jamaica Bay Wildlife Refuge**, das für Vögel und Ornithologen interessant ist.

Will man Queens ganz erkunden, ist ein Auto unerläßlich, aber die wichtigsten Sehenswürdigkeiten, die gleichzeitig einen Eindruck von der ethnischen Vielfalt dieses Stadtteils vermitteln , sind von Manhattan aus problemlos mit öffentlichen Verkehrsmitteln zu erreichen.

Wenn Sie beispielsweise die Subway von Manhattan nach **Flushing** nehmen, werden Sie schnell merken, warum diese Strecke den Spitznamen »Orient Express« trägt. Was die japanischen Supermärkte, die koreanischen und chinesischen Restaurants jedoch nie vermuten lassen, ist die starke Verbindung des Stadtteils mit den Quäkern im 17. Jahrhundert.

In der Main Street erinnert das **Bowne House** ▶▶ aus dem Jahr 1694 an John Bowne, den ehemaligen Besitzer des Hauses, der aus der Stadt verwiesen wurde, weil er das von dem mit eiserner Faust regierenden holländischen Gouverneur Peter Stuyvesant erlassene Verbot von Quäkerzusammenkünften mißachtete. Aber Bowne gelang es schließlich, die Dutch West India Company dazu zu bringen, alle religiösen Gruppen in der neuen Kolonie zu tolerieren. Dies war der erste Schritt zur Verankerung der religiösen Freiheit in der amerkanischen Verfassung.

In dem Haus befinden sich einige Möbelstücke von Bowne selbst und von seinen Nachkommen, die das Haus bis in die 40er Jahre unseres Jahrhundert bewohnten. Die Führungen zeigen natürlich auch die Küche, in der die heimlichen Treffen der Quäker stattfanden.

Vom Bowne House ist es nicht weit bis zur Kingsland Homestead aus dem Jahr 1774, die ein Beispiel für die Vermischung verschiedener Architekturstile der damaligen Zeit ist. Heute beherbergt das Gebäude die Queens Historical Society, die einen informativen Führer zur Geschichte des Stadtteils herausgibt.

Ungefähr zwei Kilometer östlich von Flushing liegt der **Flushing Meadows-Corona Park** ▶▶, ursprünglich ein Sumpfgebiet und später eine Müllhalde, der 1939 während der Weltausstellung, die das Ende der großen Depression symbolisierte, Millionen von Besuchern anlockte. Einige wenige Überbleibsel dieser Weltausstellung sind heute noch zu sehen, von der zweiten im Jahr 1964 dagegen sehr viel mehr, darunter auch Philip Johnsons **New York State Pavilion Building**, das architektonisch

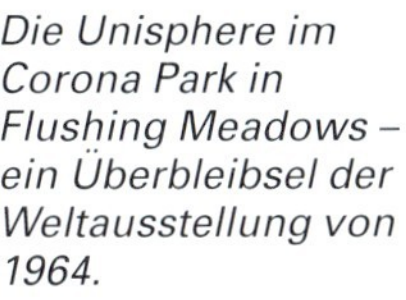

Die Unisphere im Corona Park in Flushing Meadows – ein Überbleibsel der Weltausstellung von 1964.

eindrucksvollste Bauwerk dieser Ausstellung, das jedoch mittlerweile sehr gelitten hat, und die über 40 Meter hohe **Unisphere**, die die Erde und ihre Planeten darstellen soll. Ein weiteres verbliebenes Gebäude der Weltausstellung ist die **New York Hall of Science** ▸, die allerdings heute voller Computer steht, an denen die Kleinen den Umgang mit der Technik üben können.

Bescheidenere Andenken an beide Weltausstellungen präsentiert das **Queens Museum** ▸ in einem Gebäude aus dem Jahr 1939. Beeindruckend in diesem Museum ist sicherlich das »Panorama«, ein maßstabgetreues Modell von New York City mit allen Gebäuden der Stadt, das regelmäßig aktualisiert wird.

Der Park beherbergt außerdem das **Queens Wildlife Conservation Center**, einen kleinen Zoo, der in Nordamerika beheimatete Tiere in einer für sie natürlichen Umgebung zeigt.

Für Baseballfans ist interessant, daß sich das Shea Stadium, die Heimat der New York Mets ebenfalls im nördlichen Teil des Parks befindet. Hier gaben die Beatles 1965 ihr legendäres Konzert.

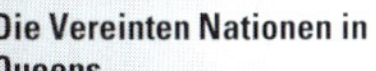

Die Vereinten Nationen in Queens

Das City Building, in dem heute das Queens Museum in Flushing Meadows Corona Park untergebracht ist, diente den Vereinten Nationen bis zur Fertigstellung der Gebäude in Manhattan als vorübergehendes Domizil. Hier fanden die Verhandlungen statt, die schließlich zur Gründung des Staates Israel führten.

Eine lebhafte Straße in New Yorks größtem Stadtteil.

Die Roosevelt Avenue in Jackson Heights ist für ihre Bäckereien und Restaurants bekannt.

Im nördlichen Teil des Viertels, dem auf der anderen Seite des East Rivers die Bronx gegenüberliegt, hat sich an 31st Street und Ditmars Boulevard eine der größten griechischen Gemeinden außerhalb Griechenlands gebildet. Alles in **Astoria** ▶, von den unzähligen Bäckereien bis zu den Graffiti an den Wänden, ist griechisch.

Keineswegs griechisch und leider nicht das, was der Name verspricht, ist Astorias **American Museum of the Moving Image** ▶ 36–11 35th Avenue. In den 20er Jahren drehte die Filmgesellschaft Paramount in diesem Studiokomplex Stummfilme mit so berühmten Schauspielern wie Rudolph Valentino, Gloria Swanson und den Marx Brothers. Doch dann zog sie, ebenso wie alle anderen Filmgesellschaften, nach Hollywood um.

In dem Museum sind ausgewählte Kinoklassiker und wechselnde Ausstellung zum Thema Film zu sehen; weniger interessant ist die ständige Ausstellung der riesigen Sammlung von Filmzubehör wie Kostümen und Kulissen sowie Fanzeitschriften, Postern und vielem mehr.

Auf dem Weg zurück in Richtung Manhattan fährt man durch die dichtbebaute Industriestadt **Long Island City**, die derzeit versucht, sich einen Namen als Künstlerkolonie zu machen. Früher war Long Island City, damals Hunters' Point genannt, durch eine Fähre mit Manhattan verbunden, was die Ansiedlung von Industrie fördern sollte. Einige der alten, heute leerstehenden Lagerhäuser und Fabrikhallen wurden mittlerweile zu Künstlerwerkstätten umfunktioniert.

Ein Schmuckstück von Long Island City ist das **Isamu Noguchi Garden Museum** ▶, direkt am Meer, 32–37 Vernon Boulevard, das dem anerkannten Bildhauer gleichen Namens gewidmet ist. Der Sohn eines japanischen Dichters kam als Einwanderer nach Kalifornien. Noguchis unkonventionelle Arbeiten wurden zunächst verspottet, aber die Werke in den zwölf Ausstellungsräumen des Museums, die sein langes Schaffen dokumentieren (er starb 1988 im Alter von 84 Jahren), sowie die geheimnisvollen Arbeiten im Garten legen Zeugnis ab von seiner ungewöhnliche Vorstellungskraft und Kreativität.

Steinway
Östlich von Astoria gründete William Steinway die Stadt Steinway, als er seine Klavierfabrik 1872 wegen für ihn unangenehmer Gewerkschaftsbestimmungen von Manhattan hierher verlegte. Die Fabrik existiert noch immer an der 19th Avenue und 39th Street. Steinway selbst zog in eine italienische Villa, 18–33 41st Street am East River. Leider hat das Gebäude in der heute heruntergekommenen Gegend viel von seinem Charme und auch von seinem Wert verloren.

▶▶ Rockefeller Center *151C2*

47th bis 52nd Street zwischen Fifth und Sixth Avenue
Subway: B, D, F, 1; 47th Street – Rockefeller Center
Dies ist das größte Kommerz- und Unterhaltungszentrum der Welt, und jeden Tag gehen hier mehr als eine Viertelmillion Menschen ein- und aus.

Benannt ist der Komplex nach dem Multimillionär John D. Rockefeller jun., der das Gelände 1928 von der Columbia University pachtete, um darauf ein Gebäude für die Metropolitan Opera zu errichten. Der Börsenkrach im Jahr 1929 verhinderte jedoch die Realisierung dieses Projekts.

1931 dann verpflichtete Rockefeller mehrere Architekturbüros, 14 Gebäude zu errichten, die nicht nur höchsten ästhetischen Ansprüchen genügen, sondern darüber hinaus ein angenehmer Ort zum Arbeiten, Essen, Einkaufen und Entspannen sein sollten.

Die Gebäude im Art-deco-Stil mit ihren unzähligen Cafés, Restaurants, unteririschen Verbindungswegen und Einkaufszentren sowie ausgezeichneten Lichtverhältnissen wurden schließlich maßgebend für den amerikanischen Städtebau der folgenden Jahre.

Um zur **Plaza** ▶, dem Kernstück des Komplexes, zu gelangen, benutzen Sie am besten den Eingang an der Fifth Avenue. Der untere Teil, die Lower Plaza, die Paul Manships vergoldeter *Prometheus* schmückt, bietet im Sommer ein Gartenrestaurant und ist im Winter beliebter Treffpunkt für Eiskunstläufer.

Über der Prometheus-Statue erhebt sich das 70stöckige **GE Building** (den meisten immer noch als RCA Building ein Begriff), das höchste Gebäude des Komplexes. In der Eingangshalle können Sie die wunderschönen Wandgemälde von José Maria Sert bewundern, die heute anstelle von Diego Riveras Arbeiten zu sehen sind. Rivera

Daten zum Rockefeller Center
Anzahl
– der Beschäftigten während der Bauzeit 1931–40: 75 000;
– der Telefone: 100 000;
– der Fahrstühle: 488;
– Kaufpreis des Grundstücks 1985: 400 Millionen $.

Gertrude Stein über das RCA Building 1935
»Das Schönste, was ich je gesehen habe!«

Unter den Sonnenschirmen an der Plaza inmitten der Bürogebäude des Rockefeller Center läßt es sich gut aushalten.

weigerte sich seinerzeit, den kommunistenfeindlichen Rockefeller zu besänftigen und das schmucke Abbild Lenins zu entfernen.

Nehmen Sie dann den Fahrstuhl zum **Rainbow Room** im 65. Stock und genießen Sie den Blick über die Stadt in der **Rainbow Promenade Bar**. Unten am Informationsschalter erhalten Sie einen kostenlosen Plan des Rockefeller Centers, der Ihnen den Weg durch das Labyrinth erleichtert.

Auch wenn Sie ohne bestimmtes Ziel durch den Gebäudekomplex bummeln, werden Sie aus dem Staunen nicht herauskommen. Keinesfalls versäumen dürfen Sie die **Radio City Music Hall**; sie wurde 1932 mit einer großen Gala eröffnet, bei der u.a. Charlie Chaplin und Clark Gable zugegen waren; der Welt größter Theatersaal, der bald zum Inbegriff des amerikanischen Showbusiness wurde, wird heute hauptsächlich für Livekonzerte und Filmpremieren genutzt. Allein die Art-déco-Innenausstattung ist sehenswert. Oft kann man während der Führungen sogar einen Blick hinter die Kulissen werfen. Informationen unter Tel. 632 4041.

Weniger spektakulär, aber trotzdem sehenswert sind die **NBC Television Studios**, die man ebenfalls besichtigen kann. Informationen unter Tel. 664 7174.

Fahrt nach Roosevelt Island
Von Queens aus gelangt man über eine Brücke auf die Insel, aber von Manhattan aus nimmt man entweder die Subway (Line B und Q) oder die auf jeden Fall empfehlenswertere Seilbahn. Die Fahrt über den East River von der Second Avenue und 60th Street dauert drei Minuten.

► Roosevelt Island *187A2*

Einst war diese Insel mit ihren 27 Hospitälern eine im wahrsten Sinne des Wortes geschlossene Abteilung für die unheilbar Kranken und Verrückten (aber auch für Skandalnudeln wie Mae West). Inzwischen hat man auf der Insel den sehr erfolgreichen Versuch gestartet, Familien aus unterschiedlichen Einkommensschichten anzusiedeln. Heute muß, wer dort eine Wohnung mieten will, oft lange Wartezeiten in Kauf nehmen. Die Vorzüge der Insel liegen auf der Hand: niedrige Verbrechensrate, keine Autos und ein unvergleichlicher Blick auf die Skyline von Manhattan. Die Aussicht ist allerdings auch der einzige Grund für einen Besuch (abgesehen von der Seilbahnfahrt dorthin – siehe links).

Die Seilbahn zur Roosevelt Island.

Die Kunst wird überall in SoHo großgeschrieben.

SoHo *113A2*

Das Bild SoHos – der Name steht für SOuth of HOuston Street – wird auch heute noch beherrscht von den großen »Cast Iron Buildings«, den gußeisernen Gebäuden des 19. Jahrhunderts, damals Fabriken, in denen die Einwanderer schufteten.

Als den unmenschlichen und unsicheren Arbeitsbedingungen 1962 endlich der Garaus gemacht wurde und die Unternehmen aus dem Viertel abzogen, folgte ein Jahrzehnt der Vernachlässigung.

Nachdem engagierte Bürger dafür gesorgt hatten, daß die einzigartigen Gebäude erhalten blieben, kamen zunächst junge und aufstrebende Künstler und Individualisten in das Viertel und wandelten die riesigen hellen Räume in Ateliers und Studios um. Aber wie überall wurden dadurch auch die finanzkräftigeren Trendsetter angelockt, die bald für die Luxussanierung des Viertels sorgten und damit die Künstler und Individualisten vertrieben. Heute ist die Verwandlung perfekt: Neben schicken Boutiquen, Antiquitätengeschäften, Cafés und Restaurants gibt es exquisite Kunstgalerien. Nur die gußeisernen Gebäude erinnern noch an das alte SoHo.

Die per Katalog zu bestellenden gußeisernen Fertigteile läuteten Mitte des letzten Jahrhunderts eine Revolution im Bauwesen ein. Dazu kam die imitierte europäische Ausstattung im klassischen römischen oder französischen Renaissancestil – und fertig war der neue moderne Look der amerikanischen Bürogebäude, die bezeichnenderweise »Tempel des Kommerz« genannt wurden.

Zu den ältesten Beispielen des »Gußeisernen Stils« gehört das **Haughwout Building** (488–92 Broadway) aus dem Jahr 1857, ein vierstöckiger Bau, dessen Rundfenster und korinthische Säulen Harmonie ausstrahlen.

In der Green Street Nr. 28–30 und 72–76 zeigt sich die spätere Phase der gußeisernen Fassaden, während das **Little Singer Building** (561–563 Broadway) den nächsten großen Schritt in der Architektur einläutete: Anstelle der gußeisernen wurden erstmals Stahlträger verwendet: Die Ära der modernen Wolkenkratzer begann.

Das Wandgemälde von Richard Haas

Im Jahr 1973 unternahm Richard Haas an der Kreuzung Prince und Green Street den Versuch, die zeitgenössische Kunst und die historischen gußeisernen Gebäude in einem *trompe-l'œil* zu verschmelzen.

Kunstgalerien

■ Man muß kein Kunsthändler sein, um einen Bummel durch die über 500 Kunstgalerien New Yorks genießen zu können. Die meisten findet man zusammengedrängt in SoHo, dem internationalen Zentrum der zeitgenössischen Kunst, viele aber auch an der Upper East Side und entlang der 57th Street. Und die nicht gewinnorientierten Galerien zeigen die Werke, die von den kommerziellen als zu riskant abgelehnt wurden. ■

Wegweiser zu den Galerien
New York Times, Village Voice und zahlreiche andere Veröffentlichungen führen Galerien auf, am ausführlichsten ist jedoch der *Gallery Guide,* der nicht nur 500 Galerien, sondern auch den Weg dorthin beschreibt; der Guide erscheint monatlich und liegt in allen Galerien und auch in einigen Buchhandlungen aus; Mitte des Monats ist er jedoch meistens schon vergriffen.

Galerien an der Upper East Side: Der Inbegriff der eleganten, feinen Lebensart der Upper East Side ist die Galerie **Wildenstein & Co.** (19 East 64th Street), die sich auf französische Impressionisten spezialisiert, aber auch zeitgenössische Kunst und antike Kunstgegenstände führt.

Hirschl & Adler stellt seine Objekte in drei Galerien aus: Das Hauptgeschäft (21 East 70th Street) führt eine große Kollektion europäischer Stücke aus dem 18. und 19. Jahrhundert, das zweite unter derselben Adresse amerikanische *folk art,* von Bildern bis zu kunsthandwerklichen Objekten. **Hirschl & Adler Modern** (420 West Broadway) hat sich auf zeitgenössische amerikanische und europäische Kunst spezialisiert.

Die **Gagosian Gallery** (Madison Avenue zwischen 76th und 77th Street) stellt in großzügigen Räumlichkeiten unbekannte Werke bekannter Künstler zum Verkauf aus, darunter Jackson Pollock, Willem de Kooning, Andy Warhol und Cy Twombly.

Galerien in der 57th Street: Wenn Sie nur Zeit für eine Galerie in der 57th Street haben, dann sollten dies **Pace** (32 East 57th Street) sein. Sie gehört zu den führenden der Welt, denn sie zeigt Werke aller namhaften europäischen und amerikanischen Künstler der letzten 30 Jahre.

Die Pop Art hat der **Sidney Janis Gallery** (110 West 57th Street) viel zu verdanken, und ihr Name bürgt für Qualität: Diese Institution in der New Yorker Kunstwelt stellt etablierte und noch nicht arrivierte Künstler aus.

Abstrakte Expressionisten findet man in mehreren Galerien, aber wenn man speziell nach Werken von Color-Field-Künstlern sucht, empfiehlt sich die **André Emmerich Gallery** (41 East 57th Street).

Für alle, die genug haben von amerikanischer und englischer Kunst, bietet sich die **Galerie St Etienne** (24 West 57th Street) an, die interessante historische Dokumente aus den 30er Jahren, aber auch Werke deutscher Expressionisten präsentiert.

Der Kunstliebhaber, der der **Mary Boone Gallery** (745 West Broadway), die ursprünglich in SoHo angesiedelt war, keinen Besuch abstattet, versäumt wahrlich etwas. In den 80er Jahren wurde Mary Boone bekannt, weil sie als erste neue Trends erkannte und auf diese Weise unbekannten amerikanischen Künstlern wie David Salle und Julian Schnabel zum Durchbruch verhalf.

Galerien in SoHo: In den frühen 60er Jahren förderte die **Leo Castelli Gallery** (420 West Broadway) junge Künstler wie Andy Warhol, Roy Lichtenstein, Jasper Johns und Frank Stella; spätestens seit jenen Tagen gehört sie zu den führenden Galerien der Welt. Der graphischen Kunst widmet sich eine eigene Niederlassung (587 Broadway).

Die **John Weber Gallery** (142 Green Street) hat sich auf Minimal Art und Conceptional Art spezialisiert, zu deren bekanntesten Vertretern auch der hier ausgestellte Sol Lewitt gehört; aber auch unbekannte Künstler sind zu bewundern. Neue und interessante europäische und amerikanische Skulpturen, Bilder und Fotografien findet man bei **Metro Pictures** (150 Greene Street), wo von Zeit zu Zeit auch Werkschauen von Cindy Sherman und Louise Laller stattfinden.

Führungen durch New Yorks Kunstgalerien
Wer Lust und das nötige Kleingeld (30 bis 50 $) hat, kann sich von einem Experten durch die überwältigende New Yorker Galerieszene führen lassen. Zwei kleine Unternehmen bieten diesen Service an:
Art Tours Manhattan (Tel.: 677 6005) und Art Horizons International (Tel.: 969 9410).

Nicht gewinnorientierte Galerien: Die Galerie **Artists' Space** (223 West Broadway) genießt den Ruf, ein Sprungbrett für Installations- und Videokünstler wie Laurie Anderson, David Sallo und Cindy Sherman zu sein. Jeweils im September wird eine Gruppe von unbekannten Artists'-Space-Künstlern für eine Gesamtausstellung ausgewählt – es lohnt sich vorbeizuschauen, wenn Sie dann gerade in New York sind.

Seit Mitte der 70er Jahre ist die Dia Art Foundation Geldgeber für langfristige Installationen und Plastiken, so Walter de Marias Erdplastik **New York Earth Room** (141 Wooster Street) mit 14 Tonnen Erde, die interessanter ist als sie klingt. Die **Visual Arts Gallery** (137 Wooster Sreet) in ihrer unmittelbaren Nachbarschaft zeigt in wechselnden Ausstellungen Video- und Fotokunstwerke der Studenten der New York's School of Visual Arts.

SoHo ist der *Ort für jeden New-York-Besucher, der sich für zeitgenössische Kunst interessiert. Durch Ausstellungen in den vielen kleinen Galerien haben sich zahlreiche unbekannte Künstler einen Namen gemacht.*

South Street Seaport und der Frachter Peking.

SOUTH STREET SEAPORT MUSEUM
SEPTEMBER 11,
MUSEUM ADMISSION
TICKET VALUE: $0.00

Bummel durch die Water Street
Die Water Street, zwischen Wall Street und South Seaport gelegen, war mit ihren Kneipen, Gasthäusern und Bordellen im 19. Jahrhundert die meistbesuchte Amüsierstraße am New Yorker Hafen.

▶ South Street Seaport *104B3*

Östliches Ende der Fulton Street
Subway: 2, 3, 4; Fulton Street
Die unzähligen Geschäfte, Fischrestaurants, Bars, Kunstgewerbezentren und Galerien haben den South Street Seaport, den im 19. Jahrhundert florierenden, vor wenigen Jahren noch heruntergekommenen ehemaligen Seehafen New Yorks in eine historisch angehauchte Touristenattraktion verwandelt, die auch die Angestellten des nahegelegenen Financial District gerne aufsuchen. Tagsüber finden sich jedoch hauptsächlich Besucher ein, die die alten Schiffe des South Street Seaport Museums besichtigen möchten, die hier vor Anker liegen und die Aufwertung der Gegend vor über 20 Jahren eingeleitet haben. Das interessanteste ist die *Peking* aus dem Jahr 1911, ein Viermaster, der in seinen besseren Zeiten Nitrat von Südamerika in die USA beförderte und dabei mehrmals Kap Horn umschiffte. Bei der Besichtigung des Unterdecks vermittelt eine Ausstellung einen sehr guten Einblick in die aktiven Zeiten des Frachters. Eine kleine Sammlung von Fotografien, Schiffsmodellen in Flaschen, ausgewählten Urkunden und Dokumenten in der **Museum Gallery** belegt New Yorks bedeutende Rolle in der Geschichte der Seefahrt.

▶▶ Staten Island *48B1*

Schon die Fahrt mit der Staten Island Ferry (siehe Kasten gegenüber), ist einen Besuch auf dieser hügeligen kleinen Insel wert, die sich quasi zwischen New Jersey und Brooklyn drückt; aber sie hat noch weit mehr zu bieten.

1661 ließen sich auf der Insel die ersten holländischen und französischen Siedler nieder. Während des Amerikanischen Unabhängigkeitskrieges ein wichtiger Stützpunkt der Engländer, ist sie heute ein grüner, beschaulicher Vorort, der einen glauben läßt, New York befände sich auf einem anderen Stern.

Den Fährhafen in St George (und das Staten Island Museum) können Sie getrost links liegen lassen. Der erste Stop bietet sich erst etwa drei Kilometer westlich davon an (nehmen Sie den Bus S40 vom Fährhafen). Sailors' Snug Harbor, besser bekannt als **Snug Harbor Cultural Center**, wurde im vergangenen Jahrhundert für »kranke und erwerbsunfähige Seeleute« errichtet. Sorgfältige Renovierungsarbeiten konnten einige der Gebäude aus dem 19. Jahrhundert retten.

Staten Islands eigentliche Schätze befinden sich aber im Süden der Insel (zu erreichen mit dem Bus S74). 1991 befand der Dalai Lama höchstpersönlich das Haus auf dem Lighthouse Hill, das einem tibetanischen Tempel gleicht, für geeignet, um das **Jacques Marchais Center of Tibetan Art**▸▸▸ aufzunehmen. Die Kunstsammlung des Center besteht aus geschnitzten Gottheiten, Weihrauchgefäßen und vielen weiteren religiösen Objekten der vielseitigen buddhistischen Kultur.

Die nunmehr größte private Sammlung dieser Art in der westlichen Welt entstand auf höchst merkwürdige Weise. Um 1880 entdeckte die junge Jacqueline Norman Klauber (die sich später Jacques Marchais nannte), auf dem Speicher zwölf tibetanische Figuren, die ihr Urgroßvater von einem seiner Besuche in Indien mitgebracht hatte. So begann ihre lebenslange Beschäftigung mit dem Buddhismus, und sie ließ keine Gelegenheit zur Erweiterung der Sammlung verstreichen. Alle zu besichtigenden Gegenstände sind mit ausgezeichneten informativen Texten versehen (Besichtigung nur nach Vereinbarung; Tel.: 718 987 3478, 718 987 3500).

Etwa 1,5 Kilometer weiter südlich zeigen sich an dem **Projekt Richmondtown Historic Restauration**▸▸ die Früchte 50jähriger Bemühungen um die Erhaltung und Renovierung alter Gebäude aus dem 17. bis 19. Jahrhundert. Man hat auch versucht, die Innenausstattung wieder mit den Besitztümer der ursprünglichen Bewohner herzurichten. Geschichtsbewußte Einwohner in historischen Gewändern führen Besucher durch die alten Häuser. Da gibt es etwa ein äußerst sparsam möbliertes holländisches Haus, das gleichzeitig als Kirche und Schule diente, oder ein Lebensmittelgeschäft, bestückt mit Waren aus dem Jahr 1840.

Zum Gesamtkomplex gehört auch das Island Historical Museum, das in chronologischer Reihenfolge über die Geschichte Staten Islands informiert, zu der natürlich auch die verschiedenen Gewerbe gehören, so das Bierbrauen und die Austernzucht.

Das Conference House
Politikinteressierten ist das Conference House auf Staten Island zu empfehlen. Im September 1776 fanden hier die einzigen – leider erfolglosen – Friedensverhandlungen zwischen Briten und amerikanischen Revolutionären statt. Später war das Gebäude eine Fabrik für Rattengift, bevor es 1926 zu einem Museum wurde, das historische Möbel und Dokumente zeigt, die den vergeblichen Versuch einer friedlichen Einigung im Amerikanischen Unabhängigkeitskrieg belegen.

Die Anlegestelle der Staten Island Ferry.

Die Staten Island Ferry
Die Fähre selbst ist nichts Besonderes, aber die Aussicht von der Fähre ist spektakulär. Wenn die Skyline von Manhattan aus dem Blickfeld verschwindet und die grünen Hügel von Staten Island in Sicht kommen, erscheinen die Statue of Liberty, Governor's Island und die Verrazano-Narrows Bridge. Die Fähre (nur für Passagiere) braucht eine halbe Stunde für die Überfahrt; den überraschend billigen Rückfahrtschein kann man nur auf der Insel lösen.

Wild Staten Island
Diese hügelige ländliche Insel besitzt viele Hektar unberührter Flächen, die man auf den markierten Wanderpfaden erkunden kann. Der Greenbelt umfaßt Sumpfland, Wälder, Flüsse und Parks. Unter Tel.: 718/667 2165 kann man sich über organisierte Wochenendaktivitäten, Ausritte und geführte Touren informieren. Der ehemalige Abbau von Ton im Südwesten von Staten Island hat das Olha Clay Pit Ponds Preserve (Tel.: 718/967 1976) geschaffen. In den Pinienwäldern und an den künstlichen Teichen hat sich bis heute eine reiche Tierwelt entwickelt.

Daten zur Freiheitsstatue
Höhe: 50 Meter
Gewicht: 204 Tonnen
Länge der Hand: 5,4 Meter
Länge des Zeigefingers: 2,6 Meter
Nasenlänge: 1,4 Meter
Taillenweite: 12 Meter
Beste Filmrolle: in Alfred Hitchcocks *Sabotage*
Größter Irrtum: Franz Kafka bezeichnete in seinem Werk *Amerika* die Fackel als Schwert.

Wenn Sie Zeit haben, sollten Sie auf der Ostseite der Insel das am Meer gelegene **Alice Austen House** ► besuchen. Es stammt aus dem Jahr 1710 und enthält eine ganze Reihe der ungefähr 8000 Fotos, die die Amateurfotografin Alice Austin im Laufe von 50 Jahren bis 1934 geschossen hat. 1951 entdeckte die Zeitschrift *Time* ihre Arbeiten und veröffentlichte einige davon. Nach und nach erkannte man zwar ihr Talent, aber um ihren Lebensunterhalt zu verdienen, mußte die verarmte Alice noch im hohen Alter in einem Arbeitshaus schuften.

Eine weitere kleine und gleichfalls überraschende Sammlung befindet sich im **Garibaldi Meucci Museum** ►, in dem der italienische Freiheitskämpfer Giuseppe Garibaldi um 1850 zwei Jahre im Haus seines Freundes Antonio Meucci verbrachte, mit dem zusammen er in einer Kerzenfabrik arbeitete. Garibaldi ist in die Geschichte eingegangen, aber seinem Freund war das Schicksal weniger freundlich gesinnt; das Telefon, das er baute, ließ er leider nicht patentieren. Beide Gebäude erreichen Sie mit dem Bus S51, der von der Fähranlegestelle abfährt.

►► Statue of Liberty *48C2*

Die Freiheitsstatue, das wohl berühmteste Symbol Amerikas, das Freiheit und unbegrenzte Möglichkeiten verspricht, hält seit 1886 am Eingang zum New Yorker Hafen die Flamme der Freiheit empor. Von Manhattan aus erreicht man sie am besten mit der Fähre, die am Battery Park ablegt. Boote, die zur Freiheitsstatue fahren, halten auch auf Ellis Island (siehe Seite 100).

Ist man an der Statue angelangt, hat man zwei Möglichkeiten: Wenn Sie Zeit und genügend Energie haben, können Sie bis hinauf in den Kopf der Figur laufen. Beachten Sie aber, daß die Treppe sehr schmal ist, und man nur so schnell vorankommt, wie der Vordermann dies zuläßt. Man kann natürlich auch den Aufzug bis zum Fuß der Statue nehmen; die Aussicht von dort ist nur geringfügig schlechter als von ganz oben. Versäumen Sie nicht das Museum im Sockel der Statue, das deren Entstehungsgeschichte und ihre Bedeutung für die Einwanderer erklärt.

Obwohl Liberty Island näher bei New Jersey als an New York liegt, ist die Statue ein wichtiges Wahrzeichen der Stadt.

Statue of Liberty

■ Bestimmt war sie für Ägypten, finanziert wurde sie aus französischen Lotterieeinnahmen, und in Amerika hielt man sie für reine Geldverschwendung. Trotzdem ist sie das berühmteste Wahrzeichen Amerikas, aber ihre Geschichte ist längst nicht so geradlinig, wie mancher vermuten würde. ■

Freiheit in Ägypten?: Ein Bildhauer mit einer Vorliebe für überdimensionale Kunstwerke namens Frédéric Auguste Bartholdi unterbreitete während eines Besuchs in Ägypten dem damaligen Sultan seine Pläne für die riesige Statue einer Frau mit einer Fackel in der Hand, die den Eingang zum Suezkanal markieren sollte.

Der Sultan lehnte ab, aber Bartholdi fand trotzdem den richtigen Ort für seine fackeltragende Dame, und zwar während eines Besuchs in Amerika im Jahr 1871. Am Eingang des New Yorker Hafens sollte sie stehen, über 6000 Kilometer vom ursprünglich vorgesehenen Standort entfernt.

Französische Freundschaft: Die Idee eines Geschenks der Franzosen an die Amerikaner, das den gemeinsamen Glauben an die Demokratie symbolisieren sollte, war nicht neu; in Frankreichs Dritter Republik wurde die Idee verwirklicht und Bartholdis Statue nach Amerika transportiert.

Zum Zeichen der Freundschaft kamen die beiden Regierungen überein, sich die Arbeit zu teilen. Frankreich sollte die Statue liefern, Amerika den Sokkel. In Frankreich erbrachte eine Lotterie das nötige Geld, die Amerikaner allerdings blieben apathisch.

Als die Statue mit dem offiziellen Titel *Liberty Enlightening the World* vor Bartholdis Pariser Studio allmählich Gestalt annahm, existierte der Sockel kaum auf dem Reißbrett, und die amerikanische Presse hatte nichts Besseres zu tun, als sich über die unsinnige Investition lustig zu machen.

Finanzielle Probleme: Nachdem der Kongreß einen Zuschuß von 100 000 $ und der Bürgermeister von New York eine Spende von 50 000 $ abgelehnt hatten, klagte der Verleger Joseph Pulitzer die Reichen des Landes ob ihres Geizes an und forderte die kleinen Leute zu Spenden auf.

Im Juni 1885 traf die Statue, verpackt in 214 Kisten, in New York ein. Zwei Monate später vermeldete Pulitzer, daß 100 000 $ zusammengekommen seien.

Im Mai 1886 wurde die Statue schließlich errichtet und im Oktober mit einer großen Zeremonie eingeweiht. Die Reaktion darauf, so berichtete Pulitzers Zeitung damals, war ein »einziger lang anhaltender Jubelschrei«.

Liberty Enlightening the World – *das Symbol der Hoffnung und Freiheit für Millionen von Einwanderern.*

Der Stock Exchange.

New York Stock Exchange *104B2*

Broad Street und Wall Street
Subway: 4; Wall Street

Die New Yorker Börse, das Herz des Financial District, befindet sich in einem neoklassizistischen Gebäude aus dem Jahr 1913. Man kann die riesige, mit Papier übersäte Halle, in der sich Börsianer in bunten Jacken, Reporter und allerlei Fußvolk abhetzen, zwar von einer Galerie aus besichtigen, aber von dort sieht sie auch kein bißchen anders aus als im Fernsehen. Wer ohne die Ups und Downs des Dow Jones leben kann, wird daher auf einen Besuch dieser Kultstätte des amerikanischen Business verzichten können.

Auch die Ausstellungen zur Geschichte der Börse und des Aktienhandels vermögen nicht das Herz höher schlagen zu lassen. Wenn Sie jedoch mit eigenen Augen sehen möchten, an welcher Stelle 1929 der Börsenkrach die Große Depression auslöste, holen Sie sich ab 9 Uhr eine Eintrittskarte, die Ihnen eine halbstündige kostenlose Führung garantiert.

▶ Theodore Roosevelts Geburtshaus 151A2

20th Street zwischen Broadway und Park Avenue
Subway: 6; 23rd Street

Theodore Roosevelt, 26. Präsident der Vereinigten Staaten, erblickte das Licht der Welt 1858 in einem Backsteingebäude in Midtown Manhattan. Das Haus wurde zwar abgerissen, aber 1923 an Ort und Stelle wieder aufgebaut; seit damals beherbergt es ein Museum zu Ehren des einzigen in New York geborenen amerikanischen Präsidenten.

Im Erdgeschoß gibt eine umfangreiche Ausstellung Auskunft über das Leben Roosevelts, angefangen von seiner Asthmakrankheit als Kind über den tragischen Verlust seiner Mutter und Frau an ein und demselben Tag bis zu seinem Eintritt in die Politik mit dem Versprechen, die Korruption in der New Yorker Verwaltung zu beenden, und seinem Aufstieg zum jüngsten Präsidenten der USA 1901 im Alter von 43 Jahren.

Das obere Stockwerk ist mit Möbeln ausgestattet, die zum großen Teil im Haus der Roosevelt-Familie standen. Den besten Eindruck von der Persönlichkeit Roosevelts vermittelt das Zimmer mit seinen Jadgtrophäen und zahlreichen anderen Andenken.

▶ TriBeCa *UIVB2*

Subway: 1; Franklin Street

TriBeCa – TRIangle BElow CAnal Street ist die Gegend östlich des Broadway bis zum Hudson River – wurde in den 70er Jahren, als die Künstler durch hohe Mieten aus ihren Studios in SoHo vertrieben wurden (siehe S. 175) zur neuen Künstlerkolonie.

Ebenso wie in SoHo boten auch die ausgedienten Fabriken in TriBeCa, dem ehemaligen New Yorker Zentrum für Milch- und Geflügelprodukte, den idealen Raum für helle und geräumige Studios und Werkstätten. Aber leider ergeht es TriBeCa nicht anders als SoHo, auch hier ziehen die finanzkräftigeren Geschäftsleute auf der Suche nach sicheren Investitionen nach.

Trotz der allgegenwärtigen Luxussanierung findet man jedoch in vielen ehemaligen Fabriken kleine Kunstgale-

Exorzismus an der Börse
Seit 1967 trennt eine kugelsichere Glaswand die eigentliche Börsenhalle von der Besuchergalerie. Damals ließen Yippie (ein Wortspiel zu Hippie) Abbie Hoffman und Freunde 300 Eindollarscheine von der Galerie in die Halle flattern. Sofort stürzten sich die Börsenhändler auf das Geld. Einer der Freunde Hoffmans beschrieb dieses Schauspiel später als »die Teufelsaustreibung an der Börse«.

rien, zum Teil weniger schick als in SoHo (z.B. das **Clocktower**; 108 Leonard Street). Außerdem haben sich hier etliche Spitzenrestaurants niedergelassen, in denen man die Schönen und Reichen antreffen kann. Sehenswert sind in 37–41 Harrison Street die gut restaurierten Townhouses aus dem frühen 19. Jahrhundert im Federal Style.

Trump Tower

151C2

Fifth Avenue und 56th Street
Subway: E, F; Fifth Avenue

Der Milliardär Donald Trump war nicht nur Namensgeber des gigantischen Glasturms, dem Wahrzeichen des Wirtschaftsbooms der frühen 80er Jahret, sondern er wohnte auch darin. 263 Luxusappartements hält der Palast in den oberen Ebenen für die bereit, die es sich leisten können.

Auch wenn das Äußere keine Augenweide ist, kann man sich, ist man erst einmal drinnen, von dem Anblick zunächst nicht mehr losreißen. Trotz des fünf Stockwerke hohen Wasserfalls, der über unzählige Designerboutiquen plätschert, ist man froh, wenn man diese Traumwelt aus *glass* und *brass* wieder verlassen kann – und nebenan (727 Fifth Avenue) Trost findet bei **Tiffany & Co.**, dem berühmten Juwelier, dessen Schaufensterauslage schon so manches Herz höher schlagen ließ.

Das ehemalige Pan Am Building
Bauhausarchitekt Walter Gropius gehörte zu den Architekten des Pan Am Gebäudes an der Park Avenue, das quasi auf dem Grand Central Terminal sitzt. Das damals größte Bürohaus der Welt ist wahrscheinlich das einzige, das einer Flugzeugtragfläche gleicht. Nach dem Niedergang von Pan Am kaufte 1992 die Metropolitan Life Insurance Company das Gebäude und ließ das oft fotografierte Pan Am Logo entfernen. Das Gebäude selbst steht weiterhin unversehrt an derselben Stelle und versperrt den Blick über die Park Avenue.

Bummel um den Duane Park
Die Straßen um TriBeCas Duane Park bieten sich tagsüber für einen Spaziergang geradezu an. Besonders zu empfehlen sind Harrison Street und Leonard Street.

Der ganze Trump Tower strotzt vor Geld.

Sitzungen der Generalversammlung
Die Sitzungen der Generalversammlung von September bis Dezember sind öffentlich. Kostenlose Eintrittskarten sind am Informationsschalter in der Eingangshalle erhältlich; früh kommen lohnt sich, denn es gibt nur eine bestimmte Anzahl von Karten. Theoretisch erfolgt die Ausgabe um 10.30 Uhr und um 15.30 Uhr, doch muß mit Verspätungen gerechnet werden. Im Januar 1997 wurden einige an UN-Personal adressierte Briefbomben gefunden, was zur Verschärfung der Sicherheitsvorkehrungen führte. So kommt es auch vor, daß gar keine Karten erhältlich sind.

Sitzung der Generalversammlung. In dem riesigen Saal finden Delegationen aus 179 Ländern Platz; die Beiträge werden in sechs Sprachen gehalten.

▶ United Nations

151C3

First Avenue zwischen 42nd und 46th Street
Subway: 4, 6, 7; 42nd Street – Grand Central Terminal

Angesichts des schlechten Rufs, den die sprichwörtlich langsame Bürokratie hat, ist es nicht weiter verwunderlich, daß das größte Gebäude dieser 1945 in San Francisco gegründeten und seit 1947 in New York ansässigen Organisation das Verwaltungsgebäude ist. In diesem 39stöckigen Bau sind die 16 000 Schreiberlinge der Vereinten Nationen. beschäftigt

Einlaß findet der Besucher durch das Vollversammlungsgebäude (General Assembly Building). In der Eingangshalle sind wechselnde Ausstellungen zu internationalen Themen zu sehen; von dort führt eine Treppe nach unten zum Souvenirgeschäft, zum Postamt (die Sonderbriefmarken der Vereinten Nationen sind nur gültig, wenn das Briefgut dort eingeworfen wird) und zu einer ziemlich düsteren Cafeteria. (Der Speisesaal der Delegierten bietet eine großartige Aussicht auf den East River und ein hervorragendes Abendessen.)

Wenn Sie mehr von der UN sehen möchten, müssen Sie an einer Führung teilnehmen. Alle 15 Minuten startet eine neue Gruppe in der Lobby zu einem einstündigen Schnellrundgang durch mehrere Gebäude und diverse Ausstellungen. Nichts hinterläßt auch nur annähernd so viel Eindruck wie die halbverkohlten Überreste aus den Ruinen von Hiroshima und Nagasaki, die ebenfalls zu besichtigen sind. Sofern keine Sitzungen stattfinden, kann der Besucher auch einen Blick in den Raum des UN-Sicherheitsrats werfen – die Ruhe, die er ausstrahlt, würde nie vermuten lassen, daß dieses Gremium das Entscheidungszentrum über wirtschaftliche Sanktionen und militärische Aktionen ist. Sie können auch den Sitzungssaal der Generalversammlung besichtigen, dessen Größe allein deutlich macht, daß er nichts anderes sein kann als ein bloßes Diskussionsforum.

Die UN in New York

■ Die Bevölkerung hat sich an die Verkehrsstaus gewöhnt, die die Regierungschefs der Welt verursachen, wenn sie zu einer Sitzung eintreffen, und vergessen ist, daß die Vereinten Nationen damals um ein Haar ihr Hauptquartier in Philadelphia aufgeschlagen hätten. Die Finanzen der Vereinten Nationen stehen heute wieder zur Diskussion, und damit ist auch fraglich geworden, ob das Hauptquartier weiterhin in New York bleiben wird. ■

50 Nationen unterzeichneten im April 1945 in San Francisco die »Charta der Vereinten Nationen«; die erste Sitzung der Generalversammlung fand jedoch ein Jahr später in London statt, denn das Gerangel um den ständigen Sitz der Organisation hatte bereits begonnen.

San Francisco, Boston und Philadelphia hatten sich beworben, an New York dachte noch niemand. Erst der berühmteste (manche sagen, berüchtigtste) Chef der Stadtplanungsbehörde, Robert Moses, brachte mit seinem Satz, eine erfolgreiche Bewerbung würde »New York zum Zentrum der Welt machen«, die Stadt überhaupt ins Rennen.

Philadelphia oder New York?: Zu den Befürwortern der Bewerbung gehörte auch Nelson Rockefeller, der höhere politische Ämter und, wie es heißt, sogar das Präsidentenamt anstrebte. Obwohl es ihm gelang, die meisten UN-Funktionäre von New York als geeigneten Standort zu überzeugen, schien es 1946 dennoch, als bekäme Philadelphia den Zuschlag, und die dortigen Behörden trafen bereits entsprechende Vorbereitungen.

In der Zwischenzeit hatte der Makler William Zeckendorf günstigen Baugrund am East River erworben. Rockefeller machte ihm ein Angebot, das dieser nicht ausschlagen konnte, präsentierte den UN-Funktionären das Grundstück und bekam den Zuschlag; Rockefellers Vater hatte 8,5 Millionen $ bezahlt. Der Gebäudekomplex wurde 1963 fertiggestellt.

Viele halten das über dem East River aufragende UN-Sekretariat, das den riesigen Verwaltungsapparat beherbergt, für das langweiligste Gebäude New Yorks.

Gemischte Gefühle: Obwohl nicht alle New Yorker einsahen, warum sie den Einzug der UN und die Anreize für die Diplomaten ausgerechnet mit ihren Steuern finanzieren sollten, verhalf die Anwesenheit der Organisation ihrer Stadt ganz zweifelsfrei zu ungeahntem Ansehen, und auch die Wirtschaft hat letztlich davon profitiert.

Personelle Überbesetzung und Spesenmißbrauch führten 1992 zu Einsparungsmaßnahmen. Der UN Children's Emergency Fund (UNICEF) und der UN Capital Development Fund wollen möglicherweise anderswo mietfreie Unterkünfte beziehen. Eine Maßnahme fand bei den New Yorkern besonderen Anklang: Bürgermeister Giuliani verkündete 1997, daß sich UN-Beamte hinsichtlich der Protokolle für Falschparken nicht mehr auf ihre Diplomatenimmunität berufen dürfen.

Gracie Mansion, die Residenz des New Yorker Bürgermeisters, spiegelt den gediegenen Reichtum der Upper East Side wider.

Museumsmeile
Der Abschnitt der Fifth Avenue an der Upper East Side, an dem die meisten der angesehensten Museen New Yorks liegen, wird bezeichnenderweise Museumsmeile genannt. Nördlich der 79th Street befinden sich das Metropolitan Museum of Art, das Guggenheim Museum, das Cooper-Hewitt Museum und das Museum of the City of New York. Nicht weit davon entfernt liegen in der 70th Street die Frick Collection, das Whitney Museum of American Art in der Madison Avenue und das Museo del Barrio in der 104th Street.

▶▶▶ Upper East Side *151D3*

Nirgendwo sonst tritt der Glanz des Reichtums und des guten Geschmacks so offensichtlich zutage wie in den Villen, den exklusiven Apartments und den ultraschicken Läden der Upper East Side, die zum Synonym eines Lebensstils geworden sind, der sich nur mit unbegrenzten Mitteln finanzieren läßt.

Als es noch keinen Central Park gab, waren die ersten Häuser, die um 1870 an der Upper East Side gebaut wurden, ziemlich bescheidene Gebäude entlang der über der Park Avenue verlaufenden Bahnlinie.

Erst Ende des letzten Jahrhunderts entwickelten die Gutbetuchten der Stadt allmählich Interesse an den zwei Blocks zwischen Fifth und Madison Avenue. Die feine Fifth Avenue ist die Adresse der Multimillionäre, die Madison Avenue mit ihren schmucken Backsteinhäusern die zweitbeste Adresse New Yorks.

Mit wenigen Ausnahmen, und dazu gehören die ehemalige Villa Andrew Carnegies (in der sich jetzt das Cooper-Hewitt Museum befindet) und die von Henry Clay Frick (heute beherbergt sie die Frick Collection), wurden die Villen entlang der Fifth Avenue in den 20er Jahren abgerissen, um den Luxusapartmentblocks Platz zu machen, die heute samt weißbehandschuhten Portiers dort zu finden sind. Von ihren Fenstern hat man einen großartigen Blick über den Central Park.

Im Laufe der 50er Jahre wurden die Backsteinhäuser an der Madison Avenue nach und nach in Geschäfts- und Büroräume umgewandelt, und heute gehört diese Straße, auf der man nur die New Yorker trifft, die das entspre-

Zu Fuß **Eleganz pur**

Dieser Spaziergang bietet Ihnen neben der Eleganz der Upper East Side mehrere interessante Gebäude und wichtige Kunstgalerien.

Beginnen Sie in der 65th Street am **Temple Emanu-El**, einer Synagoge von 1929, die 2500 Menschen Platz bietet. Zwei Blocks weiter in nordöstlicher Richtung stoßen Sie auf das **Seventh Regiment Armory** von 1880, dessen große Exerzierhalle zu

UPPER EAST SIDE

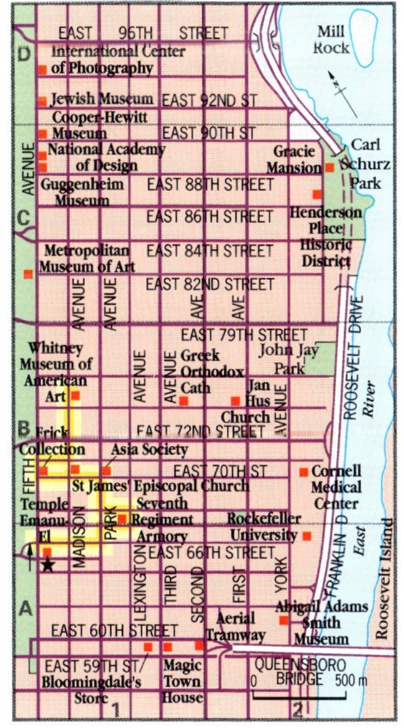

Temple Emanu-El.

Ausstellungszwecken verwendet wird. Einige Räume gestaltete Louis Comfort Tiffany.

Weiter geradeaus, auf der Park Avenue, kommen Sie zur **Asia Society** (siehe Seite 65) und, auf deren Westseite, zur St James' Episcopal Church aus dem Jahr 1884. Ihre Buntglasfenster und wunderschönen Altaraufsätze stammen aus dem Jahr 1924. An der Fifth Avenue, in Henry Clay Fricks ehemaliger Villa, ist die Frick Collection untergebracht, die vorwiegend alte europäische Meister ausstellt (siehe Seite 110). Das nahe gelegene **Whitney Museum** (siehe Seite 191) zeigt dagegen das Beste, was die moderne amerikanische Kunst zu bieten hat.

chende Kleingeld für eine exquisite Ausstattung haben, zu den exklusivsten und teuersten Einkaufsstraßen der Welt.

Ein gemächlicher Schaufensterbummel auf der Madison Avenue, während dessen Sie hin und wieder ganz unwillkürlich den einen oder anderen Gesprächsfetzen aufschnappen, ist die beste Art, sich mit dem Leben an der Upper East Side vertraut zu machen. Nicht versäumen sollten Sie natürlich auch die sogenannte Museumsmeile (siehe S. 186 links), Gracie Mansion (siehe Seite 111) – seit 1942 der offizielle Sitz des New Yorker Bürgermeisters.

»Er bewunderte New York. Er idealisierte die Stadt über alle Maßen.« Diese ersten Sätze in Woody Allens *Manhattan* könnten aus dem Mund des Regisseurs selbst stammen, denn seine Filme sind ein einziges Loblied auf New York und seine Bewohner – und zwar ein überzeugenderes als irgendeinem anderen Regisseur je gelang.

Woody Allen gegen Mia Farrow
Mitten in das Sommerloch von 1992 platzte die Nachricht, daß Woody Allens langjährige Lebensgefährtin Mia Farrow ihn des Mißbrauchs an ihrer 21jährigen Adoptivtochter Soon-Yi beschuldigte. Im Juni 1993 wurde Allen von der Anklage freigesprochen, die 7jährige, von beiden adoptierte Dylan mißbraucht zu haben; das Gericht setzte allerdings das Besuchsrecht für sechs Monate aus.

Der sechsjährige Allen Konigsberg fuhr im Jahr 1942 mit seinem Vater mit der Subway von Brooklyn bis zur 42nd Street in Manhattan. Später sagte er, er habe sich »augenblicklich in die Stadt verliebt».

Heimkehr nach New York: Mitte der 50er Jahre war aus Koenigsberg Woody Allen geworden, der als Drehbuchautor in Los Angeles arbeitete, als er, so heißt es, seiner Freundin in Brooklyn einen telefonischen Heiratsantrag machte, weil er nicht allein in *Casablanca* gehen wollte.

In der Zwischenzeit hatten Lenny Bruce und Mort Sahl der Unterhaltungskomödie zu Ansehen verholfen und damit auch dem bühnenscheuen Allen den Weg geebnet. Aus dem Alleinunterhalter auf winzigen Bühnen im Village wurde ein im ganzen Land bekannter Meister seines Fachs.

Obwohl einer seiner Fernsehauftritte dazu führte, daß ihn seine (damalige Ex-) Frau wegen Rufschädigung auf eine Million Dollar verklagte, hielten ihn seine Witze über Ehefrauen nicht davon ab, wieder zu heiraten. Die Auserwählte kam dieses Mal aus der Upper-East-Side-Gesellschaft und verhalf ihm, wie er sagte, zur »Staatsbürgerschaft von Manhattan«.

Die Filme: Allens erster Film, in dem New York eine Hauptrolle zukommt, war *Der Stadtneurotiker* (1977). Er selbst spielt darin einen unverbesserlichen Komiker, der in Los Angeles festsitzt und von New York träumt.

Sein zwei Jahre später entstandener Film *Manhattan* (Musik von George Gershwin) ist eine Hommage an New York, aber auch ein Abgesang auf die »emotionale Entfremdung der Intellektuellen in Manhattan«. Die Schlüsselszenen entstanden im Central Park, im Whitney Museum of American Art und im New York Aquarium.

In *Broadway Danny Rose* (1984) erzählt er – im Carnegie Deli – die Geschichte eines New Yorker Theateragenten.

Sein bester New York-Film aber bleibt *Hannah und ihre Schwestern* von 1986, in dem er die komplexen Beziehungsmuster einer Gruppe von Intellektuellen der Mittelschicht in Manhattan unter die Lupe nimmt. Die Szenen aus dem Leben der Stadt unterstreichen das Dilemma seiner Hauptpersonen.

▶▶ Upper West Side 151D1

Die Upper West Side, zwischen dem modernen Lincoln Center und der Columbia University aus der Zeit der Jahrhundertwende gelegen, ist größtenteils Wohngegend und einer der wenigen Bezirke New Yorks, die sich im Laufe der letzten hundert Jahre kaum verändert haben.

Einige der ersten Luxusmiethäuser der Stadt stehen in der 72nd Street. Das Dakota, der allererste dieser schloßartigen Apartmentbauten, wird auf Seite 96 beschrieben. Ein Blick lohnt sich aber auch auf die Kenilworth Apartments an der Ecke Central Park West und 75th Street. Die Kalksteinverzierungen an der Fassade, die aussehen wie Zuckerguß, haben den Begriff »Hochzeitskuchenarchitektur« geprägt. Beim Hudson River findet man in mehreren Straßen nur Häuser im malerischen Queen Anne-Stil.

Die Gebäude sind dieselben geblieben, nur die Bewohner haben sich geändert. Die Wohnungen vis-à-vis vom Central Park wurden schon immer von Mietern der höheren Einkommensklassen bewohnt, aber die Gegend um das heutige Lincoln Center war in den 50er Jahren nichts als ein heruntergekommenes Wohnviertel, das den idealen Hintergrund für die Filmaufnahmen zu *West Side Story* abgab.

Nicolas Roerich Museum
Der 1874 in Rußland geborene Nicolas Roerich widmete sein Leben der Kunst, der Archäologie und der Philosophie. Sein Aufruf »Frieden durch Kultur«, der der Erhaltung kultureller Denkmäler und Institutionen galt, brachte ihm eine Nominierung für den Friedensnobelpreis ein.

Das Nicolas Roerich Museum (319 West 197th Street) gedenkt dieses außergewöhnlichen Mannes mit seinen Büchern, persönlichen Gegenständen und vielen seiner Bilder, die meist eine einsame Gestalt auf der Suche nach Erleuchtung zeigen.

Blick von der Brücke über den See auf Central Park West. Das Dakota und die anderen vornehmen Gebäude bieten eine wunderbare Aussicht auf den Park.

Mit der Fertigstellung des Lincoln Center erfolgte dann der Zuzug von Akademikern und Leuten aus der Medienbranche, die zum Teil den steigenden Mieten im Village entflohen. Sie machten die Upper West Side zu einer liberalen und kulturellen Enklave mit Buchläden, Cafés und Bars. Auch gutverdienende Familien mit Kinder zog es in die Gegend, die ganz in der Nähe des Central Parks und des Riverside Parks liegt.

Für Touristen bietet sich ein Besuch im American Museum of Natural History, dem Naturkundemuseum, an, und von dort kann man weitere Erkundungen zu Fuß unternehmen. Vielleicht spazieren Sie sogar bis zum kuriosen Nicolas Roerich Museum am nördlichen Rand der Upper West Side (siehe rechts).

Was man 1939 dazu meinte
Die Wertschätzung des Baustils scheint ein neueres Phänomen zu sein. In einem 1939 von der WPA (Works Project Administration) herausgegebenen New York Führer hieß es, der Bau sei plump und schwerfällig.

► US Custom House

104A2

Broadway und Bowling Green
Subway: 4; Bowling Green

Im Jahr 1907 baute der bis dahin unbekannte Cass Gilbert den wuchtigen Beaux-Arts-Bau an der Stelle, an der die ersten Europäer in Manhattan einst Fort Amsterdam errichtet hatten.

Der Bau mit seinen Symbolen des Seehandels an der Fassade kostete sieben Millionen Dollar; aber angesichts der gigantischen Zolleinnahmen, über die New York als wichtiger Seehafen zu Anfang des Jahrhunderts verfügte, war dies ein kaum nennenswerter Betrag.

Den Eingang des Gebäudes zieren korinthische Säulen, eine Steinskulptur Merkurs, des römischen Gottes des Handels, und ein Fries mit Delphinen, Ankern, Masten und anderen Symbolen der Seefahrt.

Auf den Stufen des Gebäudes stehen vier Kalksteinskulpturen von Daniel Chester French (bekannt durch seine Statue von Abraham Lincoln in Washington D.C.), die die vier großen Kontinente darstellen: Asien, versunken in die Betrachtung seines Nabels, Europa, über die Vergangenheit sinnierend, Afrika, eine unbekannte Größe, und Amerika, das vor Kraft und Stärke strotzt.

Das Innere des Gebäudes wird überragt von einer eindrucksvollen Rotunde mit Wandmalereien von Reginal Marsh. In Auftrag gegeben wurde diese Arbeit von der Works Progress Administration, einer staatlichen Stelle, die während der Großen Depression für die Beschäftigung von Künstlern und Schriftstellern zuständig war. Dargestellt sind die Forschungsreisen amerikanischer Entdecker und ein in New York einlaufender Ozeandampfer, an dessen Bord sich Greta Garbo befindet.

Die amerikanische Zollbehörde zog im Jahr 1973 in das World Trade Center um. In einem Teil des Gebäudes, das in seinem Äußeren an die goldene Zeit des Handels erinnert, ist heute ironischerweise das Konkursgericht New Yorks untergebracht.

Seit 1994 ist hier das Museum of the American Indian (siehe Seiten 164–165) untergebracht.

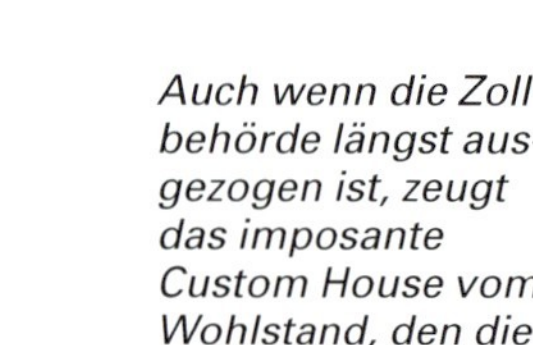

Auch wenn die Zollbehörde längst ausgezogen ist, zeugt das imposante Custom House vom Wohlstand, den die Stadt ursprünglich dem Seehandel verdankte.

Whitney Museum of American Art 187B1

Madison Avenue und 75th Street
Subway: 6; 77th Street

Das Whitney Museum ignorierte Moden, verärgerte Kritiker und Publikum, hörte jedoch in den letzten 80 Jahren nie auf, sich aufstrebender amerikanischer Künstler anzunehmen. Und genau diesem Umstand verdankt es den Besitz unzähliger Kunstwerke der wichtigsten Künstler des 20. Jahrhunderts.

Die wohlhabende Erbin und Bildhauerin Gertrude Vanderbilt Whitney machte es sich um 1910 zur Aufgabe, junge Künstler zu fördern, deren Werke sie in ihrem Greenwich-Village-Studio präsentierte. In den 20er Jahren war sie Vorsitzende des Whitney Studio Clubs, eines hochgelobten Kunstforums, das Werke von Edward Hopper, Stuart Davis und John Sloan ausstellte.

Diese und andere von Whitney geförderte Künstler entwickelten sich zu den kreativsten Köpfen der zeitgenössischen amerikanischen Kunst, auch wenn das Metropolitan Museum of Art sich davon nicht beeindrucken ließ und 1929 Whitneys private Sammlung ablehnte. Diese Abfuhr veranlaßte Whitney, ihr eigenes Museum zu gründen, das 1966 das Gebäude in der Madison Avenue bezog, einen von Marcel Breuer entworfenen Granitblock.

Das »Whitney« setzt sich heute wie damals für die Förderung zeitgenössischer Entwicklungen und neuer amerikanischer Künstler ein. Seit 1932 findet alle zwei Jahre die Whitney Biennial statt, eine Ausstellung der häufig umstrittenen neuesten Trends des Landes – was an die Kontroversen zu Gertrude Whitneys Lebzeiten erinnert.

Die wechselnden Ausstellungen des Museums setzen sich aus dem hauseigenen Bestand zusammen, mitunter widmen sie sich nur der Arbeit eines Künstlers. Die meisten Besucher kommen allerdings, um die chronologisch aufgebaute Sammlung von Gegenwartskunst zu bewundern, mit Arbeiten von Claes Oldenburg, Mark Rothko, Jasper Johns, Georgia O'Keeffe, Roy Lichtenstein, Andy Warhol, Willem de Kooning, Jackson Pollock und Edward Hopper, um nur einige von vielen zu nennen.

Fast alle großen Namen der amerikanischen Gegenwartskunst sind im Whitney vertreten.

Zweigstellen des Whitney Museum

1973 eröffnete das Whitney seine erste Zweigstelle im Financial District, die kostenlose Ausstellungen zu besonderen Themen bietet. Ende der 80er Jahre gab es vier solche Zweigstellen in Manhattan (und eine fünfte in Connecticut), doch leider machte die Rezession auch vor der Kunst nicht halt, so daß heute nur noch eine im Philip Morris Building, 120 Park Avenue, existiert.

F. W. Woolworth
Frank Winfield Woolworth begann als kleiner Verkäufer Mitte des 19. Jahrhunderts, in einer Zeit also, als der Kunde nach der Ware fragen und höchstwahrscheinlich auch um den Preis feilschen mußte. 1879 eröffnete Woolworth sein erstes Geschäft, einen Selbstbedienungsladen, in dem der Kunde das noch nie Dagewesene tun durfte: Er konnte die Ware, die 5 oder 10 Cents kostete, in die Hand und in Augenschein nehmen. Als das Woolworth-Gebäude in Auftrag gegeben wurde, blieb Woolworth, der bereits mehr als 2000 Geschäfte besaß, dann auch seinem Grundsatz treu, nicht anzuschreiben, und bezahlte die 13,5 Millionen Dollar für den Bau in bar.

Bummel durch Battery Park
Nach dem Besuch des World Trade Center bietet sich ein Spaziergang entlang der Promenade am Hudson River an, durch den Wintergarten im World Financial Center und die Esplanade in Battery Park City.

▶▶▶ Woolworth Building *104C2*

Broadway zwischen Barclay Street und Park Place
Subway: 2, 3; Park Place

Zwar wirkt es heute kleiner, da es vom World Trade Center um einiges überragt wird; doch ist es nicht weniger imponierend als damals im Jahr 1913, als es mit 260 Metern Höhe und seinen gotischen Zinnen und Türmchen das höchste Gebäude und Wahrzeichen der Stadt wurde. Bis zur Fertigstellung des Chrysler Building 1929 galt es als das »höchste Haus der Welt«.

Gebaut hat es Cass Gilbert (der auch das US Custom House entwarf, siehe Seite 190) im Auftrag von F.W. Woolworth, der eine Zentrale für seine 2000 Billigläden brauchte; offiziell eingeweiht hat es Präsident Woodrow Wilson. Auf seinen Knopfdruck hin erstrahlte »die Kathedrale des Handels«, so ein damaliger Kommentator, im Glanz von 80 000 Glühbirnen.

Schon von außen ist das Gebäude beeindruckend, aber von innen verschlägt es dem Besucher wahrlich die Sprache. Nur staunen kann man über die prunkvolle Kuppel über der Lobby, eine der prächtigsten in New York, mit ihren blauen, grünen und goldenen Mosaiksteinchen, die große Marmortreppe, den in Stein gehauenen Woolworth, der sein Geld zählt, und Gilbert, der ein Modell des Gebäudes in seinen Händen hält.

Das Gebäude gehört auch heute noch dem Unternehmen Woolworth, das in den 80er Jahren auch für die längst fällige Restaurierung sorgte.

Symbol eines weltberühmten Imperiums: das Woolworth Building.

▶ World Trade Center *104C1*

Church Street zwischen Liberty und Vesey Street
Subway: E; World Trade Center

Die Zwillingstürme von Minoru Yamasaki wurden 1973 als höchstes Gebäude der Welt anerkannt. 1974 wurden sie vom Sears Tower in Chicago überholt. Zu den ästhetischsten der New Yorker Wolkenkratzern zählen sie jedoch sicherlich nicht, ihre schmucklosen Stahlkörper vermitteln eher Monotonie, so daß sogar der trostlose Fernsehmast hoch oben auf dem Südturm in dieser Umgebung noch aufregend wirkt.

Trotzdem zieht das Gebäude Jahr für Jahr mehr als eine Million Besucher an, die jedoch wahrscheinlich eher der Aussicht wegen als der Architektur kommen. (Tickets erhält man im Südturm.) Und ein kleiner Extragenuß ist auch noch inbegriffen: Der Fahrstuhl schafft die 107 Stockwerke in sage und schreibe 59 Sekunden; wahrscheinlich werden Sie die Bewegung des Lifts gar nicht spüren, sondern nur die Veränderung des Luftdrucks.

Von der Süd-, West- und Ostseite des Observationdecks bietet sich eine unvergleichliche Aussicht über Manhattan und in die weitere Umgebung. Der Blick direkt auf Manhattan ist nach wie vor besser und eindrucksvoller vom Empire State Building, einfach deshalb, weil es weiter nördlich in Midtown Manhattan liegt. Ganz oben auf das Dach (nur bei schönem Wetter möglich) geht es mit der Rolltreppe, aber Vorsicht: schwindelfrei sollte man sein.

Die beiden Türme sind umgeben von fünf flacheren Bauten, alle sieben zusammen bilden das World Trade Center. In der Mitte befindet sich eine große Plaza, auf der im Sommer Open-Air-Konzerte stattfinden, und ganzjährig Plastiken von Fritz Koenig, James Rosati und Masayuki Nagare zu sehen sind, die leider vergebens versuchen, das Monumentale des Komplexes zu relativieren.

Wenn jemand das Gefühl hat, er müsse dieser monströsen Architektur entfliehen, geht er am besten ins Untergeschoß, wo die zahlreichen Läden und Restaurants den 50 000 Menschen zur Verfügung stehen, die bei den im World Trade Center ansässigen Gesellschaften arbeiten.

Schlagzeilen machte das WTC im Februar 1993, als in der Parkgarage eine Bombe explodierte. Sechs Menschen wurden getötet und mehr als tausend verletzt. Muslimische Fundamentalisten, so wird angenommen, sind für das Attentat verantwortlich.

Das Dach der Welt im 110. Stock, 450 Meter hoch.

Ein Kuriosum
Der Abstand vom Dach des südlichen Turms zum Dach des nördlichen Turms des WTC ist größer als der Abstand zu ebener Erde. Der Grund dafür ist die Rundung der Erdoberfläche.

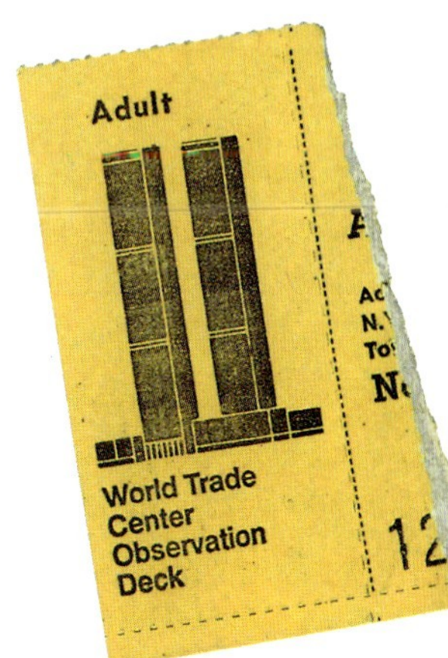

Beste Reisezeit
In die Umgebung von New York City reisen Sie am besten zwischen April und September. In dieser Zeit herrschen angenehme Temperaturen, und Sie können die zahlreichen Feste besuchen, die den ganzen Sommer über stattfinden, sowie die kleineren Museen, von denen viele im Winter geschlossen sind.

Leben am Fluß in der ruhigen Landschaft des Hudson Valley. Kaum zu glauben, daß die geschäftige New York City nur knapp 50 Kilometer entfernt ist.

Ihre reichen Vorfahren mögen noch Sommerhäuser überall im Staat gehabt haben, doch viele New Yorker von heute vermeiden es wenn irgend möglich, die vertrauten Grenzen der Metropole zu überschreiten und sich jenseits des Einzugsgebiets der Stadt zu wagen.

Wer es dennoch tut, ist meist angenehm überrascht. Nur eine Autostunde von der Geschäftigkeit Manhattans entfernt beginnt eine wunderbare Landschaft voller ruhiger Dörfer, von denen sich die meisten seit der Besiedlung durch die Holländer kaum verändert haben.

Das Hudson Valley: Nördlich von New York City bildet der Hudson River das 225 Kilometer lange Hudson Valley (siehe S. 200–205). Als Hauptverkehrsstrecke zwischen New York und Neuengland war der Fluß während des Bürgerkriegs von großer strategischer Bedeutung. Damals entstanden an seinen Ufern mehrere Forts. Eines mauserte sich zur US-Militärakademie in West Point.

Inzwischen hallen keine Schlachtrufe und Musketenschüsse mehr durch das Tal, heute vermitteln die grünen Hänge und das fruchtbare Ackerland, die Weinberge und Obstplantagen vielmehr ein Gefühl des Friedens und der Beschaulichkeit. Diese Landschaft inspirierte die erste amerikanische Kunstbewegung, die Hudson River School, deren Werke in regionalen Museen zu sehen sind. Das Tal birgt manche Überraschung: außer prächtigen Domizilen einiger Wohlhabenden ist das Haus Washington Irvings zu finden, der *Rip van Winkle* (siehe S. 20) schuf, und das von Sam Morse, dem Erfinder des Morsecodes. Den Abschluß des Tales bildet Albany, die Hauptstadt des Staates New York.

Die Catskill Mountains: Etwa von der Mitte des Hudson Valley ziehen sich die Catskill-Berge Richtung Westen (siehe S. 196–199). Selbst der höchste dieser Berge, der Slide Mountain, erreicht nur knapp über 1200 Meter, weshalb dieses »Gebirge« nicht gerade Gipfelstürmer herausfordert, sondern vielmehr einen perfekten Hintergrund für die vielen kleinen Dörfer dieser Postkartenlandschaft bildet. Sowohl die runden Hügel als auch die tiefen Schluchten mit ihren atemberaubenden Wasserfällen sind Hinterlassenschaften der letzten Eiszeit.

Von den Straßen, die sich um die Hügel winden, haben Sie eine wunderbare Aussicht. Der größte Ort der Catskills, Woodstock, ist seit Beginn dieses Jahrhunderts für sein Kunsthandwerk und seine Kultur bekannt. Die Straßen sind gesäumt von Schindelhäusern sowie Dutzenden von Galerien und Handwerksläden. In Woodstock kann man sich wunderbar dem langsameren Lebensrhythmus auf dem Land hingeben.

Long Island: Mit dem Atlantik auf der einen und dem Long Island Sound auf der anderen Seite, erstreckt sich die 200 Kilometer »lange Insel« (siehe S. 206–211) von New York City Richtung Osten. Die Bevölkerungsdichte verringert sich, je weiter man nach Osten vordringt.

Landwirtschaft und Schiffahrt sind die traditionellen Wirtschaftszweige auf Long Island, doch die New Yorker begannen bereits vor etwa hundert Jahren, die schönen Strände des Südufers für sich zu entdecken. Ein paar hübsche Dörfer am Meer, die Hamptons, wurden damals zum Tummelplatz der Reichen und sind es noch heute.

Noch traumhaftere Strände, die jedermann – unabhängig von seinem gesellschaftlichen Status – offenstehen, säumen die geschützte, von Sanddünen überzogene Landzunge Fire Island. Doch die meisten sehenswerten Plätze von Long Island befinden sich am Nordufer, wo zwischen alten Zentren des Walfischfangs und gut erhaltenen Bauerndörfern prächtige Villen zu bewundern sind, die sich Familien wie die Roosevelts und die Vanderbilts erbauen ließen.

Klarer Himmel, Kühle und buntes Laub machen den Herbst zu einer idealen Reisezeit in die Catskills.

Autovermietungen und öffentlicher Verkehr
Die Ausflüge auf den folgenden Seiten richten sich an diejenigen, die mit dem Auto unterwegs sind. Denken Sie daran, daß Sie Geld sparen, wenn Sie außerhalb von New York City ein Auto mieten. Alle größeren Orte im Hudson Valley und auf Long Island verfügen über ein gutes öffentliches Verkehrsnetz sowie Büros aller wichtigen Autovermietungen. Mieten Sie daher erst nach Ihrer Ankunft ein Auto. Eine sinnvolle Alternative ist die Kombination von öffentlichen Verkehrsmitteln und Fahrrad. Im Sommer werden in allen größeren Orten Räder verliehen. Um die schönsten Plätzchen in den Catskill Mountains zu erkunden, brauchen Sie jedoch auf jeden Fall einen Wagen.

Mit dem Auto **Catskill Mountains**

Diese Route, die in Kingston beginnt und in Saugerties endet, überquert zweimal das Hochland der Catskills, und Sie kommen durch einige der interessantesten Dörfer der Gegend.

Hinter Kingston erreicht man bald Woodstock, anschließend, Richtung Westen, kleinere Siedlungen.

Wirklich atemberaubend ist die Landschaft auf der Etappe Richtung Osten, auf der Straße 23A, die von Prattsville nach Hunter hinaufführt, das ein bekannter Wintersportort und für seine Sommerfeste berühmt ist. Eine alternative Strecke von Prattsville führt Sie nach East Durham, das wegen seiner beiden Museen den Umweg lohnt.

Auf dem letzten Stück bringt Sie die Straße ins Hudson Valley hinab nach Saugerties, einen hübschen und nur selten überfüllten Ort mit interessanten Antiquitätenläden und gepflegten Häusern. Saugerties ist auch nicht weit von Slabsides entfernt, dem Blockhaus des bekannten Naturforschers John Burroughs. Die an der Route genannten Orte werden auf den Seiten 197–199 ausführlicher beschrieben.

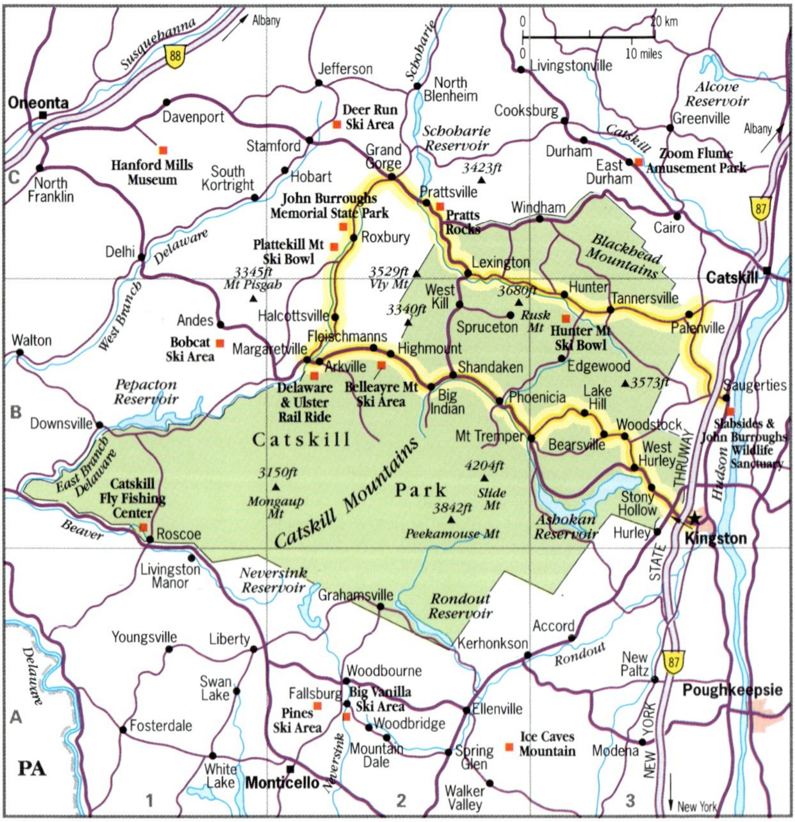

►► Catskill Mountains

Kingston und Hurley: Die bewaldeten Hügel und winzigen Dörfer an kurvigen Straßen sind zwar die charakteristischen Merkmale der Catskills, aber die größte Stadt der Region, **Kingston** ►►, sollte trotzdem nicht übersehen werden. Ihre Geschichte begann 1616 als holländischer Handelsposten. Mitte des 18. Jahrhunderts hatte sie sich bereits zu einer bedeutenden Stadt entwickelt, und während des Unabhängigkeitskrieges wurde sie zur ersten Hauptstadt des Staates New York erklärt.

Die **Senate House State Historic Site** ► im Haus Nr. 312 Fair Street wurde wieder so hergerichtet, wie sie 1777 ausgesehen hatte. Sie soll an jene zwei Monate erinnern, in denen Kingston Sitz des Staatsregierung war. Im Nebengebäude sind Gemälde des einheimischen Künstlers der Hudson River School, John Vanderlyn, zu sehen.

Das Senate House ist eines der vielen Steinhäuser, die die Holländer im 17. und 18. Jahrhundert im Stockade District erbauten. Hier befindet sich auch das **Urban Culture Park Visitor Center** ►►, das über die Geschichte Kingstons informiert und von der **Old Dutch Church** ► aus leicht zu erreichen ist. Bevor die heutige alte holländische Kirche 1852 errichtet wurde, stand an dieser Stelle ein Gotteshaus aus dem Jahre 1659. Die holländischen Gräber auf dem Friedhof stammen aus dieser Zeit.

Kingstons zweiter historischer Stadtteil ist der Distrikt **Rondout**, wo Außen- und Innenausstellungen des **Hudson River Maritime Museum** die Glanzzeit der Stadt als Zentrum des Schiffsbaus und Handels dokumentieren.

Wie Kingston erlebte auch **Hurley** ►, ein paar Kilometer westlich, eine Blütezeit, als es 1777 zur Hauptstadt des Staates ausgerufen wurde. An der Main Street stehen zehn holländische Steinhäuser, die am zweiten Samstag im Juli zur Besichtigung offenstehen. Kommen Sie an einem anderen Sommertag, sollten Sie das restaurierte **Hurley Patentee Manor** aus dem 18. Jahrhundert besuchen.

New Paltz
New Paltz, südlich von Kingston an der Route 32 gelegen, wurde 1677 von französischen Hugenotten gegründet. Sechs ihrer Häuser an der Huguenot Street sind heute noch in einem hervorragenden Zustand. Im Deyo House aus dem Jahre 1692 beginnen Führungen der historischen Gesellschaft durch die Räume der Gebäude, die im Stil der damaligen Zeit eingerichtet sind und einen Einblick in das Leben des 17. Jahrhunderts geben.

Die Route 42 nahe Shandaken.

Woodstock: Der bekannteste und geschäftigste Ort in den Catskills, **Woodstock** ►►► (13 Kilometer westlich von Kingston am Highway 212), gab dem legendären Rock-Festival des Jahres 1969 zwar seinen Namen, doch das Treffen fand fast hundert Kilometer entfernt statt.

Anfang des 20. Jahrhunderts gründete ein Engländer die **Byrdcliffe Arts Colony** auf einem zwölf Hektar großen

Gelände in den Hügeln bei Woodstock (achten Sie auf die beschilderte Straße, die vom Highway 212 abgeht). Künstler und Handwerker, die in den Ateliers lebten und arbeiteten, verhalfen der Stadt zu einem vielfältigen Angebot an kulturellen Ereignissen – eine Tradition, die bis heute anhält.

Westlich von Woodstock: Dringt man tiefer in die Catskills vor, so schlängeln sich die Straßen von Gipfel zu Gipfel und führen durch kleine Dörfer wie **Phoenicia** und **Shandaken,** deren Haupteinnahmequellen Wildwasserfahrten und zahlreiche französische Gourmet-Restaurants sind. Beide Dörfer ziehen betuchte Wochenendausflügler aus New York an, die dieses Gebiet als ihr kleines Stückchen Paradies auf Erden ansehen.

Auf der Westseite der Catskills bietet **Arkville** mit seiner **Delaware & Ulster Rail Ride** ► eine Abwechslung. Die zwanzig Kilometer lange historische Eisenbahn verkehrt mehrmals täglich zwischen Arkville und Halcottsville.

Roxbury und Prattsville: Nördlich von Arkville, in **Roxbury,** ließen 1892 die Kinder des unbeliebten Kautschukbarons Gould, der 1836 hier geboren wurde, aus Kalkstein und Eiche die eindrucksvolle **Jay Gould Memorial Reform Church** errichten.

Interessanter ist der **John Burroughs Memorial State Park** ► drei Kilometer westlich. Hier wurde der führende

Hunter und seine Feste
Den New Yorkern ist Hunter (nördlich von Woodstock an der Route 214) bestens als Skiort bekannt. Wenn der Schnee schmilzt, beginnt die Sommersaison mit einer Reihe von Festen. Anfang Juli findet ein italienisches Fest statt, auf das gleich ein deutsches Alpenfest sowie der erste Teil eines *Country Music*-Festivals folgen. Im August werden das National Polka Festival , ein keltisches Fest, der zweite Teil des *Country Music*-Festivals und ein Golden-Oldies-Festival abgehalten. Den krönenden Abschluß bildet Anfang September das Mountain Eagle Native American Festival, ein indianisches Fest.

Naturforscher der Catskills 1837 geboren und 1921 begraben. Burroughs begleitete Persönlichkeiten wie Theodore Roosevelt, Thomas Edison und Henry Ford auf ihren Campingtouren durch die Catskills, wo er ihnen die Wunder der Natur erklärte.

Das nach dem einheimischen Gerbereibesitzer Zadock Pratt benannte **Prattsville** ▶ behauptet von sich, die erste planmäßig angelegte Gemeinde in den Vereinigten Staaten gewesen zu sein. Eines der gut erhaltenen Häuser aus den 30er Jahren des letzten Jahrhunderts, das ehemalige Zuhause Pratts, beherbergt die geschichtliche Kollektion des empfehlenswerten **Zadock Pratt Museums** ▶.

In **East Durham** am Nordrand der Catskills ist im **Durham Center Museum** ▶ (in einem ehemaligen Schulhaus aus dem Jahre 1825) eine abwechslungreiche Sammlung von landwirtschaftlichen Geräten, Fossilien, indianischem Kunstwerk, Militaria und Haushaltsgegenständen zu sehen. Die bizarrsten Souvenirs der Catskills finden Sie ebenfalls in East Durham: Ornamente aus echten Schmetterlingen, die im **Butterfly Art Museum** ▶ hergestellt wurden. Das Museum wurde von einem deutschen Einwanderer gegründet, der 1932 hierherkam, und verfügt über eine umfassende Kollektion von Schmetterlingen und Käfern. Ein Kontrastprogramm bietet der **Zoom Flume Amusement Park** ▶ ganz in der Nähe an der Shady Glen Road mit seinen Wasserfahrten – ideal, um an heißen Tagen einen kühlen Kopf zu bewahren!

Nicht weit von **Saugerties**, im Hudson Valley (bei der Route 9W nahe des West Park), liegen Slabside und die friedlichen Wälder des **John Burroughs Wildlife Park** ▶.

Links, rechts und unten: Ansichten von Woodstock, einem typischen Catskill-Village.

Pratt Rocks
Etwas außerhalb von Prattsville, an der Route 23, sind auf den Pratt Rocks Pratt und sein Pferd eingraviert. Das Kunstwerk wurde in den 80er Jahren des 19. Jahrhunderts von Zadock Pratt in Auftrag gegeben, damit ein wandernder Steinmetz sich das Geld für seine Unterkunft verdienen konnte.

Mit dem Auto **Hudson Valley**

Die wunderbaren Ausblicke auf den Hudson River und sein baumbestandenes Tal machen diese Fahrt zu einem unvergeßlichen Erlebnis.

Siehe Karte gegenüber.

Nehmen Sie sich für die Fahrt zwei oder drei Tage Zeit, besuchen Sie ein paar der einzigartigen Gemeinden und ihre historischen Gebäude, von denen einige noch aus der Zeit der ersten Besiedlung durch die Europäer stammen. Die Fahrt endet in Albany, der Hauptstadt des Staates New York und einer der wenigen Städte im Hudson Valley, in denen sowohl moderne Bauten als auch Häuser aus längst vergangenen Zeiten zu sehen sind.

Die Sehenswürdigkeiten, an denen Sie vorbeikommen, werden auf den Seiten 200–205 behandelt.

Philipsburg Manor nördlich von Tarrytown: Szenen aus dem Leben auf dem Land im 17. Jahrhundert.

▶▶ **Hudson Valley** *201*

Von Yonkers nach Tarrytown: Wenn es auch mit der Weidelandschaft weiter nördlich überhaupt nichts gemein hat, so sollten Sie doch im industriellen **Yonkers** das erste Mal halten, nachdem Sie New York City auf dem Sawmill River Parkway oder über die Metro North verlas-

Sunnyside, das Haus von Washington Irving, ist eines der gut erhaltenen Gebäude nahe Tarrytown.

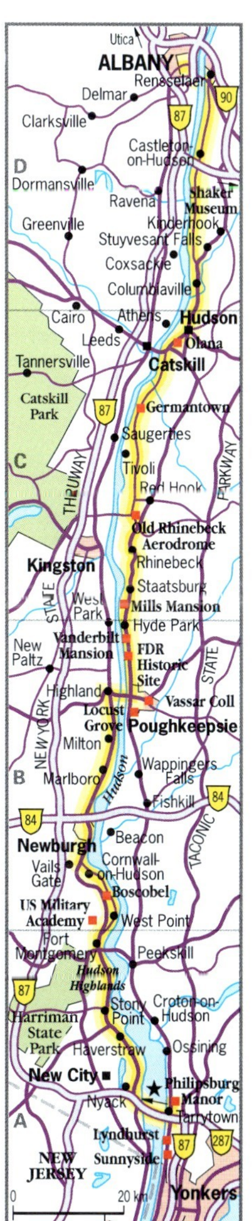

sen haben. Die stimmungsvollen Landschaftsbilder der Hudson River School, die die Wände des **Hudson River Museum** ▶ in Yonkers zieren, werden Ihren Appetit auf das anregen, was Sie noch erwartet.

Ganz in der Nähe, im **Philipse Manor** ▶, führte Frederick Philipse III. ein ausschweifendes Leben, bis er im Unabhängigkeitskrieg ins Gefängnis mußte, weil er die Briten unterstützt hatte. Wenn er wüßte, daß heute die Porträts der US-Präsidenten über seinen ehemaligen Möbeln hängen, würde er sich sicher im Grabe umdrehen.

Weiter nördlich an der Route 9, südlich von Tarrytown, erhebt sich am Fluß eine neugotische Burg: Das prunkvolle **Lyndhurst** ▶▶▶ gehört zu den Glanzbeispielen der gotischen Architektur in Amerika und ist das Werk des Architekten Alexander Jackson Davis.

Das 1838 erbaute Lyndhurst wurde 1880 von dem Kautschukbaron Jay Gould erworben. Gould hielt das Gebäude sehr gut in Schuß, seine Nachkommen wohnten hier bis 1961. Die Burg bietet einen imposanten Anblick. Sie steht auf 26 Hektar Grund, und ihr Inneres ist voller viktorianischer Möbel und Kunstwerke.

Kurz vor der Fertigstellung Lyndhursts zog der Schriftsteller Washington Irving eineinhalb Kilometer von hier in ein weit weniger pompöses Zuhause. Er versah das Bauernhaus **Sunnyside** ▶▶ aus dem 17. Jahrhundert mit holländischen Giebeln und einem romanischen Turm. Auf einer Führung können Sie die 17 Zimmer erkunden, in denen der Autor von *Rip Van Winkle* seinen Lebensabend verbrachte. Der erste international bekannte amerikanische Romancier war auch ein guter Klempner: Die Wasserhähne an der Badewanne und den Heißwassertank in der Küche erfand er selbst.

Ein kurzer Umweg auf der Route 9 nördlich von Tarrytown führt zur **Philipsburg Manor** ▶▶, wo Sie im Herzen des Empires der Philipse-Familie die Rekonstruktion einer Mühle aus dem 17. Jahrhundert bewundern können. Während das Vieh durch den Hof wandert und die Mühle rattert, erzählen Ihnen Führer in Kostümen im Stil der 50er Jahre des 18. Jahrhunderts amüsante und interessante Geschichten über das Anwesen.

Nicht weit von dem Herrenhaus entfernt wurde 1697 die **Old Dutch Church** ►, die alte holländische Kirche, auf Geheiß von Frederick Philipse I. erbaut. Außerhalb der Gottesdienstzeiten steht die Kirche nur selten zur Besichtigung offen. Auf dem Friedhof liegen neben zahlreichen holländischen Siedlern auch Andrew Carnegie und Washington Irving begraben.

Von Tarrytown nach West Point: Am Westufer des Hudson, erreichbar über die Tappan Zee Bridge (1-287 West), verläuft die Route 9W in der Nähe des Dorfes **Nyack** ►, in dem 1882 Edward Hopper geboren wurde. Der große realistische Künstler verbrachte einen Großteil seines Lebens hier. In seinem ehemaligen Zuhause ist heute das **Hopper House Arts Center** (82 North Broadway) untergebracht. Seine schönsten Werke hängen natürlich in den besten Museen der Welt; hier finden Sie Gemälde mit Landschaften dieser Gegend sowie viele Kunstdrucke und Bücher.

Warum Tarrytown Tarrytown heißt
Laut Washington Irving hat Tarrytown seinen Namen den holländischen Siedlerinnen zu verdanken. Ihre Ehemänner versumpften nämlich regelmäßig am Markttag in der Dorfschenke (engl. *tarry:* verweilen). Weniger romantische Geschichtsforscher nehmen an, der Name gehe auf das holländische Wort für Weizen, *tarwe*, zurück.

Weiter nördlich, etwas abseits der Route 9W, kommt man zur **Stony Point Battlefield State Historic Site** ►, den Überresten eines britischen Forts, das General »Mad« Anthony Wayne 1779 in einer tollkühnen Nacht- und Nebel-Aktion angriff und einnahm. Im kleinen Besucherzentrum wird deutlich, warum die Schlacht so wichtig war: Die Verwegenheit Waynes steigerte das Ansehen der amerikanischen Streitkräfte.

Hinter Stony Point windet sich die Route 9W zu den **Hudson Highlands** hinauf. Dieses Hochland ist von seltener Schönheit. Das Flußbett wird schmäler, und an den Hängen wechseln Bäume und nackter Fels einander ab.

Die Route 218, eine Straße oberhalb des Flusses, führt durch die **US-Militärakademie** in **West Point** ►. Seit 1802 sollen hier die Kadetten Disziplin, Charakterstärke

Das Gelände der US-Militärakademie in West Point. Hier können Besucher »in die Fußstapfen« vieler berühmter Amerikaner treten.

und Führungsqualitäten lernen. In West-Point gingen zahlreiche Präsidenten, Generäle und Astronauten zur Schule, aber auch Aussteiger der amerikanischen Gesellschaft, zum Beispiel der Autor Edgar Allan Poe und der LSD-Guru der 60er Jahre, Timothy Leary.

Sehenswert sind das **West Point Museum,** das voller Erinnerungsstücke an sämtliche militärischen Konflikte ist, in die die USA je verwickelt waren; die Überreste des **Fort Putnam** aus dem Unabhängigkeitskrieg, das 140 Meter über dem Hudson thront, und der als die »Plain« bekannte **Exerzierplatz,** auf dem man einige der 4000 Kadetten von West Point des öfteren mit äußerster Präzision marschieren sieht.

Nicht fehl am Platz: die »Plain«, der Paradeplatz von West Point.

Von Westpoint nach Poughkeepsie: In Newburgh, dem nächsten größeren Ort, bewohnte George Washington während der 16 Monate, die zwischen der Kapitulation der Briten und der Unterzeichnung des Friedensvertrages in Paris lagen, ein Steinhaus (84 Liberty Street). **Washington's Headquarters/Jonathan Hasbrouck House** ▸ lohnt, wie auch andere Gebäude aus dem 18. und 19. Jahrhundert, einen Bummel durch die Stadt.

Ein genaueres Bild von der Zeit des Unabhängigkeitskriegs erhalten Sie in der **New Windsor Cantonment State Historic Site** ▸▸ südwestlich von Newburg in der Nähe von Vails Gate. Hier wurden 10 000 Soldaten Washingtons gegen Ende des Kriegs in Blockhütten untergebracht. Nur durch eine Ansprache von Washington selbst konnte eine Meuterei verhindert werden. Im Sommer spielen hier ansässige Geschichtsliebhaber längst vergangene Szenen nach.

Nördlich von Newburgh liegen in den Ausläufern der Catskill Mountains einige Dörfer verstreut. Am Ostufer des Hudson kämpft das von Indianern gegründete **Poughkeepsie** darum, daß seine Vergangenheit nicht in Vergessenheit gerät. Denn Einkaufszentren und moderne Wohnungsbauten verwandeln es nach und nach in eine normale amerikanische Vorstadt. Eine ehrenwerte Institution aus der Vergangenheit der Stadt ist das **Vassar College** ▸, das 1881 als das einzige Mädchencollege der USA und als erste Universität mit Museum und Kunstgalerie gegründet wurde. Seine Wände zieren sowohl Werke von Rembrandt und Whistler als auch bemerkenswerte Landschaftsgemälde von Künstlern der Hudson River School.

Vassar College

So seltsam es auch klingen mag, die Bierproduktion spielte bei der Gründung von Vassar eine bedeutende Rolle, denn der wohlhabende Philanthrop – und Bierbrauer – Matthew Vassar wollte dafür sorgen, daß auch Frauen in den Genuß des Studiums der Künste kamen, das bisher nur Männern erlaubt war. Obwohl seit 1969 auch Männer zugelassen sind, sind die Studentinnen in der Überzahl. Später kam das Frances Lehman Loeb Art Center hinzu, gebaut vom Architekten Cesar Pelli, das die Werke der Studenten zeigt. Weltweiten Ruhm erwarb Pelli jedoch durch ein anderes Werk, das World Financial Center in Manhattan.

Die Shaker
Die 1747 gegründete Gruppe der Shaker (so benannt wegen ihrer ekstatischen Tänze) entwickelte sich zu einer der größten und respektiertesten religiösen Gemeinschaften. Um 1840 lebten mehr als 4000 Shaker in den etwa 20 Shaker-Dörfern, die zwischen Maine und Kentucky verstreut lagen. Ihr Wissen und ihre Handwerkskunst beeinflußten das Leben in allen Bereichen. Zu ihren Errungenschaften zählen der flachköpfige Besen, die Holzwäscheklammer und die Kreissäge. Sie waren die ersten, die Pflanzensamen in abgepackten Beuteln verkauften. Der aufkommende Wohlstand führte ab 1875 jedoch zum Niedergang der Gemeinschaften.

Albanys Eierschale
Was im Zentrum von Albany wie eine gigantische umgedrehte Eierschale aussieht, ist das Zuhause des ESIPA (Empire State Institute for the Performing Arts). In dem Riesenei finden 900 Leute Platz, die dort verschiedenen Musik- und Theaterveranstaltungen beiwohnen können.

Ein drei Kilometer langer Umweg südlich von Poughkeepsie auf der Route 9 führt nach **Locust Grove** ►►. Der Erfinder Samuel Morse erwarb das Haus 1847 und verwandelte es mit Hilfe von Alexander Jackson Davis in eine toskanische Villa. In dem schönen, gut erhaltenen Gebäude gibt es Morses Telegraphenausrüstung sowie verschiedene viktorianische Möbelstücke zu sehen.

Von Poughkeepsie nach Albany: Aufgrund des Alphabets, das seinen Namen trägt, gerät Samuel Morse nicht in Vergessenheit. Bekannter ist Franklin D. Roosevelt, der ebenfalls aus dieser Gegend stammt. Der am längsten amtierende US-Präsident wurde 1882 in einem Schindelhaus am Hudson geboren, in der Nähe des Weilers Hyde Park, an der Route 9 nördlich von Poughkeepsie.

Roosevelt baute dieses Haus im Jahr 1916 in eine 35-Zimmer-Villa um. Heute können Sie es als **Franklin D Roosevelt National Historic Site** ►► besuchen und die nach dem Geschmack des damaligen Präsidenten eingerichteten Räume bewundern.

Franklin D Roosevelt Library and Museum ► beherbergen das Archiv des Präsidenten und eine Ausstellung über das Leben Roosevelts und seine Höhepunkte. Ein Bus bringt Sie zur **Eleanor Roosevelt National Historic Site** ►, das Haus, in dem Roosevelts Ehefrau Eleanor die Sommermonate und später ihre Witwenjahre verbrachte.

In der **Vanderbilt Mansion National Historic Site** ►►, drei Kilometer weiter nördlich, spürt man die ganz andere Atmosphäre, die hier herrschte. Frederick W. Vanderbilt, der Enkel des Millionärs Cornelius Vanderbilt, verbrachte einen Großteil seines Lebens damit, das Familienvermögen durchzubringen, zwei Millionen US-Dollar verschwendete er auf dieses prachtvolle dreistöckige Herrenhaus. Heute kann die Öffentlichkeit die Perserteppiche und flämischen Gobelins bestaunen, weil Vanderbilts Nichte 1940 keinen Käufer für das Haus fand und es daher dem Staat schenkte.

Der auffälligste Bau im Hudson Valley ist nicht das Haus eines Multimillionärs, sondern das **Olana** ►► an der Route 9G, südwestlich des Hudson. Das arabisch-maurisch anmutende Olana wurde in den 70er Jahren des letzten Jahrhunderts für einen führenden Künstler der Hudson River School, Frederick Church, errichtet. Die mit islamischen und byzantinischen Ornamenten verzierten Bogentüren und -fenster sind der angemessene Rahmen für wundervolle Ausblicke auf das von Church selbst gärtnerisch gestaltete Anwesen. Das Innere des auf einem Hügel gelegenen Hauses ist voller Teppiche, Ornamente und Schätze aus dem Orient.

Auf dem letzten Wegstück vor Albany sollten Sie einen Umweg über Old Chatham machen, den Stützpunkt der Shakers. Die einfachen, aber hervorragend gearbeiteten Möbel dieser Religionsgemeinschaft, deren Grundsätze Zölibat, Mäßigkeit und Teilen sind, veränderten das Image der angewandten Kunst in Amerika. Ihre Werke sind in vielen amerikanischen Museen zu sehen, aber das **Shaker Museum** ►► in Old Chatham verfügt zweifellos über die umfassendste Kollektion: Acht Gebäude beherbergen zahlreiche Beispiele aus den Bereichen Tischlerei, Metallverarbeitung und Weberei. Andere Ausstellungen informieren über ihre Geschichte und ihren Glauben.

Die Regierung des Staates New York hat ihre Büros im Empire State Plaza in Albany.

Das am nördlichen Ende des Hudson Valley gelegene **Albany** ▶▶ erlebte im 18. Jahrhundert eine Blütezeit als Handels- und Transportzentrum. 1797 war es sogar die Hauptstadt des Staates New York. Einem Restaurierungsprogramm ist zu verdanken, daß viele Gebäude aus dem 19. Jahrhundert gut erhalten sind. Die Stadtmitte beherrscht jedoch das moderne Einkaufszentrum **Empire State Plaza** aus weißem Marmor, durch das ein 400 Meter langer Weg mit Skulpturen führt. Fahren Sie mit dem Lift zur Aussichtsgalerie im 42. Stock des **Corning Tower** ▶, des höchsten Gebäudes, hinauf. Von hier können Sie Ihren Blick über das ganze Tal schweifen lassen.

Das danebenliegende **New York State Capitol** ▶▶▶ aus rosa Granit, dessen Bau 24 Millionen Dollar verschlang, wurde 1898 fertiggestellt. Es zeigt französische, italienische und romanische Elemente, da sich der Geschmack – und die Architekten – in den 30 Jahren Bauzeit änderten. Jedes Detail ist kunstvoll ausgearbeitet. Diese Tatsache wird auf den stündlichen Führungen, die auch die elegante Marmortreppe einschließt, besonders hervorgehoben.

Das **New York State Museum** ▶▶▶ auf der anderen Seite der Empire State Plaza zeigt anhand zahlreicher Ausstellungen und begehbarer Dioramen die Geschichte des Staates New York.

Im **Albany Institute of History and Art** ▶▶ (125 Washington Avenue) wird die Vergangenheit zwar nicht so attraktiv präsentiert, dafür wird sie hier ausführlicher dokumentiert. Ein Großteil der Exponate geht auf die holländische Besiedlung zurück: Möbelstücke, Geschirr, Porträts von Adeligen und eine ansehnliche Auswahl von Gemälden der Hudson River School.

Das Schuyler Mansion
Wenn Ihnen die Reise durch das Tal noch nicht die Lust an der Besichtigung alter Villen genommen hat, sollten Sie das prachtvollste Herrenhaus von Albany, das Schuyler Mansion (32 Catherine Street), besuchen. Es wurde 1762 für den erfolgreichen Geschäftsmann Philip Schuyler erbaut, der sich im Unabhängigkeitskrieg als Offizier verdient gemacht hatte.

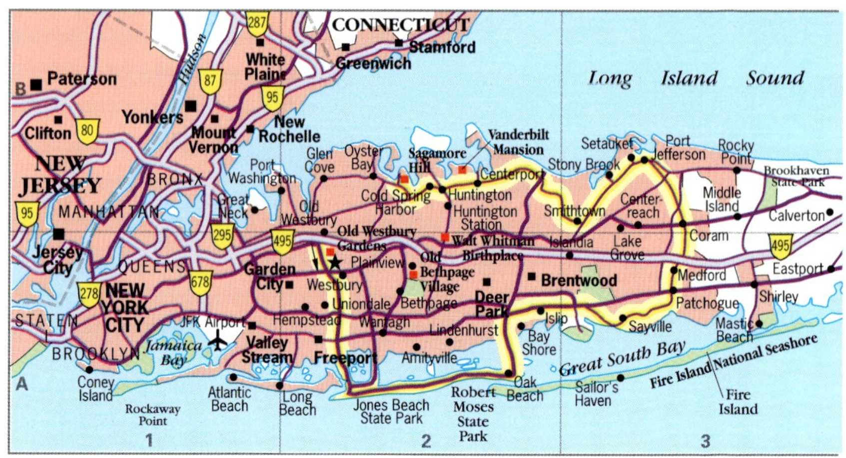

Mit dem Auto

Long Island

Diese Fahrt führt zu historischen Gebäuden, stimmungsvollen Fischerhäfen und den Stränden von Long Island.

Von den herrlichen Old Westbury Gardens geht es vorbei am Jones Beach zu den Seebädern Sayville und Patchogue an der Südküste. Bevor Sie an der Nordküste die hübschen Dörfer Setauket und Stony Brook erreichen, führt Sie die Straße an einigen winzigen Landgütern vorbei.

Eine Seitenstraße führt zum Vanderbilt Mansion, alternativ können Sie zu Walt Whitmans Geburtsort und der früheren Walfanggemeinde Cold Spring Harbor fahren. Den letzten Halt können Sie in Sagamore Hill einlegen, dem Haus Theodore Roosevelts.

Die Sehenswürdigkeiten auf dieser Route nach Long Island und weitere interessante Stätten werden detailliert auf den Seiten 207–211 beschrieben.

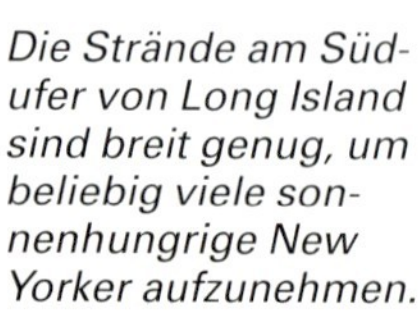

Die Strände am Südufer von Long Island sind breit genug, um beliebig viele sonnenhungrige New Yorker aufzunehmen.

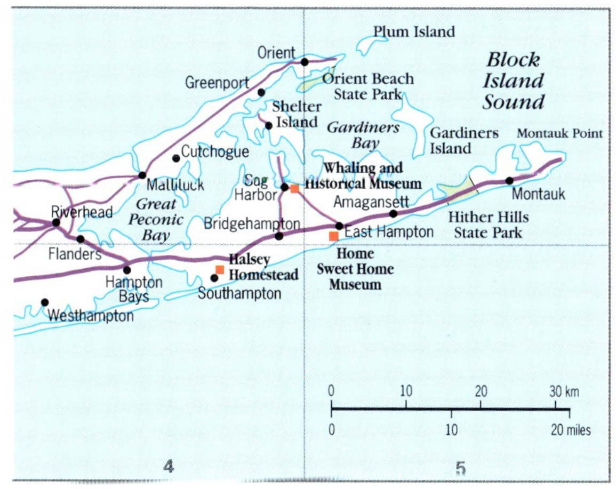

► Long Island

Old Westbury und Old Bethpage: Ein Großteil des westlichen Long Island ist heute ein Vorstadtgebiet, das nahtlos in New York übergeht und von Schnellstraßen durchzogen ist. Vor einem Jahrhundert war es jedoch noch eine ausgesprochen ländliche Gegend. John S. Phipps, der Sohn von Andrew Carnegies Geschäftspartner, kaufte ein Stück Land in der Nähe von Old Westbury. Phipps' Westbury House aus rotem Ziegel wurde 1903 fertiggestellt. Heute ist das als **Old Westbury Gardens** ►► bekannte vierzig Hektar umfassende Anwesen die Hauptattraktion für gartenbegeisterte Besucher. In den vollendet gestalteten und wundervoll bepflanzten Gärten gedeihen prächtige Bäume und herrlich duftende Rosen.

Long Island ermöglicht nicht nur die Flucht vor der Großstadt New York, sondern im **Old Bethpage Village** ►► auch eine Flucht vor dem 20. Jahrhundert. Mit zerstoßenen Austernschalen gepflasterte Straßen führen in dieses Dorf, eine Nachbildung aus dem frühen 19. Jahrhundert.

Amityville
Die Bewohner eines Hauses auf einem Hügel in Amityville, im tiefsten Vorstadtdschungel Long Islands, verließen Anfang der 70er Jahre fluchtartig ihr Haus. Nachdem kurz darauf ein Buch und ein Film mit dem Namen *The Amityville Horror* veröffentlicht wurden, die beide die gruseligen Ereignisse – offenbar recht übertrieben –beschrieben, verbrachten die Einheimischen einen Großteil ihrer Zeit damit, Touristen den Weg zum Schauplatz des Schreckens zu zeigen. Es überrascht nicht, daß das Haus schwierig zu verkaufen ist und der sonst so normalen Gemeinde ein eigenartiger Ruf anhaftet.

Das William-Floyd-Anwesen
In der Nähe des Mastic Beach, wo die Straße zum östlichen Fire Island auf das Festland trifft, liegt das William-Floyd-Anwesen, die Überbleibsel jener Plantage, die einst William Floyd gehörte, einem Mitunterzeichner der Unabhängigkeitserklärung. Das einfache, 1724 von Floyd erbaute Haus steht im Zentrum des knapp 250 Hektar umfassenden Anwesens, das von den nachfolgenden Generationen vergrößert wurde. Die letzten Nachkommen Floyds wohnten hier bis 1975, viele andere liegen auf dem Familienfriedhof begraben. Die 25 Zimmer des Hauses erzählen vom wechselhaften Schicksal der Familie.

So oder ähnlich sahen alle Orte auf Long Island aus, bevor das Zeitalter der Schnellstraßen und wuchernden Vorstädte begann. Die Erzählungen der Schneider, Schmiede und Ladenbesitzer über ihre Tätigkeit und ihren Alltag läßt wohl keinen Besucher unbeeindruckt.

Jones Beach und Fire Island: Die meisten New Yorker kommen nach Long Island, um sich braun braten zu lassen. Der **Jones Beach** ist an Sommerwochenenden beliebter Tummelplatz der New Yorker. Wer mehr Platz und Einsamkeit sucht, fährt die kurze Strecke Richtung Osten zum **Fire Island State Park** ▶, wo ein Leuchtturm aus dem 19. Jahrhundert heute den Zweck eines Besucherzentrums erfüllt.

Der 400 Hektar große Park umfaßt den westlichen Teil von **Fire Island** ▶▶, der längsten sandigen Landzunge am Südufer von Long Island. Sie ist an keiner Stelle breiter als 800 Meter, aber über 50 Kilometer lang und an beiden Enden über Straßen mit dem Festland verbunden, ansonsten aber auch von Long Island mit der Fähre zu erreichen.

Fire Island ist staatlich, doch gibt es private Feriendörfer, die die unterschiedlichsten gesellschaftlichen Schichten ansprechen. Tagesausflügler sind in den exklusivsten Anlagen nicht immer willkommen. **Sailor's Haven** ▶▶ dagegen, das mit der Fähre von Sayville aus zu erreichen ist, ist einen Tagesausflug wert. Den schönen Strand, die Naturpfade durch die Dünen und die widerstandsfähige Vegetation des **Sunken Forest** ▶ sollten Sie sich nicht entgehen lassen. Ein Besucherzentrum bietet die nötige Hintergrundinformation zum Verständnis des ökologischen Gleichgewichts auf Fire Island.

Das Nordufer von Long Island übt auf stadtmüde New Yorker eine große Anziehungskraft aus.

Die Hamptons: Bis Ende des 19. Jahrhunderts lagen die unter dem Sammelbegriff Hamptons bekannten Siedlungen friedlich im Zentrum eines landwirtschaftlichen Gebietes. Doch dann entdeckten reiche New Yorker die Orte und verwandelten sie in schicke Badeorte mit schönen Stränden, eleganten Boutiquen und teuren Restaurants. Trotz dieser Entwicklung haben sie sich einen gewissen Zauber erhalten.

In **Southampton** ▶, einer der ältesten Städte auf Long Island, liegt **Halsey Homestead** ▶ aus dem Jahre 1648, eines der ältesten Fachwerkbauten im ganzen Staat New York. Die schmalen Straßen im hübschen **East Hampton** ▶▶▶ säumen ordentlich zurechtgestutzte Hecken und von Palisadenzäunen umgebene Häuschen. Der hier geborene Autor und Dramatiker John Howard Payne liebte diesen Ort so sehr, daß er hier das sentimentale Lied, »Home Sweet Home«, komponierte. Dieser Tatsache huldigen die Einheimischen mit der Erhaltung seines ehemaligen Wohnhauseses als **Home Sweet Home Museum** ▶, in dem heute vorwiegend Keramiken aus dem 18. Jahrhundert ausgestellt sind.

Mehr Sehenswertes finden Sie in vier uralten Gebäuden an der Main Street, von denen die **Clinton Academy** ▶ aus dem Jahre 1784 am meisten fesselt: In dieser ehemaligen hehren Stätte der Gelehrsamkeit werden heute in Ausstellungen verschiedene Aspekte des örtlichen Lebens behandelt.

Um die Südküste zu erreichen, müssen Sie den Robert Moses Causeway überqueren.

Sag Harbor: Sollten Sie keine Lust auf die über 30 Kilometer lange Fahrt an das Ostende von Long Island verspüren (siehe rechts), fahren Sie am besten von East Hampton Richtung Nordwesten nach **Sag Harbor** ▶▶. Dieses verschlafene Nest am Meer war einst ein geschäftiger Hafen, der nur von New York an Bedeutung übertroffen wurde. Bis 1871 verfügte er über die viertgrößte Walfangflotte der Welt.

Durch den Kieferknochen eines Wals, der den Eingang eines früheren Freimaurertempels bildet, betritt man das **Whaling and Historical Museum** ▶▶ der Stadt, das viele Zeugnisse ihrer glorreichen Vergangenheit zeigt.

Das **Custom House** ▶ aus dem Jahre 1789 stammt gleichfalls aus der Blütezeit Sag Harbors, ebenso die Kirche **Whaler's Church** ▶, die 1841 in einem eigenartigen griechisch-ägyptischen Stil erbaut wurde. Gleichsam als Zeichen des Niedergangs von Sag Harbors Seehandel wurde ihr Kirchturm – lange Orientierungshilfe der Seeleute – 1938 von einem Hurrikan zum Einsturz gebracht.

Shelter Island: Eine kurze Fahrt mit der Fähre bringt Fußgänger und Fahrzeuge nach Shelter Island, einem sehr ruhigen Fleckchen Erde nördlich von Sag Harbor. Die viktorianischen Häuschen in den schmalen Straßen vermitteln einen friedlichen Eindruck, doch hat Shelter Island eine recht aufregende Vergangenheit. Im 18. Jahrhundert war es Piratenunterschlupf und – während der Prohibition – ein bevorzugter Landeplatz der Alkoholschmuggler.

Die Ostspitze von Long Island

Wer von East Hampton Richtung Osten nach Montauk fährt, sollte auch noch die weiteren acht Kilometer nach Montauk Point auf sich nehmen. Ein Leuchtturm, der auf Befehl von George Washington 1797 hier errichtet wurde, markiert die östlichste Spitze. Ersteigen Sie trotz Schwindelanfällen die 138 Stufen, Sie werden mit einer herrlichen Aussicht auf Rhode Island und die Küste von Connecticut belohnt!

Sagamore Hill.

Riverhead
Ein Grund für einen Besuch in Riverhead, einer Stadt abseits der Hauptstraßen zwischen den Hamptons und dem Nordufer, könnte das Suffolk County Museum sein, das nicht nur Exponate der indianischen Kultur, sondern auch Stücke aus der Zeit des Walfangs ausstellt. Ein weiterer Grund wäre das Angebot der Weinkellerei Palmer (melden Sie sich unter Tel. 516 722 WINE vorher an). Wer im August hier ist, sollte außerdem das polnische Straßenfest nicht versäumen.

Das Nordufer: Eine Erkundung des Nordufers sollte in **Sagamore Hill** ▶▶▶ beginnen, einem ausnehmend schönen dreistöckigen Domizil auf gut 30 Hektar Grund östlich der Oyster Bay. Das Haus wurde 1884 als Sommerresidenz für Theodore Roosevelt fertiggestellt.

Auf zwei Stockwerken des Haupthauses gibt es viktorianische Möbel und eine umfangreiche Sammlung von Roosevelts Jagdtrophäen zu besichtigen. In den großen, aber gemütlichen holzgetäfelten Zimmern vermittelte Roosevelt 1905 zwischen den Kriegsgegnern Rußland und Japan. Für seinen Einsatz erhielt er später den Friedensnobelpreis. Weitere Ausstellungsstücke und einen kurzen Film über Roosevelts Leben sehen Sie im angrenzenden Old Orchard Home Museum, das Roosevelts Sohn 1938 errichten ließ.

Folgt man der Route 25A Richtung Osten, kommt man zum **Whaling Museum** in **Cold Spring Harbor** ▶, das an die neun Schiffe umfassende Walfangflotte erinnert, die hier Mitte der 80er Jahre des 19. Jahrhunderts ihren Stützpunkt hatte. Das Museum zeigt eines der wenigen, vollständig erhaltenen Walfangschiffe und zahlreiche kleinere Exponate wie Schnitzereien, Harpunen und die Werkzeuge, mit denen der Walfischspeck vom Knochen getrennt wurde.

Als die Walfangflotte von Cold Spring Harbor noch in See stach, dichtete der 1819 im drei Kilometer entfernten Huntington geborene Walt Whitman das Werk, das ihm seinen Platz unter den literarischen Größen Amerikas sicherte: *Grashalme*. Das zweistöckige Schindelgebäude, das Whitmans Vater im Jahr 1816 baute, nennt sich heute **Walt Whitman Birthplace State Historic Site** ▶▶. Ein Zimmer wurde so eingerichtet, wie es in Whitmans Jugend aussah, die Ausstellungsstücke im oberen Stockwerk erzählen von seinem abenteuerlichen Leben.

Das nördlich von Centerport gelegene, im spanischen Stil erbaute **Vanderbilt Mansion** ▶ gehörte William K.

Vanderbilt II., dem Urenkel Cornelius Vanderbilts. Er lebte gern in Saus und Braus, interessierte sich aber auch für Naturgeschichte. Daher gibt es in diesem Gebäude, einem Inbegriff luxuriösen Lebens, neben Antiquitäten und Originalmöbeln auch 17 000 ausgestopfte Tiere zu sehen. Der Blick auf den Himmel im angrenzenden Vanderbilt-Planetarium ist jedoch nicht so hinreißend wie die Aussicht über den Long Island Sound von den elegant angelegten Gärten der Villa.

Stony Brook und Setauket: Das fast allzu perfekt erhaltene Dorf **Stony Brook** ▶▶ wurde in den 30er Jahren von dem reichen Philanthropen Ward Melville zu neuem Leben erweckt. Dieser finanzierte auch die **Museums at Stony Brook** ▶▶▶, die sich dem Leben auf Long Island im 19. Jahrhundert widmen. Erwähnenswert sind die Kutschen und die Gemälde von William Sidney Mount, einem Bewohner von Stony Brook, der Mitte des letzten Jahrhunderts als einer der originellsten und wagemutigsten Künstler des Landes galt. Der ursprünglich als Porträtmaler von Politikern wie Daniel Webster bekannte Mount erwarb sich weit größeres Ansehen durch seine Darstellungen des Landlebens. Er war der erste, der Afroamerikaner in einem sympathischen Licht darstellte.

In der Nähe von Stony Brook liegt der ebenso hübsche Ort **Setauket** ▶, in dem es zur Zeit des Unabhängigkeitskriegs von Spionen nur so wimmelte. Eine Technik zur Überlistung der britischen Truppen war die Übermittlung von Nachrichten mittels einer Wäscheleine. Die Kombination von Kleidungsstücken auf der Leine entsprach einem vorher bestimmten Code und warnte zum Beispiel George Washington 1780 vor dem Heranrücken des französischen Expeditionskorps.

Ein Ausflug nach Connecticut?
Sollten Sie sich von der Seeluft von Long Island und seinen nautischen Museen zu einer Schiffsreise angeregt fühlen, dann können Sie in Port Jefferson, fünf Kilometer östlich von Setauket, die Gelegenheit ergreifen. Von hier bringt eine Fähre Fußgänger und Fahrzeuge über den 30 Kilometer breiten Long Island Sound nach Bridgeport in Connecticut.

Der Landsitz der Familie Vanderbilt liegt nahe Centerport auf einem 17 Hektar großen Besitz, umgeben von Parklandschaften. Das Gebäude vermittelt mit seinen 24 prächtig ausgestatteten Zimmern einen Hauch von Luxus, doch die meisten Besucher kommen wegen des Planetariums und der Naturschönheiten.

Hotels: die Fakten
Das Kongreß- und Besucherzentrum New Yorks (2 Columbus Circle, New York, NY 10019, Tel.: 800 NYC VISIT, 397 8222) veröffentlicht einen kostenlosen Führer mit einer Liste der Hotels und ihren Adressen, Telefonnummern und Preisen. Ihre Lage ist auf einem Stadtplan eingezeichnet. Genauere Beschreibungen der Hotels in New York finden Sie auf den Seiten 262–269.

Sei es eine schäbige Absteige mit nackten Glühbirnen in einer Seitenstraße oder ein mit Antiquitäten ausgestattetes Zimmer in einem Weltklassehotel – eins haben alle New Yorker Hotels gemeinsam: überhöhte Preise. Hier zahlen Sie schnell zweimal soviel für eine Übernachtung als anderwo in den USA.

Billige Hotels: Ein Zimmer, das weniger als 75 $ kostet, bietet wahrscheinlich nur das Allernötigste: ein Dach über dem Kopf, eine Matratze und ein Gemeinschaftsbad am Ende des Korridors mit launischen Wasserleitungen.

Wenn sie auch oft recht heruntergekommen sind, so sind die Hotels am unteren Ende der Skala jedoch meist recht sicher. Die Unterkünfte nahe des Times Square stellen jedoch eine Ausnahme dar; dort sollte man äußerst vorsichtig sein.

Elementarer Komfort: Für einen Preis zwischen 75 und 150 $ können Sie ein Zimmer erwarten, in das Sie gerne abends zurückkehren; mit Farbfernseher, eigenem Bad und Telefon.

Wenn Sie zwischen 150 und 200 $ ausgeben, sind die Zimmer schon etwas größer und eleganter eingerichtet, die Fernseher verfügen über mehrere Kanäle, und im Bad finden Sie bereits Seife und Shampoo vor. Manchmal erhalten Sie sogar jeden Morgen eine kostenlose Zeitung.

Verwöhnen Sie sich: Um das Leben in New York wirklich genießen zu können, müssen Sie sich pro Nacht von mindestens 200 $ trennen. Tun Sie das, und Sie können sich auf einem weichen, großen Bett in einem entsprechend geräumigen Zimmer ausstrecken und sich in einem voll ausgestatteten Bad pflegen, das größer ist als so manches New Yorker Apartment. Wer noch mehr ausgibt, kommt in den Genuß eines Zimmerservice rund um die Uhr. Dann macht ein Zimmermädchen die Betten und hinterläßt ein Betthupferl auf Ihrem Kopfkissen.

Wer im riesigen Nobelhotel Helmsley Palace in der Madison Avenue wohnen will, braucht einen dicken Geldbeutel.

Das Warwick ist nur eines von vielen komfortablen, günstig gelegenen Hotels in der nördlichen Midtown, wo auch einige der Luxusherbergen der Stadt zu finden sind.

Versteckte Extras: Als ob die oben genannten Preise nicht schon hoch genug wären, wird zu allem Übel auch noch eine Reihe von Steuern erhoben: Verkaufssteuer (8,25 Prozent), New-York-City-Hotelsteuer (fünf Prozent), Staatssteuer und eine Unterkunftssteuer in Höhe von 2 $ pro Person und pro Nacht.

Ein Zimmer, das zu einem Preis von 80 $ ganz günstig scheint, kostet so in Wirklichkeit 92,60 $. Und wenn Sie wirklich eine Unterkunft zu 250 $ haben müssen, wird sich die Rechnung auf etwa 285 $ belaufen.

In den meisten Preisangaben ist nicht nur die Steuer nicht inbegriffen, auch das Frühstück ist noch extra zu bezahlen. Manche Hotels verfügen zwar über Restaurants, aber ein Frühstück im nächsten Café ist immer billiger und interessanter – und ein typischer New Yorker Tagesbeginn.

Sonderpreise: Eine gute Nachricht ist, daß die Hotelpreise am Wochenende etwas niedriger sind. Auf diese Weise können Sie bis zu 40 Prozent sparen. Angebote finden Sie in den Lokalzeitungen. Es lohnt sich auf jeden Fall zu fragen, ob während Ihres Aufenthalts ein Sonderpreis angeboten wird.

Einige Hotels geben auch bei längeren Aufenthalten (über zwei Wochen) einen Rabatt.

Saisonbedingte Faktoren: Besucher strömen das ganze Jahr über nach New York, aber die Monate April, Mai und Juni bilden die Hochsaison. Im Herbst sind viele Hotels vom Großteil der 1,8 Millionen Geschäftsleute belegt, die die Kongresse der Stadt besuchen. In der Zeit vor Weihnachten ist ebenfalls sehr viel los.

Selbst wenn Sie in der sengenden Sommerhitze oder im eiskalten Januar anreisen, sollten Sie dies nicht tun, ohne im voraus eine Unterkunft – zumindest für die erste Nacht! – gebucht zu haben.

Hotels für Frauen
Alleinreisende Frauen müssen in New York mit Problemen rechnen, die Männern erspart bleiben. Die Gegend um den Times Square (wo viele Hotels liegen) sollte von Frauen ohne Begleitung gemieden werden. Unangenehm ist auch, daß das Personal mancher gehobener Hotels davon ausgeht, daß eine alleinreisende Frau eine Prostituierte ist. Schön ist, daß verschiedene Hotels sichere Unterkünfte nur für Frauen anbieten. Auf den Seite 262–268 finden Sie einige Beispiele.

Die Upper East Side ist die passende exklusive Umgebung für den Art-déco-Turm des Carlyle. Dieses Hotel ist mit allem erdenklichen Luxus ausgestattet.

Kreditkarten
In praktisch allen Hotels können Sie mit den wichtigsten Kreditkarten bezahlen, doch sollten Sie sicherheitshalber bei der Reservierung nachfragen. Einige Hotels verlangen allerdings einen Aufschlag, wenn die Rechnung mit der American-Express-Karte beglichen wird.

Das Raines-Hotelgesetz
Um den Alkoholkonsum einzuschränken, verbot das Raines-Hotelgesetz aus dem Jahre 1896, am Sonntag in New York Spirituosen auszuschenken. Nur Hotels durften zum Essen noch Alkohol servieren. Um dieses Gesetz zu umgehen, erklärte sich jede zwielichtige Bar mit ein paar freien Zimmern zum Hotel und setzte zwei oder drei Sandwiches auf die Speisekarte. Das Gesetz wurde bald darauf wieder aufgehoben.

Buchungen und Bezahlung: Bei der Reservierung eines Zimmers werden Sie meist um eine Anzahlung gebeten. Am einfachsten leisten Sie diese, indem Sie dem Hotel telefonisch oder per Telefax Ihre Kreditkartennummer nennen. Wenn Sie ein Zimmer ohne Anzahlung gebucht haben und nach 18 Uhr ankommen, kann es sein, daß Ihr Zimmer bereits an einen anderen Gast vergeben wurde.

Bei Ihrer Ankunft wird erwartet, daß Sie Ihr Zimmer für den gesamten Aufenthalt (oder zumindest einen Großteil davon) mit Kreditkarte, Reiseschecks oder bar bezahlen (obwohl es nicht ratsam ist, in New York große Mengen Bargeld bei sich zu tragen, siehe S. 54f).

Stadtviertel: In Manhattan kommt man schnell und einfach herum, daher können Sie unter den Hotels auswählen. Die größte Hoteldichte herrscht mit Abstand in dem Abschnitt Midtown Manhattans, der von den 44th und 57th Streets begegrenzt wird. Um den Grand Central Terminal finden Sie einige der prächtigsten und teuersten Unterkünfte der Stadt, doch die billigeren Midtown-Hotels (vor allem zwischen Sixth und Eight Avenue in der Nähe des Times Square) wirken nicht sehr anziehend. Wahrscheinlich bekommen Sie woanders mehr für Ihr Geld.

Im südlichen Teil von Midtown Manhattan, der etwas ruhiger ist, verstecken sich in Wohnvierteln wie Chelsea und Gramercy Park nette Hotels mit attraktiven Preisen.

Wer es sich leisten kann, steigt in einem eleganten Hotel (mit astronomischen Preisen) in der Umgebung der Upper East Side ab. Auf der anderen Seite des Central Park sind die wenigen Hotels in der Upper West Side preisgünstiger.

In Lower Manhattan sind verschiedene Wolkenkratzer auf den internationalen Geschäftsmann mit Spesenkonto zugeschnitten. Erschwinglichere und interessantere Unterkünfte finden Sie in den Hotels von Chinatown, SoHo und Greenwich Village.

Bed and Breakfast: Diese Häuser erfreuen sich immer größerer Beliebtheit, doch sind auch sie nicht billig. Die Nachfrage nach Übernachtungsmöglichkeiten ist in New York so groß, daß man kaum etwas Günstiges findet.

Die Frühstückspensionen New Yorks sind in zwei Kategorien aufgeteilt: »Hosted« (bewirtet) bedeutet, daß die Gäste ein oder zwei Zimmer in der Wohnung eines New Yorkers bewohnen, der sich um das Frühstück kümmert. In solchen Pensionen bekommt man zwar oft Insiderinformationen, doch besteht immer das Risiko, daß Sie sich mit Ihrem Gastgeber nicht verstehen. In einer »unhosted«-Unterkunft steht den Gästen die Wohnung eines New Yorkers zur Verfügung, der gerade nicht in der Stadt ist.

Die Preise der Bed-and-Breakfast-Unterkünfte variieren je nach Ausstattung und Lage. Denken Sie bei Ihrer Reservierung daran, daß viele Frühstückspensionen sich etwas außerhalb befinden. »Hosted bed and breakfast« ist im allgemeinen etwas billiger (60–150 US-$) als »unhosted« (80–200 $). Die Zimmer sollten Sie lange im voraus reservieren, dann haben Sie die größte Auswahl. Zwei der vielen Bed-and-Breakfast-Agenturen sind: City Lights (PO Box 20355, Cherokee Station, New York, NY 10028, Tel.: 737 7049) und Urban Ventures (PO Box 426, New York, NY 10024, Tel.: 594 5650).

Studentenwohnheime
Billige Unterkünfte bieten in den Semesterferien die Studentenwohnheime der Universität New York. Der Mindestaufenthalt beträgt allerdings drei Wochen, bei etwa 70 $ pro Woche. Da die Anzahl der Zimmer begrenzt ist, greift jeder schnell zu. Nehmen Sie bei Interesse das New Yorker Telefonbuch zur Hand und kontaktieren Sie das Unterkunftsbüro *(housing office)*, das unter der Universität aufgeführt ist.

Wegen der gemütlichen Einrichtung, der schönen Schlafzimmer und des guten Preis-Leistungs-Verhältnisses erfreut sich das Wyndham großer Beliebtheit.

Schlicht und billig: Sollte Ihr Geldbeutel ziemlich schmal sein, können Sie in drei YMCAs für etwas weniger als für das billigste Hotelzimmer zwischen Einzel-, Doppel- und Familienzimmern wählen. Das YMCA der West Side ist in einem eleganten historischen Gebäude in 5 West 63rd Street untergebracht (Tel.: 787 4400).

Sie müssen kein Jugendlicher sein, um in der gut ausgestatteten Jugendherberge (891 Amsterdam Avenue, Tel.: 932 2300) des amerikanischen Jugendherbergsverbandes übernachten zu können. Aber Sie benötigen einen Mitgliedsausweis des Internationalen Jugendherbergsverbands. Der Preis hängt davon ab, ob Sie im Schlafsaal oder in einem Einzelzimmer schlafen, ist aber in jedem Fall viel niedriger als eine Hotelunterkunft. Es empfiehlt sich auch hier, im voraus zu reservieren.

Essen und Trinken

New York scheint eine Stadt zu sein, die niemals schläft, in der aber auch ununterbrochen gegessen wird. Diese gastronomische Besessenheit ist leicht erklärt: Egal ob Burger, Dim Sum, Gulasch oder Sauerkraut – keine Stadt der Welt bietet eine solche Essensvielfalt, und das rund um die Uhr und zu erschwinglichen Preisen.

Straßensnacks: Überall auf den Straßen stehen Karren, die Hot Dogs, *knisches* (mit Kartoffeln oder Fleisch gefülltes Gebäck), geröstete Kastanien, *pretzels* oder Bagels anbieten. Sogar das bescheidene Frankfurter Würstchen im Brötchen hat hier seinen festen kulinarischen Platz gefunden. Bei einem Besuch auf Coney Island (siehe Seite 75) gehört dieser Snack einfach dazu. Der New Yorker nimmt sich gerade genug Zeit, um seine Wahl zu treffen, zu bezahlen, und dann im Gehen seine Mahlzeit hinunterzuschlingen.

Im Financial District sitzen die Geschäftsleute in den von

Überall werden Köstlichkeiten angeboten.

der Rezession gebeutelten 90er Jahre zum Lunch nicht mehr in kleinen, teuren Restaurants, sondern stellen sich an den Snackbuden entlang der großen Avenues an. Diese Karren bieten für gestreßte Angestellte die bequemste und schnellste Möglichkeit, im Vorbeigehen an etwas Eßbares zu kommen. Hier werden Berge von Fleisch, Fisch und Nudeln für ein paar Dollar angeboten.

Delis – eine New Yorker Legende: Keine andere amerikanische Stadt hat so viele Delikatessenläden wie New York. Delis spielen im täglichen Leben der New Yorker eine große Rolle. Ohne ein Frühstück mit Kaffee und Doughnut ist der Tag nicht zu bewältigen, und mittags kann man sich – wenn die Zeit knapp ist – fertig Verpacktes aus den Kühltruhen nehmen oder sich an den Theken Plastikschalen mit Nudeln, Fleisch, Meeresfrüchten, Gemüse, Früchten und Salaten füllen, die dann nach Gewicht abgerechnet werden. Ein schmackhaftes und außerdem sehr gesundes Deligericht kostet zwischen drei und vier Dollar. Gegessen wird dann auf der nächsten Bank.

Es gibt eine unglaubliche Vielfalt an köstlichen Sandwiches und belegten Brötchen (schon bei der Auswahl der Brotart muß man sich entscheiden, siehe S. 217 rechts). Corned beef oder Pastrami sind besonders be-

Trinkgeld (Tipping)
In allen Restaurants, Coffee Shops, Bars etc., in denen Sie bedient werden, erwartet man ein Trinkgeld von Ihnen. Das Servicepersonal lebt größtenteils von den Trinkgeldern, da die Gehälter sehr niedrig sind. Natürlich richtet sich die Höhe des Trinkgelds nach der Qualität der Bedienung, es sollte aber mindestens 15 % des Rechnungsbetrages ausmachen. Eine einfache Möglichkeit, das Trinkgeld auszurechnen, ist, die *sales tax* (8.25 % der Rechnung), die unten auf der Rechnung steht, zu verdoppeln.

liebt. Probieren Sie einmal einen *hero* – viel Fleisch, Käse oder Gemüse in einem aufgeschnittenen Baguette – oder ein *gyro*, vom Bratspieß geschnittenes Rind- oder Schweinefleisch in Pitabrot.

Bagels sind ringförmige Brötchen, die mit den unterschiedlichsten Köstlichkeiten belegt werden. Unschlagbar aber ist die traditionelle New Yorker Art: mit Frischkäse bestrichen.

Jeder New Yorker hat sein bevorzugtes Deli. Wenn Sie Ihres gefunden haben, beginnen Sie auch die anderen Spezialitäten zu probieren, z. B. Suppen, selbstgebackene Kuchen oder Blintzes – so ähnlich wie Crèpes, die mit Käse oder Früchten gefüllt sind.

Frühstück im Coffee Shop: Wenn Sie, wie die wenigsten New Yorker, Zeit zum Frühstücken haben, gehen Sie in einen Coffee Shop oder einen Diner. Diese sind ebenso weit verbreitet wie die Delis oder die Straßensnacks und haben eine ebenso treue Stammkundschaft.

Setzen Sie sich an einen Tisch an die Theke. Sie können wählen zwischen Würstchen, Speck, Schinken, geräuchertem Lachs, Rührei, Omelette mit einer Vielfalt von Füllungen und nicht zuletzt einer Reihe verschieden gebratener Spiegeleier, je nachdem ob Sie das Eigelb weich oder hart, von einer Seite oder von beiden angebraten haben möchten (siehe rechts).

Zu den Eiern reicht man *hashbrowns* (auch *home-fries* genannt), das sind in Streifen geschnittene Bratkartoffeln, dazu Toast (manchmal auch Baguette), Muffins (süße Brötchen) oder einen Bagel.

Zu einem richtigen New Yorker Frühstück gehören auch Waffeln oder *pancakes*, Pfannkuchen, die mit Sirup bestrichen werden. Waffeln werden mit Eiern, Speck und Wurst, aber auch gern in der süßen Version mit Erdbeeren, Bananenscheiben und Pfirsichhälften oder mit Eiscreme gegessen. Meist wird die Kaffeetasse immer wieder kostenlos nachgefüllt.

Die Qual der Wahl

In New York wie auch in den übrigen Staaten nennen Sie nicht nur das Gericht, sondern sagen auch, welche Sorte oder welche Art der Zubereitung Sie wünschen.

Im Fall von Brot oder Toast können Sie meist zwischen weißem und dunklem (aus Roggenteig, gelegentlich auch aus Sauerteig) wählen.

Bei Spiegeleiern wird es schon schwieriger: *sunny side up* ist die bei uns bekannte Art, *over easy* bedeutet, daß die Schicht über dem Eigelb nicht mehr durchsichtig ist, und *over hard* heißt, daß es von beiden Seiten gebraten wird, bis das Eigelb hart ist.

Die Auswahl an Käse ist groß: amerikanischer, Cheddar, Schweizer, Feta und Mozzarella sind die beliebtesten.

Eine New Yorker Legende ist das jüdische Deli.

Brunch
Inzwischen kennt jeder den sonntäglichen Brunch, diese Mischung aus spätem Frühstück und frühem Lunch. Normalerweise dauert er von 12 bis 14 Uhr. Ein Brunch kostet im Durchschnitt zwischen 8 und 20 Dollar, abhängig vom Niveau des Restaurants. Im Preis inbegriffen sind sowohl das Essen als auch die Getränke. In den New Yorker Zeitungen werden alle möglichen Arten von Brunchs annonciert, einige Restaurants bieten Brunchs auch schon am Samstag an.

Ein Frühstück im Coffee Shop kostet um die fünf Dollar. Ein oder zwei Dollar mehr bezahlen Sie in den vegetarischen Coffee Shops, die Müsli mit Rosinen und Haselnüssen oder Fruchtsalate und frisch gepreßten Orangensaft anbieten.

Lunch: In den Coffee Shops kann man auch gut zu Mittag (Lunch) essen. In einigen können Sie in der Lunchzeit (von 11.00 Uhr bis 14.00 Uhr) auch noch Frühstück bestellen, doch die verlockende Auswahl an köstlichen Sandwiches erscheint meist doch verführerischer.

Amerikanische Sandwiches sind so reichhaltig wie eine ganze Mahlzeit. *Open sandwiches* sind lecker belegte Brotscheiben, ein *triple-decker* ist eine Kombination aus Schinken, Rindfleisch, Truthahn, Käse, Leberstückchen und anderen Delikatessen, die zwischen Brotscheiben gelegt wird. Das Ganze wird in fingerfreundliche Portionen geschnitten und mit einem Holzstäbchen zusammengehalten.

Eine New Yorker Sandwichspezialität ist Reuben (Corned beef mit Schweizer Käse und Sauerkraut zwischen dunklem Brot) und Monte Cristo (französischer Toast mit Truthahn und Schinken, der mit Käse überbacken wird). Die Coffee Shops bieten ebenfalls gigantische Salate, aber auch ganz einfache Burger, wie *bacon-and-cheeseburger, chili-cheeseburger, pizzaburger,* etc.

Lunch in einem Coffee Shop kostet selten mehr als acht Dollar pro Person, und es ist empfehlenswerter, als in ein pikfeines Restaurant mit Gardinen an den Fenstern zu gehen.

Da die Coffee Shops so beliebt sind, versuchen Restaurants mit allen Mitteln, Kundschaft anzulocken. So bieten sie ausgezeichnete Lunchbuffets zu einem Preis unter acht Dollar an, was nicht nur bedeutet, daß Sie für wenig Geld ausgezeichnet essen können, sondern auch eine gute Gelegenheit haben, die unterschiedlichen Küchen New Yorks kennenzulernen.

Italienische Restaurants: In der ganzen Stadt gibt es ausgezeichnete italienische Restaurants mit fairen Preisen; wer etwas besonders sucht, sollte jedoch in Little Italy essen gehen. Es ist jedoch nicht nur das Essen – bis auf Ausnahmen bietet dieses winzige Viertel vorwiegend sizilianische und neapolitanische Küche an –, sondern die lebhafte Atmosphäre, die einen Besuch dieser Restaurants so verlockend macht.

Allerdings sind die Preise in Little Italy höher als üblich. Wenn Geld für Sie jedoch keine Rolle spielt und Sie entsprechend gekleidet sind, gehen Sie in eines der italienischen Gourmetrestaurants, die kürzlich auf der Upper East Side eröffnet worden sind.

Chinesische Küche: Nur ein paar Schritte von Little Italy entfernt, finden Sie die unübertrefflichen Restaurants von Chinatown. Da in New York so viele Chinesen leben, haben die Restaurants in Chinatown es nicht nötig, ihre Küche dem westlichen Geschmacks anzupassen.

Auch wenn einige Restaurants auf den ersten Blick etwas ungewohnt aussehen, gefüllt mit laut kantonesisch sprechenden und gestikulierenden

Gästen – lassen Sie sich ein *dim sum* in Chinatown keineswegs entgehen. Normalerweise wird diese Köstlichkeit bis in die späten Nachmittagsstunden hinein serviert. Sie besteht aus dampfenden Knödeln und gebackenem Brot, gefüllt mit Fleisch oder Fisch, und Reis oder Nudeln. Präsentiert wird das Ganze auf Servierwagen, die zwischen den Eßtischen hin- und hergerollt werden. Wählen Sie einfach einen Teller aus, indem Sie auf das, was gut aussieht, deuten – es könnten allerdings auch Hühnerfüße sein. Wenn Sie fertig sind, berechnet die Bedienung die Anzahl der leeren Teller auf Ihrem Tisch.

Jeder, der sich auf einer chinesischen Speisekarte auskennt, wird auch gerne zum Dinner nach Chinatown gehen, wenn Kanton-, Hunan- und Szechuan-Spezialitäten neben einer Reihe regionaler chinesischer Küchen angeboten werden.

Japanische Küche: Ende der 70er Jahre, als eine Unzahl japanischer Restaurants eröffnete, kannte kaum ein New Yorker Sushi oder Sashimi. Ursprünglich für die wachsende japanische Bevölkerung gedacht, zog jedoch die exotische Mischung aus rohem Fisch und Tatamimatten immer mehr New Yorker in ihren Bann.

Inzwischen ist New York eine ausgezeichnete Adresse für Sushi und Sashimi (fragen Sie einen New Yorker nach einem guten Restaurant), und der letzte Schrei sind die *okonomiyaki*-Restaurants, die riesige Crèpes mit einer Vielfalt von Fleisch, Fisch, Gemüse oder Nudeln anbieten, die auf heißen Steinplatten direkt vor Ihren Augen zubereitet werden.

Erschwingliches für fast jeden Geschmack.

Essenszeiten

Um überfüllte oder völlig leere Restaurants zu meiden, sollte man die üblichen Essenszeiten bedenken. Die meisten Coffee Shops öffnen gegen 6 Uhr früh und sind gegen 8 Uhr am besten besucht. Gegen 10 Uhr leeren sie sich allmählich. Viele New Yorker denken dann schon an ihren Lunch. Einige Leute gehen schon gegen 11.30 Uhr zum Lunch, übliche Lunchzeit ist jedoch erst gegen 13 Uhr. Zwischen 14.30 und 15 Uhr beginnen die Coffee Shops sich auf die Dinnerzeit zwischen 17 und 19 Uhr vorzubereiten.

Die Lunchzeiten der Restaurants entsprechen denen der Coffee-Shops, aber die Hauptzeit fürs Dinner ist zwischen 19 und 22.30 Uhr, einige werden erst nach dem Theater, zwischen 23 und 24 Uhr voll.

Nahe der 6. Straße im East Village finden Sie viele gute indische Restaurants.

Koreanische und indische Küche: Ebenfalls aus dem Fernen Osten kommt die koreanische Küche. Doch es ist nicht einfach, den koreanischen Geschäftsdistrikt zu finden. Nur wenige Blocks vom Empire State Building entfernt, neben der Fifth Avenue in den 30er Straßen (Westseite) gibt es zahlreiche koreanische Restaurants, die rund um die Uhr ihre Gerichte anbieten.

Spezialisiert auf Gegrilltes vom Rind oder Schwein, ist die koreanische Küche nicht ganz so abwechlungsreich wie die chinesische oder japanische, aber wenn Sie gern gut gewürzt essen, sollten Sie *jeyuk gui* probieren, gegrillte Schweinefleischstreifen mit einer sehr scharfen Soße.

Seit vielen Jahrzehnten ißt man in New York gern indisch. Im Bezirk an der 6th Street zwischen der First und Second Avenue im East Village finden Sie viele indische Restaurants, ebenso wie in Midtown Manhattan rund um die Lexington Avenue zwischen der 27th und 30th Street.

Gemischte Küchen
Da in New York so viele verschiedene Nationalitäten leben, verbinden sich die unterschiedlichen ethnischen Küchen oft zu neuen Schöpfungen. Probieren Sie z. B. chinesische Pizzerias, koschere italienische Delis oder indisch-mexikanische Fast-Food-Straßenstände. Das Angebot ist vielfältig und setzt Ihrem Entdekkungshunger keine Grenzen.

Spanische und griechische Küche: Die New Yorker gehen gerne nach dem Theater noch zum Essen. Hierauf müssen Sie verzichten, wenn Sie vorhaben, eine dieser gigantischen Paellas zu verzehren (was manchmal den ganzen Abend in Anspruch nimmt), die die lebhaften spanischen Restaurants anbieten. Einige sehr empfehlenswerte finden Sie im Greenwich Village und in Chelsea.

Außerhalb des Astoria-Bezirks in Queens, wo überwiegend Griechen leben, ist es sehr schwer, ein griechisches Restaurant zu finden, obwohl viele Coffee Shops einfache griechische Gerichte wie Spinatkuchen oder Moussaka anbieten, denn deren Besitzer sind oft Griechen. Auch als Dessert serviert man gerne griechische Delikatessen.

Südamerikanische Küche: Temperamentvoll geht es in der wachsenden Anzahl brasilianischer Restaurants zu, die stets gut besucht sind und sich auf Spanferkelfüße und -schwänze spezialisiert haben. Haben Sie Appetit auf ein ganzes Spanferkel, empfiehlt sich ein Besuch der puertoricanischen Restaurants entlang der 116th Street in East Harlem, da Spanferkel das Nationalgericht der karibischen Insel ist. Es werden auch weniger bekannte puertoricanische Spezialitäten angeboten. Allerdings ist es nicht ratsam, sich nachts in East Harlem aufzuhalten. Gehen Sie besser nur zur Lunchtime hierher.

Osteuropäische Küche: Im Yorkville Distrikt in der 70th und 80th Street an der Upper East Side erinnern mehrere ungarische, deutsche und tschechoslowakische Restaurants an die osteuropäische Bevölkerung, die sich hier niederließ, bevor sie in die Vororte zog. Sie bieten reichhaltige Suppen, Kohlgerichte und riesige Gulasch-Portionen.

Ein ebenso kräftiges wie schmackhaftes Essen servieren die ukrainischen Restaurants im East Village und die wenigen noch übriggebliebenen polnischen Cafés in der Lower East Side. In den russischen Restaurants von Brighton Beach sind die Speisekarten noch in kyrillischer Schrift geschrieben. Wählen Sie einfach ein Gericht von dem reichhaltigen Buffet, geben Sie dabei jedoch acht, daß Sie nicht mit einem wodkaseligen Tänzer zusammenstoßen.

Essen gehen mit Kindern
Abgesehen von den teuren Restaurants an der Upper East Side sind Kinder in allen Restaurants willkommen. Den Kleinen werden Spielzeuge und farbige Stühle gereicht, und diejenigen, die schon lesen können, finden auf der Speisekarte spezielle Kindermenüs, mit den von Kindern besonders bevorzugten Hamburgern, Pommes Frites und Eiscreme.

Trotz der vielen ethnischen Küchen sind die amerikanischen Snacks nach wie vor sehr beliebt.

Amerikanische Küche: Die amerikanische Küche hat es nicht leicht, sich angesichts der Vielfalt internationaler Spezialitäten zu behaupten. Gut sind jedoch die kreolischen, texanischen und südstaatlerischen Restaurants, die gegrillten Katzenfisch, Schwertfisch, Jambalaya, Gumbo-Suppe und Armadillo anbieten.

Sollten Sie in Harlem hungrig werden, so ist das eine gute Gelegenheit, die dortige Küche kennenzulernen. Bestellen Sie sich eine Platte gebratenes Huhn oder Rinderrippchen und probieren Sie die guten Beilagen.

Vegetarische Küche: Vegetarier müssen keinesfalls Straßenstände, Delis und Coffee Shops meiden. Wer kein Fleisch ist, aber Fisch, findet in den meisten New Yorker Restaurants eine breite Auswahl an Gerichten.

Für diejenigen, die sich ausschließlich makrobiotisch ernähren, gibt es zahlreiche vegetarische Restaurants, die köstliche Gerichte servieren. Es gibt auch ethnische Küchen, die kein Fleisch verwenden – wie z.B. die vegetarische vietnamesische Küche.

Steakhäuser: Die New Yorker Steakhäuser sind zwar für Vegetarier tabu, aber für diejenigen, die Fleisch bevorzugen, kann man sie als wahres Paradies bezeichnen. Angeboten werden riesige, dicke, saftige Rindersteaks mit Folienkartoffeln *(baked potatoe)* und Salat.

Die Crème de la crème: New Yorks Feinschmeckerrestaurants haben nicht nur die besten Köche der Welt, Spitzenkellner (einige sind berühmt für ihre mürrische Art) und eine von führenden Designern entworfene Ausstattung, sondern auch einen Oberkellner, der wachsam und von allen gefürchtet über Personal und Speisen und Getränke wacht.

Um hier speisen zu können, brauchen Sie nicht nur Appetit und einen gut gefüllten Geldbeutel, sondern Sie müssen mindestens ein paar Tage im voraus einen Tisch reservieren und außerdem bereit sein, ein großzügiges Trinkgeld zu geben. Wenn Sie nicht elegant gekleidet sind, wird man Sie hinausbitten (oder Ihnen – wenn Sie Glück haben – einen abgelegenen Tisch zuweisen).

Sitzen Sie schließlich an einem Tisch mit der Speisekarte in der Hand, werden Sie feststellen, daß das amerikanische Gourmetessen seine Wurzeln in der klassischen französischen Küche hat. Aber es ist auch – abhängig vom Interesse des Chefs und saisonbedingt – beeinflußt von der globalen und regionalen Küche der Staaten. In Knoblauch geschwenkte Riesengarnelen oder Kalbshirn in

Rauchen in Restaurants
Es ist ratsam, in Restaurants nicht zu rauchen. Die New Yorker sind sehr gesundheitsbewußt, und ihre Angst vor passivem Rauchen hat dazu geführt, daß Rauchen immer mehr verpönt wird. In Restaurants mit 35 oder mehr Sitzplätzen darf man überhaupt nicht rauchen, es sei denn, es gibt eine Raucherzone mit eigener Ventilation. Vergewissern Sie sich, daß Sie in einer solchen sitzen, wenn Sie das Bedürfnis haben, sich eine Zigarette anstecken zu müssen.

Eine alte New Yorker Institution sind die Steakhäuser.

schwarzer Buttersoße werden jedoch jeden Gourmet in Begeisterung versetzen.

Getränke: Sei es Kaffee, Cola, Karottensaft oder Cocktails – die New Yorker trinken genauso viel und schnell, wie sie essen. In einem Coffee Shop oder einem Restaurant wird man Ihnen sofort, kaum daß Sie Platz genommen haben, ein Glas Eiswasser servieren und es während des Essens ständig nachfüllen.

Kaffee und Tee: Im Gegensatz zu Wasser muß der Kaffee bezahlt werden (normalerweise 50 bis 75 Cents), aber er wird Ihnen genau so schnell serviert – es sei denn, Sie bestellen etwas anderes. In den meisten Fällen wird Ihre Tasse immer wieder kostenlos nachgefüllt.

Der Kaffee ist immer frisch gebrüht. Sie bekommen normalen oder koffeinfreien Kaffee. Beliebt, besonders in den italienischen Straßencafés, sind auch Cappuccino und Espresso, die zwei bis drei Dollar pro Tasse kosten. Von allen Delis und Straßenständen können Sie den Kaffee auch mitnehmen. Die Preise richten sich nach der Größe der Tasse. (»Regular coffee« ist mit Milch und ohne Zucker. Wer Zucker mag, fragt nach »regular with sugar.«)

Einige New Yorker trinken gerne Eiskaffee, beliebter ist jedoch Eistee. Beide sind nach einem heißen Tag, wenn Sie durch die Straßen der Stadt gelaufen sind, äußerst erfrischend.

Viele Delis und Coffee Shops bieten heißen Tee an, wenn Sie danach fragen, aber ratsam ist es nicht (außer Sie mögen ihn schwach mit lauwarmen Wasser zubereitet). Weist ein Restaurant ihn jedoch als Hausspezialität aus, serviert man sowohl chinesische und indische Teesorten als auch verschiedene Kräutertees.Echte Teetrinker gehen allerdings in einen *Tea Room* (siehe rechts).

Soft Drinks: »Sodas« wie Cola, Pepsi, Seven-Up und Dutzend andere werden überall verkauft, in normaler, zuckerfreier oder koffeinfreier Version, die Dose kostet meist ab 75 Cents.

Kosten Sie von dem einmaligen Angebot an Waren aus aller Welt.

Tea Rooms
Eine willkommene Entspannung zum Chaos auf Manhattans Straßen bieten die eleganten Tea Rooms (in luxuriösen Hotels mit alten französischen Namen). Zum Preis von 15–20 Dollar serviert man Ihnen zwischen 14 und 17 Uhr an Wochentagen eine Auswahl köstlichster Tees (chinesisch, indisch, russisch etc.), dazu reicht man auf silbernen Tabletts Huhn-, Schinken-, Lachssandwiches, Schokoladenkekse, Kuchen oder Torten und Teegebäck mit Devonshire-Sahne.

Entspannung vor dem Victory Café in der Upper East Side.

Neue Biere in New York
Teils aus Protest gegen in Massen hergestelltes Bier, teils auch aus Liebe zu neuen Trends entstand die Vorliebe der New Yorker für das Bier der Mini-Brauereien (die es oft auch selbst ausschenken). Hopfenliebhaber können sich an einer Vielzahl von neuen Namen und Geschmacksrichtungen erquicken – Brooklyn Black Chocolate Stout, Weinhard's Red, Rockefeller Red, Hudson River Porter, Gotham City Gold, Empire State Bitter und Lady Liberty Light. In der Fraunces Tavern (siehe Seite 107) können Sie cremigen Swig Tavern Keeper schlürfen, der vermutlicherweise jenem gleicht, der schon gebechert worden ist, als George Washington den Barbetrieb unterstützte.

Happy Hours
Viele New Yorker Kneipen und Bars bieten in den frühen Abendstunden *happy hours* an, normalerweise in der Zeit von 17 bis 19 Uhr, um auch schon in den frühen Abendstunden Gäste ins Lokal zu locken . Man bekommt zwei Drinks zum Preis von einem, gezapftes Bier für einen Dollar pro Glas oder Margaritas für 2,50 $. Während der *happy hour* bieten einige Bars auch kostenlose Snacks an.

Immer mehr gesundheitsbewußte New Yorker bevorzugen jedoch nach einem Fitneßtraining oder dem Joggen statt der Sodas die nahrhaften Fruchtsäfte, die in der wachsenden Anzahl spezieller Fruchtbars angeboten werden. Neben frischen Orangen-, Grapefruit- und Karottensäften werden auch Petersilien-, Ingwer-, Spinat- und Wurzelsäfte für ein bis vier Dollar pro Glas verkauft.

Kneipen, Bars und Biere: Um New Yorker kennenzulernen, brauchen Sie nur in eine der vielen Kneipen oder Bars zu gehen. Das oft so hektische und unfreundliche New York sieht dann ganz anders aus, nicht etwa, weil Ihr Blick vom Alkohol getrübt ist, sondern weil viele New Yorker beim gemütlichen Biertrinken regelrecht auftauen.

Normalerweise sind die Kneipen oder Bars von mittags bis in die frühen Morgenstunden geöffnet (offiziell dürfen sie ab 4 Uhr früh nichts mehr ausschenken). Sie werden feststellen, daß sich manche Kneipen auf ein ganz bestimmtes Publikum spezialisiert haben – seien es Broker, Kunsthändler, Singles oder Punkrocker. Eine Übersicht über New Yorks Kneipen und Bars finden Sie auf den Seiten 114f.

Die meisten größeren Lokale und solche mit Tischen draußen, haben Bedienungspersonal. Natürlich können Sie sich auch an der Theke beim Barkeeper etwas bestellen – was Sie sowieso tun, wenn Sie an der Bar sitzen.

Wenn Sie sich an die Theke setzen, müssen Sie beim Barkeeper erst zahlen, wenn Sie gehen möchten. In allen Kneipen und Bars erwartet der Barkeeper ein Trinkgeld, wenn Sie eine Runde ausgeben, oder das Lokal verlassen möchten.

Die größten amerikanischen Biersorten wie Budweiser, Miller und Rolling Rock werden entweder frisch gezapft oder in Flaschen verkauft. In vielen Kneipen gibt es auch europäische und mexikanische Biere in Flaschen (gelegentlich auch vom Faß). Beide sind teurer, aber auch von besserer Qualität (und stärker) als die amerikanischen Biersorten. Richtige Biertrinker sollten auch die Biere aus den Kleinbrauereien probieren, wie Anchor Steam Beer, das in Californien gebraut wird. Es ist zwar nicht das beste, ist aber am weitesten verbreitet.

Weine und Spirituosen: Neben Bier werden auch Weine aus Europa oder den Vereinigten Staaten angeboten. Je schicker die Kneipe oder Bar, desto größer ist auch das Angebot an teuren Weinen. Einige Gourmetrestaurants lassen ihre Weinkarten regelmäßig aktualisieren und vom Computer ausdrucken.

Wenn Sie eine amerikanische Bar betreten, werden Ihnen gleich die riesigen Regale hinter der Theke auffallen, auf denen alle möglichen Arten von Spirituosen auf Abnehmer warten, unter anderem Malzwhiskeys, russische Wodkas und verschiedene Bourbons. Spirituosen werden großzügiger als in Europa ausgeschenkt, allerdings immer *on the rocks* (mit Eis). Wenn Sie das Getränk pur wollen, müssen Sie es *straight* bestellen.

Cocktails: Barkeeper sind nicht nur Meister im Smalltalk, sondern auch perfekte Cocktailmixer. Wenn Sie exotische Cocktails bevorzugen, fragen Sie nach dem Angebot der Bar. Einige Bars bieten eigene Spezialcocktails an, und wenn nicht, kann Ihnen jeder Barkeeper mindestens ein Dutzend Cocktails mixen.

In jeder Bar, die sich als Cocktail Lounge bezeichnet – besonders in Midtown Manhattan und in der Upper East Side – treffen Sie auf Leute aus der sogenannten High-Society. Wenn Sie dort einen Abend verbringen wollen, müssen Sie gut gekleidet sein und damit rechnen, allein für einen Drink 10 Dollar zu zahlen. Auf keinen Fall dürfen Sie betrunken vom Hocker fallen.

Bier im Geschäft kaufen
Eine große Auswahl amerikanischer oder importierter Biere gibt es in Supermärkten, Delis und den Lebensmittelgeschäften. Die Preise sind viel niedriger als in einer Kneipe oder Bar: Ein *six pack* (sechs Dosen oder Flaschen) amerikanisches Bier kostet um die 3 $; importiertes Bier 5–8 $. Denken Sie daran, daß oben genannte Läden allerdings keine Weine und Spirituosen verkaufen. Diese Getränke sind nur in den *liquor stores* erhältlich. An Sonntagen kann man erst am Abend Alkohol kaufen. Das Mindestalter, um Alkohol legal kaufen zu dürfen, beträgt 21 Jahre – und es kann durchaus passieren, daß Sie Ihren Paß vorzeigen müssen.

Vom Brooklyn River Café aus hat man einen herrlichen Blick auf den South Street Seaport und auf Lower Manhattan.

Antiquitätenmarkt
Eine Möglichkeit, im Januar in New York nicht zu frieren, ist der Besuch des Antiques Fair im Seventh Regiment Armory (siehe S. 187). So gut wie alle New Yorker Händler und Antiquitätenliebhaber finden Sie hier unter einem Dach. Auch wenn Sie sich viele der angebotenen Antiquitäten nicht leisten können, macht es dennoch Spaß, dem Tratsch zu lauschen. Und viele Antiquitäten sind auch einfach nur schön anzusehen.

Von den ultra-exklusiven Antiquitätengeschäften an der Upper East Side bis zu den billigen Klamottenläden überall in Lower Manhattan – New York bietet für jeden Geschmack und Geldbeutel etwas. Die Stadt ist ein wahres Einkaufsparadies. Konsumgläubige sind überzeugt, daß ihnen New York das Einkaufen in zwanzig anderen Metropolen der Welt erspart.

Antiquitäten: New Yorks Millionäre, die die Schätze Europas und des Fernen Ostens plünderten, um ihre Villen einzurichten, trugen dazu bei, daß die Stadt zum Zentrum des internationalen Antiquitätenhandels wurde. Für seriöse Käufer gibt es keinen besseren Platz, seltene japanische Aquarelle oder eine Schweizer Spieluhr für eine Sammlung zu erstehen, die mehrere Millionen Dollar wert ist. Teure Antiquitäten finden Sie in der Upper East Side und erschwinglichere an vielen anderen Stellen.

Zu den besten Antiquitätengeschäfte der Stadt zählt das **A La Vieille Russie** (Fifth Avenue, 59th Street) mit Errungenschaften aus der russischen Zarenepoche wie Emaillegeschirr von Fabergé, mit Juwelen verzierten Ikonen, Schnupftabakdosen, Uhren und Tafelsilber, die selbst den elegantesten Palästen angemessen sind.

Japanische Drucke, Bücher und Schmuckstücke aus dem 18. und 19. Jahrhundert führt **Things Japanese** (60th Street zwischen Park und Lexington Avenue), während Art-déco-Liebhaber viele Kostbarkeiten bei **Delorenzo** (Madison Avenue zwischen der 75th und 76th Street) finden.

Mehrere Stunden bräuchte man, wollte man das **Asian House** (56th Street zwischen Sixth und Seventh Avenue) vollständig erkunden, das vollgestopft ist mit Porzellan, Lampen, Vasen und Tausenden von Kleinigkeiten aus dem asiatischen Raum. Das **Amerika Hurrah Antiques**

Der Union Square ist heute mehrmals in der Woche Schauplatz des beliebten Farmer's Market.

(Madison Avenue an der 66th Street) erhebt Gebrauchsgegenstände der frühen Siedler, von Wetterfahnen bis zu Lockvögeln, zu Kunstwerken – und verlangt die entsprechenden Preise dafür.

Alten Melodien können Sie lauschen, während Sie bei **Rita Ford Music Boxes** (65th Street zwischen Madison Avenue und Fifth Avenue) die kolossale Musikboxsammlung und die handgemachten Miniaturkarussells bewundern, die Ihnen das Personal gerne vorführt.

Ein Identitätswechsel? In den Läden von Greenwich Village ist alles möglich.

Wenn Sie es leid sind, sich in den teuren Geschäften als potentieller Käufer ausgeben zu müssen, besuchen Sie das freundlichere **Manhattan Art & Antiques Centers** (Second Avenue zwischen der 55th und 56th Street). In der **Laura Fisher Gallery**, einem der 104 Läden des Centers, erfahren Sie alles über amerikanische Steppdecken.

Ein Eldorado für Sammler ist das **Chelsea Antiques Building** (110W 25th Street), auf dessen 12 Stockwerken etwa 150 Händler Spielzeug, Bücher und vieles mehr aus den vergangenen Jahrhunderten anbieten. Die Stimmung in den warenhausähnlichen Antiquitätenläden in SoHo ist wesentlich lockerer als in den teuren Läden der Upper East Side, und die Preise sind auch viel niedriger. Unter den Lagerbeständen von **Back Page Antiques** (Greene Street zwischen Prince und West Houston Street) finden Sie Wurlitzer-Musikautomaten, Registrierkassen und alte Billardtische.

Verrückte Gebrauchsgegenstände können Sie bei **Urban Archeology** (285 Lafayette Street) bewundern etwa ein bizarres Badezimmerutensil oder einen alten Friseurstuhl. Ähnliche Kuriositäten füllen bei **Secondhand Rose** (275 Lafayette Street) die Regale, inklusive neonerleuchtete Kokszeichen und verfallene Peep-Show-Automaten.

Bücher: New York ist voller Buchhandlungen. Es gibt unabhängige, billige Läden oder Ketten, die überall in den Staaten vertreten sind, wie **B. Dalton Bookseller** (Hauptgeschäftsstelle auf der Fifth Avenue, 52nd Street), **Doubleday** (Hauptgeschäftsstelle Fifth Avenue, 57th Street), die mit einem ausgezeichneten Bestand an Romanen, Sachbüchern und spezieller literarischer Kost aufwarten und **Barnes and Noble** (Hauptgeschäftsstelle Fifth Avenue, 18th Street). Diese Buchhandlung hat angeblich über drei Millionen Bücher auf Lager. Dennoch ist der größte Buchladen der Welt der **Borders** Buchladen (57th Street und Park Avenue).

Ein Genuß für Bücherwürmer sind auch die vielen unabhängigen Geschäfte, unter ihnen der **Gotham Book Mart** (47th Street nahe Sixth Avenue) und **Coliseum Books** (Broadway zwischen 57th und 58th Street). Der schönste Buchladen ist der mit Eichenholz ausgestattete **Rizzoli** (57th Street zwischen der Fifth und Sixth Avenue). Auch **Shakespeare & Co** (2259 Broadway und 81st Street) ist einen Besuch wert.

Krimifans finden unter Garantie ihre Lieblingsautoren im **Mysterious Bookshop** (56th Street zwischen Sixth

Ungewöhnliche Läden
In New York gibt es an jeder Straßenecke irgendeinen kuriosen Laden. New York Firefighter's Friend (Lafayette Street zwischen Prince und Spring Street) verkauft Feuerwehrutensilien wie Feuerlöscher, Helme und Spritzschläuche; Maxilla and Mandible (82nd Street an der Columbus Avenue) ist voller Skelette und Knochen von Menschen, Tieren und Insekten; **Little Rickie** (First Avenue an der 3rd Street) reizt mit Geschmacklosigkeiten wie Elvis-Presley-Uhren und -Lampen. **Tender Buttons** (62nd Street zwischen Third und Lexington Avenue) hat nichts anderes zu bieten als Hunderttausende von Knöpfen.

Schallplatten und CDs
Mit mehr als 22 000 Quadratmetern Verkaufsfläche gilt Virgin Megastore (Broadway zwischen 45th und 46th Street) als das größte Geschäft der Welt für Musik und Unterhaltung. Der Besucher trifft auf unübersehbare Regale voller CDs, Schallplatten, Kassetten und kann aus einem Klassiksortiment wählen, das seinesgleichen sucht. Aber auch die Filialen von Tower Records (692 Broadway; Trump Tower, 725 Fifth Avenue, und Broadway an der 66th Street) und die vier Läden von HMV (in Midtown Manhattan, Fifth Avenue und 46th Street) sind einen Besuch wert.

Museumsläden
Vielen New Yorker Museen sind exzellente Läden angegliedert. Besonders im Museum of Modern Art (siehe S. 158–160) und im Guggenheim Museum (siehe S. 122–124) finden Sie wunderschöne Kunstbücher, ungewöhnliche Abzeichen, T-Shirts und andere Souvenirs. Das Guggenheim Museum in SoHo (575 Broadway) verkauft alles, was mit Kunst zu tun hat, und im Cooper-Hewitt Museum (siehe Seite 95) bekommen Sie unzählige Bände, die sich mit dekorativer Kunst beschäftigen.

und Fifth Avenue) und **Murder Ink** (Broadway zwischen 92nd und 93rd Street).

Der **Biography Bookshop** (400 Bleecker Street) verkauft Biographien und Autobiographien, Briefsammlungen, Zeitschriften und Reiseberichte berühmter oder aber skurriler Leute.

Die besten Kunstbücher erhalten Sie in den Läden der Museen (siehe Kasten), aber auch **Rizzoli** in SoHo (West Broadway zwischen Prince und Houston Street) wartet mit einer exzellenten Auswahl auf. Gleich in der Nähe finden Sie im **Photographer's Place** (133 Mercer Street) sowohl gebrauchte als auch neue Bücher über Fototechniken und Fotografen. Bücher über Kunst, die sonst fast nirgendwo zu finden sind, könnten noch bei **Hacker Art Books** (57th Street zwischen Fifth und Sixth Avenue) auftauchen, wo es auch oft Sonderangebote gibt.

Der **Oskar Wilde Memorial Bookstore** (15 Christopher Street) ist zwar nicht der älteste Buchladen der Stadt, doch der erste der Welt für Homosexuelle. Er wurde 1969 eröffnet und führt jegliche Literatur, die für die Schwulenszene interessant sein könnte. **Creative Visions** (548 Hudson Street) führt Bücher für Homosexuelle und Lesben. In jüngster Zeit ist **Drougas Unoppressive Nonimperialist Bargain Books** (34 Carmine Street) ein beliebter Treffpunkt für alle, die in punkto »political correctness« up to date bleiben wollen.

CDs und Schallplatten: CDs und – jedoch in immer geringerem Umfang – Schallplatten sind in den Staaten längst nicht so teuer wie in Europa. Musikliebhaber können eine Menge sparen, wenn sie sich in New York mit ihren Lieblingsstücken eindecken, denn in dieser Stadt liegt dem Besucher die Melodienwelt in einer Vielzahl von Geschäften zu Füßen (siehe Kasten).

Kleidung: Den letzten Schrei an Leder, Gummi- und Plastikklamotten trägt man in den Straßen des East Village.

Sonst kleidet sich der New Yorker eher konservativ, obwohl jeder namhafte internationale Modedesigner mindestens eine Verkaufsstelle in der Stadt hat. Billige amerikanische Secondhand-Kleidung gibt es in Discountläden.

Modebewußte Leute, die sich nicht um ihren Kreditrahmen kümmern müssen und denen es nichts ausmacht, sich mit muffigem Personal auseinanderzusetzen, kaufen

In Lower Manhattan bieten unzählige Geschäfte und Stände unglaublich günstige Kleidung an.

in den Designerboutiquen in Midtown Manhattan und der Upper East Side ein, wo sich alle Namen der internationalen Haute Couture finden. Da gibt es Geschäfte wie **Giorgio Armani** (Madison Avenue an der 65th Street), **Gucci** (zwei Läden auf der Fifth Avenue an der 54th Street: Nr. 685 und 689), **Hermès** (57th Street zwischen Madison und Fifth Avenue) und **Yves St. Laurent** (Madison Avenue an der 71st Street).

Der älteste und vornehmste New Yorker Modedesigner ist **Polo/Ralph Lauren** (Madison Avenue, 72nd Street). Ein Besuch dieses Geschäfts lohnt schon allein deswegen, weil die im Renaissancestil elegant ausgestatteten Räume an der Upper East Side einen Augenweide sind. Giorgio Armani hat noch ein Geschäft in der Innenstadt, das ganz besonders für junge modebewußte Leute gedacht ist. Um im **Armani A/X** (Broadway/Prince Street) einkaufen zu können, benötigt man allerdings einige Scheine mehr als das übliche Taschengeld.

Wer trotz durchschnittlichem Budget elegante Kleidung liebt, geht besser zu Discountläden, die Designerkleidung zum halben Preis anbieten. Schicke Geschäfte müssen nicht teuer sein, so bietet **Moe Ginsberg** (162 Fifth Avenue) auf vier Etagen hauptsächlich Herrenbekleidung und Schuhe an. **Michaels' – The Consignment Shop For Women** (1041 Madison Avenue) wendet sich an die Dame der gehobenen Klasse, und **Pretty Plus Plus** (1309 Madison Avenue) an die Dame in größeren Größen.

Es gibt aber noch einige andere Designerläden, die sich auf günstige (aber nicht gerade billige) Kleidung und Accessoires für stilbewußte Reisende spezialisiert haben. Ein solcher Laden ist **Betsey Johnson** (eine der drei Filialen in Manhattan befindet sich in 130 Thompson Street), der die New Yorker mit schriller, bunter Kleidung ausstattet.

Ausverkäufe und Sonderangebote
Den Geschäften ist natürlich nicht daran gelegen, aus ihren Angeboten ein Geheimnis zu machen. Und so sind die Zeitungen voller Werbung. Die Sonntagsausgabe der *New York Times* enthüllt alle neuesten Billigpreisofferten. In den Touristenbroschüren in den Hotellobbys gibt es ebenfalls zahlreiche Discountangebote, die fast immer einen Rabatt von 10 Dollar anpreisen.

Ein Tip für Leute, die Geld sparen möchten
Foto- und Elektroartikel sind für europäische Maßstäbe in New York sehr günstig zu kaufen. Es ist jedoch wichtig zu wissen, was Sie wollen, bevor Sie einen Laden betreten und dem verführerischen Geplapper der Verkäufer widerstehen müssen. Die meisten Elektrogeräte sind nicht von amerikanischen auf europäische Volt umstellbar – auch wenn die Gebrauchsanweisung dies verspricht.

Das größte Fotofachgeschäft ist 47th St. Photo (Hauptgeschäftsstelle auf der 47th Street zwischen Fifth und Sixth Avenue; andere stehen in den Gelben Seiten). Dort bekommt man auch Videorecorder, Computer und andere elektrische Spielereien.

Amerikanische Kleidung, besonders Levis-Jeans, erscheinen europäischen Besuchern besonders günstig. Discountläden in SoHo rings um den Broadway haben ein schier unermeßliches Angebot. Einer der größten Läden dieser Art ist **Canal Jean** (zwischen Broome und Spring Street) mit einem riesigen Sortiment an Jeans, T-Shirts, Jacken, Sonnenbrillen, Badekleidung, bunten Schlipsen und allen praktischen Reiseaccessoires zu extrem niedrigen Preisen.

Army/Navy (328 Bleecker Street, einer der drei Läden in Manhattan) stattet Sie ebenfalls zu erschwinglichen Preisen mit Jeans, T-Shirts, karierten Hemden und preiswerten Lederjacken aus.

Kaufhäuser: Legendär sind die durch Filme und Romane bekanntgewordenen Kaufhäuser Manhattans. Generationen von New Yorkern können sich ein Leben ohne diese Tempel der Konsumgesellschaft des 20. Jahrhunderts gar nicht vorstellen, und weil sie sich äußerlich ziemlich ähnlich sehen, hat jedes seinen ganz eigenen Charakter und seine Stammkundschaft.

Eines davon, **Macy's** (34th Street an der Sixth Avenue), wird als das größte Kaufhaus der Welt bezeichnet. Es wird Sie überzeugen, wenn Sie durch die zehn Stockwerke mit einer halben Million Verkaufsartikeln schlendern. Es gibt sogar eine Abteilung, in der Sie Haustiere kaufen können, sowie eine Geschäftsstelle des Geschenkeladens des Museum of Modern Art. Das Macy's ist zwar groß und wurde in den 70er Jahren von Kopf bis Fuß renoviert. Aber dadurch, daß es auf den Mittelstand mit seinem entsprechenden Geschmack ausgerichtet ist, fehlt ihm das extravagante Flair.

Im Gegensatz dazu ist **Bloomingdale's** eine grandiose Mischung aus einer Mode-Disco und einem fernöstlichen Basar. Ein Besuch bei Bloomies (wie es allgemein nur genannt wird) ist immer ein bißchen abenteuerlich, nicht zuletzt wegen der ungewöhnlichen Werbeaktionen, die dem Kaufhaus regelmäßig ein neues Gesicht verleihen.

Bloomingdale's war das erste Kaufhaus, das Kleidung von Modedesignern wie Yves Saint-Laurent, Calvin Klein, Ralph Lauren und anderen anbot. Sehenswert ist nicht nur die große Kosmetikabteilung, sondern auch die mit neuesten Errungenschaften ausgestattete technische Abteilung, der gut sortierte Buchladen und die Lebensmitteletage, in der eine ganze Abteilung nur dem Kaviar gewidmet ist.

Noch üppiger geht es bei **Bergdorf Goodman** (Fifth Avenue zwischen 57th und 58th Street) zu. Hier kaufen die vermögenden Damen der Upper East Side unter glitzernden Kristallleuchtern Kleidung, Schmuck, Parfüms und andere Luxusartikel, während der Ehemann sich direkt gegenüber an der Fifth Avenue im **Bergdorf Goodman Men** beraten läßt, wo allein eine Krawatte 100 Dollar kosten kann. **Barneys** (660 Madison Avenue) bietet auf

neun wunderschön dekorierten Etagen alles für den gestylten, erfolgreichen Manhattaner, inklusive Fitneßraum.

Das Gegenstück zu prahlerischem Reichtum finden Sie im **Saks Fifth Avenue** (Fifth Avenue zwischen 49th und 50th Street), dessen nettes Personal einfach nur geschmackvolle Waren wie Kleidung, Bett- und Unterwäsche sowie Kosmetik in guter Qualität anbietet.

Schmuck: Dutzende von Schmuckgeschäften drängen sich im »diamond district« in Manhattan (ein ganzer Block an der 47th Street gleich westlich der Fifth Avenue). In diesem Distrikt ist auch der Schmuckgroßhandel beheimatet. Dort schleift und poliert man Diamanten, repariert Schmuck, paßt Edelsteine ein und schließt Geschäfte ab. Besonders berühmt ist **Tiffany & Co** (Fifth Avenue zwischen 56th und 57th Street), mit seinen hochkarätigen Angeboten auf drei Stockwerken, und das eher konservative **Cartier** (Fifth Avenue an der 52nd Street), das in einem historischen Gebäude untergebracht ist und schon deshalb einen Besuch lohnt. Vielfältige Möglichkeiten zum Bummeln und zum Preisvergleich bietet die **World's Largest Jewelry Exchange** (55 W 47th Street), unter deren Dach sich Hunderte von Händlern befinden.

Schuhe: Schuhgeschäfte gibt es in New York wie Sand am Meer. Und wenn Sie nicht finden, was Sie suchen, seien es Turnschuhe oder italienische Slipper, liegt es sicherlich nicht am Angebot. Neben zahlreichen sehr teuren Läden an der Upper East Side und den großen Schuhabteilungen in den Kaufhäusern bieten Discountläden in Lower Manhattan gute Schuhe zu akzeptablen Preisen an. Manhattan hat auch einen »shoe district« mit unzähligen Schuhgeschäften (West 8th Street und an der 34th Street zwischen Fifth und Sixth Avenue).

Das exklusivste Schuhgeschäft New Yorks ist **Susan Bennis/Warren Edwards** (Park Avenue an der 56th Street) mit handgemachten Schuhen für Männer und Frauen in limitierter Auflage und in allen Arten von Stilen.

Alles unter einem Dach: An der 34th Street erstreckt sich Macy's über einen gesamten Block.

Persönliche Einkäufer
Sollten Sie es leid sein, durch die Kaufhäuser zu laufen, dann wenden Sie sich an einen persönlichen Einkäufer, den jedes Kaufhaus zur Verfügung stellt, um Ihren Einkauf zu erledigen. Sie müssen nur die Ware und den Einkäufer bezahlen. Telefonische Auskunft: Bergdorf Goodman (Tel.: 753 5300); Bloomingdale's (Tel.: 800/777 0000); Macy's (Tel.: 894 4400); Saks Fifth Avenue (Tel.: 753 4000).

Ausgehen

Das New Yorker Nachtleben ist niemals langweilig. Ob Sie nun für 100 Dollar einen Sitzplatz in der Metropolitan Opera erstehen, oder einen avantgardistischen Nachtclub im East Village besuchen, nirgendwo sonst auf der Welt finden Sie so viele unterschiedliche Gelegenheiten auszugehen. Alles, was Sie brauchen, ist viel Energie – und das nötige Kleingeld.

Veranstaltungshinweise finden Sie in jeder Zeitung. Die ausführlichsten Tips stehen in der *Village Voice* und der Freitags- und Sonntagsausgabe der *New York Times*. Auskünfte und Rezensionen über die neuesten Filme und Theaterstücke gibt der *New Yorker*.

Theater: New Yorker gehen gerne ins Theater, ob in die *Ziegfeld Follies* oder *The Phantom of the Opera*. Lange Zeit führend war das Viertel des Broadway rings um den Times Square.

Die großen Theaterzeiten New Yorks sind allerdings vorbei. Hohe Produktionskosten führten dazu, daß die Sitzplätze immer teurer wurden (bis zu 75 $) und nur noch finanziell risikolose Stücke aufgeführt werden – wie über-

schwengliche Musicals, Komödien und ereignislose Dramen, die aber nicht zu ernsthaft sein dürfen – mit einem oder zwei bekannten Schauspielern. Die Dauerbrenner sind ständig ausverkauft, doch die meisten Broadwaytheater können nur schwindende Besucherzahlen verzeichnen, und es gibt mehr Flops als je zuvor.

Auch wenn die Aufführungen nicht allzu vielversprechend sind, sollten Sie allein schon wegen der geschichtsträchtigen und prachtvoll ausgestatteten Säle, die jedes der 34 offiziellen Broadway Theater besitzt, eine Vorstellung besuchen.

Die größten Shows der Stadt sind meist im **Eugene O'Neill Theatre** (230 W 49th Street) zu bewundern, dem wohl größten und besten Haus der Gegend. Weitere Veranstaltungsorte sind das **Broadway Theater** (1681 Broadway), das **Neil Simon Theatre** (250 52nd Street), das **Palace Theatre** (1564 Broadway), das **Richard Rogers Theatre** (226 W 46th Street) und das **Roundabout Theatre** (1530 Broadway). Weiterhin sehenswert ist das **Walter Kerr** (219 W 48th Street), nicht nur, weil es nach einer umfassenden Renovierung wieder im Glanz und Stil der 20er Jahre brilliert, sondern auch wegen der Aufführungen selbst.

Zwar kleiner als die großen Broadwaytheater (100–499 Sitzplätze) sind die Off-Broadway-Theater, die jedoch eine wesentlich spannendere und reichhaltigere Auswahl an Musicals, Komödien, Klassikern, Neuproduktionen und

Theaterkarten
Für die meisten Broadway- und Off-Broadway-Theater bestellt man die Karten am besten telefonisch (Tele-Charge, HIT-TIX, Ticketmaster) oder kauft sie bei einer Kartenagentur, die in den gelben Seiten oder Zeitungen stehen.

Day-of-Performance-Karten zum halben Preis verkaufen die zwei Geschäftsstellen von TKTS in Manhattan (47th Street zwischen Broadway und Seventh Avenue und im South Tower des World Trade Center). Die Karten werden nur gegen Bargeld und bei persönlichem Erscheinen ausgegeben.

Eine andere Möglichkeit, Geld zu sparen ist das »two-fer« – ein Coupon, der den Eintritt in zwei Vorstellungen zum Preis von einer ermöglicht. Die Coupons werden meist für Shows ausgegeben, die sonst eher spärlich besucht sind. Sie liegen an den Ticket-Schaltern oder in Hotel-Lobbies aus.

avantgardistischen Stücken anbieten. Stücke von Topdramatikern und ausgezeichnete professionelle Schauspieler sind keine Seltenheit bei Off-Broadway-Produktionen, und die erfolgreichsten unter ihnen schaffen den Aufstieg an den Broadway.

Die meisten der führenden Off-Broadway-Theater sind rund um das Greenwich Village angesiedelt, wie das **Circle Repertory Theater** (159 Bleecker Street, Tel.: 254 6330), das **Orpheum** (Second Avenue, 8th Street) und das **Actor's Playhouse** (100 Seventh Avenue South, Tel.: 239 6200).

Die Dutzende winziger Off-Off-Broadway-Theater (unter 100 Sitzplätzen) sind oft in umgebauten Kirchen oder nicht mehr benutzten Schulräumen untergebracht. Hier können Sie experimentelle und gewagte Stücke, Performance Art und alternatives Kabarett mit unbekannten, aber talentierten Schauspielern sehen. Und selten kostet ein Sitzplatz mehr als 15 $.

Zu den bekanntesten und beständigsten gehören **The Kitchen** (19th Street zwischen Tenth und Eleven Avenue, Tel.: 255 5793), **Castillo Theatre** (500 Greenwich Street, Tel.: 941 1234) und das **PS 122** (First Avenue, 9th Street, Tel.: 477 5829).

Eine ehrwürdige Institution für Dramatik ist das **Public Theater** (425 Lafayette Street, Tel.: 260 2400, ehemals Joseph Papp Public Theater) mit sechs Theatersälen, in denen neue provokante Stücke und kontroverse Neubearbeitungen von Klassikern aufgeführt werden. Joseph Papp, Regisseur und Produzent von Werken wie *A Chorus Line* und *Hair*, bewahrte das Theater – ursprünglich trug es seinen Namen – vor dem Abbruch. Jeden Sommer findet in diesem Haus das sechswöchige New York Shakespeare Festival statt.

Theaterinformationen
Neben den ausführlichen Auflistungen im *New Yorker*, der *New York Times* und *Village Voice* können Sie rund um die Uhr erfahren, was gespielt wird und ob noch Karten zu haben sind, wenn Sie NYC7/ON STAGE (Tel.: 768 1818) oder The Broadway Line (Tel.: 563 2929) anrufen.

Shakespeare in the Park
Der frühere Direktor des Public Theater Joseph Papp initiierte die beliebten »Shakespeare in the Park«-Aufführungen, die im Central Park Open-Air Delacorte Theater (in der Nähe der 81st Street Eingang Upper East Side) von Juni bis August gezeigt werden. Karten sind kostenlos, gelten aber nur zwei Personen. Schon am Nachmittag stehen die Leute Schlange, um die Karten zu ergattern, die ab 18 Uhr ausgegeben werden.

Im Theaterdistrikt.

Das goldene Neonzeitalter mag lange vorbei sein, aber die schreiende Lichterwelt am Times Square hat nichts von ihrer Faszination eingebüßt.

Kino: New York hatte schon immer eine besondere Beziehung zum Film, und spielte in den letzten 60 Jahren manche Hauptrolle (siehe S. 14f und 188). Es lohnt sich, in New York ins Kino zu gehen, sei es in eine teure Hollywood-Produktion in einem der modernst ausgestatteten Kinokomplexe oder in eines der kleineren Kinos, die neue Independantfilme zeigen oder Werke, die man sonst kaum noch zu sehen bekommt. Nostalgiefans können sich Oldies anschauen – von weltberühmten Kinoklassikern bis zu kitschigen Musikals aus den 40er Jahren.

Kinos mit riesigen Leinwänden, die die neuesten Filme zeigen, gibt es überall in der Stadt, die meisten Avantgardkinos befinden sich in The Village, in Soho und Tribeca, wie das mit sechs kleinen Kinos ausgestattete **Angelika Film Center** (Houston Street Ecke Mercer Street, Tel.: 995 2000); das **Anthology Film Archives** (Second Avenue, 2nd Street, Tel.: 505 5181); **Cinema Village** (12th Street zwischen Fifth und Sixth Avenue, Tel.: 924 3363); **Cineplex Odeon Art Greenwich** (971 Greenwich Avenue, Tel.: 505 CINE); **Film Forum** (Houston Street Ecke Varick Street, Tel.: 727 8110); **The Screening Room** (54 Varick Street, Tel.: 334 2100); **Theatre 80** (80 St Mark's Place zwischen First und Second Avenue, Tel.: 254 7400); und das **Walter Reade Theater** (70 Lincoln Center Plaza, Tel.: 875 5600).

Auch die meisten Museen haben Kinos, in denen sie Filmreihen zeigen, die mit einer bestimmten Ausstellung in Verbindung stehen. Das **Museum of Modern Art** und das **Metropolitan Museum of Art** verfügen über eigene Filmarchive, und Filmfreunde werden ihre Freude am **Museum of Television and Radio** (siehe S. 161) haben.

Das New York Film-Festival
Jeden September zeigt das New York Film-Festival neue amerikanische und ausländische Produktionen, und zwar in der Alice Tully Hall im Lincoln Center. Das Festival wird von der Filmgesellschaft des Lincoln Center organisiert, und die Karten sind schnell ausverkauft. (Tel.: 875 5610)

Klassische Musik: Die Luft in New York vibriert förmlich vom Widerhall klassischer Musik. Das ganze Jahr über finden Konzerte mit den Größten der Großen und zahlreiche klassische Musikveranstaltungen statt. Besonders beliebt sind die kostenlosen Open-air-Konzerte.

Regelmäßige Konzerte führen die **New York Philharmonic** in der Zeit von Mitte September bis Mai in der Avery Fisher Hall im Lincoln Center auf (Tel.: 875 5656,

Das Mostly Mozart Festival
Jeden Juli und August findet sechs Wochen lang das beliebte Mostly Mozart Festival in der Avery Fisher Hall im Lincoln Center statt. Viele berühmte Musiker und Dirigenten können Sie hier bewundern, und vielleicht haben Sie das Glück, einen Platz in einer der ersten Reihen zu ergattern, denn alle Sitzplätze für dieses Festival werden zum gleichen niedrigen Preis verkauft.

um Karten zu bestellen). Im Juli spielt das Orchester umsonst in den Parks aller fünf Bezirke.

Das **New York Chamber Symphony Orchestra** ist im 92nd Y (92nd Street an der Lexington Avenue) zu Hause (Tel.: 262 6927). Berühmt für seine ausgezeichnete Akustik und Atmosphäre ist das in Eiche ausgekleidete **Kaufmann Theater** (92nd Y), in dem Gastsolisten und Kammerorchester zu sehen sind.

In der **Alice Tully Hall** im Lincoln Center (Karten Tel.: 875 5050) finden regelmäßig Kammerkonzerte statt, außerdem an vielen anderen (meist kleinen und billigen) Veranstaltungsorten. Die alteingesessene **Carnegie Hall** (Seventh Avenue, 57th Street, Tel.: 247 7800) bringt ständig Kammer- und Solokonzerte; die **Merkin Concert Hall** (67th Street zwischen Broadway und Amsterdam Avenue, Tel.: 501 3330) ist auf Ungewöhnliches wie ethnische Musik spezialisiert; die **Town Hall** (43rd Street zwischen Sixth Avenue und Broadway, Tel.: 840 2824) bietet ein buntgefächertes Programm.

Musikfreunde mit wenig Geld sollten in der Zeitung nach kostenlosen Konzerten suchen, die in der **St Paul's Chapel** im Financial District, der **Riverside Church** an der Upper West Side oder einer der vielen Musikschulen – z. B. der **Juilliard School of Music** im Lincoln Center – stattfinden.

Ballett und Tanz: New York kann sich einiger der besten Ballettschulen und der herausragendsten Lehrer rühmen.

Führend ist das weltberühmte **New York City Ballet** im **New York State Theater** im Lincoln Center (Tel.: 870 5570). Sie tanzen in der Zeit von November bis Februar und von April bis Juni; zu Weihnachten zeigen sie den *Nußknacker*. Die Preise der Karten, die oft schon im voraus ausverkauft sind, variieren. Zurückgegebene Karten werden am Tag der Vorstellung verkauft.

Viele weltberühmte Tänzer treten in der Met auf.

Die erste Met
Über Generationen demonstrierte New Yorks alter Geldadel seine Distanziertheit gegenüber der Masse damit, daß er während der Opernsaison in der Academy of Music (am Irving Place) alle Logenplätze belegte. Die Klasse der Neureichen aus dem ausgehenden 19. Jahrhundert war so der Schmach ausgesetzt, unter ihnen zu sitzen. Aus Rache finanzierten William Henry Vanderbilt, John Astor und einige andere Millionäre den Bau des ersten Metropolitan Opera House. Als das riesige Gebäude 1883 eröffnete, stieß es auf scharfe Kritik ob seiner Häßlichkeit. Doch im Inneren gab es dann die Logen, in denen die neuen Millionäre ihren Reichtum präsentieren konnten.

Das **American Ballet Theater**, das im **Metropolitan Opera House** im Lincoln Center zu Hause ist (Tel.: 362 6000), bekommt für seine Interpretationen klassischer und zeitgenössischer Stücke regelmäßig euphorische Kritiken. Die Saison reicht von April bis Juni. Wenn das ABT auf Tournee ist, treten internationale Gastballette, wie das Bolschoi oder das Ballett der Pariser Oper, hier auf. Es gibt Karten in allen Preislagen, doch sollten Sie wissen, daß sich die billigen Plätze hoch oben und sehr weit entfernt von der Bühne befinden.

Das ebenso bedeutende, aber intimere **City Center** (55th Street zwischen Sixth und Seventh Avenue, Tel.: 581 1212) beherbergt gleich drei innovative Ballettensembles: das **Alvin Ailey American Dance Theater**, das **Dance Theater of Harlem** und die **Merce Cunningham Dance Company**.

Zwar kleiner, aber sehr interessant ist das **Bessie Schonberg Theater** (19th Street zwischen Seventh und Eighth Avenue, Tel.: 924 0077), in dem der **Dance Theater Workshop** experimentelle Stücke aufführt.

Das vielversprechende Debüt manch eines zukünftigen Ballettstars können Sie in den Studentenaufführungen der renommierten **American School of Ballet** (Tel.: 877 0600) in der **Juilliard School of Music** im Lincoln Center bewundern.

Ballettbegeisterte Manhattaner scheuen auch nicht den Weg nach Brooklyn, um sich die qualitativ hochwertigen Produktionen der **Brooklyn Academy of Music** (Tel.: 718 636 4100) anzusehen. Dies war New Yorks erste Theaterbühne. Sie wurde 1861 gegründet und zog 1908 an ihren jetzigen Platz. Künstler, die hier auftraten, waren sowohl Enrico Caruso als auch Laurie Anderson. Hier findet im Herbst das spektakuläre Next-Wave-Festival statt.

»The Gate« ist einer der vielen beliebten Clubs im Greenwich Village.

Oper: Die Saison der **Metropolitan Opera**, die sich im riesigen **Metropolitan Opera House** im Lincoln Center (Tel.: 362 6000) abspielt, dauert von Ende September bis Mitte April. Zu diesen musikalisch wie gesellschaftlich bedeutenden Ereignissen erscheinen, in angemessener Garderobe, New Yorks Große und Berühmte. Das Programmspektrum wird oft als einfallslos kritisiert, doch die Aufführungen sind von herausragender Qualität. Die Eintrittspreise sind sehr hoch, und Sie müssen lange im voraus buchen.

Ebenfalls im Lincoln Center, im **New York State Theater,** tritt die innovative **New York City Opera** auf (Tel.: 870 5600).

Zu billigen Eintrittspreisen bequeme Sitzplätze bietet die **Amato Opera Company** (319 Bowery, Tel.: 228 8200) qualitativ hochwertige Opernaufführungen. Außerdem lohnt es sich, das **Opera Orchestra of New York** zu hören, das in der Carnegie Hall (57th Street bei der Seventh Avenue, Tel.: 247 7800) auftritt.

Von Juni bis August finden viele kostenlose Shows der **New York Grand Opera** (Tel.: 245 8837) im Central Park auf der Sommerbühne statt.

Der Poets' Slam
Einen Abend damit zu verbringen, den neuesten Versen eines unbekannten Poeten zu lauschen, kann ermüdend sein, aber im Nuyorican Poets' Café (3rd Street zwischen Avenue B und C, Tel.: 505 8183) findet Freitagabend der »Poets' Slam« statt, an dem sich eine Bande streitlustiger Poeten Wortgefechte liefert, und ein Richtergremium am Ende des Abends einen Gewinner bestimmt. Der Poets' Slam ist eine bizarre, typisch New Yorker Veranstaltung.

Musik bestimmt das Leben vieler New Yorker, und die Stadt bietet talentierten Musikern ein breites Betätigungsfeld.

Comedy Clubs: New Yorks Comedy Clubs ermöglichten die Karriere von Eddie Murphy, David Letterman, Robin Williams und vielen anderen. Erwarten Sie keine Gags à la Las Vegas – in New Yorks Comedy Clubs geht es turbulent zu, und die Menge kann bösartig werden, wenn sie einen bestimmten Entertainer nicht leiden kann.

Die meisten Clubs haben pro Abend zwei Vorstellungen. Für die Freitag- und Samstagvorstellungen ist es ratsam Karten zu reservieren. Für einen bekannten Entertainer müssen Sie mehr zahlen, »open-mike«-Vorstellungen (mit Amateuren, normalerweise montags) sind fast immer kostenlos. Ausführliche Veranstaltungstips bietet *Village Voice*.

Zu den Clubs, in denen Talente kommen und gehen und gelegentlich ein berühmter Entertainer auftritt, gehören: **Caroline's Comedy Club** (Broadway zwischen 49th und 50th Street); **Comic Strip Inc.** (Second Avenue zwischen der 81st und 82nd Street, Tel.: 861 9386); **Dangerfield's** (First Avenue zwischen der 61st und 62nd Street, Tel.: 593 1650) und **Stand Up NY** (78th Street am Broadway, Tel.: 595 0850).

Nachtclubleben im Palladium.

Nachtclubs: In den letzten fünfzehn Jahren konnte man Blüte und Untergang vieler New Yorker Nachtclubs beobachten, wie z. B. den des berüchtigten Jet-Set-Clubs Studio 54, des verrückten Mudd Clubs, der SoHo neues Leben einhauchte, und einer Reihe punkiger East Village Clubs, die den New Yorker demonstrierten, wie man seine Nächte verbringen kann.

In letzter Zeit geht es mit den Nachtclubs wieder aufwärts. Die Nachtszene hat sich jetzt nach Downtown verlagert, doch kann man sich überall in der Stadt verrückt herausgeputzt, gut (oder spärlich) gekleidet zur Schau stellen oder einfach nur tanzen – bis in die frühen Morgenstunden. Das größte Hindernis für den Nicht-Stammkunden ist der Türsteher, der (aufgrund Ihrer Kleidung und Ihres Benehmens) entscheidet, ob Sie als angemessen gelten. Die Arroganz der Türsteher ist legendär, und sollte man Ihnen den Zutritt verweigern, versuchen Sie es einfach woanders. Richtig los geht es in keinem Nachtclub vor ein oder zwei Uhr nachts (die meisten sind bis vier Uhr früh geöffnet). Es kann passieren, daß Sie den Club für sich alleine haben, sollten Sie vor Mitternacht hineingehen. Allerdings könnte dann der Eintrittspreis reduziert sein. Die Drinks sind in Nachtclubs teurer als in Bars.

In vielen Clubs werden an einigen Nächten der Woche spezielle Unterhaltungsprogramme angeboten: Rufen Sie

Ausweiskontrolle
Wenn Sie in New York einen Nachtclub betreten, kann es sein, daß Sie sich ausweisen müssen. Wenn Sie unter 21 Jahren sind – das Mindestalter, um legal Alkohol kaufen zu können – läßt man Sie nicht hinein. Clubs, die Jugendliche unter 21 Jahren anziehen, kennzeichnen diejenigen, die Alkohol kaufen dürfen, mit einem speziellen Armband (oder auf eine andere eindeutige Art und Weise).

vorsichtshalber lieber vorher an. Da New Yorks Nachtclubs permanent öffnen, schließen und ihre Adresse wechseln, sind die im folgenden genannten als repräsentativer Überblick gedacht.

Ein schon seit längerer Zeit sehr beliebter Club ist der mit Polo- und Kricketstöcken dekorierte **Au Bar** (58th Street zwischen Madison und Park Avenue, Tel.: 308 9455), der eher seriöse Leute in Designerklamotten anzieht, die zu cooler Discomusik tanzen.

Gelegentlich schauen Rock-and-Roll-Stars im **China Club** (Broadway, 75th Street, Tel.: 877 1156) vorbei, einer gut besuchten Rock-and-Roll-Disco. Eine ähnliche Musik spielt **Webster Hall** (11th Street zwischen Third und Fourth Avenue, Tel.: 353 1600); hierher zieht es vor allem Vergnügungssüchtige aus den Vororten.

An manchen Nächten ist **Tunnel** (220 Twelfth Avenue, Tel.: 695 4682) zum Bersten überfüllt. In verschiedenen Räumen erklingen unterschiedlichste Klänge: von Hip-Hop bis Acid Jazz. Abwechslungsreich gibt sich auch Coney Island High (15 St Mark's Place): von Rockabilly der 50er bis zu Funk und Soul der 70er Jahre. Lateinamerikanische Rhythmen – und Mambo-Stunden – bietet **SOB's** (Varick Street Ecke Houston, Tel.: 243 4940).

The Bank (Houston Street Ecke Essex, Tel.: 505 5033) ist eine schicke, oft hoffnungslos überfüllte Diskothek. Gern besucht wird auch das **Palladium** (14th Street zwischen Third und Fourth Avenue, Tel.: 473 7171), ein

höhlenartiger Raum mit Videomonitoren um die Tanzfläche, die der bekannte Architekt Arata Isozaki entwarf.

Mitte der 80er Jahre eröffnet, sollte das gedämpfte Ambiente von **Nell's** (14th Street zwischen Seventh und Eighth Avenue, Tel.: 675 1567) einen Gegenpol bilden zum flackernden Licht und der pulsierenden Musik der anderen Discos. Diese im viktorianischen Stil eingerichtete Disco ist aus der Mode gekommen, aber dennoch einen Besuch wert. (Darüberhinaus ist noch ein neuer Trend auf dem Vormarsch: die »lounge«, in der sich der ruhigere New Yorker bei einem Gespräch entspannen kann).

Rockmusik: New York fehlt auf keinem Tourneeplan großer internationaler Rockbands. Wenn sie nicht so bekannt sind, daß sie die 55 000 Plätze das Shea Stadium in Queens füllen können, treten sie vielleicht im **Beacon Theater** (Broadway, 75th Street, Tel.: 307 7171) auf, im **Madison Square Garden** (Seventh Avenue zwischen 31st und 33rd Street, Tel.: 465 6741) oder in der **Radio City Music Hall** (Sixth Avenue, 50th Street, Tel.: 247 4777), die auch Musicals, Tanzaufführungen und Rockkonzerte auf die Bühne bringt.

Nachtclubs für Homosexuelle und Lesben
In New York gibt es viele Nachtclubs für Homosexuelle und Lesben, und viele Lower Manhattan Nachtclubs sind an einigen Nächten der Woche besonders oder ausschließlich für Homosexuelle oder Lesben geöffnet. Genauere Informationen geben *Village Voice, New York Press* und viele kleine Publikationen für Homosexuelle und Lesben, wie man sie z. B. bei *Different Light Books,* 151 West 19th Street, erhält.

Beliebt für Rockkonzerte ist die Radio City Music Hall.

Karten für Rockkonzerte
Karten für die großen (normalerweise 15–30 $) oder mittleren (10–20 $) Rockkonzerte kann man telefonisch bei der Kartenvorverkaufsstelle bestellen und mit der Kreditkarte bezahlen. (Tel.: 307 7171)

Bands aus den Staaten oder Europa, die den kleinen Clubs entwachsen sind, aber noch nicht die großen Konzerthallen füllen können, treten im **Irving Plaza** (17 Irving Place, Tel.: 717 6800) auf, im **Roxy** (515 W 18th Street, Tel.: 714 8001) oder im **Roseland** (52nd Street zwischen Eighth Avenue und Broadway, Tel.: 247 0200) dem legendären Ballroom der Big-Band-Ära.

Interessant ist auch **The Bottom Line** (4th Street nahe Fifth Avenue, Tel.: 228 7800), in dem die neuesten Bands der Charts spielen, aber auch die Kultbands der 60er Jahre noch auftreten, und das **Wetlands** (Hudson Street, drei Blocks südlich der Canal Street, Tel.: 966 4225) mit Psychedelic-Dekor aus den 60er Jahren, Biokost, ökologischen Büchern und Pamphleten – und einem Superangebot an Rock-, Reggae- und Funkbands.

Eine gute Gelegenheit, lokalen Talenten – oder Größen – zu lauschen ist **Brownies** (164 Avenue A, zwischen Tenth und Eleventh Streets, Tel.: 420 8392). Die in New York ansässige Rockmusikszene ist hochgradig inzestuös – einige Bands sind in einem bestimmten Viertel ganz groß, in einem anderen vielleicht völlig unbekannt. Viele hoffnungsvolle Bands mit exotischen Namen kann man jede Nacht umsonst oder für ein paar Dollar in Dutzenden von winzigen Clubs hören, die sich im East Village und SoHo verstecken. Nähere Informationen finden Sie in der *Village Voice* oder auf handgeschriebenen Zetteln, die in Cafés oder Kneipen hängen.

Die Talking Heads und Blondie sind nur zwei der großen Namen, die aus der New Yorker Punkszene Mitte der 70er Jahre auftauchten und damals in dem immer noch existierenden **CBGB** (Bowery, Bleecker Street, Tel.: 982 4052) ihre ersten Erfolge feierten. Unbekannte Bands spielen hier jeden Abend. Gleich nebenan, in der **CB's 313 Gallery,** gibt es Performance Art und Lesungen (Tel.: 388 2529).

Avantgarderockmusiker treten in der **Knitting Factory** (Houston Street nahe Mulberry Street, Tel.: 219 3055) auf.

Das Birdland wurde nach dem legendären Club der 40er Jahre benannt .

Jazz und Blues: Seit den 40er Jahren sind sie berühmt, die rauchigen Jazzclubs in den Kellern von Greenwich Village, in denen viele berühmte Jazzmusiker ihr Debüt gaben.

Die meisten Jazzclubs bieten zwei bis drei Vorstellungen pro Abend an, die Eintrittspreise liegen bei acht bis 20 Dollar oder mehr. In manchen muß man außerdem mindestens zwei Getränke (um die sechs Dollar) dazukaufen.

Bestes Beispiel für einen verrauchten, dunklen Greenwich Village Jazzclub ist das **Village Vanguard** (Seventh Avenue, 11th Street, Tel.: 255 4037). Hier spielen regelmäßig Spitzenmusiker der Jazzszene, ebenso im weltberühmten **Blue Note** (131 W 3rd Street, MacDougal Street,

Tel.: 475 8592), dessen Eintrittspreise allerdings ziemlich unverschämt sind. Zu den neueren Jazzlokalen der Stadt gehört der **Iridium Room** (48 W 63rd Street, Tel.: 582 2121), der für sein Angebot an auftretenden Stars und seine verrückte Architektur besonders geschätzt wird. In neuem Gewand zeigt sich das alte **Birdland** (315 W 44th Street, Tel.: 581 3080), das an den Stil des legendären Clubs der 40er Jahre erinnern will. Es bietet drei Shows pro Abend und sonntags einen Jazz-Brunch.

Nicht ganz so renommiert ist das **Sweet Basil** (Seventh Avenue, Bleecker Street, Tel.: 242 1785), in dem gute Piano- und Baßduos in intimer Atmosphäre auftreten.

Außerhalb von Greenwich Village liegt der etwas teure **Michael's Pub** (118 W 57th Street, Tel.: 758 2272), der sich auf New-Orleans-Jazz spezialisiert hat. Gewöhnlich kommt montags Woody Allen hinzu und bereichert mit seiner Klarinette das Programm. Im **Smalls** (183 W Tenth Street, Tel.: 929 7565) zieht ein anerkennendes Publikum immer wieder junge Talente an; viele bekannte Jazzer kommen zum **Knickerbocker Bar and Grill** (9th Street, University Place, Tel.: 228 8490).

Bester authentischer Blues und guter R&B wird in den abendlichen Veranstaltungen in **Manny's Car Wash** (1558 Third Avenue, 87th Street, Tel.: 369 BLUES) oder in **Terra Blues** (149 Bleecker Street, Tel.: 777 7776) dargeboten.

Folk: Mittelpunkt der Folk-Musik war in den 60er Jahren Greenwich Village: Judy Collins, Bob Dylan und andere Legenden begannen hier ihre Laufbahn. Die Glanzzeiten sind wohl vorbei, doch eine legendäre Folkeinrichtung ist weiterhin das **Bitter End** (147 Bleecker Street, Tel.: 673 7030). Jüngeren Datums ist das kleine, anheimelnde **Centerfold Coffeehouse** (Kirche des Hl. Paul and Andrew, 263 W 86th Street, Tel.: 866 4454).

Jazz im Greenwich Village: etwas kostspielig, aber mit einer Atmosphäre wie vor 50 Jahren.

Country-Musik
Country-Musik paßt eigentlich nicht in das chaotische New York, aber in dem riesigen Full Moon Saloon (Eighth Avenue, 46th Street, Tel.:974 0973) können Sie eine Mischung aus New Wave und traditioneller Country Musik hören. Nicht ganz so groß sind das O'Lunney's (44th Street nahe der Fifth Avenue, Tel.: 840 6688) und die Rodeo Bar (Third Avenue, 27th Street, Tel.: 683 6500).

New York mit Kindern

Mit Kindern in anderen Stadtteilen
In Brooklyns Children's Museum (145 Brooklyn Avenue) können Kinder die Grundlagen von Wissenschaft und Natur kennenlernen. Älteren wird es Spaß machen, in den alten U-Bahn-Waggons im New York Transit Museum (siehe S. 76) herumzutollen.

Machen Sie mit den Kindern einmal einen Ausflug mit der Staten Island Ferry. In der Richmondtown Historic Restoration (siehe S. 179) schildern Ihnen die Führer lebhaft, wie die Bewohner dieses Inseldorfes einst lebten.

Im Bronx Zoo (siehe S. 70f) hat Ihr Nachwuchs Gelegenheit, die braven Tiere des Streichelzoos anzufassen. Interessant ist auch die New York Hall of Science (siehe S. 171) in Queens.

Viele Museen in Manhattan haben auf Kinder abgestimmte Abteilungen, aber nur das **Children's Museum of Manhattan** (im Tisch Building, 83rd Street zwischen Broadway und Amsterdam Avenue) ist ausschließlich für Kinder gedacht. Kinder werden mit Computervorrichtungen interaktiv und spielend zum Lernen angeregt. Die Auswahl der vier Etagen umfaßt u.a. das Brainatarium, das die Funktionen des menschlichen Gehirns erklärt, und das Time Warner Center for Media, in dem die Kleinen eigene Videofilme herstellen können. Draußen im Urban Tree House werden die Probleme erläutert, die beim Zusammentreffen von Stadt und Natur entstehen.

Trotz seiner pädagogischen Ausrichtung ist das **American Museum of Natural History** (siehe Seiten 63f) mit seinen Dinosaurierskeletten, gigantischen Walmodellen und unzähligen ausgestopften Tieren äußerst beliebt. Im **Sony Wonder Technology Lab** (550 Madison Avenue) erklärt die Multimediagesellschaft Kindern anhand interaktiver Computer die Geheimnisse des Zeichentricks und anderer Effekte.

Für Kinder ist der Blick vom **World Trade Center** (wegen der superschnellen Aufzüge) interessanter als das **Empire State Building**, dessen **New York Skyride** jedoch für Aufregung sorgt. Eine **Bootsfahrt** (siehe S. 67) läßt sich gut mit einer Besichtigung der historischen Schiffe des **South Street Seaport** (siehe S. 178) verbinden.

Im Central Park lohnt sich ein Besuch des **Central Park Zoo** hinter dem Arsenal an der 64th Street und der Fifth Avenue (Tel.: 408 0271). Viel Spaß macht es, bei der Fütterung der Seelöwen, um 11.30 Uhr, 14 Uhr und 16 Uhr, zuzusehen. Ebenfalls im Central Park, an der Hans Christian Andersen-Statue (Tel.: 794 6564), können Kinder, die englisch verstehen, samstags Märchen hören.

Alice mit Freunden im Central Park.

Am Nordende des Central Park machen die Ausstellungen des **Charles A Dana Discovery Center** (110th Street, Fifth Avenue) auf Umweltthemen aufmerksam.

Zur Belohnung können Sie mit den Kindern zum **Enchanted Forest** (85 Mercer Street) gehen, wo teure Stofftiere einen nachgemachten mittelalterlichen Wald bewohnen. **FAO Schwarz** (Fifth Avenue zwischen der 58th und 59th Street) ist vom Fußboden bis zur Decke mit Spielsachen vollgestopft, von denen die meisten Kinder nur träumen können.

Oben: Versteckspielen im Central Park.

Oben links: Der Bronx Zoo ist auf den Seiten 70f beschrieben.

Links: Rollschuhlaufen im Central Park.

New York umsonst

Andere Stadtteile umsonst
Kostenlos ist der Besuch der Brooklyn Historical Society. Das Brooklyn Arts Council (Tel.: 718/625 0080) bietet im Sommer gratis Musikalveranstaltungen an verschiedenen Plätzen an, einschließlich in Brighton Beach. Keinen Eintritt verlangt die Bronx Hall of Fame for Great Americans (siehe S. 71–72), und umsonst kann man von dienstags bis donnerstags den Bronx Zoo besuchen (siehe S. 70–71), obwohl eine kleine Spende erwartet wird. Eine kleine Spende erbittet auch die New York Hall of Science (siehe S. 171) in Queens. Freien Eintritt hat man im Garibaldi Museum auf Staten Island (siehe S. 180), und frei sind auch die Julikonzerte im Snug Harbor (Tel.: 718/448 2500)

Auch mit wenig Geld können Sie Ihren Spaß im Big Apple haben. Viele der schönsten Dinge, wie Architektur, Straßenleben, phantastische Kaufhäuser, charakteristische Viertel können genossen werden, ohne einen Cent zu haben.

Tips für Manhattan: Freien Eintritt hat man in den vielen Museen, die das Kapitel *New York A bis Z* auflistet, an bestimmten Abenden der Woche: im **Cooper-Hewitt Museum** *(geöffnet:* Di 17–21 Uhr), im **Guggenheim Museum** *(geöffnet:* Fri 17–20 Uhr, *Eintritt:* Spende), im **Museum of Modern Art** *(geöffnet:* Do 17–20:30 Uhr, *Eintritt:* Spende) und im **Whitney Museum of American Art** *(geöffnet:* Do 18–20 Uhr).

Keinen Eintritt kosten auch die gelegentlichen Ausstellungen in der **National Academy of Design**, und zwar Dienstag abend von 17 bis 20 Uhr, und im **International Center of Photography** *(Eintritt:* Spende).

Jederzeit umsonst besichtigen kann man die folgenden Museen und Galerien: die **American Numismatic Society** (Seite 65), die **American Bible Society** (siehe S. 61), die **Forbes Galleries** (siehe S. 106–107), die **Hispanic Society of America** (siehe S. 126), das **Museum of American Folk Art** (siehe S. 155, eine Spende von 2 $ wird erwartet); das **Museum of American Illustration** (siehe S. 62), das **Nicolas Roerich Museum** (siehe S. 189) und das **Police Academy Museum** (siehe S. 152).

Gratis ist der Besuch der **Federal Hall** (siehe S. 102) und des **General Grant Memorial** (siehe S. 110), kostenlose Führungen bieten das **Lincoln Center** (siehe S. 134) und die **Börse** (siehe S. 182). Wenn Sie Karten bekommen, können Sie umsonst den Reden der Delegierten in der **UN General Assembly** (siehe S. 184) lauschen.

Kostenlose Theater- und Musikalaufführungen finden im Sommer im **Central Park** (Tel.: 794 6564) statt, im **Rockefeller Center** (Tel.: 632 4000), auf den Plätzen des **Lincoln Center** (Tel.: 875 5300), dem **World Trade Center** (Tel.: 435 4170) und im **South Street Seaport** (Tel.: SEA PORT).

Schaufensterbummel in Manhattan: Dekoration bei Macy's.

REISE-INFORMATIONEN

Ankunft

Einreise: Besucher der meisten europäischen Länder benötigen für einen dreimonatigen Aufenthalt mit einem Rückflugticket für die Vereinigten Staaten kein Visum mehr. Sollten Sie jedoch vorhaben, auch nur einen Tag länger zu bleiben, müssen Sie sich ein Visum besorgen.

Vor der Landung werden Formulare mit den Zoll- und Einwanderungsbestimmungen zum Ausfüllen verteilt. Man will wissen, wie lange Sie bleiben und wo Sie Ihre erste Nacht verbringen. Normalerweise gibt es für Touristen keine Einreiseschwierigkeiten. Wenn Sie jedoch in den Staaten leben oder arbeiten wollen, benötigen Sie eine entsprechende Erlaubnis und die Einwilligung Ihrer Botschaft, bevor Sie den Flug antreten.

Wenn Sie länger als drei Monate in den Staaten bleiben wollen (erlaubt sind jedoch höchstens sechs Monate), kann es passieren, daß Sie nachweisen müssen, wieviel Geld Ihnen zur Verfügung steht. Zeigen Sie Ihre Kreditkarten oder Reiseschecks, und ein skeptischer Einwanderungsbeamter (der annimmt, Sie seien in die USA gekommen, um dort illegal zu arbeiten) wird sich schnell beruhigen.

Große Fluggesellschaften überprüfen beim Einchecken per Computer die Passagierliste und ermöglichen mit einem Vermerk in Ihrem Paß nach der Landung eine schnellere Abfertigung.

Benutzen Sie nur die lizensierten gelben Taxis.

Sie müssen bei der Einwanderungsbehörde jedoch mit einer Wartezeit von mindestens einer Stunde rechnen. Wenn Sie an der Reihe sind, geben Sie dem Beamten Ihren Paß, die Zoll- und Einwanderungsbestimmungen, die Sie im Flugzeug ausgefüllt haben, und Ihr Rückflugticket.

Angenommen, es gibt keine Probleme, trägt man in Ihren Paß das Einreisedatum ein und legt das Einwanderungsformular bei, das erst wenn Sie die USA verlassen (längstens nach 3 Monaten), wieder entfernt wird.

Mit dem Flugzeug: Zu den internationalen Flughäfen von New York gehören der John F. Kennedy Airport (in Queens, ungefähr 50 Kilometer östlich von Manhattan) und Newark (in New Jersey, ungefähr 50 Kilometer westlich von Manhattan), die aber auch, wie der dritte Flughafen der Stadt, La Guardia (auch in Queens, 13 Kilometer östlich von Manhattan), Inlandflüge abfertigen.

Von allen drei Flughäfen aus gelangt man, wenn auch etwas zeitaufwendig (in etwa anderthalb Stunden), relativ einfach nach Manhattan. In jedem Flughafen zeigen Informationstafeln Fahrpläne und Preise für den Transport in die Stadt.

Neben den öffentlichen Verkehrsmitteln, die wir unten näher erläutern, stehen an jedem der drei Flughäfen an gekennzeichneten Plätzen Taxis. Uniformierte Angestellte begleiten Sie dorthin. Jeder andere Taxifahrer hat keine Lizenz. Nehmen Sie nur die gelben Taxis. Die Fahrer tragen ein offizielles Abzeichen an der Mütze.

Die Taxipreise von den Flughäfen nach Manhattan sind hoch: mit 40–50 $ (Straßen- und Brückengebühren kosten extra) von Newark und 20–30 $ von La Guardia müssen Sie rechnen. Von JFK kostet die Fahrt pauschal 30 $ plus Trinkgeld und Straßengebühr. Da um jeden Flughafen dichter Verkehr herrscht, können sich die Fahrtkosten auch schnell erhöhen.

Von JFK: Kostenlose Shuttlebusse bringen Sie zur nächsten U-Bahnstation (Subway) in Howard Beach, deren Züge im 60-Minuten-Takt nach

Besonders schnell, dafür aber sehr teuer, gelangt man mit dem Helikopter nach Manhattan. Die meisten Reisenden bevorzugen Busse.

Manhattan fahren. (Bevor Sie die Subway benutzen, lesen Sie **Öffentliche Verkehrsmittel** auf den Seiten 253f). Touristen, die zum erstenmal auf dem JFK Airport landen und viel Gepäck dabei haben, sollten statt der Subway den Carey Express Airport Coach Service (Tel.: 800 284 0909) in Anspruch nehmen, der alle 20 Minuten zwischen 6 Uhr früh und Mitternacht (mit sechs Stopps in Midtown Manhattan) fährt. Tickets verkaufen uniformierte Bedienstete außerhalb des Flughafengebäudes.

Etwas teurer, aber wesentlich schneller ist es, sich mit anderen Passagieren einen Minibus zu teilen. Gray Line Air Shuttle (Tel.: 800 451 0455) vermittelt Minibusse vom JFK-Flughafen aus zu jeder Adresse in Manhattan.

Wenn Geld keine Rolle spielt, können Sie mit einem Helikopter nach Manhattan fliegen. Der Helikopterservice braucht zehn Minuten zum Heliport an der 34th Street (Tel.: 800 645 3494).

Von Newark: Der New Jersey Transit Bus (Tel.: 201 762 5100) fährt rund um die Uhr in etwa 30 bis 45 Minuten

zum Port Authority Bus Terminal in Manhattan (42nd Street und Eight Avenue). Der Olympia Trails Airport Express (Tel.: 964 6233) fährt alle 20 Minuten zwischen 6.15 Uhr bis Mitternacht zu drei Haltestellen in Midtown und Lower Manhattan.

Wie auch vom JFK aus bietet die Gray Line Air Shuttle (Tel.: 800 451 0455) Minibusse zu jeder Adresse in Manhattan an.

Von La Guardia: Vorortbusse fahren in andere Teile von Queens. Um Manhattan zu erreichen, haben Sie die Wahl zwischen dem Carey Express Airport Coach (Tel.: 800 451 0909), der alle 20 Minuten zwischen sechs Uhr früh und Mitternacht zu sechs Haltestellen in Midtown Manhattan fährt, oder dem Gray Line Air

Shuttle (Tel.: 800 451 0455) zwischen 7 Uhr früh und 23 Uhr, der jede Adresse in Manhattan ansteuert.

Mit dem Schiff: New Yorks Zeit als internationaler Seehafen ist zwar vorbei, aber die Queen Elizabeth II hält die Tradition der Atlantiküberquerung mit Luxuslinern bis heute aufrecht. Das erste, was Sie von New York sehen, wenn Sie per Schiff kommen, ist die Freiheitsstatue. An Land gehen Sie in Midtown Manhattans großem Passenger Ship Terminal an der 12th Avenue zwischen 50th und 52nd Street.

Mit dem Bus: Der Port Authority Bus Terminal (Tel.: 564 8484) an der Kreuzung 42nd Street und Eight Avenue ist der größte Busbahnhof New Yorks.

Mit dem Zug: Die meisten Nahverkehrszüge halten im Grand Central Terminal an der Kreuzung 42nd Street und Park Avenue, während die Amtrak-Fernzüge in New Yorks zweiten Bahnhof, die Penn Station an der Kreuzung 31st Street und Eight Avenue, einfahren. Zuginformationen für die USA erhalten Sie an Informationsschaltern in der Penn Station oder per Tel.: 800 872 7245.

Apotheken

Viele bekannte Medikamente haben in den USA ganz andere Namen, jedoch *pharmacies* (Apotheken) sind überall zu finden. Einige Medikamente, die man in Europa in der Apotheke einfach kaufen kann, gibt es in den USA nur *with a prescription* (auf Rezept).

Wenn Sie regelmäßig bestimmte Medikamente benötigen, empfiehlt es sich, einen ausreichenden Vorrat mitzunehmen (aber beachten Sie die **Zollbestimmungen** auf Seite 260). Wenn Sie verschreibungspflichtige Medikamente in New York kaufen wollen, sollten Sie ein Rezept Ihres Arztes dabei haben. Näheres siehe **Ärztliche Hilfe** Seite 248).

Autofahren

In New York Auto zu fahren, ist nicht ratsam (allein schon deshalb, weil die New Yorker einen ziemlich wilden Fahrstil haben und Parken 10 $ die Stunde kosten kann). Für Ausflüge zu den Catskill Mountains, den weiter

Der Blick, der Ihnen bestätigt, daß Sie im Big Apple angekommen sind.

entfernten Teilen des Hudson Valley, Long Island oder New Jersey – oder noch weiter – empfiehlt sich jedoch ein Leihwagen.

Entfernungen werden in Meilen angegeben. Überholen darf man auf den Interstate Highways sowohl auf den linken als auch den rechten Fahrspuren.

Auf den Interstates liegt die Geschwindigkeitsbegrenzung bei 55 bis 65 Meilen (etwa 88 bis 104 km) pro Stunde. In Wohngebieten liegen die erlaubten Geschwindigkeiten noch niedriger. Bußgelder und Gefängnisstrafen drohen demjenigen, der fährt und dabei Alkohol trinkt. Parkverstöße kosten ebenfalls hohe Bußgelder (oder noch schlimmer, das Auto wird abgeschleppt), beachten Sie also sorgfältig die entsprechenden Verbotsschilder. Parken Sie niemals neben einem Wasserhydranten (im Umkreis von drei Metern besteht absolutes Halteverbot).

Die Interstates und US-Highways sind die Autobahnen der Vereinigten Staaten. Die Highways der Bundesstaaten sind schmaler und werden von jedem einzelnen Bundesstaat selbst finanziert. Einsame Landstraßen finden sich nur noch gelegentlich. Außer einigen unbedeutenden Strecken sind die Straßen gut ausgebaut und mit vielen Tankstellen versehen. Fast alle Autos brauchen bleifreies Benzin. Maßeinheiten sind jedoch selten Liter, sondern US-Gallons (3,785 Liter).

Für die meisten Brücken und Autobahnen ist eine Gebühr *(toll)* zu zahlen. Sie sollten unbedingt passendes Kleingeld bereithalten!

Sind Sie Mitglied eines Automobilclubs, überprüfen Sie seine Serviceleistungen in den USA. Viele bieten verbilligte Dienste für Mitglieder an.

Autopannen: Sollte es passieren, daß Ihr Mietauto eine Panne hat, rufen Sie die Autovermietung an, von der Sie den Wagen haben. Man wird Sie so schnell wie möglich mit einem neuen Wagen versorgen, so daß Sie Ihre Reise fortsetzen können.

Wenn Ihr Wagen weit entfernt von einem Telefon liegen bleibt, warten Sie in der Nähe auf die Highway Patrol. Sollte jemand halten, um seine Hilfe anzubieten, besteht zwar die Möglichkeit, daß er Ihnen wirklich helfen will, aber bleiben Sie dennoch vorsichtig. Bitten Sie ihn höchstens, zum nächsten öffentlichen Telefon zu fahren und für Sie anzurufen.

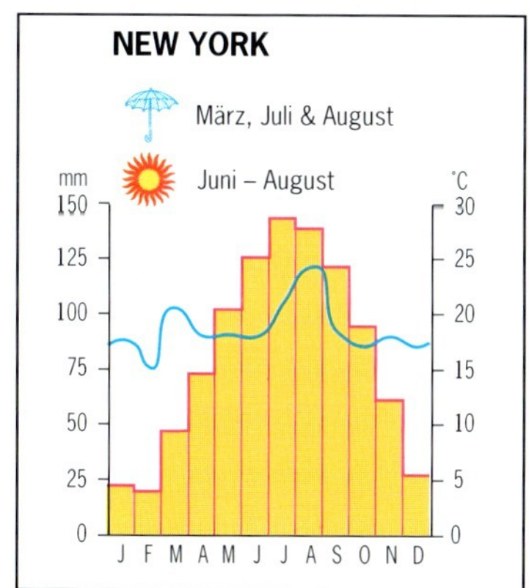

Autovermietung: Berüchtigt für seine Staus und seinen Parkplatzmangel ist Manhattan – und die ganze Stadt New York – nicht zum Autofahren geeignet. Empfehlenswert ist ein Mietauto jedoch für Ausflüge aus der Stadt hinaus.

Von Europa aus gibt es viele verlockende Pauschalangebote in die USA, die Mietwagen zu niedrigeren Preisen als in den Staaten anbieten. Alle großen internationalen Autovermietungen haben Schalter in New Yorks Flughäfen (und Büros in der Stadt), an denen Sie Ihr vorbestelltes Auto erhalten oder spontan ein Auto mieten können. Sie sparen jedoch Geld und Zeit, wenn Sie die öffentlichen Verkehrsmittel benutzen und erst außerhalb der Stadt ein Auto mieten.

Hier die gebührenfreien Nummern der größten Autovermietungen: Avis (Tel.: 800/331 1212); Budget (Tel.: 800/601 5383); Hertz (Tel.: 800/654 3131); Interrent (Tel.: 800/227 7368); Thrifty (Tel.: 800/637 2277). Weitere Verleihfirmen finden Sie in den Gelben Seiten, obwohl die international bekannten oft die sichersten sind.

Lesen Sie sich das Kleingedruckte immer sorgfältig durch! Besonders in Bezug auf die Collision Damage Wai-

ver (CDW – die Haftpflichtversicherung), die hier meist extra kostet. Bei manchen Autoverleihfirmen ist die CDW mit der Haftpflichtversicherung bereits im Preis inbegriffen. Klären Sie auch, ob der Wagen vollgetankt zurückgegeben werden muß.

Wenn der Wagen nicht im voraus gebucht wurde, bekommt jeder USA-Besucher unter 21 Jahren mit oder ohne Kreditkarte Probleme, wenn er in New York ein Auto mieten möchte.

Behinderte Reisende
In New York verbessern sich langsam auch die Bedingungen für behinderte Reisende. Per Gesetz müssen öffentliche Gebäude für Rollstuhlfahrer zugänglich sein und über Behindertentoiletten verfügen (anderes Design als in Europa). Beinahe alle New Yorker Busse haben an den Hintertüren Lifte für Rollstuhlfahrer.

Züge und Fluglinien sind auf Anfrage verpflichtet, bestimmte Dienste für Behinderte zur Verfügung zu stellen. Die Eisenbahngesellschaft Amtrak hat sich diesbezüglich sehr hervorgetan. Obwohl weniger komfortabel als die Züge, sind die Greyhound-Busse beliebter. Kostenlos darf eine Begleitperson mitreisen, wenn ein entsprechendes Zertifikat vom Arzt vorliegt. Einige große Autovermietungen stellen auch behindertengerechte Autos zur Verfügung, wenn man vorher Bescheid gibt.

Weitere Informationen über New Yorks spezielle Dienste für Behinderte erteilt das **Mayor's Office for Disabled People**, Tel.: 788 2830.

Subway in Williamsburg.

Botschaften und Konsulate
Die meisten Botschaften sind in Washington. Folgende Konsulate befinden sich in New York: **Dänemark**, Dag Hammarskjöld Plaza (Tel.: 223 4545); **Deutschland**, 460 Park Avenue (Tel.: 308 8700); **Frankreich**, 934 Fifth Avenue (Tel.: 606 3600); **Großbritannien**, 845 Third Avenue (Tel.: 745 0200); **Irland**, 345 Park Avenue (Tel.: 319 2555); **Italien**, 690 Park Avenue (Tel.: 737 9100); **Niederlande**, 1 Rockefeller Plaza (Tel.: 249 1429); **Norwegen**, Third Avenue (Tel.: 421 7333); **Österreich**, 31East 69th Street (Tel.: 737 6400-04; **Portugal**, 630 Fifth Avenue (Tel.: 246 4580); **Schweden**, Dag Hammarskjöld Plaza (Tel.: 751 5900); **Schweiz**, Rolex Building, 8th Floor, 665 Fifth Avenue (Tel.: 758 2560.

Elektrizität
Der Wechselstrom in den USA beträgt 110 Volt/60 Hz. Da europäische Geräte auf 220 Volt ausgerichtet sind, können sie nur mit einem Adapter benutzt werden, den Sie in den USA oder schon vor der Abreise kaufen können (stellen Sie aber sicher, daß er für die Staaten geeignet ist).

Viele elektrische Geräte wie Computer, Videorecorder und CD-Player werden in New York zu weitaus niedrigeren Preisen angeboten als in Europa und dem Rest der Staaten. Prüfen Sie vor dem Kauf (besser beim Hersteller), ob diese Geräte für Europa kompatibel sind.

Feiertage
Banken und alle öffentlichen Büros sind an folgenden Feiertagen geschlossen (nur einige Geschäfte haben geöffnet): New Year's Day (1. Januar), Martin Luther King's Birthday (3. Montag im Januar), Lincoln's Birthday (12. Februar), Washington's Birthday (3. Montag im Februar), Memorial Day (3. Montag im Mai), Independance Day (4. Juli), Labor Day (1. Montag im September), Columbus Day (2. Montag im Oktober), Veterans' Day (11. November), Thanksgiving (4. Donnerstag im November),

Christmas Day (25. Dezember). Zusätzlich ist Good Friday (Karfreitag) ein halber und Ostermontag ein ganzer Feiertag. In einigen Fällen verändern sich die aktuellen Daten, wenn der Feiertag auf ein Wochenende fällt.

Fundbüros
Je nachdem, wo Sie etwas verloren haben, wenden Sie sich bitte direkt an das entsprechende Fundbüro:
Im Flughafen JFK, Tel.: 718/656 4120.
Im Flughafen La Guardia rufen Sie die entsprechende Fluglinie an.
Im Flughafen Newark, Tel.: 201 961 2230.
Im Taxi, Tel.: 320 TAXI.
In Bus oder Subway, Tel.: 718/625 6200.

Gebetsstätten
Die verschiedenartigen Gotteshäuser sind in diesem Buch unter der Rubrik *New York von A bis Z* und auf den Seiten 120f aufgelistet. Aber auch Ihre Hotelrezeption wird Ihnen die in Ihrer Nähe liegenden nennen können. Oder sehen Sie im Telefonbuch nach.

Geld und Währung
Abgesehen von einer kleineren Geldsumme in bar, sollten Sie Ihr Reisebudget in US-Traveller Cheques mitführen, die wie Bargeld behandelt werden. Mit den unterschriebenen Traveller Cheques können Sie in New York und auch sonst überall in den Staaten in Hotels, Restaurants und größeren Geschäften bezahlen. Banken tauschen ebenfalls Reiseschecks in Bargeld, aber Sie müssen sich ausweisen und möglicherweise auch eine Umtauschgebühr bezahlen. Fragen Sie vorher.

Die Banköffnungszeiten in New York sind: Montag bis Freitag von 9 bis 15 oder 15.30 Uhr (am Dienstag sind einige auch bis 18 Uhr geöffnet).

Auch viele Hotels wechseln US-Traveller Cheques in Bargeld um.

Fremdwährungen oder Reiseschecks in Fremdwährung in den USA wechseln zu wollen, ist strapaziös, obwohl es in New York (selten in anderen Städten) mehrere Banken mit Umtauschschaltern und eine kleine Anzahl von Geldwechselbüros gibt. Geld wechseln können Sie selbstverständlich auch bei der Ankunft auf

UMRECHNUNGSTABELLE

von	in	multipliziert mit
Inches	Zentimeter	2,54
Zentimeter	Inches	0,3937
Feet	Meter	0,3048
Meter	Feet	3,2810
Yards	Meter	0,9144
Meter	Yards	1,0940
Miles	Kilometer	1,6090
Kilometer	Miles	0,6214
Acres	Hektar	0,4047
Hektar	Acres	2,4710
Gallons	Liter	3,7854
Liter	Gallons	0,2642
Ounces	Gramm	28,35
Gramm	Ounces	0,0353
Pounds	Gramm	453,6
Gramm	Pounds	0,0022
Pounds	Kilogramm	0,4536
Kilogramm	Pounds	2,205
Tons	Tonne	0,9072
Tonne	Tons	1,1023

HERRENANZÜGE

Europa	46	48	50	52	54	56	58
USA	36	38	40	42	44	46	48

DAMENGRÖSSEN

Europa	34	36	38	40	42	44
USA	6	8	10	12	14	16

HERRENHEMDEN

Europa	36	37	38	39/40	41	42	43
USA	14	14.5	15	15.5	16	16.5	17

HERRENSCHUHE

Europa	41	42	43	44	45	46
USA	8	8.5	9.5	10.5	11.5	12

DAMENSCHUHE

Europa	38	38	39	39	40	41
USA	6	6.5	7	7.5	8	8.5

dem Flughafen JFK und in Newark.

Chase Manhattan (Tel.: 935 9935) und Thomas Cook (Tel.: 800 CURRENCY) wechseln ebenfalls. Beide haben mehrere Geschäftsstellen in der Stadt, und man wird Ihnen telefonisch gern die nächstliegende nennen.

Kreditkarten sind mittlerweile das wichtigste Zahlungsmittel in den USA. Wenn Sie Ihre Kreditkartennummer in die Geldautomaten (ATMs) eingeben, die Ihr Kreditkartensymbol tragen, erhalten Sie Bargeld.

Banknoten gibt es im Wert von 1, 2, 5, 10, 20, 50, 100, 500 und 1000 Dollar, Münzen im Wert von 25 *(quarter)*, 10 *(dime)*, 5 *(nickel)* und 1 Cent *(penny)*.

Gesundheit

Die Kosten für einen Krankenhausaufenthalt bzw. ärztliche Versorgung in den USA können sehr hoch sein. Zwischen der USA und der Bundesrepublik besteht keine Krankenkassenvereinbarung; das bedeutet, daß im Krankheitsfall entstehende Behandlungskosten von deutschen Kassen nicht übernommen werden. Besorgen Sie sich deshalb eine erweiterte Versicherung bei Ihrer Krankenkasse oder fragen Sie nach dem Reiseservice-Paket.

Sollten Sie einen praktischen oder einen Zahnarzt brauchen, schauen Sie in die Gelben Seiten unter *Physicians and Surgeons* oder *Dentists*, oder rufen Sie den ärztlichen und zahnärztlichen Notdienst an, Tel.: 876 5432.

New Yorks Unfallstationen sind rund um die Uhr tätig, z. B. St Luke's Roosevelt (59th Street an der Ninth Avenue) und St Vincents (Seventh Avenue an der 11th Street).

Inlandreisen

Inlandreisen sind in den Staaten, gemessen an den weiten Entfernungen, billiger als in Europa.

Mit dem Flugzeug: Reiseagenturen und Fluglinien bieten viele verbilligte Inlandflüge an, um Plätze außerhalb der Hochsaison zu füllen. Angebote finden Sie in Zeitungen und in den Schaufenstern der Reisebüros. Zu einem festgelegten Preis können Sie sich einen Visit-USA-Flugpaß ausstel-

Es ist verboten, einen haltenden Schulbus zu überholen.

len lassen, der zu unbegrenzten Flügen innerhalb einer bestimmten Zeitspanne (30 oder 60 Tage) oder einer gewissen Anzahl von Flügen ohne Zeitbegrenzung berechtigt. Viele transatlantische Fluglinien bieten diese Pässe an; Genaueres erfahren Sie von Ihrem Reisebüro.

Mit dem Bus: Greyhound ist in den USA führend für billige Busreisen über weite Entfernungen. Alle Abfahrten ab Port Authority Terminal (siehe **Ankunft**, Seite 248).

Obwohl Greyhoundbusse vergleichsweise komfortabel sind – mit Klimaanlage, verstellbaren Sitzen, Toiletten an Bord und längeren Pausen alle paar Stunden – nehmen diese Reisen sehr viel Zeit in Anspruch (fünf Stunden von New York nach Boston z. B.) und sind, da die Busse immer die schnellen, aber langweiligen Interstate Highways entlangfahren, oft sehr monoton.

Preislich sehr günstig ist der Ameri-Paß, der unbegrenzte Greyhound-Reisen über eine bestimmte Zeitspanne – von vier bis 30 Tagen – anbietet.

Ameri-Pässe können nur außerhalb der USA gekauft werden. Näheres erfahren Sie in Ihrem Reisebüro.

Mit dem Auto: Für Ausflüge aus der Stadt hinaus, die auf den Seiten 194–211 beschrieben werden, ist es ratsam, ein Auto zu mieten. Benzin ist in den Staaten wesentlich billiger als in Europa, und auch die Preise für ein Mietauto sind (außer in New York) nicht sehr hoch. Weitere Details finden Sie unter der Rubrik **Autovermietungen** (Seite 249).

Gültig ist der deutsche Führerschein der Klasse 3 oder der Internationale Führerschein. Tips zum **Autofahren** finden Sie auf Seite 248–249.

Mit dem Zug: Bevor es die billigen Inlandflüge gab, war das Reisen mit dem Zug der schnellste und komfortabelste Weg, die Vereinigten Staaten kennenzulernen, und New Yorks Grand Central Terminal war sozusagen das Tor zum amerikanischen Kontinent.

Heutzutage sind die Züge – ausgestattet mit Schlaf und Speisewagen und komfortablen Abteils – so luxuriös wie eh und je, aber die Preise sind kaum günstiger als der billigste Inlandflug für dieselbe Strecke. Kostensparend sind eine Vielzahl regionaler und landesweiter Zugpässe, vorausgesetzt, sie werden in vollem Umfang ausgeschöpft. Das Schienennetz ist in den USA längst nicht so ausgebaut wie in Europa, oft gibt es zwischen bestimmten Städten gar keine Verbindungen.

Alle Abfahrten: Grand Central Terminal oder Penn Station (siehe **Ankunft**, Seite 248).

Klima

Meiden Sie einen New-York-Besuch in den heißen, stickigen Monaten Juli und August (denn auch viele New Yorker fliehen in dieser Zeit aus der Stadt) und zwischen Dezember und Februar, wenn Schneefälle und extreme Minusgrade die Stadt ziemlich ungemütlich machen.

Erst Mitte März läßt der Winterfrost langsam nach. Anfang April beginnen die attraktiven Veranstaltungen im Freien und machen die Frühlingszeit zu einem guten Reisezeitpunkt. Nach der entsetzlichen Sommerhitze, während der die Klimaanlagen auf vollen Touren laufen und die New Yorker gereizt reagieren, ist es im Herbst bis in den November hinein angenehm.

Die beste Zeit für Ausflüge außerhalb der Stadt, wo der Sommer sehr viel angenehmer ist, sind die Monate April und September.

Vielfältiges Straßenleben im Big Apple.

Besonders beeindruckend sind die Straßenreklamen New Yorks.

Kriminalität

Da New York für seine vielen Verbrechen bekannt ist, müssen Sie besonders auf abgelegenen Straßen und in den Subways vorsichtig sein. Lesen Sie unbedingt die **Grundinformationen** auf den Seiten 54f. Aber keine Angst, statistisch gesehen ist die Chance, ausgeraubt oder angegriffen zu werden, immer noch relativ gering.

Vermeiden Sie es, Geld und Wertsachen im Hotelzimmer liegenzulassen, deponieren Sie diese Dinge lieber im Hotelsafe. Lassen Sie Ihr Portemonnaie nicht hinten aus der Hosentasche herausragen, und tragen Sie Ihre Handtasche nahe am Körper, mit der Verschlußseite nach innen.

Gestohlene Reiseschecks sind relativ leicht zu ersetzen (lesen Sie die entsprechenden Anweisungen beim Scheckkauf). Viel schwieriger ist es, einen gestohlenen Paß ersetzt zu bekommen. Wenden Sie sich an das nächstgelegene Konsulat Ihres Landes (siehe **Botschaften und Konsulate** auf Seite 250).

Medien

Hunderte von Fernseh- und Radiokanälen sowie unzählige Zeitungen und Zeitschriften bestimmen die Medienvielfalt New Yorks. Die Hotellobbys sind voll mit Zeitschriften und Werbebroschüren für Besucher. *Critic's Choice* informiert über alle täglich in New York stattfindenden Ereignisse und Veranstaltungen, ebenso die wöchentlich erscheinende *Village Voice*. Auf den Seiten 132f können Sie einen näheren Blick auf die Medien werfen.

Notfallnummern

911 ist die kostenlose Nummer für Krankenwagen, Polizei oder Feuerwehr. Weitere Notfallnummern sind: **Crime Victim Services** (Tel.: 577 7777), **New Yorks Anti-Violence Project** (Tel.: 807 0197) und **Rape Helpline** (Vergewaltigung) (Tel.: 267 7273).

Öffentliche Verkehrsmittel

Die meiste Zeit in Manhattan werden Sie feststellen, daß Sie so gut wie keine öffentlichen Verkehrsmittel benötigen. Die Entfernungen sind nicht nur gering, sondern es lohnt sich, die Stadt zu Fuß zu besichtigen. Sollten Sie erschöpft sein, es eilig haben, einen Besuch der Außenbezirke vorhaben oder einfach nur von einem Nachtclub zum nächsten fahren wollen, sind Sie jedoch auf die städtischen Busse, die Subway oder Taxis angewiesen.

Busse: Obwohl sie langsamer als die Subway-Züge sind, bieten sie eine gute Möglichkeit, sich die Stadt anzusehen. Viele Leute fühlen sich in den Bussen auch sicherer als in der U-Bahn. Das Busnetz ist gut ausgebaut und sehr umfangreich (Fahrpläne erhalten Sie kostenlos im Touristeninformationszentrum, siehe Seite 258) Die Busse verkehren auf den Hauptstraßen rund um die Uhr, entweder *crosstown* von Fluß zu Fluß, oder *downtown* und *uptown* entlang der Avenues.

Die Bushaltestellen befinden sich an den Straßenecken. Sie erkennen Sie an einem blauen Schild und einem gelbon Strich auf dem Bürgersteig. Die meisten Stops sind mit Straßenkarten und den Fahrplänen der hier haltenden Busse versehen. Vorne am Bus steht die Fahrtrichtung. Fast alle Busse halten alle zwei bis drei Blocks, die mit *limited* gekennzeichneten (sie fahren nur zur Rush hour) halten weniger oft, hauptsächlich nur an großen Straßenkreuzungen.

Wie bei der Subway ist der Fahrpreis für alle Routen niedrig (häufig 1,50 $). Man bezahlt mit Münzen – nicht mit Dollarnoten – und/oder *token* (siehe unten). Beide wirft man in einen Kasten neben dem Fahrer.

Wenn Sie umsteigen möchten, z. B. von einer Downtown-Linie in eine Crosstown-Linie, sagen Sie dies dem Fahrer, wenn Sie bezahlen; Sie bekommen dann ein Umsteigeticket. Umsteigemöglichkeiten gibt es nur für eine fortgesetzte Fahrt, nicht als Rückfahrticket. Die Umsteigetickets gelten eine Stunde lang und können nur für die Buslinien benutzt werden, die hinten auf der Fahrkarte angegeben sind. New Yorks Busse sind besonders während der Rush hour überfüllt. Stehen Sie eingezwängt in Menschenmassen, wenn Ihr nächster Halt kommt, müssen Sie sich frühzeitig einen Weg zum Ausgang bahnen (der sich in der Mitte des Busses befindet – obwohl Sie auch vorne aussteigen dürfen). Bedenken Sie dies, sonst müssen Sie wieder einige Blocks zurücklaufen.

Subway: Das New Yorker Subwaysystem ist zwar berüchtigt, aber eine schnelle, billige und gut funktionierende Möglichkeit, durch die Stadt zu gelangen. Während einer umfassenden Säuberungsaktion wurden die alten, mit Graffiti bemalten Waggons durch saubere und komfortablere Modelle ersetzt.

Auf den ersten Blick wirkt das Subwaysystem mit seinem Wirrwarr von Linien, die durch Nummern oder Buchstaben gekennzeichnet sind, hoffnungslos konfus (kostenlose Fahrpläne erhält man an den Tokenverkaufsstellen oder im Touristeninformationsbüro, siehe Seite 259). In Wirklichkeit ist das System jedoch relativ leicht zu begreifen. Hauptsache, Sie merken sich, daß Uptown-Züge nach Norden fahren (Richtung Upper West und East Side sowie nach Harlem) und Downtown-Züge

St Paul's Chapel in der Fulton Street wurde 1766 erbaut.

nach Süden (Lower Manhattan). Jeder Zug, auf dem »Brooklyn Bound« steht, fährt nach Brooklyn, hält aber auf dem Weg dorthin auch in Lower Manhattan.

Verwirrender ist der Unterschied zwischen Express und Local Trains. Während die Local Trains in jeder Station einer bestimmten Linie halten, stoppen die Express Trains nur an bestimmten Bahnhöfen. Sollten Sie aus Versehen in einen Express Train gestiegen sein, werden Sie sich weit entfernt von Ihrem eigentliche Ziel wiederfinden und dazu vielleicht sogar noch in einem Viertel, das Sie eigentlich gar nicht besuchen wollten. Steigen Sie so schnell wie möglich in den nächsten Zug, der wieder zurückfährt.

Wenn Sie wissen, welche Linie und welche Richtung Sie benutzen wollen, folgen Sie den Zeichen auf dem Bahnsteig. Sollten Sie es nicht wissen, fragen Sie an der Tokenkasse oder einen der *Guardian Angels*, die eine Art privaten Sicherheitsdienst leisten und an weißen T-Shirts und roten Mützen zu erkennen sind. Am Bahnsteig künden Lautsprecher die einfahrenden Züge an (die Ansagen sind manchmal schwer zu verstehen). Jeder Zug trägt seitlich in der dem Subway-Streckenplan entsprechenden Farbe Nummer, Richtung und Buchstaben.

Tagsüber fahren die Züge alle 10 bis 15 Minuten (während der Rush-Hour sogar noch öfter). Zwischen Mitternacht und 5 Uhr früh (die Züge fahren rund um die Uhr) wartet man normalerweise 20 Minuten.

Wenn Sie die Bahnsteige betreten, stecken Sie Ihren Token oder eine Metrocard in den Schlitz am Drehkreuz. Subwaytoken kann man an den unterirdischen Kassen jeder Station (ihre Öffnungszeiten stehen über dem Stationseingang) und auch in einigen der großen Museen kaufen. Oft bilden sich vor den Kassen lange Schlangen, und Sie sparen Zeit, wenn Sie einen *ten-pak* – einen Plastiksack mit 10 Token – kaufen. Metrocards können an den Fahrkartenschaltern aufgeladen werden.

Wie auch in anderen Gebieten in New York oder in Großstädten überhaupt, gibt es in der »subway« einen gewissen Anteil an Kriminalität. Wenn Sie aber grundsätzlich nur belebte Stellen aufsuchen und aufmerksam sind, sollten keine Probleme entstehen (siehe Seiten 54–55).

Taxis: New Yorks Taxis sind teuer und können lange im Verkehr steckenbleiben. Wenn Sie der Versuchung, in einem Yellow Cab zu fahren, dennoch nicht widerstehen können, dann winken Sie das nächste, das unbesetzt ist, heran.

Nennen Sie dem Fahrer sogleich Ihr Ziel. Seien Sie nicht überrascht, wenn er nicht sofort weiß, wie man dorthin kommt – in New York fahren traditionsgemäß die frisch angekommenen Einwanderer Taxi. Es kann auch passieren, daß der Fahrer Schwierigkeiten hat, englisch zu verstehen.

Schnallen Sie sich immer an und verlangen Sie eine Quittung. Falls Sie etwas im Taxi vergessen, haben Sie so zumindest eine kleine Chance, es wiederzubekommen.

Einmal unterwegs, macht es sich bezahlt, die Strecke

Briefmarken kann man auch an Automaten kaufen.

auf der Karte mitzuverfolgen; zum einen für den Fall, daß der Fahrer sich verfährt, zum anderen schützt es vor Extratouren, die den Preis erhöhen.

Benutzen Sie nur die gelben lizensierten Taxis, die ein Medaillon und das Enblem NYC Taxi an den Türen als offizielle Taxis kennzeichnen. Sie sind frei, wenn das Zeichen auf dem Autodach erleuchtet ist. Man kann sie an den – eher seltenen – Standplätzen anmieten oder versuchen, sie vom Straßenrand aus herbeirufen. Jedes andere Fahrzeug, daß sich Fahrgästen aufdrängt, ist ohne Lizenz (bekannt als *gypsy cabs)* und sollte ignoriert werden. Wahrscheinlich ist der Wagen noch nicht einmal versichert, und Ihnen wird ein viel zu hoher Preis berechnet.

Die offiziellen Taxipreise beginnen mit 2 $. Für jede halbe Meile werden 50 Cents berechnet, für jede Warteminute 30 Cents; ein Trinkgeld von 20 Prozent des Preises ist die Norm.

Öffnungszeiten

Kaufhäuser und Einkaufszentren sind im allgemeinen an Wochentagen und samstags von 9 bis 17 oder 18 Uhr geöffnet, kleinere Läden oder Fachgeschäfte öffnen erst um 11 Uhr oder nachmittags und schließen um 21 oder 22 Uhr.

Die meisten Museen sind an Werktagen und samstags von 10 oder 11 Uhr bis 18 Uhr geöffnet (allerdings sind montags viele geschlossen). Einige sind jedoch auch am Sonntag geöffnet, und verschiedene haben dienstags besonders lange Öffnungszeiten.

Die Öffnungszeiten der Banken sind Montag bis Freitag von 9 bis 15 oder 15.30 Uhr (manche sind donnerstags bis 18 Uhr geöffnet).

Polizei

Bekannt unter dem Namen »New York's Finest«, ist die New Yorker Polizei sehr hilfsbereit. Außer bei Straßenpatrouillen sieht man sie überall auf den Straßen und bei Massenveranstaltungen oder größeren Menschenansammlungen.

Sollten Sie das Pech haben, Opfer eines Diebstahls zu werden, wenden Sie sich an eine Polizeistation (jedes Viertel hat eine), schon allein, um für Ihre Reisegepäckversicherung eine entsprechende Bestätigung zu erhalten. Um zu erfahren, wo die nächste Wache liegt, wählen Sie Tel.: 374 5000. Die Polizeinotruf-Telefonnummer ist 911.

Postämter

Das New Yorker Hauptpostamt befindet sich auf der Eighth Avenue an der 34th Street und ist wochentags rund um die Uhr geöffnet. Die anderen Postämter der Stadt sind von Montag bis Freitag von 8 bis 18 Uhr und samstags von 8 bis 13 Uhr geöffnet. Die kleineren Postämter schließen früher. Die Briefkästen in den Vereinigten Staaten sind blau.

Ebenso wie auf dem Postamt kann man Briefmarken (zu überhöhten Preisen) in Automaten, in einigen Geschäften und in vielen Hotellobbies kaufen.

Seien Sie vorsichtig in der Subway.

Sprache
Die New Yorker sprechen nicht nur schnell, sondern auch noch amerikanisches Englisch, das nur auf den ersten Blick dem britischen Englisch ähnelt, jedoch vollkommen anders klingt und für vieles unterschiedliche Bezeichnungen hat. So heißt etwa Aufzug *elevator* (brit.: *lift)*, Bürgersteig *sidewalk* (brit.: *pavement)* und etwas beendet haben *to be through* (brit.: *having finished)*. Die allgemeine Anrede ist *Sir* und *Madam* (normalerweise abgekürzt als *Ma'm)*, und Sie werden eher *excuse me* hören als *pardon*, wenn jemand sich verhört oder Sie nicht verstanden hat.

Schüler und Studenten
Reisebüros offerieren speziell für Studenten und Jugendliche unter 26 Jahren verbilligte Transatlantikflüge. Mit einem internationalen Studentenausweis zahlen Sie verbilligten Eintritt in Museen und anderen Sehenswürdigkeiten.

Die YMCAs, die jedoch nicht nur Studenten und Jugendlichen offenstehen, bieten billige Übernachtungsmöglichkeiten an und die Chance, mit anderen Jugendlichen aus der ganzen Welt in Kontakt zu kommen.

Jugendliche unter 21 Jahren sollten berücksichtigen, daß es ihnen gesetzlich verboten ist, Alkohol zu kaufen; und sie werden auch Schwierigkeiten haben, in einige Nachtclubs hineinzukommen. Unter 21jährige werden in einigen Teilen der USA auch Probleme haben, ein Auto zu mieten.

Telefon
Da die Amerikaner fast alles übers Telefon abwickeln, funktionieren die Telefone in den Staaten – sogar die öffentlichen – fast ausnahmslos. Alle mit 800 beginnenden Nummern können Sie gebührenfrei anrufen. Ein Trick vieler Unternehmen, Kunden anzulocken.

Öffentliche Telefone findet man leicht: auf den Straßen, in Hotellobbies, Zug- und Busstationen, Bars und Restaurants sowie in den meisten öffentlichen Gebäuden.

Die Telefonapparate haben Schlitze für Quarters, Dimes und Nickels, die man hineinsteckt, bevor man wählt.

Gemessen an europäischen Verhältnissen sind Telefonanrufe billig. Ein fünfminütiges Ortsgespräch kostet 25 Cents. Die Definition »Ort« trifft jedoch manchmal nur auf ein paar Quadratkilometer zu; Anrufe über weitere Entfernungen – von Manhattan nach Staten Island beispielsweise – können teurer sein.

Beinahe ausnahmslos teurer als von einem öffentlichen Telefon aus sind die Telefonkosten von einem Hotelzimmer aus. Manchmal kassieren die Hotels sogar für gewählte gebührenfreie Nummern.

Notrufe (911) und Anrufe, um den örtlichen (O) oder den internationalen Operator (1800 874 4000) zu bekommen, sind gebührenfrei. Der Gebietscode für Manhattan ist 212. Wenn Sie einen anderen Gebietscode oder eine 800 wählen, müssen Sie eine 1 davorsetzen.

Die Tastatur der amerikanischen Telefone hat außer den üblichen Nummern auch Buchstaben. Das erklärt, warum sich die Telefonnummer von manchen Teilnehmern aus einer Kombination von Nummern und Zahlen zusammensetzt.

Tips für alleinreisende Frauen
Wie in jeder anderen Stadt auch werden Frauen, wenn sie alleine unterwegs sind, ob sie nun in der Stadt leben oder nur zu Besuch sind, oft von Fremden angesprochen. Das ist

eher unangenehm als bedrohlich und kann (meist) einfach gehandhabt werden, indem man die Anmache ignoriert. Wenn Sie lange genug in der Stadt sind, werden Sie vielleicht die Beschimpfungen kennen, die sich New Yorker oft an den Kopf werfen, und gegebenenfalls davon Gebrauch machen.

Alleinreisende Frauen sind in New York nichts Ungewöhnliches. In der Hotelaufstellung auf den Seiten 262–268 finden Sie speziell für Frauen angebotene Übernachtungsmöglichkeiten. Meiden Sie aber unter allen Umständen billige Hotels in heruntergekommenen Gegenden, die nachts besonders unsicher sind.

Ansonsten haben Frauen meist die gleichen Probleme wie Männer – lesen Sie die **Grundinformationen** auf den Seiten 54–55. Benötigen Sie Hilfe, wählen Sie eine der **Notrufnummern** (Seite 253).

Toiletten
Meiden Sie öffentliche Toiletten in Bahnhöfen und Subwaystationen. Glücklicherweise muß jedes öffentliche Gebäude auch Toiletten zur Verfügung stellen (suchen Sie nach dem Zeichen *Rest Rooms* oder *Bathrooms)*, die meistens in sauberem Zustand sind, ebenso wie die Toiletten in den Hotellobbys, Restaurants und den meisten Bars.

Touristeninformation
Das mehrsprachige Personal des Convention and Visitor Bureau, 2 Columbus Circle, Kreuzung 59th Street und Broadway, steht Ihnen für alle Fragen gerne zur Verfügung und versorgt Sie mit kostenlosen Bus- und Subwayplänen. Das Touristeninformationsbüroüro (an Wochentagen von 9 bis 18 Uhr geöffnet, an Wochenenden von 10 bis 18 Uhr, Tel.: 800 NYC VISIT, 397 8222) bietet auch viele kostenlose Prospekte und Broschüren an, die Hotels, Restaurants und Touristenattraktionen ausführlich beschreiben.

Trinkgeld
In den USA sind Bedienungsgelder nicht im Preis eingeschlossen. Das

Vom Restaurant bis zum Schuheputzen – in den USA wird überall Trinkgeld erwartet.

Servicepersonal lebt jedoch größtenteils von den Trinkgeldern, und deshalb ist es auch eine Selbstverständlichkeit, diese zu geben. Wieviel Sie als Trinkgeld geben, bleibt Ihnen überlassen, aber als Faustregel für Restaurants, Hotels und Taxis können 15 bis 20 % des Rechnungspreises angesehen werden. (Eine ganze einfache Methode, diesen Betrag auszurechnen, ist, die *sales tax*, die unten auf der Rechnung steht und 8,25 % beträgt, zu verdoppeln). Das Geld läßt man auf dem Tisch liegen oder wirft es in einen Kasten neben der Kasse. Kein Trinkgeld gibt man für Snacks, die auf der Straße angeboten werden, oder für »take aways«.

Taxifahrer erhalten 15 bis 20 % vom Fahrpreis als Trinkgeld. Der Betrag muß nicht exakt sein, die meisten Leute erlauben es dem Fahrer, das Wechselgeld zu behalten, wenn sich dieses im Rahmen hält.

Gepäckträger erhalten ebenfalls ein Trinkgeld, besonders wenn sie einen hochroten Kopf bekommen und offensichtlich außer Atem sind, weil Sie Ihr Gepäck über eine längere Strecke schleppen mußten. Nochmals, der Betrag, den Sie geben, bleibt völlig Ihnen überlassen, aber man rechnet mit etwa einem Dollar pro Gepäckstück. Wenn der Portier nur behilflich ist, Ihr Gepäck von der Lobby ins Taxis vor dem Hotel zu tragen, sind ein bis zwei Dollar durchaus ausreichend.

In einigen Hotels läßt man für das Zimmermädchen einen Umschlag (mit ihrem Namen!) mit dem Trinkgeld im Hotelzimmer zurück. Sie müssen sich aber durchaus nicht dazu verpflichtet fühlen, besonders, wenn Sie nur wenige Nächte dort übernachtet haben.

Zeit

In den Wintermonaten (von November bis April) gilt die Eastern Standard Time, die sechs Stunden hinter der Mitteleuropäischen Zeit liegt.

Von Mai bis Oktober gilt die Eastern Daylight Saving Time, die seit Einführung der Sommerzeit in Europa ebenfalls sechs Stunden hinter der MEZ liegt.

Zollbestimmungen

Zollfrei eingeführt werden, dürfen Gegenstände des persönlichen Bedarfs, etwa ein Liter Alkohol, 300 Zigaretten oder 50 Zigarren und pro Person ein Geschenk im Wert von 100 Dollar. Einem äußerst strengen Einfuhrverbot unterliegen Tiere, Fleisch, Obst, Pflanzen, Pralinen mit alkoholischer Füllung und Lotterielose.

Auch Medikamente, die in Ihrem Land frei verkauft werden, in den USA aber verschreibungspflichtig sind, werden manchmal konfisziert.

Unter der Brooklyn-Brücke.

HOTELS UND RESTAURANTS

Die im folgenden aufgeführten Hotels und Restaurants sind in drei Preiskategorien eingeteilt:

- **Preiswert** ($)
- **Mittel** ($$)
- **Teuer** ($$$)

Telefonnummern, die mit der Zahl 800 beginnen, können von außerhalb des Vorwahlbereichs 212 gebührenfrei angerufen werden (Buchstaben entsprechen Nummern). Nach der 800 wählt man die örtlichen gebührenfreie Nummer. Die Vorwahl von Manhattan lautet 212 (siehe auch S. 258).

HOTELS

CHINATOWN

Holiday Inn Downtown ($$) 138 Lafayette Street, Ecke Howard Street (Tel.: 800 HOLIDAY; 966 8898). Das einzige Hotel in Chinatown; sehr kleine Zimmer, aber mit zwei Telefonen, Kabelfilmkanal und Klimaanlage ausgestattet; Essen im ausgezeichneten Restaurant Pacifica oder in einer billigeren Alternative in den Straßen um das Hotel.

FINANCIAL DISTRICT

Cosmopolitan Hotel ($) 95 West Broadway (Tel.: 888 895 9400; 566 1900). Die Zimmer in dem historischen Gebäude im Schatten des World Trade Center und am Rand von TriBeCa sind komfortabel und gut eingerichtet.

Millenium ($$$) 55 Church Street (Tel.: 800 752 0014; 693 2001). Mit Schwarzglas verkleidetes, 55stöckiges Hochhaus gegenüber dem World Trade Center. Gedacht für die Manager in Downtown, entsprechend sind die Preise. Dafür bekommt man viel geboten: U.a. ein Schwimmbad unter freiem Himmel, zwei Restaurants – das Taliesin und das weniger steife Grille, beide mit 24stündigem Zimmerservice. Im oberen Stock reservieren! Die Aussicht ist ein Erlebnis.

Marriott World Trade Center ($$$) 3 World Trade Center (Tel.: 800 228 9290; 938 9100). Noch ein makelloses Haus, das den Bedürfnissen des gehobenen Managements dient; das Hotel hat ein Fitneß-Center mit Schwimmbad, in dem man sich in Form bringen kann für die Schlacht in der Wall Street.

New York Marriott Financial Center ($$$) 85 West Street (Tel.: 800 242 8685; 266 6145). Hotel mit Tradition, die Gäste meist Geschäftsleute. Ein Haus, das genau weiß, welchen Standard es anzustreben gilt, und den selbstgesetzten Maßstab spielend erreicht. Der Service ist mustergültig. In der Liberty Lounge gibt es Snacks und Cocktails, in JW's Restaurant kann man gut essen. Die kleinen Zimmer haben immerhin große Badezimmer und spektakuläre Aussicht. Die günstigen Wochenendtarife machen es zu einer hervorragenden Ausgangsbasis für die Erkundung Südmanhattans.

GREENWICH VILLAGE

Washington Square Hotel ($) 103 Waverly Place (Tel.: 800 222 0418; 777 9515). Es gibt keine besser gelegene oder preislich günstigere Unterkunft in Greenwich Village als dieses Haus an einer Ecke des Washington Square Park. Die Zimmer sind klein, aber sauber und angenehm möbliert, auch das Personal hilft mit Rat und Tat. Als es noch Hotel Earle hieß, stieg hier einst Bob Dylan ab, und John Phillips von den Mamas and the Papas komponierte *California Dreamin'*.

LITTLE ITALY UND SOHO

Off-SoHo Suites ($$) 11 Rivington Street (Tel.: 800 OFF SOHO; 979 9808). Die Suiten im Miniapartment-Format lohnen sich, wenn man SoHo, Little Italy und die Lower East Side zu Fuß erreichen will. Die Preise halten sich wegen der Zimmergrössen und der leicht riskanten Lage auf der »falschen« Seite der Bowery in Grenzen. Als preiswerte Unterkunft ist es dennoch in Erwägung zu ziehen. Jede Suite ist mit Kabel-TV und VCR ausgestattet, eine Wäscherei und einen Fitneß-Raum gibt es auch. Das Hotel bietet zudem einen 24-Stunden-Taxi-Rabatt an.

MIDTOWN MANHATTAN

Algonquin ($$) 44th Street zwischen Fifth und Sixth Avenue (Tel.: 800 548 0345; 840 6800). Eine japanische Firma ließ dieses Haus mit literarischer Tradition renovieren. Oberhalb dem üppigen Lobby- und Barbereich wird aber eher schmale Kost geboten; es gibt viele bessere Angebote in der Gegend.

Allerton House ($) 57th Street/Lexington Avenue (Tel.: 753 8841). Das nur Frauen vorbehaltene Hotel beherbergt vorwiegend Langzeitgäste; die kleinen Zimmer sind sauber, adrett und sehr preiswert. Das Badezimmer kostet ein paar Dollar extra.

Ameritania ($) Broadway/ 54th Street (Tel.: 800 922 0330; 247 5000). Flottes, aber preiswertes Haus am »great white way«, nebenan das Ed Sullivan Theater und sechs Blocks weiter der Central Park. Alles nagelneu, die schwarzen Marmorbadezimmer wie die Neon-Lobby mit Wasserfall. Italienisches Restaurant, Pizzaimbiß und Coffeeshop im Haus. Die Preise sind ziemlich attraktiv, also frühzeitig buchen.

Beekman Tower ($$$) 3 Mitchell Place, First Avenue/ 49th Street (Tel.: 800 MESUITE; 689 5200). Das 1928 im gotischen Stil errichtete Hochhaus am East River bietet in seinen Hotel-Suiten Unterkunft zu vernünftigen Preisen an; besonders Langzeitgäste machen davon Gebrauch, etwa die Angestellten der nahen Vereinten Nationen. Alle Suiten sind mit Kochnischen ausgestattet, in denen Mikrowellenherde und Kaffeeautomaten stehen; auch ein voll ausgerüstetes Fitneß-Center gibt es.

Best Western Manhattan ($) 32nd Street zwischen Fifth Avenue und Broadway (Tel.: 800 567 7720; 736 1600). Das Haus ist mittlerweile Mitglied einer Kette günstiger Hotels und bietet im Herzen des koreanischen Geschäftszentrums und fast im Schatten des Empire State Buildung einfache, funktionale Zimmer.

Beverly ($$) 50th Street zwischen Lexington und Second Avenue (Tel.: 800 223

0945; 753 2700). Die seit langem notwendige Renovierung ist in Gang gekommen, so daß die geräumigen Einzimmer-Suiten mit Kochnische ein echter Schlager sind. Im Haus eine Apotheke, die 24 Stunden offen hat.

Box Tree ($$$) 49th Street/ Second Avenue (Tel.: 758 8320). Das Box Tree, das zwei (bald drei) nebeneinander gelegene New Yorker Altbauten in der Turtle-Bay-Gegend von Midtown einnimmt, ist ideal für ein müssiges Wochenende. Trompe-l'œils schmücken die Wände, und die auffällige Haupttreppe führt vom Restaurant zu einer Reihe von »Versailles«-Speisezimmern hinauf. Jedes der 13 Zimmer ist anders gehalten – wählen Sie zwischen chinesisch, ägyptisch und japanisch –, und da die Badezimmer klein sind, zahlt man auch hier eher das Ambiente, als den gemieteten Raum.

Carlton Arms ($) 25th Street/Third Avenue (Tel.: 679 0680). Jedes der schäbigen und heruntergekommenen Zimmer wurde von einem anderen (unbekannten) Künstler dekoriert. Aber was dem Carlton Arms an Sauberkeit und Komfort abgeht, macht es durch seine Überspanntheit wett. Wenn das in Ihren Ohren gut klingt, sollten Sie ein Zimmer mit Bad lange im voraus buchen. Im Arms sind viele ums Überleben kämpfende New Yorker Künstler zu Hause, was für exotische Mitgäste und außergewöhnlich niedrige Preise sorgt. Wer sechs Nächte durchhält, bekommt die siebte Nacht umsonst.

Chelsea Hotel ($$) 23rd Street zwischen Seventh und Eighth Avenue (Tel.: 243 3700). Bekanntermaßen zog Arthur Miller vom Plaza Hotel hierher, weil er keine Lust mehr hatte, sich nur fürs Postholen bei der Rezeption eine Krawatte umbinden zu müssen. Das Chelsea zieht auch heute noch mit seinem zurückhaltenden, aber besorgten Service und der leicht heruntergekommenen, künstlerisch angehauchten Atmosphäre Gäste anderer Hotels an, in denen auf Äußeres mehr Wert gelegt wird. Wer hier schon alles übernachtet hat, können Sie auf Seite 85 nachlesen.

Chelsea Inn ($) 46th Street West 17th Street (Tel.: 645 8989). Das Landhaus aus dem 19. Jahrhundert bietet nette Räume mit Küchenecke. Die billigsten teilen sich das Bad mit dem Nachbarn.

Comfort Inn Murray Hill ($$) 35th Street zwischen Fifth und Sixth Avenue (Tel.: 800 228 5150; 947 0200). Dieses Haus einer US-Hotelkette kostet zwar mehr als die Schwestern draußen im Lande, bietet aber mit seinen adretten und komfortablen Zimmern für New York noch viel fürs Geld.

Doral Inn ($$$) Lexington Avenue/49th Street (Tel.: 800 22 DORAL; 755 1200). Verdientermaßen beliebtes Hotel in ausgezeichneter Lage. Der Hotelbereich ist in einer 90er-Jahre-Version griechischer Klassik gehalten, das Personal ist hilfsbereit und freundlich. Hat Ihnen die Stadt noch nicht alle Kraft geraubt, können Sie diese auf den Squashcourts verpulvern – oder sich in der Sauna entspannen.

Drake Swissôtel ($$$) Park Avenue/56th Street (Tel.: 800 DRAKENY; 421 0900). Holz und Messing in der Lobby (und Schalen mit kostenloser Schweizer Schokolade) sorgen für ein komfortables Ambiente, das sich auch in den bequemen Zimmern wiederfindet.

Edison ($$) 47th Street/ Eighth Avenue (Tel.: 800 637 7070; 840 5000). Eine Teilrenovierung hat dem Edison einige helle und luftige Zimmer eingebracht, andere hingegen sind weiterhin schäbig und wenig aufmunternd. Die guten Zimmer werden zu einem vernünftigen Preis vermietet. Die Größe des Hotels (1000 Zimmer) und seine Lage im Theaterbezirk machen es allerdings zu einem Haus mit viel Touristenbetrieb und wenig Atmosphäre.

Elysée ($$) 54th Street zwischen Madison und Park Avenue (Tel.: 753 1066). Der kürzlichen Renovierung sind leider auch die alten und einmaligen »Lucy-goes-to-Hollywood«-Zimmer zum Opfer gefallen. Man hat sich aber bemüht, einiges der alten Einrichtung in die neuen, vom Regency-Stil beeinflußten Zimmer einzubringen. Die Doppelzimmer fallen klein aus – wer Platz braucht, sollte sich für eine Suite entscheiden. Marmorwannen, Safe im Zimmer und Videorecorder gehören zur Standardaustattung.

Essex House Hotel Nikko ($$$) Central Park South zwischen Sixth und Seventh Avenue (Tel.: 800 654 5687; 247 0300). Messing und Marmor in der Art-déco-Lobby, große, geschmackvoll eingerichtete Zimmer: Das Essex House hat Stil und liegt beneidenswert gut am Central Park. Schöne Aussicht bieten nur die Luxussuiten.

Four Seasons ($$$) 57th Street zwischen Park und Madison Avenue (Tel.: 800 332 3442; 758 5700). Das Four Seasons ist mit seinen 52 Stockwerken nicht nur das schlankste Hotelgebäude New Yorks – entworfen vom Stararchitekten I. M. Pei –, sondern zugleich auch das luxuriöseste. Im Durchschnitt kosteten die moderne Inneneinrichtung und der technische Luxus eines jeden Zimmers etwa 1 Million Dollar.

Gorham New York ($$) 55th Street zwischen Sixth und Seventh Avenue (Tel.: 245 1800). Ausgezeichnete Lage für Midtown Manhattan. Das Personal ist bekannt für seine Höflichkeit und Freundlichkeit; die teuersten der sehr komfortablen Zimmer haben offene Kamine, Kochnischen mit Mikrowelle und mit allen Schikanen ausgerüstete Bäder.

Gramercy Park ($$) 21st Street/Lexington Avenue (Tel.: 800 221 4083; 475 4320). Gegenüber dem Gramercy Park gelegen (den Schlüssel zu diesem Privatgarten gibt es beim Portier). Das mit Würde alternde Hotel hat zwar langsame Aufzüge und wenig neue Möbel, doch es besitzt einen eigenen Charakter, günstige Angebote an Wochenenden und für Langzeitgäste. Es liegt an der Grenze von Midtown und Lower Manhattan.

Helmsley Middletowne ($$) 48th Street zwischen Lexington und Third Avenue (Tel.: 800 843 2157; 755 3000). Das 17stöckige ehemalige Townhouse (nicht zu verwechseln mit dem Helmsley Palace, s.u.) gehört Leona Helmsley und liegt nicht weit von dem Komplex der Vereinten Nationen. Das Anwesen strahlt eine milde, heimelige Atmosphäre aus, die bequemen Zimmer sind mit Kochnischen und Eisschränken ausgestattet, einige davon haben sogar Terrassen.

Herald Square ($) 31st Street nahe Fifth Avenue (Tel.: 800 727 1888; 279 4017). Im 1893 erbauten Gebäude des Life Magazins; Erinnerungen an die Zeitschrift sind leicht auszumachen. Kleine, spartanische Zimmer mit sauberen, gekachelten Bädern. Farbfernsehen und Telefon gibt es auch, doch vermutlich wird man nicht viel Zeit in den Zimmern verbringen wollen, denn für die niedrigen Preise muß man Lärm und eine uninteressante Lage in Kauf nehmen.

Holiday Inn on 57th Street ($$) 440 West 57th Street (Tel.: 800 231 0405; oder 581 8100). Nicht berauschendes, aber verläßliches Haus einer Hotelkette in Reichweite der Sehenswürdigkeiten von Midtown Manhattan; allerdings keine schöne Lage.

Howard Johnson's 34th Street ($) 34th Street zwischen Seventh und Eighth Avenue (Tel.: 800 633 1911; 947 5050). Die kleinen praktischen Räume haben TV und eigenes Bad und sind damit gut genug für eine Nacht. Die niedrigen Preise sind die Hauptattraktion, die Umgebung (gegenüber Penn Station) ist weniger attraktiv.

Iroquois ($) 44th Street zwischen Fifth und Sixth Avenue (Tel.: 800 332 7220; 840 3080). Die seit langem überfällige Renovierung hat dem zwar immer verläßlichen, aber zuletzt recht schäbigen Haus gutgetan. In den teureren Zimmern findet man Kochnischen; fast alle Zimmer sind in geschmackvollen, beruhigenden Pastelltönen gehalten. Zuletzt hier nächtigende Gäste beklagten den Service.

Lexington ($$) Lexington Avenue/48th Street (Tel.: 800 448 4471; 755 4400). Jenseits der Lobby mit Marmorboden, Rosenholzsäulen und wunderbaren Blumenarrangements warten zweierlei Art Unterkunft: ältere Zimmer und neuere (teurere) »Tower-Rooms«. Auch wenn es in beiden eng zugeht, gibt es sonst genügend Platz: Ein Coffeeshop, ein norditalienisches und ein hochgelobtes chinesisches Restaurant sowie ein Nachtklub im Western-Stil sorgen für Abwechslung. Die Preise des »Winter-City«-Angebots sind unschlagbar.

Macklowe ($$$) 44th Street zwischen Sixth Avenue und Broadway (Tel.: 800 MACK-LOWE; 768 4400). Obwohl sich das Macklowe mitten im Theater District um den Times Square befindet, logieren hier überwiegend Geschäftsleute. Preiswerte Zimmer.

Mansfield ($) 44th Street zwischen Fifth und Sixth Avenue (Tel.: 800 255 5767, 944 6050). Das Haus ist nicht sehr anspruchsvoll und bietet wirklich bezahlbare Zimmer in bester Lage von Midtown Manhattan. Es wurde um die Jahrhundertwende vom New Yorker Architekten Stanford White entworfen.

Marriott East Side ($$$) Lexington Avenue/49th Street (Tel.: 800 242 8684, 755 4000). Das ursprünglich als Apartmenthaus errichtete (etwas später als die mittelalterlichen Wasserspeier an der Fassade) 34stöckige Hotel ist der Beweis für die gelungene Umwandlung von Wohnungen aus dem New York der 20er Jahre in komfortable Hotelunterkünfte. Jedes Zimmer bietet so nützliche Gegenstände wie Bügeleisen und Kaffeemaschine. Doch man muß nicht alles selbst machen: Der Service ist hilfsbereit, und im Erdgeschoß gibt es eine clubartige Bar.

Martha Washington ($) 30th Street zwischen Park und Madison Avenue (Tel.: 689 1900). Frauen vorbehaltene Unterkunft in einer Wohngegend. Die schummrigen Zimmer reichen von sehr klein bis geräumig; eigenes Badezimmer und TV kosten extra. Zu den Tages- oder verlokkenden Wochenendtarifen buchbar; weiterer Nachlaß für Langzeitgäste (bis zu einem Monat).

Michelangelo ($$$) 51st Street/Seventh Avenue (Tel.: 800 237 0990; 765 1900). Echte europäische Kunst des 18. und 19. Jahrhunderts sowie üppiger Einsatz von Marmor und Kristall machen das Michelangelo zu einem der luxuriösesten Hotels in New York. Die großen Zimmer bieten Art deco-, Empire- oder französischen Landhausstil und sind mit allem Erdenklichen ausgestattet, etwa TV im Bad. Man packt Ihnen sogar auf Wunsch umsonst die Koffer aus. Die Atmosphäre ist gedämpft, doch dieser luxuriöse, sich selbst in Szene setzende Palazzo ist eine Topadresse unweit des Broadway.

Milford Plaza ($$) 45th Street/Eighth Avenue (Tel.: 800 221 2690; 869 3600). Ein Haus ohne besonderen Charakter oder Luxus (erinnert an eine Abflughalle) mit engen Zimmern, doch die Lage am Times Square macht es zum Ziel preisbewußter Touristen und Geschäftsleute. Die Umgebung kann nachts gefährlich werden, das Hotel ist aber sicher.

Morgans ($$$) Madison Avenue zwischen 37th und 38th Street (Tel.: 686 0300). Gegründet von ehemaligen Besitzern des Highsociety-Nachtclubs Studio 54, zeichnet sich das Morgans durch minimalistisches Design und eine schwarz-weiße und graue Farbgebung aus. Die Badewannen und Armaturen sind aus rostfreiem Stahl, und jedes Zimmer verfügt über einen Videorecorder. Den vorwiegend jungen und modebewußten Gästen kommt es auf ein paar Dollar nicht an.

Parker Meridien ($$$) 56th Street zwischen Sixth und Seventh Avenue (Tel.: 800

543 4300; 245 5000). Von der gestylten Architektur bis zur sündteuren französischen Nouvelle Cuisine im Restaurant verkörpert das Le Parker Meridien offensichtliche Arriviertheit. Der ideale Gast ist reich und schön und posiert stundenlang am Dachterrassen-Swimmingpool.

Pickwick Arms ($) 51st Street zwischen Second und Third Avenue (Tel.: 800 PIC-KWIK; 355 0300). Die großzügige Lobby, eine Cocktailbar und ein Dachterrassengarten entschädigen für die kleinen Zimmer. Auf die Lage bezogen eine preiswerte Unterkunft – zum Herzen von Midtown Manhattan sind es nur ein paar Minuten.

Plaza ($$$) Fifth Avenue/ Central Park South (Tel.: 800 759 3000; 759 3000). New Yorks führendes Hotel seit der Eröffnung im Jahr 1907. Unter den Gästen fanden sich Teddy Roosevelt, F. Scott und Zelda Fitzgerald, die Beatles und Solomon Guggenheim, der in einer der Suiten wohnte und die Wände mit den Kunstwerken schmückte, die später das Herzstück der Sammlung des Guggenheim Museum bildeten. Der Grundstücksmagnat Donald Trump riß sich 1988 das Plaza für 400 Millionen Dollar unter den Nagel und unterstellte den 100-Millionen-Facelift der Kontrolle seiner zukünftigen Frau Ivana. Auch heute ist das Plaza der Inbegriff von Geld. Einige der kleinen Zimmer ohne Aussicht wurden zu Suiten umgebaut; die noch teureren Unterkünfte bieten unglaubliche Ausblicke auf Fifth Avenue oder Central Park.

Portland Square Hotel ($) 47th Street zwischen Sixth und Seventh Avenue (Tel.: 382 0600). Der damals noch unbekannte James Cagney war nur einer der Schauspieler, die in diesem seit langem bestehenden, preiswerten Hotel im Herzen des Broadway-Viertels gewohnt haben. Die Zimmer haben ein paar Raffinessen mehr als die des Schwesterhotels auf Herald Square: z.B. Zugang zur Lobby, Schließfächer, Getränke- und Eisautomat. In der unmittelbaren Umgebung kann einem nach Einbruch der Dunkelheit mulmig werden.

Quality Hotel ($$) 40th Street zwischen Fifth und Madison Avenue (Tel.: 800 228 5151; 447 1500). Unauffällige, aber nett eingerichtete Zimmer mit allem, was Sie brauchen. Gute Lage und faire Preise.

Remington ($) 46th Street zwischen Broadway und Sixth Avenue (Tel.: 221 2600). Saubere, geradlinige Unterkunft im Theaterbezirk. Die billigsten Zimmer haben zwar kein eigenes Bad, sind dafür aber sehr preisgünstig. Unweit des Times Square gelegen, wo man nachts nicht ziellos umherwandern sollte.

Roger Smith ($$) Lexington Avenue at 47th Street (Tel.: 800 445 0277; 755 1400). Das unmittelbar nördlich des Grand Central Terminal gelegene Hotel besitzt schön ausgestattete Zimmer und eine anheimelnde, persönliche Atmosphäre, von der andere Hotels in Midtown Manhattan nur träumen können.

Roger Williams ($) 31st Street zwischen Madison und Park Avenue (Tel.: 800 637 9773; 684 7500). In einer Wohngegend von Midtown gelegen, gehört das Roger Williams in die Kategorie freundlicher, preiswerter Hotels. Jedes Zimmer hat eine Kochnische und Kabel-TV, die Suiten eignen sich gut für Familien. Die Einrichtung hat schon bessere Tage gesehen, das Preis-Leistungs-Verhältnis ist dennoch gut.

Roosevelt ($$) Madison Avenue/45th Street (Tel.: 800 223 1870; 661 9600). Einst ein wichtiges Hotel für Tausende von Reisenden, die im nahe gelegenen Grand Central Terminal eintraten, macht es einen etwas verbrauchten, doch immer noch verläßlichen Eindruck. Die nun begonnenen Renovierungsmaßnahmen haben zuerst die schöne, weitläufige klassizistische Lobby erfaßt. Viele Zimmer wurden ebenfalls aufgemöbelt; die günstigen Preise machen es zu einer attraktiven Wahl in Midtown.

Royalton ($$$) 44th Street zwischen Fifth und Sixth Avenue (Tel.: 800 635 9013; 869 4400). Noch ein besonders schickes Hotel der Schöpfer des Morgans (siehe oben): kühle Künstlichkeit durch und durch, die Jungen und Schönen lieben es.

St Moritz on the Park ($$) Central Park South/Sixth Avenue (Tel.: 800 221 4774; 755 5800). Auch hier zahlt man für die Aussicht auf den Park die entsprechenden Preise, sonst ist das St Moritz eines der weniger exklusiven und deshalb erschwinglichen Hotels am Central Park. Die Gäste sind unterschiedlichster Art. Die Lobby, die Bar und Rumpelmayers Icecream-Salon scheinen nie zur Ruhe zu kommen und die kleinen Zimmer genügen für einen Kurzaufenthalt.

Salisbury ($$) 57th Street zwischen Sixth und Seventh Avenue (Tel.: 800 223 0680; 246 1300). Ein freundliches Hotel gegenüber vom Russian Tea Room, günstig fürs Shopping gelegen. Altmodisches Dekor, die Zimmer sind jedoch sauber und komfortabel, und in den kürzlich renovierten stehen Mikrowellenherde und Eisschränke. Wer mehr Platz braucht, mietet sich in einer der apartmentgroßen Suiten ein.

San Carlos Hotel ($$) 50th Street zwischen Lexington und Third Avenue (Tel.: 800 722 2012; 755 1800). Das San Carlos unterscheidet sich wenig von den anderen Hotels in Midtown Manhattan, doch bietet es Zimmer guter Qualität mit viel Platz in den Schränken und angemessen ausgestatteten Kochnischen.

Sherry Netherland ($$$) Fifth Avenue/59th Street (Tel.: 355 2800). Eines der prächtigen Gebäude im französischen Chateau-Stil aus den 20er Jahren, die gegenüber dem Central Park in der Fifth Avenue errichtet wurden. Herrliche Aussichten auf den Park und makelloser Service sind Kennzeichen des Hauses. Die geräumigen Zimmer sind mit Video und Mikrowelle versehen. Die hohen Tarife lohnen sich nur für jene, deren Ansprüche schwer zu

befriedigen sind. Der Zimmerservice wird vom namhaften Restaurant Harry Cipriani im Erdgeschoß besorgt.
Tudor ($$$) 42nd Street zwischen First und Second Avenue (Tel.: 800 879 8836; 986 8800). Schickes Hotel, in einer Wohngegend von Midtown Manhattan gelegen; zum Chrysler Building, Grand Central Terminal und zu den Vereinten Nationen sind es ein paar Minuten zu Fuß. Die Zimmer sind gut ausgestattet, z. B. mit Hosenbügler, Minibar, Kabel-TV und Safe. Unternehmen erhalten Rabatte. Auch Datenfernübertragung ist möglich. Alle Gäste werden in der Regency Lounge, der Sauna oder im Fitneß-Center verwöhnt.
UN Park ($$$) First Avenue/ 44th Street (Tel.: 800 233 1234; 758 1234). Der Hotelbereich in diesem modernen, preisgekrönten Gebäude beginnt erst im 28. Stock; die unteren Etagen sind von der UNO angemietet. Chrom, Marmor und Spiegel prägen das Ambiete, und jedes Zimmer hat eine überragende Aussicht. Ausgezeichnete Sporteinrichtungen wie Tennishalle, Schwimmbad und Sauna stehen zur Verfügung.
Vanderbilt-YMCA ($) 47th Street zwischen Second und Third Avenue (Tel.: 755 9600). Wer im beliebtesten und bestgelegenen YMCA von New York unterkommen will, muß früh vorausbuchen, um die frisch renovierten, kleinen Einzel- oder Doppelzimmer zu mieten. Die Preise sind sehr günstig. Es gibt ein nagelneues Restaurant, eine Gepäckaufbewahrung, ein Schwimmbad, Schließfächer, eine Turnhalle und einen Münzwaschsalon.
Waldorf-Astoria ($$$) Park Avenue zwischen 49th und 50th Street (Tel.: 800 WALDORF; 355 3000). Nach dem Plaza ist das Waldorf-Astoria das berühmteste Hotel New Yorks. Hier wurde der Wohltätigkeitsball erfunden, hier gab sich die New Yorker High Society in den 30er Jahren ein Stelldichein. 150 Millionen Dollar hat es zuletzt gekostet, die alte Pracht wiederherzustellen. Betritt man die Art-déco-Lobby, schlägt einem der Luxus entgegen, und selbstverständlich sind alle Zimmer mit Marmorbädern ausgerüstet. Allerdings nur in den teuersten Suiten begegnet man dem Maß an Luxus, der der illustren Geschichte des Hotels entspricht.
Warwick ($$$) 65 West 54th Street (Tel.: 800 223 4099; 247 2700). 1927 von William Randolph Hearst gebaut und kürzlich renoviert, wird das Warwick gern von Geschäftsleuten gebucht. Es zählt über 400 Zimmer (alle mit TV und Telefon), hat ein Restaurant und Fitneßräume und liegt günstig in Midtown.
Wellington ($$) Seventh Avenue/55th Street (Tel.: 800 652 1212; 247 3900). Mit Ausnahme der Lobby gibt es am Wellington nichts Besonderes. Die Zimmer sind sauber, einfach und preisgünstig für die zentrale Lage.
Wolcott ($) 31st Street/ Fifth Avenue (Tel.: 268 2900). Bemerkenswert preiswert sind die eher kleinen, aber fesch eingerichteten und komfortablen Zimmer mit Bad, Kabel-TV und interessanten New-York-Fotografien an den Wänden. Überraschend auch die sehr edel gestylte Lobby dieses erstaunlich preisgünstigen Hotels.
Wyndham ($$) 58th Street zwischen Fifth und Sixth Avenue (Tel.: 753 3500). Das Wyndham macht mehr den Eindruck eine Apartmenthauses denn eines Hotels und ist besonders beliebt bei Broadway-Künstlern, die es sich leicht leisten könnten, anderswo zu wohnen. Derart maßgeschneiderte Zimmer in dieser Preiskategorie sind in dieser Gegend wirklich ungewöhnlich. Jedes ist anders und geschmackvoll gestaltet. Bei den Preisen ist frühes Buchen unumgänglich.

UPPER EAST SIDE

Barbizon ($$) 63rd Street/ Lexington Avenue (Tel.: 800 753 0360; 838 5700). Nimmt man die teure Upper East Side zum Maßstab, ist das Barbizon bemerkenswert billig. Die eher kleinen, aber gemütlichen Zimmer und das Dutzend Suiten mit Terrasse (einige mit schönem Blick auf die Skyline von New York) waren bis 1981 ausschließlich weiblichen Langzeitgästen vorbehalten, darunter Grace Kelly, Candice Bergen und Liza Minelli.
Carlyle ($$$) 76th Street/ Madison Avenue (Tel.: 800 227 5737; 744 1600). Jahrelang hat das Carlyle hochrangigen internationalen Würdenträgern und denen, die an unvorstellbaren Reichtum gewöhnt sind, aber ihn nicht zur Schau stellen müssen, ein Heim fern der Heimat geboten. Kristallüster beleuchten den Hotelbereich, und in den Zimmern bestimmen Antiquitäten, Wandbehänge und frische Blumen das Bild. Faxgeräte gehören zur Ausrüstung der meisten Zimmer. Taucht man in das Marmorbad ein, findet sich ein Telefon in Ellbogenhöhe.
Lowell ($$$) 63rd Street zwischen Park und Madison Avenue (Tel.: 838 1400). Kleines, luxuriöses Hotel in einem Art-déco-Gebäude in der interessanten Gegend der Upper East Side. Chinesisches Porzellan, Drucke aus dem 18. und 19. Jahrhundert und offene Kamine zeichnen die Zimmer aus. Der Service ist sehr persönlich (man nennt Sie hier sofort beim Namen). Ein Fitneß-Raum steht allen Gästen zur Verfügung, wer jedoch ungestört sein will, kann in der von Madonna initiierten Gym Suite wohnen.
Mark ($$$) 77th Street/ Madison Avenue (Tel.: 800 843 6275; 744 4300). Bad mit Massagestrahl im Zimmer, Videogeräte (aus der gutsortierten Hausvideothek kann man sich den gewünschten Film holen) und höfliches Personal lockt eine hochkarätige, jetsettende Klientel ins Haus.
Mayfair Hotel Baglioni ($$$) Park Avenue/65th Street (Tel.: 800 223 0542; 288 0800). Der Hotelbereich im Stil der Jahrhundertwende, Liftboys mit weißen Handschuhen und viele durchdachte Details verschaffen dem Haus einen sicheren Platz unter den besten Hotels der Stadt. In den geräumigen, mit Chintz und

Blumen bestückten Zimmern nächtigen oft die Reichen und Schönen der Welt.
Pierre ($$$) Fifth Avenue/ 61st Street (Tel.: 800 332 3442, 940 8101). Auch wenn es Salvator Dalís bevorzugtes Hotel war, ist an den mit Malereien versehenen Korridoren und den riesigen, angenehm möblierten Zimmern nichts surreal. Das aristokratische Ambiente wird noch betont durch die vielen Antiquitäten, dicken Teppiche und den Nachmittagstee in der Wandelhalle.
Plaza Athénée ($$$) 64th Street zwischen Park und Madison Avenue (Tel.: 734 9100). Louis-XIV-Möbel in jeder Ecke, Marmor- und Kristallbeschläge allerorten lassen vermuten, daß das Hotel die Grandeur eines europäischen Fürstenpalastes heraufbeschwören will.
Einige finden das zu aufgesetzt, doch es gibt genügend Gäste, die sich in der Atmosphäre des vorrevolutionären Versailles behaglich fühlen möchten, und der Service ist ausgezeichnet.
Regency ($$$) Park Avenue zwischen 60th und 61st Street (Tel.: 800 23 LOEWS; 759 4100). Auch wenn die Lobby mit französischen Antiquitäten vollgestopft ist und das Regency ganz allgemein großen Wert auf Stil legt, ist es doch bei weitem nicht so hochnäsig wie die Konkurrenz in Upper East Side. Finanzjongleure und aufstrebende Rockstars erfreuen sich gleichermaßen an den geschmackvoll möblierten, luftigen Zimmern und dem tüchtigen Personal.
Stanhope ($$$) Fifth Avenue/ 81st Street (Tel.: 800 828 1123; 288 5800). Mit Louis-XIV-Möbel in der Lobby und altem Porzellan nebst neuestem elektronischen Spielzeug in den Zimmern, ist das Stanhope eine gute Synthese von Alt und Neu, doch die Atmosphäre ist gedämpft und weihevoll.
Surrey ($$$) 76th Street/ Madison Avenue (Tel.: 800 ME-SUITE; 288 3700). Ein kleines, ruhiges und freundliches Hotel, in dem alle Zimmer mit Kochnische ausgestattet sind, wo doch der Zimmerservice rund um die Uhr funktioniert und sich ein bekanntes französisches Restaurant im Haus befindet.
Wales ($$) Madison Avenue/ 92nd Street (Tel.: 800 428 5252; 876 6000). Das seit 1900 dienstbereite Wales ist eines der ältesten Hotels in New York. Seine günstigen Preise spiegeln die etwas abgelegene Lage am Nordrand der Lower East Side wider, auch wenn man mit öffentlichen Verkehrsmitteln schnell nach Midtown und Lower Manhattan kommt. Im Preis für die eher schlicht möblierten Zimmer sind Tee und Frühstück enthalten.
Westbury ($$$) Madison Avenue/69th Street (Tel.: 800 321 1569; 535 2000). Amerikanische Eleganz schmückt sich im Westbury mit englischen Federn: Chippendale in der Lobby und großzügig verteilte Reproduktionen in den Zimmern. Gönnen Sie sich einmal den Luxus, und träumen Sie in einem Himmelbett. Als Zugabe gibts noch einen Fitneßraum.

UPPER WEST SIDE

Beacon ($$) Broadway/75th Street (Tel.: 800 572 4969; 787 1100). Ein ruhiges, gut geführtes kleines Hotel zehn Blocks vom Lincoln Center entfernt und in unmittelbarer Reichweite der meisten Sehenswürdigkeiten der Upper West Side. Die Zimmer haben alle Kabel-TV und Kochnische, zudem liegt Zabar's, das beste Feinkostgeschäft der Stadt, gegenüber auf der anderen Straßenseite. Das Beacon ist sein Geld wert.
Broadway ($) Broadway/ 77th Street (Tel.: 362 1100). Mittelgroßes Hotel mit interessanten Preisen; alle Zimmer mit Farb-TV und Eisschrank. Ein paar Dollar kann man sparen, wenn man auf ein eigenes Bad verzichten kann.
Esplanade ($) West End Avenue/74th Street (Tel.: 800 367 1763; 874 5000). Das Esplanade bietet attraktive Tarife in Apartment-Zimmern, die alle gut geschnitten sind, und residiert in einem mächtigen roten Ziegelbau in einer Wohngegend der Upper West Side. Nach Westen hat man den Sonnenuntergang über dem Hudson als Zugabe. Die bei Tage sichere Umgebung ist nachts tunlichst zu meiden.
Excelsior ($) 81st Street zwischen Central Park West und Columbus Avenue (Tel.: 800 368 4575; 362 9200). Normale, aber ohne weiteres akzeptable Zimmer mit sauberen, altmodischen Badezimmern machen das in einem Wohnareal der Upper West Side gelegene Haus zu einer guten Wahl. Central Park, das American Museum of Natural History und Bars und Restaurants in der Columbus Avenue sind alle zu Fuß erreichbar.
Hostelling Internytlonal New York ($) Amsterdam Avenue/3rd Street (Tel.: 932 2300). Die größte Jugendherberge Amerikas hat sich in einem architektonischen Wahrzeichen von 1883 niedergelassen. Das Gebäude stammt von demselben Mann, der für die Basis der Statue of Liberty verantwortlich war. Sehr sauber, mit kleinen Schlafräumen und vielen Angeboten für Reisende mit kleinem Budget.
Malibu Studios ($) Broadway zwischen 102nd and 103rd Street (Tel.: 800 647 2227; 222 2954). Am Rande einer Gegend gelegen, die einen nachts das Fürchten lehren kann, doch unweit der Columbia University und der Cathedral Church of St John the Divine. Das Malibu bietet preiswerte, studentenbudenartige Unterkunft . Die Zimmer sind nichts Besonderes, aber gemütlich, und für wenige Dollar mehr gibt's Farb-TV, Kochnische und Bad.
Mayflower on the Park ($$) Central Park West/61st Street (Tel.: 800 223 4164; 265 0060). An der Grenze zu Midtown Manhattan liegen einige der sauberen Zimmer mit Blick auf den Central Park, ein Katzensprung zum Lincoln Center. Manchmal steigen hier auch Bühnen- und Filmstars ab.
Milburn ($) 76th Street nahe Broadway (Tel.: 800 833 9622; 362 1006). Das Milburn

ist eine der besten, preiswerten Adressen in der Upper West Side. Es bietet eine ruhige Lobby und Zimmer mit nagelneuen Kochnischen (mit Mikrowelle) und schnellem, freundlichem Service. Die geräumigen Suiten sind ideal für reisende Familien (Kinder unter 12 wohnen gratis bei den Eltern); einen Münzwaschsalon gibt es auch.

Olcott ($) 72nd Street zwischen Central Park West und Columbus Avenue (Tel.: 877 4200). Abgenutzte Möbel und unaufmerksamer Service mögen einige lieber verzichten lassen, andere hingegen – darunter Theaterleute und Musiker – steigen hier wegen der günstigen Wochenmiete ab. Kürzere Aufenthalte sind möglich; frühes Buchen ist angeraten.

Radisson Empire ($$) Broadway/63rd Street (Tel.: 800 221 6509; 265 7400). Das Haus einer Luxushotelkette wurde kürzlich aufgemöbelt und bietet gut ausgestattete Zimmer mit CD-Spieler, Farb-TV und Video. In der großartigen hohen Lobby sind Modelle von Bühnenbildern ausgestellt – für ein Hotel in Reichweite des Lincoln Center passend.

Riverside Tower ($) Riverside Drive/80th Street (Tel.: 800 724 3136; 877 5200). In einer wenig aufregenden Wohngegend der Upper West Side gelegen, bietet das Haus spartanische und etwas schäbige Zimmer, aber immerhin mit Telefon, Farb-TV und überragendem Blick auf den Hudson. Sonst gibt es nichts, eine billige Schlafstätte eben.

West Side YMCA ($) 63rd Street nahe Central Park West (Tel.: 787 4400). Die einfachen und preiswerten Einzel- und Doppelzimmer in einem hallenden, günstig gelegenen Bau unweit des Lincoln Center muß man frühzeitig buchen. In den Preis eingeschlossen ist die Benutzung einer Sporthalle und eines großen Schwimmbads. Die Wertsachen kann man im Safe unterbringen, es gibt einen Münzwaschsalon, und für die Sicherheit ist rund um die Uhr ein Wachdienst zuständig.

RESTAURANTS

BRONX

Dominick's ($$) 2335 Arthur Avenue (Tel.: 718/733 2807). Die süditalienische Küche bietet nichts Außergewöhnliches, doch für lautstarke Atmosphäre ist gesorgt, weil das Publikum sich wild gestikulierend unterhält und die gestreßt wirkenden Kellner ständig das Speisenangebot den Gästen vorbeten müssen.

Mario's ($$) 2342 Arthur Avenue (Tel.: 718/584 1188). Oft so voll wie Dominick's (siehe oben), aber mit etwas besserem Essen meist neapolitanischer Zubereitung.

BROOKLYN

Cucina ($) 256 5th Avenue, zwischen Carroll Street und Garfield Place (Tel.: 718 230 0711). Sogar aus Manhattan kommen die Gäste, um die freundliche Atmosphäre, die köstlichen Pasta und großzügig bemessenen Vorspeisen zu genießen.

Junior's ($) 386 Flatbush Avenue an der DeKalb Avenue (Tel.: 718 852 5257). Eine Institution in Brooklyn! Bekannt für große Frühstücksauswahl, Cornedbeef- und Pastrami-Sandwiches und preisgekrönten Käsekuchen. Nahe der Brooklyn Academy of Music.

Lemongrass Grill ($) 61A 7th Avenue, zwischen den Plätzen Berkeley und Lincoln (Tel.: 718 399 7100). Leckere, schnelle supergünstige Thai-Gerichte. Schöner Garten.

Mrs Stahl's Delicious Knishes ($) 1001 Brighton Beach Avenue (Tel.: 718 648 0210). Der Name beschreibt es genau: köstliche *knishes* mit allerlei Füllungen. Am besten gleich mehrere kaufen.

New Prospect Café ($) 393 Flatbush Avenue (Tel.: 718 638 2148). Von den Einheimischen bevorzugtes Eßlokal nahe dem Brooklyn Museum.

Odessa ($$) 1113 Brighton Beach Avenue (Tel.: 718 253 1470). Nehmen Sie ein paar Freunde mit! Für den Pauschalpreis bekommen Sie eine Flasche Wodka und Zutritt zum russisch-georgischen Buffet. Ein Tänzchen gehört auch mit dazu.

Patsy Grimald'si ($) 19 Old Fulton Street, zwischen Front und Water Street (Tel.: 718 858 4300). Bei Pizzafans gilt Patsy's als bestes Angebot der Stadt. Umgeben von rotkarierten Tischtüchern und Liedern von Sinatra schmeckt der dünne Teig mit dem enormen Belag nochmal so gut.

Peter Luger Steak House ($$$) 178 Broadway an der Driggs Avenue (Tel.: 718 387 7400). Manche halten dies für das beste Steakhaus Amerikas. Es bietet unterschiedlichste Köstlichkeiten – und nimmt nur Bargeld.

Santa Fe Grill ($$) 60 Seventh Avenue, Ecke Lincoln Place (Tel.: 718 636 0279). Mittags gibt es große Portionen mit scharfem Cajun- und Tex-Mex-Essen; so richtig los geht es erst abends, wenn auch viel getrunken wird.

Slades 107 ($–$$) 107 Montague Street, Brooklyn Heights (Tel.: 718 858 1200). Das angenehm lockere Bistro bietet mittags Pasta, Salate und Sandwiches, abends auch gehaltvollere Gerichte.

Teresa's ($) 80 Montague Street, Brooklyn Heights (Tel.: 718 797 3996). Sättigendes, preiswertes polnisches Essen.

CHINATOWN

Bo Ky ($) 80 Bayard Street (Tel.: 406 2292). Die Einrichtung macht nicht viel her, dafür kosten die Schalen nahrhafter Nudelsuppe mit Meeresfrüchten oder Ente fast gar nichts.

First Taste ($$) 53 Bayard Street (Tel.: 962 1818). Hier gibt es gängige Gerichte aus Hong Kong. Für Einsteiger in die südchinesische Küche sehr zu empfehlen.

Golden Unicorn ($$) 18 East Broadway (Tel.: 941 0911). Bankette und große Parties sind die Spezialität des Unicorn. Große Auswahl an Gerichten, von leckeren Vorspeisen bis hin zu Dim Sum, Ente, Fisch und Soja.

Hong Fat ($) 63 Mott Street (Tel.: 962 9588). Die New Yorker kommen wegen der Nudeln und Fleischgerichte in diesen hektischen, aber freundlichen Schnellimbiß.

HSF ($$) 46 Bowery (Tel.: 374 1319). Eine gute Wahl für das

Mittags-Dim-Sum. Die Fotos mit den Gerichten helfen bei der Essensauswahl.
Hunan House ($$) 45 Mott Street (Tel.: 962 0010). Eines der ersten Lokale, die im vorwiegend kantonesisch geprägten Chinatown schmackhafte, feurige Hunan-Menüs zubereitet haben.
Joe's Shanghai ($) 9 Pell Street, zwischen Bowery und Mott Street (Tel.: 233 8888). Eines der besten chinesischen Restaurants der Stadt. Die exquisiten Spezialitäten sind die Wartezeit wert. Es wird nur Bargeld akzeptiert.
King Fung ($$) 20 Elizabeth Street (Tel.: 964 5256). Gute Auswahl an kantonesischen Gerichten in einem Lokal, das ein bißchen besser ist als die anderen; gutes Mittags-Dim-Sum.
Mandarin Court ($) 61 Mott Street, nahe Canal Street (Tel.: 608 3838). Wunderbar chaotischer Dim-Sum-Imbiß, sonntags sind die großen Tische rammelvoll. Hat man einen Platz ergattert, muß man sich lautstark bemerkbar machen und deuten, um von den vorbeifahrenden Servierwagen das zu bekommen, was man will.
Mueng Thai ($$) 23 Pell Street (Tel.: 406 4259). Vorsicht Feuer! Wer Wert darauf legt, seinen Gaumen einigermaßen intakt zu lassen, sollte die weniger scharfen Gerichte wählen.
New Indonesia and Malaysia ($) 18 Doyers Street (Tel.: 267 0088). In diesem kleinen, gemütlichen Lokal kann man unter Tausenden von indonesischen und malayischen Gerichten wählen, und alles, vom *gado gado* bis zum Fisch-Curry, wird entsprechend den Wünschen des Gastes gewürzt.
New York Noodle Town ($) 28 Bowery (Tel.: 349 0923). Nudeln werden in einer Vielfalt angeboten, die man nie für möglich gehalten hätte.
Nha Trang ($) 87 Baxter Street, zwischen Bayerd und Canal Street (Tel.: 233 5948). Delikates vietnamesisches Essen, wie z. B. Grillfleisch oder knuspriger Tintenfisch.
Nom Wah Tea Parlour ($) 13 Doyers Street (Tel.: 962 6047). Seit langem äußerst beliebt wegen seiner herrlichen Auswahl an Dim-Sum-Gerichten, die den ganzen Tag über serviert werden. Obwohl die Speisen auf den vorbeigetragenen Tellern köstlich aussehen, sagen die Stammkunden, die Qualität habe nachgelassen.
Saigon House ($-$$) 89-91 Bayard Street (Tel.: 732 8988). Vietnamesische Spezialitäten zu erstaunlich niedrigen Preisen in unaufdringlichem Ambiente.
Sun Say Gay ($) 220 Canal Street (Tel.: 964 7256). Ein Reislokal, in dem einfaches Essen ausgegeben wird: Fleischstücke, Gemüse, sauer Eingelegtes auf Bergen von Reis zu billigen Preisen.
Sweet 'n' Tart Café ($) 76 Mott Street/Canal Sreet (Tel.: 334 8088). Die Speisekarte ist an traditionellen Regeln der chinesischen Medizin ausgerichtet. Das Essen ist perfekt zubereitet, schnell und billig.
Thailand Restaurant ($) 106 Bayard Street (Tel.: 349 3132). Bekannte und weniger bekannte Thaigerichte stehen auf der zum Schwelgen verführenden Speisekarte.
Triple 8 Palace ($$-$$$) 59 Division Street (Tel.: 941 8886). Im obersten Stockwerk eines Gebäudes mit Blick auf die Manhattan Bridge essen hauptsächlich Leute aus der unmittelbaren Umgebung. Die Dim-Sum-Auswahl zur Mittagszeit erfreut sich großer Beliebtheit.
20 Mott Street ($$) 20 Mott Street (Tel.: 964 0380). Eines der hochgelobten Chinatown-Restaurants, das sich über drei Stockwerke verteilt und eine (für Nichtchinesen) weitgehend unentzifferbare Speisekarte führt. Der Ruf gründet sich ausschließlich auf das Essen und nicht auf die Bedienung – es bedarf einiger Hartnäckigkeit, um überhaupt die Bestellung loszuwerden. Probieren Sie das Mittags-Dim-Sum, oder kommen Sie für ein denkwürdiges Abendessen, auch wenn Sie nicht sicher sind, was Sie gerade verspeisen.
Vegetarian Paradise ($) 68 Mott Street (Tel.: 406 6988). Wie Zauberwerke erscheinen die Gerichte, in denen nichts verarbeitet wird, was einmal ging, lief, schwamm oder kroch.
Viet-Nam ($) 11 Doyers Street (Tel.: 693 0725). Ein bescheidenes Lokal, in dem wohl die beste original vietnamesische Küche New Yorks aufgetischt wird.
Wong Kee ($) 113 Mott Street (Tel.: 966 1160). Gute Auswahl kantonesischer Gerichte zu unwiderstehlichen Preisen; aus gutem Grund immer überfüllt.

EAST VILLAGE UND LOWER EAST SIDE

Acme Bar and Grill ($$) 9 Great Jones Street (Tel.: 420 1934). Cajun-Küche und was für welche: *gumbo, jambalaya* und ausgebackene Austern sowie eine Auswahl scharfer Soßen.

Angelica Kitchen ($) 12th Street zwischen First und Second Avenue (Tel.: 228 2909). Schmackhafte und sehr billige Naturkost.
Benny's Burritos ($) Avenue A/6th Street (Tel.: 254 2054). Burritos mit raffinierten Füllungen werden hier vor oder nach dem Disko-Besuch an ein kunterbuntes East-Village-Völkchen ausgegeben.
Caffè della Pace ($) Seventh Street zwischen First und Second Avenue (Tel.: 529 8024). Unauffälliges Lokal, dessen Besuch sich wegen des kunstvoll präsentierten italienischen Essens und des niedrigen Preisniveaus lohnt.
Dojo ($) 24 St Marks Place (Tel.: 674 9821). Hierher kommt eine junge und modische Klientel, um eine Mischung aus japanischem und vegetarischem Essen zu genießen.
Emerald Planet ($) 2 Great Jones Street (Tel.: 353 9727). Exotische Variationen des einfachen mexikanischen Burritos mit appetitanregenden Füllungen und Zutaten.
First ($) 87 1st Avenue zwischen 5th und 6th Street (Tel.: 674 3823). Das clubähnliche Bistro serviert bis 16 Uhr witzig aufgemachte amerikanische Klassiker.
Great Jones Café ($$) 54 Great Jones Street (Tel.: 674

9304). Hier findet man die Nachtvögel vom East Village beim Frühstück am späten Nachmittag: Die herzhafte, täglich wechselnde Kost bringt sie wieder in Form.
Il Bagatto ($) 192 East 2nd Street zwischen Avenue A und B (Tel.: 228 0977). In lebhafter Umgebung kann man authentische, hausgemachte Pasta und Vorspeisen zu vernünftigen Preisen genießen. Immer voll.
Indochine ($$) Lafayette Street zwischen Astor Place und 4th Street (Tel.: 505 5111). Unter Palmenwedeln wird eine gewaltige Palette südostasiatischer Kost geboten; nur abends geöffnet.
Katz's Delicatessen ($) East Houston Street unweit der Orchard Street (Tel.: 254 2246). Genießt seit über einem Jahrhundert einen Ruf für seine Pastrami- und Corned-Beef-Sandwiches; berühmt auch durch den Film *Harry und Sally*.
Kiev ($) Second Avenue/7th Street (Tel.: 674 4040). Osteuropäische Spezialitäten wie großzügig gefüllte Pirogen und *blintzes*, aber auch Omeletts und Burger gibt es hier rund um die Uhr.
Miracle Grill ($) 112 1st Avenue zwischen 6th und 7th Street (Tel.: 254 2353). Eines der ersten Restaurants der Gegend, die innovative Gerichte zu vernünftigen Preisen boten. Lieblicher Garten.
Mitali ($$) 6th Street zwischen First und Second Avenue (Tel.: 533 2508). Die ausgezeichnete indische Küche zieht Esser aus ganz New York an; Freitag und Samstag abend sollte man reservieren.
Opaline ($$) 85 Avenue A zwischen 5th und 6th Street (Tel.: 475 5050). Ein neuer Stern am Himmel des East Village. Die Atmosphäre ist befriedigender als das Essen.
Pommes Frites ($) 123 2nd Avenue zwischen 7th und 8th Avenue (Tel.: 674 1234). Der Duft der in Erdnußöl bratenden Pommes Frites und die Auswahl an hausgemachten Mayonnaisesorten verursacht lange Warteschlangen.
Ratner's Dairy Restaurant ($) Delancey Street zwischen Norfolk und Suffolk Street (Tel.: 677 5588). Die Lansky Lounge im Hinterzimmer des bereits seit 1905 bestehenden Ratner's lockt eine illustre Schar an Gästen zu Cocktails und einem nettem Stelldichein.
Second Avenue Kosher Deli ($$) Second Avenue/10th Street (Tel.: 677 0606). Der Inbegriff des familienbetriebenen jüdischen Delikatessengeschäfts und eines der letzten, das noch echte *kasha, kugel, knishes* und *knaidels* offeriert, außerdem Erinnerungsstücke des Lower East Side's Yiddish Theater.
Two Boots ($) Avenue A/ 2nd Street (Tel.: 505 2276). Unternehmungslustige und erfolgreiche Mischung aus italienischer und Cajun-Küche: Shrimps-Pizza zum Beispiel!
Veselka ($) Second Avenue/ 9th Street (Tel.: 228 9682). Deftige, satt machende ukrainische und polnische Kost rund um die Uhr. Wer etwas Leichtes essen will, sollte sich an die *blintzes* halten.
Yaffa Café ($) 97 St Marks Place (Tel.: 674 9302). Treffpunkt von East-Village-Typen, die sich an Croissants oder Burgern (im Lokal oder Garten) laben.

FINANCIAL DISTRICT, SOHO UND TRIBECA

Aquagrill ($$$) 210 Spring Street/6th Avenue (Tel.: 274 0505). Frische Meeresfrüchte serviert in eleganter SoHo-Szenerie. Kreativität und Einfachheit werden groß geschrieben. Köstliche Desserts.
Au Mandarin ($) World Financial Center (Tel.: 385 0313). Chinesische Kost zum vernünftigen Preis im Erdgeschoß des hypermodernen, für seine Palmen im Innenhof bekannten Hochhauses.
Balthazor ($$$) 80 Spring Street/Crosby Street (Tel.: 965 1414). Fast eine richtige Pariser Brasserie! Der Platz, an dem sich Karriereleute und Berühmtheiten zu Meeresfrüchten auf Eis, Grillhühnchen, gedünsteten Rippchen und vielen Brasserie-Spezialitäten treffen. Bitte reservieren.
Bar 89 ($) 89 Mercer Street zwischen Broome und Spring Street (Tel.: 274 0989) Obwohl das Essen meisterlich zubereitet ist, kommen die meisten Gäste wegen der Toiletten, die den Besucher in gleißendes Licht tauchen.
Big Kitchen ($) 5 World Trade Center (Tel.: 938 1153). Eine großartige Auswahl an Imbißläden mit internationalen Köstlichkeiten versorgt die dankbaren Angestellten und Besucher des World Trade Center mit nahrhaftem und preiswertem Essen.
Blue Ribbon ($$) 97 Sullivan Street zwischen Prince und Spring Street (Tel.: 274 0404). Zwischen 4 und 16 Uhr serviert dieses kleine Bistro alles von Hühnersuppe mit Klößen bis zu Fondue oder asiatischer Küche – alles köstlich zubereitet. New Yorks Köche lassen sich hier gern bedienen.
Bouley Bakery ($$$) 120 West Broadway/Duane Street (Tel.: 964 2525). Die Regie eines der besten Köche der Stadt läßt hier exquisite, verführerische französische Gerichte entstehen, zu denen eine einzigartige Auswahl an Brotsorten gereicht wird.
Bridge Café ($$) Water Street/Dover Street (Tel.: 227 3344). Genau unterhalb der Brooklyn Bridge kann man in diesem gemütlichen Raum typisches amerikanische Mittag- und Abendessen kosten. Auch eine appetitanregende Fischauswahl wird geboten.
Ceci Cela ($) 55 Spring Street/Lafayette Street (Tel.: 274 9179).Diese winzige französische Bäckerei mit sechs Tischen zaubert die besten Croissants und klassischen Gebäckarten westlich von Frankreich.
Cellar in the Sky ($$$) 1 World Trade Center (Tel.: 524 7033). Die Attraktion ist ein mehrgängiges Menü einschließlich verschiedener Weine zum Festpreis. Der Preis ist nicht von Pappe, elegante Kleidung und Reservierung sind auch erforderlich.
Duane Park Café ($$) Duane Street zwischen West Broadway und Hudson Street (Tel.: 732 5555). Schickes Eßlokal mit beeindruckender Karte, die kulinarische Einflüsse aus Italien, Japan und Kalifornien widerspiegelt.
Franklin Station ($$) 222 West Broadway (Tel.: 274

8525). Die kreative Mischung aus französischer und asiatischer Küche überzeugte viele Leute aus der Nachbarschaft, dies zu ihrem Stammlokal zu küren.
Fraunces Tavern ($$) 54 Pearl Street (Tel.: 269 0144). Die wiederaufgebaute Taverne, ein Wahrzeichen aus dem 18. Jahrhundert (siehe S. 107), hat zwar viel Atmosphäre, doch die gebotene amerikanische Kost bleibt meist durchschnittlich.
Greene Street Café ($$) Greene Street zwischen Prince und Spring Street (Tel.: 925 2415). Moderne Kunst und Live-Jazz am Abend machen das Essen in dem geräumigen Dachgeschoß zu einer besonderen SoHo-Erfahrung, noch bevor man überhaupt von den Nouvelle-Cuisine-Speisen *à la americaine* auswählt.
Harry's at Hanover Square ($) 1 Hanover Square (Tel.: 425 3412). Hier wird der ultimative Hamburger gebraten: Harrys Hamburger werden auf Apfelholzkohle gegrillt und mit Zutaten wie Kaviar und Avokado gefüllt.
Honmura An ($$$) 170 Mercer Street zwischen Houston und Prince Street (Tel.: 334 5253). Hausgemachte *soba* ist nur eine der Spezialitäten dieser Filiale eines Tokyoer Spitzenrestaurants.
Lombardi's ($) 32 Spring Street zwischen Mott und Mulberry Street (Tel.: 941 7994). Der Kohleofen von 1905 verleiht der Pizza hier einen charakteristischen Geschmack. Viele halten sie für die beste der Insel.
Montrachet ($$$) 239 West Broadway zwischen Walker und White Street (Tel.: 219 2777). Eines der ersten »In«-Restaurants in TriBeCa. Das gemütliche Bistro offeriert köstliche, französisch inspirierte Speisen, exzellenten Service und eine Weinkarte mit vernünftigen Preisen.
Nobu ($$$) 105 Hudson Street/Franklin Street (Tel.: 219 0500). Das japanische Restaurant, in das auch Schauspieler gerne kommen, wurde sowohl wegen des Essens als auch des Designs preisgekrönt.
Odeon ($$$) West Broadway/Thomas Street (Tel.: 233 0507). Seine ambitionierte amerikanische Nouvelle Cuisine, aber auch seine ungewöhnliche Inneneinrichtung findet immer neue Liebhaber.
Omen ($$) Thompson Street zwischen Spring und Prince Street (Tel.: 925 8923). Ein eleganter Laden zur Beruhigung der Nerven, und die Spezialität dieses japanischen Restaurants heißt wirklich Omen – eine scharfe Suppe mit Gemüse und Nudeln.
Quilty's ($$$) 177 Prince Street zwischen Thompson und Sullivan Street (Tel.: 254 1260). Das elegante Bistro, benannt nach einer Person aus Nabokovs *Lolita,* serviert herrlich kreative zeitgenössische Küche.
Raoul's ($$) Prince Street zwischen Sullivan und Thompson Street (Tel.: 966 3518). Die einnehmende New Yorker Version eines französischen Restaurants mit einer überaus verlockenden Auswahl an Hauptspeisen, teuflisch guten Desserts und beeindruckender Weinkarte; als Zugabe bequeme Sitzmöbel und eine lebenslustige Atmosphäre.
Rialto ($$) 265 Elizabeth Street zwischen Houston und Prince Street (Tel.: 334 7900). Die schönen Menschen genießen sichtlich die anspruchsvolle Menüauswahl zu vernünftigen Preisen, den netten Garten und das schicke Ambiente.
SoHo Steak ($$) 90 Thompson Street zwischen Prince und Spring Street (Tel.: 226 0602). Lassen Sie sich von der langen Wartezeit und der Enge in dem winzigen Bistro nicht abschrecken. Die Speisen – weit mehr als Steaks – sind meisterhaft zubereitet und die Preise sehr vernünftig.
TriBeCa Grill ($$) Greenwich Street/Franklin Street (Tel.: 941 3900). Das Lokal des Schauspielers Robert de Niro zieht naturgemäß Stars und Starlets an, doch die wirkliche Attraktion ist das Gourmet-Essen, vor allem die sorgfältig zubereiteten Fischgerichte.

GREENWICH VILLAGE

Anglers and Writers ($) Hudson Street/St Luke's Place (Tel.: 675 0710). Beruft sich auf die literarische Tradition des Viertels – dokumentiert durch angelesene Bücher – und bietet dazu Snacks, Tee und Kaffee.
Artepasta ($) 81 Greenwich Avenue/Bank Street (Tel.: 229 0234). In gemütlichem Ambiente werden traditionelle Paste mit den üblichen Beilagen serviert. Günstige Mittagessen.
Bar Six ($) 502 6th Avenue zwischen 12th und 13th Street (Tel.: 691 1363). Echte Baratmosphäre mit deftigem Essen. Tagsüber hell und klar, abends düster und verraucht.
Benny's Burritos ($) 113 Greenwich Avenue (Tel.: 727 0584). Wie in der Filiale in East Village (siehe oben) sind auch hier die Tortillas mit soviel Käse, Bohnen, Fleisch oder Gemüse gefüllt, wie nur eben geht.
Café Loup ($$) 13th Street zwischen University Place und Fifth Avenue (Tel.: 255 4746). Angenehm freundliches französisches Bistro mit noblem, preiswertem Essen.
Caffè Lure ($$) 169 Sullivan Street zwischen Bleecker und West Houston Street (Tel.: 473 2642). Das kleine französische Bistro strahlt wahrhaft den Flair Frankreichs aus. Schicke Leute und gutes Essen.
Caffè Rafaella ($) 134 7th Avenue zwischen Charles und 10th Street (Tel.: 929 7247). Das Lokal ähnelt einem Wohnzimmer und bietet Sandwiches, Salate und Dessert – und wunderbar Gelegenheit, Leute zu gucken.
Caffè Reggio ($) 119 MacDougal Street (Tel.: 475 9557). Angeblich das älteste Café des Landes, einladende Auswahl an Kaffee und Kuchen.
Chumley's ($$) 86 Bedford Street (Tel.: 675 4449). Während der Prohibition ein »Speakeasy«, ist es heute ein

gediegenes Lokal, das man wegen eines Drinks oder der amerikanischen Kost aufsucht.
Clementine ($$$) 1 Fifth Avenue/8th Street (Tel.: 253 0003). Der Koch der Monkey Bar in Midtown hat dieses Lokal gerade übernommen. Wenn sein kreatives Angebot und seine Liebe zum Detail dieses Lokal nicht retten können, kann es keiner.
Corner Bistro ($) 331 West 4th Street (Tel.: 242 9502). Geschäftiges, schnörkeloses amerikanisches Eßlokal, das zu Hähnchenflügel und Hamburger Bier serviert.
Cowgirl Hall of Fame ($) 519 Hudson Street (Tel.: 633 1133). Fotos fröhlicher Cowgirls hängen an den Wänden, und ganztags dudelt Country-Musik – die großen Portionen der Tex-Mex-Gerichte und süffige Margaritas serviert man in karierter Tracht.
Cucina Stagionale ($) 264 Bleecker Street (Tel.: 924 2707). Einfache und preiswerte italienische Küche. Stellen Sie sich aufs Schlangestehen ein; Alkoholisches müssen Sie selbst mitbringen.
Drover's ($$) 9 Jones Street zwischen Bleecker und West 4th Street (Tel.: 627 1233). Die typisch amerikanische Speisekarte offeriert Rindfleisch, gebratenes Hähnchen, Kartoffelpüree, Bratkartoffeln und reichhaltige Desserts.
Elephant and Castle ($$) 68 Greenwich Avenue (Tel.: 243 1400). Große Auswahl an Frühstücksomeletts; weitere herzhafte Gerichte mittags und abends. Die freundliche Einrichtung ermuntert zu entspanntem Essen.
Est! Est! Est! ($$–$$$) 64 Carmine Street (Tel.: 255 6294). Egal ob frische Pastagerichte oder Wild der Saison oder andere Köstlichkeiten – Essen und Service lassen keine Wünsche offen.
Florent ($$) 69 Gansevoort Street (Tel.: 989 5779). Modisches Bistro mit delikaten Fleischgerichten. Rund um die Uhr geöffnet. Nach Mitternacht gibt es ein Frühstücksangebot, das viele Clubgänger anzieht.
Gotham Bar and Grill ($$$) 12th Street at Fifth Avenue (Tel.: 620 4020). Perfekte Architektur und perfekt angerichtetes Essen machen die schicke Bar zu einem Ort, an dem man gesehen werden will.
Home ($$) 20 Cornelia Street zwischen Bleecker und West 4th Street (Tel.: 243 9579). Zu vernünftigen Preisen gibt es köstliches Essen. Weitere Pluspunkte sind die selbstgemachten Beilagen!
Il Cantinori ($$$) 32 East 10th Street zwischen Broadway und University Place (Tel.: 673 6044. Schicker Italiener mit leckerer Pasta und toskanischen Spezialitäten. Auch wenn der Service nicht immer aufmerksam ist, trotz der hohen Preise empfehlenswert.
Indigo ($$) 1542 West 10th Street zwischen Greenwich Avenue und Waverly Place (Tel.: 691 7757). Das zeitgenössische amerikanische Bistro offeriert kreative Speisen zu sehr vernünftigen Preisen.
Japonica ($$) 100 University Place zwischen 11th und 12th Street (Tel.: 243 7752). In solch spartanischer Umgebung lassen sich die üppigen Portionen *sushi* und andere Spezialitäten um so besser genießen.
John's Pizzeria ($) 278 Bleecker Street (Tel.: 243 1680). Das Lieblingslokal von Woody Allen: perfekt im Ofen gebackene Piazzas, über 50 Variationen. Hier kann man auch dem neuesten Tratsch von Greenwich Village lauschen.
Le Gigot ($$) 18 Cornelia Street zwischen Bleecker und West 4th Street (Tel.: 627 3737). Winziges französisches Bistro mit exzellentem Essen zu sehr vernünftigen Preisen. Die Weine sind billig, und der Service ist freundlich.
Mama Buddha ($) 157 Hudson Street (Tel.: 924 2762). Fleisch, Meeresfrüchte und auch vegetarische Gerichte füllen die Speisekarte.
Marquet Patisserie ($) 15 East 12th Street zwischen 5th Avenue und University Place (Tel.: 229 9313). Die nette französische Bäckerei mit Café serviert (nur zum Frühstück und Mittagessen) frische Salate, Suppen, Gebäck – mit Milchkaffee aus den typischen großen Tassen.
Minetta Tavern ($$) Minetta Lane/MacDougal Street (Tel.: 475 3850). Ein historischer Saloon in Greenwich Village, in dem Erinnerungen aus den 30er Jahren ausgestellt sind. Ein freundlicher, entspannter Ort, um gepflegt italienisch zu Mittag oder zu Abend zu essen.
Mirezi ($$) 59 5th Avenue zwischen 12th und 13th Street (Tel.: 242 9708). In einem herrlich dekorierten Raum wird koreanisch inspirierte Küche serviert. Zubereitung und Darbietung sind unübertroffen. Unten gibt es einen Salon.
Moustache ($) 90 Bedford Street zwischen Barrow und Grove Street (Tel.: 229 2220). In diesem orientalischen Restaurant muß man immer auf einen der zehn Tische warten. Dafür kommen die *pita* dann auch heiß und frisch aus dem Ofen.
Pink Teacup ($$) 42 Grove Street (Tel.: 807 6755). Wen es plötzlich nach Schwarzaugen-Erbsen oder anderem Gemüse gelüstet, findet hier, was sein Herz begehrt. Die Preise spiegeln allerdings die teure Lage des Lokals wider.
Ray's Original Pizza ($) Sixth Avenue/11th Street (Tel.: 243 2253). Ray's Pizzaläden gibt es überall in New York, aber dieser ist der erste und beste von allen. Die Pizza kann man in Scheiben mitnehmen oder hier essen.
Sammy's Noodle Soup ($) 453 6th Avenue/11th Street (Tel.: 924 6688). In diesem geschäftigen chinesischen Restaurant wird alles in der eigenen Küche zubereitet, von den Nudeln bis zur gebratenen Ente.
Sông ($–$$) 107 Macdougal Street (Tel.: 529 3808). Die vietnamesische Küche zeigt hier ihre gesamte Vielfalt. Das beliebte Lokal bietet auch täglich wechselnde Spezialitäten.
Taka ($$) 61 Grove Street zwischen Bleecker Street und 7th Avenue (Tel.: 242 3699). Dieses beliebte japanische Sushi-Restaurant hat viele Fans.

Tanti Baci Caffè ($) 163 West 10th Street zwischen 7th Avenue und Waverly Place (Tel.: 647 9651). Preisgünstige italienische Trattoria. Kombinieren Sie Ihre Lieblingspasta und -sauce oder wählen Sie eine der Tagesspezialitaten.
Tea and Sympathy ($) 108 Greenwich Avenue (Tel.: 807 8329). Etwas für heimwehkranke Briten – neben dem traditionellen *high tea* gibt's hier *shepherd's pie, fish cakes* und *school dinner puddings.*
Thali Indian Vegetarian ($) 28 Greenwich Avenue zwischen 10th und Charles Street (Tel.: 367 7411). Man kann sich hier nichts auswählen. Für 10 $ gibt es ein köstliches Tagesgericht.
Tortilla Flats ($) Washington Street at 12th Street (Tel.: 243 1053). In diesem aufrührerischen Tex-Mex-Imbiß gibt es kaum eine langweilige Minute; hier wird einer draufgemacht, feuriges Essen konsumiert und viel Alkohol getrunken.
White Horse Tavern ($) Hudson Street/11th Street (Tel.: 243 9260). Bekannt als die Bar, in der Dylan Thomas ein oder zwei Wiskeys zuviel trank. Die White Horse Tavern hat auch eine größere Auswahl an Essen bereit, wobei die Stammgäste auf die Burger schwören.

HARLEM

Copeland's ($$) 145th Street zwischen Broadway und Amsterdam Avenue (Tel.: 234 2356). Hier legt die Crème aus Harlem das feinste Gewand an und speist eine Mischung aus »Soulfood« und Nouvelle Cuisine.
Sylvia's ($$) Lennox Avenue zwischen 126th und 127th Street (Tel.: 996 0660). Ein Inbegriff des Soul-food-Restaurants, offensichtlich populär bei Touristen und Einheimischen. Bei Sylvia's gibt es mächtige Portionen der Hauptgerichte aus dem Süden der USA: scharfwürzige Spare Ribs und Hähnchen, gefolgt von praktisch unverdaulichen Desserts.

LITTLE ITALY

Assaggio ($$) 178 Hester Street (Tel.: 226 2686). Nicht so wild wie andere Etablissements in Little Italy, und viele der süditalienischen Gerichte sind wirklich gut.
Bellato's ($$) 55 East Houston Street (Tel.: 274 8881). Das neapolitanische Essen mag in anderen Lokalen besser sein, doch nirgends ist die Atmosphäre authentischer.
Benito's ($) 163 and 174 Mulberry Street (Tel.: 226 9012 and 226 9171). Zwei Filialen der gleichen Trattoria, beide mit verläßlichen Speisen zu vernünftigen Preisen.
Caffè Biondo ($) 141 Mulberry Street (Tel.: 226 9285). Beliebt bei den schwarz-berobten SoHo-Künstlertypen – man hat eine große Auswahl an Kaffees und kann sich im überdimensionalen Fenster gut in Pose werfen.
Caffè Roma ($) 385 Broome Street (Tel.: 226 8413). Seit 1890 geöffnet, bester Kaffee, frische Backwaren.
Ferrara ($) 195 Grand Street (Tel.: 226 6150). Weniger Atmosphäre als das Caffè Roma, aber ein netter Platz auf dem Bürgersteig, um bei Cappuccino und einer verführerischen Auswahl an Backwaren dem Leben auf der Straße zuzuschauen.
Taormina ($$) 147 Mulberry Street (Tel.: 219 1007). Ein bißchen teurer und mit Stil, neapolitanisches Essen in einem ruhigen Umfeld; speisen mit Vergnügen.

MIDTOWN MANHATTAN
East und West Midtown

Aquavit ($$$) 13 West 54th Street zwischen 5th und 6th Avenue (Tel.: 307 7311). Dieses Restaurant verleiht der schwedischen Küche neue Geschmacksvariationen.
Carnegie Delicatessen ($$) 854 7th Avenue/55th Street (Tel.: 757 2245). Kilometerhohe Sandwiches und Riesenportionen verlangen ihre Preise, dennoch gutes Preis-Leistungsverhältnis.
Cosy Sandwich Bar ($) 165 East 52nd Street zwischen Lexington und 3rd Avenue (Tel.: 758 7800). Attraktion in diesem beliebten Mittagstreff sind die heißen Brote, die man sich beliebig füllen lassen kann.
Delegates' Dining Room ($$) United Nations, First Avenue/46th Street (Tel.: 963 7626). Wenn man reserviert und sich fein angezogen hat, kann man als Normalbürger an allen Wochentagen Seite an Seite mit Offiziellen der UNO zu Mittag speisen (es ist jedoch nicht wahrscheinlich, auf bekannte Gesichter zu stoßen). Das Buffet ist sein Geld wert.
Four Seasons ($$$) 52nd Street zwischen Park und Lexington Avenue (Tel.: 754 9494). Das Restaurant findet sich in der Avantgarde der neuen amerikanischen Cuisine, weshalb selten einmal ein Angebot auf der Karte den Gourmet enttäuschen wird. Auch sonst ist für Stil gesorgt: Den Eingang ziert ein großer Picasso, und das architektonisch interessante Seagram Building wurde von Mies van der Rohe und Philip Johnson entworfen.
Hangawi ($$) 12 East 32nd Street zwischen 5th und Madison Avenue (Tel.: 213 0077). Wer den »Vegetarischen Berg koreanischen Essens« nicht kennt, sollte hier das Emperor's Menü bestellen – und staunen
Harley Davidson Café ($–$$) 56th Street/6th Avenue (Tel.: 245 6000). Nur wenige echte Biker kommen hierher, um typisch Amerikanisches wie Burger oder Sandwiches zu essen.
Jean George ($$–$$$) 1 Central Park West (Tel.: 299 3900). Nicht sehr oft erreicht ein neues Restaurant sofort die Spitze der Kritikerlisten. Aber hier betteln sogar die Gourmets um einen Platz. Die Preise sind dementsprechend hoch.
Judson Grill ($$$) 152 West 52nd Street zwischen 6th und 7th Avenue (Tel.: 582 5252). Das Restaurant, eine Mischung aus amerikanischer Bar und französischem Restaurant, ist mittags wie abends sehr beliebt
Kang Suh ($) 1250 Broadway an der 32nd Street (Tel.: 564

6845). Lassen Sie die Sushi-Bar hinter sich und gehen Sie direkt in das koreanische Restaurant im ersten Stock. Omelette mit Austern und Frühlingszwiebeln und am Tisch zubereitetes Barbecue werden hier serviert.

Kaplan's Deli ($$) 59th Street zwischen Park und Madison Avenue (Tel.: 755 5959). Kein aufregendes, aber verläßliches Lokal für Sandwiches, Suppen und die übliche »Deli«-Kost in einer sonst teuren Gegend.

Keens Chophouse ($$) 36th Street zwischen Fifth und Sixth Avenue (Tel.: 947 3636). Seit 1885 ist Keens schon mit Fleisch-und Kartoffelgerichten im Geschäft. Hammelbraten mit Minzsoße ist am besten, doch die Auswahl umfaßt noch weitere Fleisch- und einige herzhafte Fischgerichte.

La Bernadin ($$$) 155 West 51st Street zwischen 6th und 7th Avenue (Tel.: 489 1515). Das Restaurant wurde kürzlich von einer Zeitschrift zum besten Amerikas erkoren und serviert in der Tat Spitzenküche. Der freundliche Service und die außergewöhnliche Weinkarte runden das Angebot ab.

Le Cirque 2000 ($$$) 455 Madison Avenue (Tel.: 794 9292). Eines der besten und teuersten Restaurants der Stadt hat ein neues Outfit erhalten. Hier tummeln sich Berühmtheiten und anspruchsvolle Gourmets.

Lespinasse ($$$) St Regis Hotel, 2 East 55th Street zwischen 5th und Madison Avenue (Tel.: 339 6719). Asiatisch inspirierte Küche und ein sehr eleganter Speiseraum lassen den Restaurantbesuch zum Erlebnis werden.

Lou G Siegel ($$) 38th Street zwischen Seventh und Eighth Avenue (Tel.: 921 4433). Koscheres Delikatessengeschäft seit 1917, das immer noch geschnetzelte Leber, »gefilte« Fisch, Hühnersuppe und vieles mehr für die Arbeiter vor Ort und Stammkunden aus weiterer Umgebung zubereitet.

Lutèce ($$$) 50th Street zwischen Second und Third Avenue (Tel.: 752 2225). Das klassische französische Menü bekommt hier einen neuen Touch. Für den schlechten Service entschädigt die Küche.

Maloney & Porcelli ($$$) 37 East 50th Street zwischen Madison und Park Avenue (Tel.: 750 2233). Bringen Sie großen Hunger mit, wenn Sie in dieses beliebte Mittagsrestaurant gehen.

Marichu ($$) 342 East 46th Street zwischen 1st und 2nd Avenue (Tel.: 370 1866). Gleich um die Ecke der UN serviert dieses nette Restaurant authentische baskische Küche.

Motown Café ($–$$) 104 West 57th Street (Tel.: 581 8030). Gemäß seinem Motto serviert das Restaurant im Dekor der 60er Jahre *soul food*.

Oceana ($$$) 55 East 54th Street zwischen Madison und Park Avenue (Tel.: 759 5941). Der Speiseraum ähnelt einer Schiffskabine, doch die exzellente Küche lehrt Besseres.

Osteria del Circo ($$$) 120 West 55th Street zwischen 6th und 7th Avenue (Tel.: 265 3636). Die Filiale des Le Cirque bietet eine Mischung aus moderner und traditioneller toskanischer Küche. Beliebter Treffpunkt von Berühmtheiten und Karrieremenschen.

Planet Hollywood ($–$$) 140 West 57th Street (Tel.: 333 STAR). Teil einer weltweiten Kette in Händen einiger Berühmtheiten.

Rainbow Room ($$$) 65. Stock, 30 Rockefeller Plaza (Tel.: 632 5000). Das Essen ist vielleicht nicht ganz sein Geld wert, doch das Lokal selbst ist ein reines Vergnügen: renovierte Art-déco-Einrichtung, eine 12-Mann-Band spielt Schlager aus den 40er Jahren, und »Cigarette Girls« streifen zwischen den Tischen entlang. Reservierung ist erforderlich, ebenso eine schicke Aufmachung, umsonst gibt es einen fantastischen Blick auf New York.

Secret Harbor Bistro ($$) Lexington Avenue/37th Street (Tel.: 447 7400). Hier kann man den Tag mit Gebäck, Joghurt und frischgepreßten Säften stilvoll beginnen oder bei guten Gerichten wie Gemüse-Lasagne und Thunfisch in Zitronen-Lauchsoße beenden.

Sushi Bar ($$) 256 East 49th Street/2nd Avenue (Tel.: 644 8750). Traditionelle und neue japanische Speisen. Sashimi ist die Attraktion der Speisekarte.

'21' Club ($$$) 21 West 52nd Street zwischen 4th und 5th Avenue (Tel.: 582 7200). Ein neuer Koch modernisierte die Speisekarte dieses historischen Restaurants, in dessen Bar sich die Broker treffen.

Vong ($$$) 200 East 54th Street (Tel.: 486 9592). New Yorks talentiertestem Chefkoch, Jean-Georges Vongerichten, ist es zu verdanken, daß das Lokal absolut »in« ist. Man muß Wochen im voraus einen Tisch bestellen, um das französisch-thailändische Essen genießen zu können.

Zarela ($$) Second Avenue zwischen 50th und 51st Street (Tel.: 644 6740). Das Zarela führt die mexikanische Küche mit exotischen Geschmack und Zutaten sanft betonenden Schöpfungen in luftige Höhen.

Theater District

Becco ($$) 355 West 46th Street zwischen 8th und 9th Avenue (Tel.: 397 7597). Sobald Sie sich hinsetzen, können Sie essen, soviel Sie möchten, oder eine hausgemachte Pasta probieren.

Cabana Carioca ($$) 45th Street zwischen Sixth und Seventh Avenue (Tel.: 581 8088). Große Portionen brasilianischen Essens, gutes Fleisch und viel schwarze Bohnen. An der Bar gibt es alkoholreiche Cocktails, kein Wunder, daß die Gäste bald in Partystimmung kommen.

Carnegie Delicatessen ($$) Seventh Avenue/55th Street (Tel.: 757 2245). Alteingesessener Showbiz-Laden, in dem man auch im Sitzen essen kann: von riesigen Corned-Beef- und Pastrami-Sandwiches bis zu süßen Kuchen. Viele Gerichte sind nach Broadway-Größen benannt.

Churrascaria Plataforma ($$) 316 West 49th Street zwischen 8th und 9th Avenue (Tel.: 245 0505). Ein beeindruckendes brasilianisches Restaurant, in dem Sie für

einen Preis die Salatbar besuchen und endlos Fleisch aussuchen können.
Firebird ($$$) 365 West 46th Street zwischen 8th und 9th Avenue (Tel.: 586 0244)). Edle russische Küche in schöner Umgebung. *Blini, Kaviar, casha* und anderes sind aber nicht mehr so gut, seit der Kommunismus fiel.
India Pavilion ($-$$) 56th Street zwischen Broadway und Eighth Avenue (Tel.: 489 0035). Preisgünstige indische und pakistanische Gerichte in hübschem Ambiente.
Jezebel ($$) Ninth Avenue/ 45th Street (Tel.: 582 1045). Soul-food-Spezialitäten wie gebratenes Hühnchen, Katzenfisch mit Grütze und eine Dekoration, die ein »Deep South«-Bordell thematisiert.
Joe Allen ($$) 46th Street zwischen Eighth und Ninth Avenue (Tel.: 581 6464). Burger, Chili und andere einfache amerikanische Kost, Broadway-Plakate an den Wänden.
Landmark Tavern ($$) Eleventh Avenue/46th Street (Tel.: 757 8595). Herzhaftes Mittag- und Abendessen: Fish and Chips und Pies neben den allgegenwärtigen Burgern und Sandwiches. Die holzgetäfelten Räume stammen aus dem Jahr 1856.
Little Saigon ($) 374 West 46th Street (Tel.: 956 0039). Bietet sich vor oder nach dem Theater an. Teures vietnamesisches Essen.
Russian Tea Room ($$$) 57th Street zwischen Sixth und Seventh Avenue (Tel.: 265 0947). Von einem heimwehkranken russischen Balletttänzer in der 20er Jahren gegründet, ist der Russian Tea Room ein Fixstern am Himmel der New Yorker Showbiz-High-Society: Hier konsumiert man Kaviar, Borschtsch und Räucherlachs, dazu Champagner, Wodka und Tee aus dem Samowar. Zur Zeit der Erstellung dieses Buches unterlag er umfassenden Renovierungsarbeiten.
Sardi's ($$) 44th Street zwischen Broadway und Eighth Avenue (Tel.: 221 8444). Bekannter Theatertreffpunkt und Klatschkolumnistenlager, auch wenn Sardi's beste Zeiten vorbei sind. Die Karikaturen von Broadwaystars hängen immer noch an der Wand, und der Service ist weiterhin eher nachlässig. Italienisch angehauchte Speisekarte.
Stage Deli ($$) Seventh Avenue/54th Street (Tel.: 245 7850). Schon immer ein Rivale des Carnegie Deli, daher auch dieselben Standardgerichte und dieselben großzügigen Portionen. Das Personal ist jedoch öfters einmal etwas unfreundlich.
Virgil's Real BBQ ($) 152 West 44th Street zwischen Broadway und 6th Avenue (Tel.: 921 9494). Lockere amerikanische Grillstube mit Rippchen, Hähnchen und anderen Leibspeisen.

Murray Hill, Gramercy, Chelsea und Fiatiron-Bezirk

Alva ($$) 36 East 22nd Street zwischen Broadway und Park Avenue (Tel.: 228 4399). Ausgezeichnetes American Bistro; Brathähnchen, Lamm, Fisch, Kartoffelpüree und eine nachbarschaftliche Atmosphäre.
An American Place ($$) Park Avenue/32nd Street (Tel.: 684 2122). Einfallsreiche und anregende amerikanische Nouvelle Cuisine mit US-Regionalgerichten.
Bendix Diner ($) 219 8th Avenue an der 21st Street (Tel.: 366 0560). Die Speisekarte enthält von allem ein bißchen – amerikanische, thailändische und italienische Gerichte. Gut und nicht teuer.
Bolo ($$$) 23 East 22nd Street zwischen Broadway und Park Avenue South (Tel.: 228 2200). Kreative spanische Küche, deftig gewürzt und kundig zubereitet.
Bright Food Shop ($) 216 8th Avenue zwischen 21st und 22nd Street (Tel.: 243 4433). Ungewöhnliche asiatische Speisen und Zubereitungen aus dem Südwesten in einem Coffee Shop aus den dreißiger Jahren. Seltsame Namen für köstliche Gerichte.
Chat 'n' Chew ($) 10 East 16th Street zwischen 5th Avenue und Union Square West (Tel.: 243 1616). Klassische amerikanische Speisen in komfortabler Umgebung. Sandwiches, Entrées und Desserts sind besonders zu empfehlen.
Chelsea Bistro & Bar ($$$) 358 West 23rd Street zwischen 8th und 9th Avenue (Tel.: 727 2026). Ein gemütliches französisches Bistro. Ravioli mit Gänseleberpastete und andere innovative Kreationen.
The City Bakery ($) 22 East 17th Street zwischen 5th Avenue und Union Square West (Tel.: 366 1414). In dieser eher kühlen Atmosphäre aus Stahl und Zement bekommt man liebevoll zubereitete Sandwiches, Salate, Suppen, Kekse und Kuchen.
Coffee Shop ($$) 16th Street/ Union Square West (Tel.: 243 7969). Coffeeshops gibt es um den Union Square genug, aber im Gegensatz zu dem, was sein Name vermuten läßt, ist es ein lebhaftes, modisches Lokal, in dem sich Leute mit dem richtigen Gesicht an amerikanisch-brasilianischem Essen gütlich tun.
Ess-a-Bagel ($) 359 1st Avenue an der 21st Street (Tel.: 260 2252). Die besten Bagels der Stadt. Räucherlachs, Schmelzkäse und andere Beilagen lohnen das Warten in der Schlange.
Follonico ($$) 6 West 24th Street zwischen 5th und 6th Avenue (Tel.: 691 6359). Eine der authentischsten Trattorias der Stadt. Vor einem Holzofen wird toskanische Hausmannskost in rustikaler Atmosphäre serviert.
Food Bar ($) 149 8th Avenue zwischen 17th und 18th Street (Tel.: 243 2020). Im Herzen der Schwulenszene von Chelsea. Amerikanische Standard-Küche.
Frank's ($$) 14th Street zwischen Ninth und Tenth Avenue (Tel.: 243 1349). Das wirklich gute Lokal im sogenannten »Fleischverpakkungsbezirk« existiert seit 1912 und bietet Steaks und Fisch in weit höherer Qualität, als es die Sägespäne am

Boden vermuten lassen. Die Metzger aus der Umgebung gehören zur mittäglichen Stammkundschaft.
Gramercy Tavern ($$$) 42 East 20th Street zwischen Broadway und Park Avenue South (Tel.: 477 0777). Dieses Restaurant öffnete mit den Anspruch, die 4-Sterne-Küche neu zu definieren und hat Erfolg mit seiner kreativen modernen französischen Küche. Leichter und günstiger kann man in der Bar essen.
Le Madri ($$$) 168 West 18th Street an der 7th Avenue (Tel.: 727 8022). Hausgemachte Pasta, wohlschmeckende Entrées und elegantes Ambiente. Eines der besten italienischen Restaurants in New York.
Le Singe Vert ($$) 160 7th Avenue zwischen 19th und 20th Street (Tel.: 366 4100). Neues französisches Bistro mit klassischen Speisen.
Live Bait ($$) 23rd Street zwischen Madison und Fifth Avenue (Tel.: 353 2400). Das als rustikale Fischerhütte im Südstaatenstil hergerichtete Lokal ist eine bevölkerte Bar, in der auch sattmachende Südstaaten-Sandwiches, Burger und Salate ausgegeben werden.
Lola ($$) 22nd Street zwischen Fifth und Sixth Avenue (Tel.: 675 6700). Amerikanisches Essen mit karibischem Einfluß, aber auch ein paar echte karibische und südamerikanische Gerichte auf hohem Niveau. Am Sonntag gibt es *gospel brunch*.
Merchants, NY ($) 112 7th Avenue an der 17st Street (Tel.: 366 7267). Pubatmosphäre, gutes Essen, Terrasse.
Mesa Grill ($$) 102 5th Avenue zwischen 15th und 16 Street (Tel.: 807 7400). Beste südwestliche Küche. Große Portionen und freundliche Bedienung. Vor allem gutgekleidete Yuppies fühlen sich in diesem preisgekrönten Design wohl.
Negril ($$) 362 West 23rd Street zwischen 8th und 9th Avenue (Tel.: 212/807 6411). Traditionelle innovative Gerichte aus Jamaika in quirliger lauter Umgebung. An Wochenenden ist oft kein Platz mehr zu finden.
Newsbar Inc ($) 19th Street zwischen Fifth und Sixth Avenue (Tel.: 255 3996). Sie können in diesem sparsam eingerichteten Café frühstücken, zu Mittag und früh zu Abend essen, doch eigentlich sollte man hierherkommen, um bei einem Kaffee die Leute zu beobachten oder die ausländischen Zeitungen zu lesen.
Park Bistro ($$) Park Avenue zwischen 28th und 29th Street (Tel.: 689 1360). Zählt zu den besseren der vielen französischen Bistro-Restaurants in New York; das köstliche Essen und die angenehme Einrichtung hat es recht populär gemacht.
The Parlour Café at ABC ($) 38 East 19th Street zwischen Broadway und Park Avenue South (Tel.: 677 2233). Charmantes Ambiente für Frühstück oder Mittagessen im Erdgeschoß des eleganten ABC-Einkaufszentrums.
Patria ($$$) 250 Park Avenue South an der 20th Street (Tel.: 777 6211). Inspiriert, raffiniert gewürzt und ansprechend angerichtet verwöhnt dieses »Nuevo-Latino«-Restaurant seine zahlreichen Gäste. Günstiges Mittagessen.
Periyali ($$$) 35 West 20th Street zwischen 27th und 28th Street (Tel.: 463 7890). Einfaches, originell serviertes Essen in freundlicher mediteraner Umgebung.
Pete's Tavern ($$) 18th Street/Irving Place (Tel.: 473 7676). In diese Bar geht man nach der Arbeit, um bei warmem Wetter unter freiem Himmel zu essen. Amerikanisches und eine große Auswahl an Pastagerichten.
Pongal ($) 110 Lexington Avenue zwischen 27th und 28th Street (Tel.: 696 9458). Auch wenn Sie sich sonst nicht für rein vegetarisch indische Küche begeistern lassen, werden Sie in diesem südindischen Restaurant umwerfend, gute Delikatessen finden.
Republic ($) 37 Union Square West zwischen 16th und 17th Street (Tel.: 627 7172). Asiatische Nudelsuppe und Design des 21. Jh. Preiswert, geschmackvoll, prompter Service.
Union Square Café ($$) 16th Street/Union Square West (Tel.: 243 4020). Wegen seiner zeitgenössischen amerikanischen Küche ist dieses Lokal ein Lieblingstreffpunkt begüterter New Yorker.
Zen Palate ($) 34 Union Square East (Tel.: 614 9291). Supergesunde vegetarische Küche mit asiatischem Akzent. Die Portionen werden kunstvoll serviert.

QUEENS

Elias Corner ($) 24–02 31st Street an der 24th Avenue, Satoria (Tel.: 718/932 1510). Gegrillter Fisch und andere traditionelle griechische Speisen sind eine Verlokkung für probierfreudige Manhatter.
Happy Dumpling ($) 135–29 40th Road, Flushing (Tel.: 718 445 2163). Chinesische Kost, vor allem die nahezu unübertroffenen gefüllten Klöße und Nudelgerichte.
Jackson Diner ($) 74th Street zwischen Roosevelt und 37th Avenue (Tel.: 718/672 1232). Wahrscheinlich das preisgünstigste einer Vielzahl von indischen Restaurants in dieser Gegend. Das Essen ist weitaus besser, als die Einrichtung vermuten läßt.
Ko Hyang ($) 42–96 Main Street, Flushing (Tel.: 718 463 3837). Lockeres koreanisches Restaurant mit einer großen Auswahl an Snacks und größeren Gerichten.
Lefkos Pyrgos ($) 22–85 31st Street, Astoria (Tel.: 718 932 4423). Das Café unter den vielen griechischen Cafés in Astoria; die Auswahl an Süßigkeiten dürfte Ihrem Zahnarzt keine Freude bereiten.
Penang Malaysian Cuisine ($) 38–04 Prince Street an der Roosevelt Avenue, Flushing (Tel.: 718/321 2078). Weit besser als seine Außenstellen in Manhattan, bietet das originale Flushing-Lokal ein exotisches Menü malaiischer Spezialitäten – von indischen Curries und Roti bis zu Kokosnuß Shrimps.
Yao Han ($) 135–21 40th Road, Flushing (Tel.: 718 359 2828). Chinesisches und vietnamesisches Essen, ideal für Nudelgourmets.

UPPER EAST SIDE

Arcadia ($$$) 62nd Street zwischen Madison und Fifth Avenue (Tel.: 223 2900). Kaum ein Kenner der New Yorker Restaurantszene wird bestreiten, daß das Arcadia zu den besten Restaurants der Stadt gehört. Die exzellente Karte wird je nach Saison umgeschrieben und kann vom geräucherten Hummer über geröstete Schnecken bis Löwenzahnsalat alles enthalten.

Arizona 206 ($$$) 60th Street zwischen Second und Third Avenue (Tel.: 838 0440). Der »American Southwest«, wiedererschaffen in Manhattans Upper East Side; Wüstendekor und Südwest-Gerichte von brillanter Qualität.

Aureole ($$$) 34 East 61st Street zwischen Madison und Park Avenue (Tel.: 319 1660). Seiner exquisiten amerikanischen Gerichte und aufsehenerregender Präsentationen wegen eines der besten Restaurants der Stadt. Vorbildlicher Service in eleganten Speisesälen. Von den vielfältigen, extravaganten Nachspeisen sollten sie unbedingt kosten.

Brother Jimmy´s ($) 1644 Third Avenue (Tel.: 426 2020). Gelegentlich ein Treffpunkt für harte Jungs, die bei Sport-TV und Biertrinken Sandwiches, Suppen, Gegrilltes und andere Imbisse verzehren.

Club Macanudo ($$) 26 East 63rd Street zwischen Madison und Park Avenue (Tel.: 752 8200). Eine Bar für Zigarrenraucher in der es beiläufig etwas zu essen gibt. Kurzgesagt: heimelige Atmosphäre mit Zigarrenduft.

Coco Pazzo ($$-$$$) 23 East 74 th Street zwischen 5th und Madison Avenue (Tel.: 794 0205). Das erste und beste Schnellrestaurant der stadtweiten italienischen Kette. Pastas und Vorspeisen enttäuschen nie, aber möglicherweise die Rechnung.

Daniel ($$$) 76th Street zwischen Fifth und Madison Avenue (Tel.: 288 0033). Als der französische Chefkoch des Le Cirque 1993 hier sein eigenes Restaurant eröffnete, hatte er sofort riesigen Erfolg. Um das exquisite Essen genießen zu können, müssen Sie etwa acht Wochen im voraus reservieren.

E.A.T. ($) Madison Avenue zwischen 80th und 81st Street (Tel.: 772 0022). Europäisch-jüdische Snacks und sündige Desserts locken Yuppies nach dem Racketball, Einkaufsbummler an Wochenenden und Einheimische jederzeit an.

Fred´s at Barneys ($$–$$$) 10 East 61st Street an der Madison Avenue (Tel.: 833 2200). Im Kellergeschoß von Manhattens modernstem und schickstem Kaufhaus gelegen, gehört es bei den vornehmen Damen und Herren der Upper East Side zu den beliebtesten Restaurants.

India Grill ($$) 240 East 81st Street (Tel.: 988 4646). Indisches Essen zu guten Preisen, häufig mit Tagesspezialitäten im Angebot.

JG Melon ($) Third Avenue/ 74th Street (Tel.: 744 0584). Überdurchschnittliche amerikanische Diner-Kost zu günstigen Preisen in gemütlicher holzgetäfelter Umgebung.

Jo Jo ($$) 160 East 64th Street, nahe Lexington Avenue (Tel.: 223 5656). Überragendes Essen mit internationalem Flair; wegen der günstigen Preise und bestechenden Qualität muß man unbedingt reservieren. Der Hauptspeiseraum ist meistens voll und laut, das Hinterzimmer hingegen von heiterer Ruhe.

Lenox Room ($$$) 1278 3rd Avenue, zwischen 73rd und 74th Street (Tel.: 772 0404). Die angenehme Bedienung und die anspruchsvolle zeitgemäße Küche machen es zu einem idealen Ort, um sich nach einem Einkaufstag zu erholen.

Mesa City ($$) 1059 3rd Avenue, zwischen 62nd und 63rd Street (207 1919). Jetzt kann man in dieser pulsierenden Uptown-Filiale des Mesa Grill doch Reservierungen machen. Spezialitäten des Südwestens und Margaritas sind die Tagesgerichte.

Ottomanelli's Café ($) York Avenue zwischen 81st und 82nd Street (Tel.: 737 1888). Die Upper East Side-Filiale einer bekannten New Yorker Lokalkette. Hier findet man verlockend frische Backwaren neben dem üblichen Angebot an Salaten, Hamburgern, Sandwiches.

Park Avenue Café ($$$) 100 East 63rd Street, an der Park Avenue (Tel.: 644 1900). Sie werden sich angesichts der witzigen und drolligen Interpretationen der modernen amerikanischen Küche ein Lächeln nicht verkneifen können. Alles schmeckt sogar noch besser als es aussieht. Beliebt für Brunch am Wochenende.

Petaluma ($$) First Avenue/ 73rd Street (Tel.: 772 8800). Gegrillter Schwertfisch, entbeintes Huhn in Knoblauchsoße und gebratene Calamari stehen in diesem italienisch-kalifornischen Restaurant zur Auswahl.

Pig Heaven ($$) Second Avenue zwischen 80th und 81st Street (Tel.: 744 4333). Hier dreht sich alles um's Schwein, im Dekor wie auf der Karte (»geschnetzelte Schweinsohren«), doch es werden auch chinesische Gerichte und amerikanische Desserts angeboten.

Post House ($$$) 63rd Street zwischen Park und Madison Avenue (Tel.: 935 2888). Wer einen gut gefüllten Geldbeutel hat, aber französisches Essen nicht mag, findet hier eine Alternative: ein schicker Laden mit besten Steaks und Meeresfrüchten.

Rosa Mexicano ($$ – $$$) 1063 1st Avenue (Tel.: 753 7407). Das mit größter Sorgfalt zubereitete original mexikanische Essen dieses ehrwürdigen Restaurants findet seinesgleichen nur in Mexiko. Am Tisch zubereitete Guacamole mit frischen Mais-Tortillas und geschmorter Lammkeule dürfen Sie nicht verpassen. Bar-Bereich mit förmlicherem Restaurant im Inneren.

Senza Nome ($$) 1675 3rd Avenue, zwischen 93rd und 94th Street (Tel.: 410 4900). Einfaches, raffiniertes italienisches Essen in sachlicher, ausgezeichneter Umgebung.

7th Regiment Mess ($) 643 Park Avenue zwischen 66th

und 67th Street (Tel.: 744 4107). Amerikanische Hausmannskost in einem alten holzgetäfelten Restaurant im Seventh Regiment Armory. Gut für Kinder; reservieren.

Sign of the Dove ($$$) 1110 3rd Avenue an der 65th Street (Tel.: 861 8080). Romantisches Restaurant, das erstklassige kreative amerikanische Küche bietet. Höfliche Bedienung und eine hervorragende mit Erfahrung zusammengestellte Weinkarte.

Syrah ($$) 1400 Second Avenue (Tel.: 327 1780). Stilvolles Lokal mit reichhaltiger und klassisch amerikanischer Speisekarte.

Trois Jean ($$) 154 East 79th Street zwischen Lexington und 3rd Avenues (Tel.: 988 4858). Klassisch französische Küche in klassisch französichem Bistro-Flair. Mittagessen zu *prix fixe* ist besonders preiswert.

Vinegar Factory Restaurant ($$) 431 East 91st Street zwischen 1st und York Avenues (Tel.: 987 0885). Genießen Sie den üppigen Brunch in diesem Wochenendrestaurant, während unten geschäftiges Markttreiben herrscht. Allein die Auswahl an Broten lohnt den Weg.

Wilkinson's Seafood Café ($$$) York Avenue zwischen 83rd und 84th Street (Tel.: 535 5454). Leckere Auswahl an immer frischen Meeresfrüchten. Hummer, Krabbenküchlein, Schwertfisch und Lachs werden mit Perfektion zubereitet und stilvoll den gut angezogenen, meist örtlichen Gästen serviert.

UPPER WEST SIDE

Baci ($$) 412 Amsterdam Avenue (Tel.: 496 1550). Überwinden Sie eventuelle Platzangst um das beste italienische Essen in diesem Bezirk zu probieren. Denn dieses Speiselokal ist nicht umsonst regelmäßig überfüllt.

Barney Greengrass (The Sturgeon King) ($$) Amsterdam Avenue zwischen 86th und 87th Street (Tel.: 724 4707). Seit 1908 führt die jüdische Greengrass-Familie dieses Deli, in dem man auch frühstücken und zu Mittag essen kann. Die Hausspezialitäten sind Stör und Lachs.

Blue Nile ($$) 77th Street/ Columbus Avenue (Tel.: 580 3232). Eines der wenigen äthiopischen Restaurants in New York und eine Erfahrung für den Abenteurer: Messer und Gabel kann man vergessen, das Essen wird mit saugfähigem Injera-Brot aufgetischt und verzehrt.

Café des Artistes ($$$) 67th Street/Central Park West (Tel.: 877 3500). Howard Chandler Christys ätherische Aktmalereien aus den 30er Jahren an der Wand tragen zum Vergnügen bei, das wohl beste Essen in New York verspeisen zu können. Am Abend und für den göttlichen Sonntags-Brunch ist eine Reservierung unumgänglich.

Café Lalo ($) 83rd Street at Amsterdam Avenue (Tel.: 496 6031). Schicker Treffpunkt für Möchtegern-Schriftsteller, -künstler und Medienleute der Umgebung, die den Cappuccino literweise in sich hineinschütten und dazu die köstlichen Kuchen mampfen.

Café Luxembourg ($$$) 70th Street zwischen Amsterdam und Columbus Avenue (Tel.: 873 7411). Art-déco-Bistro im Stil des Paris der 30er Jahre. Das ausgezeichnete Essen – eine Mischung aus französischen, italienischen und regionalen US-Gerichten – zieht bekannte Gesichter aus ganz New York an.

EJ's Luncheonette ($) Amsterdam Avenue zwischen 80th und 81st Street (Tel.: 873 3444). Diner im Retro-Stil mit viel Chrom und alter Coca-Cola-Reklame. Die Sandwiches (empfehlenswert das mit gegrillter Cajun-Hühnerbrust) sind so groß, daß sie eine Kompanie satt machen würden.

Empire Szechuan ($) Broadway/97th Street (Tel.: 663 6005). Riesige Auswahl an Hunan- und Szechuan-Gerichten. Mittags-Dim-Sum an Wochenenden.

Fishin Eddie ($$) 71st Street zwischen Central Park West und Columbus Avenue (Tel.: 874 3474). Dieses Fischrestaurant verwöhnt mit ausgefallenen italienischen Gerichten wie *cioppina,* einer Art Fischeintopf, die in großen Portionen gereicht werden.

Gabriela's ($) 685 Amsterdam Avenue an der 93rd Street (Tel.: 961 0574). Bemerkenswert preiswertes und durchwegs vollbesetztes mexikanisches Schnellrestaurant. Pozole ist besonders schmackhaft. Auf die Preise brauchen Sie nicht zu achten.

Gennaro ($-$$) Amsterdam Avenue an der 92nd Street (Tel.: 665 5348). Was haben solch delikate, echt hausgemachte italienische Gaumenfreuden hier verloren? Fragen Sie nicht lange. Gehen Sie hin und genießen Sie es.

Good Enough To Eat ($$) Amsterdam Avenue zwischen 83rd und 84th Street (Tel.: 496 0163). Großartige Auswahl an nie aus der Mode kommenden amerikanischen Standardgerichten: Von Schinken und Eiern bis hin zu Erdbeerwaffeln wird zum Frühstück, mittags und abends alles geboten.

H&H ($) Broadway/80th Street (Tel.: 595 8000). Hier wird rund um die Uhr gebacken, was auch bedeutet, daß die Bagels immer warm und frisch sind. Zudem sind sie mit allen möglichen Zutaten erhältlich.

India Garden ($$) Amsterdam Avenue zwischen 90th und 91st Street (Tel.: 787 4530). Von den indischen Restaurants der Nachbarschaft unterscheidet sich dieses durch das Ziegen-Biryani, -Vindaloo, -Saag und -Badami.

Indian Café ($$) Broadway at 108th Street (Tel.: 749 9200). Indisches Essen zu konkurrenzfähigen Preisen, darunter auch besonders einfallsreiche vegetarische Gerichte wie Kichererbsen mit Spinat und Tomaten oder gedämpfte Linsen mit Knoblauch und Ingwer. Man kann sich auch gut nur mit der Vorspeisenkarte beschäftigen.

It's a Wrap ($) Broadway zwischen 68th und 69th Street (Tel.: 362 7922). Das Beste in diesem immer beliebteren Sandwich-Bistro ist das hausgemachte Brot. Die Füllungen

enthalten B.L.T., Putenkeulen und Lamm.
Joe´s Fish Shack ($-$$) 520 Columbus Avenue (Tel.: 873 0341). Tadelloses Ambiente ist nicht gerade das Markenzeichen dieses absichtlich im Bruchbudenstil belassenen Imbißlokals für Muschel-, Krabbenbrot- und Fischliebhaber.
John´s Pizzeria ($) 48 West 65th Street zwischen Columbus Avenue und Central Park West (Tel.: 721 7001). Die Pizzen hier sind bis zum letzten Biß genauso lecker wie beim Original, dem Greenwich Village John. Von der Atmosphäre her ist es sogar noch angenehmer.
Josie´s ($-$$) 300 Amsterdam Avenue an der 74 th Street (Tel.: 769 1212). Bietet eine große Auswahl an vegetarischen Gerichten auf einer Speisekarte, die sich nach den Prinzipien gesunder Ernährungsweise orientiert. Es gibt reichlich frische Salate, Gemüse und Vollkorngerichte.
La Caridad ($) Broadway/ 78th Street (Tel.: 874 2780). Faszinierende und einfallsreiche chinesisch-kubanische Küche in lockerer Atmosphäre, serviert ohne große Umstände.
La Traviata ($) 101 West 68th Street (Tel.: 721 1101). Ein meist nur Einheimischen bekannter Imbiß mit köstlicher Schnittpizza.
Lucy's ($$) Columbus Avenue zwischen 84th und 85th Street (Tel.: 787 3009). Im Hinterzimmer wird lärmend das Tex-Mex-Essen vertilgt, während sich an der Bar das schicke Volk von der Upper West Side räkelt.
Mad Fish ($$) 2182 Broadway zwischen 77th und 78th Street (Tel.: 787 0202). Dieses moderne Fischrestaurant – eines der ersten inmitten der Nachbarlokale – lockt die Hungrigen bis spät in die Nacht.
Museum Café ($$) Columbus Avenue/77th Street (Tel.: 799 0150). Gegenüber dem American Museum of Natural History; köstliche Auswahl an Salaten und auf der Zunge zergehender Pasta.
Ollie's Noodle Shop ($) Broadway/84th Street (Tel.: 362 3712). Man kann zusehen, wie Klöße und Nudeln in diesem chinesischen Imbiß zubereitet werden. Vor allem die Nudelsuppen sind sehr schmackhaft – und billig.
Picholine ($$$) 35 West 64th Street zwischen Broadway und Central Park West (Tel.: 724 8585). Meisterhaft zubereitetes französisches Essen in ländlich französischem Ambiente. Versäumen Sie nicht den Gang mit hauseigenen Käsespezialitäten.
Popover Café ($) Amsterdam Avenue zwischen 87th und 88th Street (Tel.: 595 8555). Salate, Suppen, Sandwiches und *popovers* (kleine Teigbällchen mit Butter und Marmelade) sind die Spezialität des altmodischen Hauses.
Rain ($) 100 West 82nd Street zwischen Amsterdam und Columbus Avenues (Tel.: 501 0776). Thailändische Speisen locken eine Menge junger Leute in dieses geschäftige Schnellrestaurant. An Wochenenden kann das warten auf Bedienung ermüdend sein.
Rancho Mexican Café ($$) Amsterdam Avenue zwischen 82nd und 83rd Street (Tel.: 362 1514). Starke, tiefgefrorene Margaritas begleiten das mexikanische Essen. Wenn man das Abendessen während der »happy hour« am frühen Abend bestellt, gibt es sie gratis dazu. Ein lärmender Sonntags-Brunch wird auch geboten.
Sarabeth's Kitchen ($$) Amsterdam Avenue zwischen 80th und 81st Street (Tel.: 496 6280). Höflich und kultiviert, ein Ort, um sich an Räucherlachs-Sandwiches oder luftigen Omeletts zu ergötzen. Die hausgemachten Kuchen sind verführerisch.
Savann ($$) Amsterdam Avenue zwischen 79th und 80st Street (Tel.: 580 0202). Ein amerikanisches Bistro mit französischem Touch. Upper West Siders strömen zu diesem phantasievollem, jedoch oft zu vollem Restaurant.
Sesso ($$) 285 Columbus Avenue zwischen 73rd und 74st Street (Tel.: 501 0807). Italienisches Speiselokal, das von den typischen Gästen aus der Nachbarschaft besucht wird. Anbetracht seiner Lage sind die Preise vernünftig.
Shark Bar ($) 74th Street zwischen Columbus Avenue und Broadway (Tel.: 874 8500). Seien es gegrillte Tallahassee-Shrimps, gebratene Louisiana-Krabben oder Katzenfisch aus der Pfanne, in der Shark Bar findet man die würzigste und schmackhafteste Kost des amerikanischen Südens.
Shun Lee ($$$) 43 West 65th Street zwischen Columbus Avenue und Central Park West (Tel.: 595 8895). Hier warten die Ober im Smoking mit feinstem, chinesischem Essen auf. Der Chef ist sehr talentiert. Auch die Rechnung wird verblüffen.
Symposium ($) 113th Street/ Amsterdam Avenue (Tel.: 865 1011). Echtes und preiswertes griechisches Essen – Spinatauflauf, Moussaka und anderes – konsumiert vor allem von den Studenten der nahen Columbia University. Im Sommer ist der Garten geöffnet.
Tavern on the Green ($$$) 67th Street/Central Park West (Tel.: 873 3200). Berühmter als New Yorker Sehenswürdigkeit denn als Ort kultivierten Essens. Die Tavern on the Green serviert den Theatergängern nicht immer, aber meistens ausgezeichnetes Essen unter venezianischen Leuchtern im Crystal Room oder draußen im Garten.
Vince and Eddie´s ($$$) 70 West 68th Street zwischen Columbus Avenue und Central Park West (Tel.: 721 0068). Ein gemütliches, amerikanisches Bistro sowie ein bevorzugter Ort für stille Festlichkeiten und Stammgäste des Lincoln Centers.

Register

A

B

C

281

283

S

T

U

V

W

NEW YORK SUBWAY

242 St Van Cortlandt Park 1,9
205 Street D
C Bedford Pk Blvd
2 5
241 St (White Plains Rd
238 St
231 St
225 St
215 St
207 St
Woodlawn 4
207 St Washington Heights A
Dyckman St/200 St Bdwy
190 St
181 St
175 St
157 St
145 St
137 St
125 St
116 St Columbia University
110 St Cathedral Parkway
103 St
96 St
86 St
79 St
72 St
66 St Lincoln Center
59 St Columbus Circle
Dyckman St
191 St
181 St
168 Street B
Amsterdam Av
155 St
155 St
Mosholu P'way
Bedford Pk Blvd
Kingsbridge Rd
Fordham Rd
183 St
Burnside Av
176 St
Mount Eden Av
170 St
167 St
161 St
Kingsbridge Rd
Fordham Rd
182-183 St
Tremont Av
174-175 St
170 St
167 St
3 148 St
145 St
135 St
125 St
116 St
110 St
145 St
135 St
125 St
116 St
110 St
103 St
96 St
86 St
81 St
72 St
238 St
233 St
225 St
219 St
Gun Hill Rd
Burke Av
Allerton Av
Pelham P'way
Bronx Pk East
E 180 St
E Tremont Av
174 St
Freeman St
Simpson St
Prospect Av
Jackson Av
3 Ave
149 St Grand Concourse
138 St
3rd Avenue
138 St
125 St
116 St
110 St
103 St
96 St
86 St
77 St
68 St Hunter Coll
5 Dyre Avenue
Baychester Av
Gun Hill Rd
Pelham P'way
6 Pelham Bay P
Buhre Av
Middletown Rd
Westchester Sq
Zerega Av
Castle Hill Av
East 177 St
St Lawrence Av
Morrison Av/Sound View Av
Elder Av
Whitlock Av
Hunts Point Av
Longwood Av
East 149 St
East 143 St/St Mary's St
Cypress Av
Brook Av
Ditmars Blvd Astoria N
Astoria Blvd/Hoyt Av
30 Av/Grand Av
Broadway
36 Av/Washington Av
39 Av/Beebe Av
Queens Plaza
Queensboro Plaza
B,Q
21 St Queensbridge
Roosevelt Island
46 St
Steinwa
36 St
33 St
HUDSON
Lexington Av
57 St
5 Av
49 St
47-50 St
53 St
59 St
Lexington Av
45 Rd
Court Square
51 St
Lexington Av
Hunters Point Av
Vernon Boulevard
21 St (Van Alst)
50 St
50 St
42 St
Times Sq
5 Av
42 St
Grand Central 42 Street
7
N
R
34 St
34 St Penn Station
28 St
23 St
18 St
23 St
34 St Herald Sq
28 St
33 St
28 St
23 St
23 St
6 Av
23 St
Union Sq (Broadway)
3 Av
1st Av
NEWTON CRE
EAST RIVER
Greenpoint Av
Nassau Av
L 14 Street
14 St
14 St
14 St Union Sq
14 St Union Sq
Lorimer St
Graham Av
Grand St
Bedford Av
Metropolitan Av Grand St
Mor
Broadway
Flushing Av
Myrtle-Willoughby Avs
Bedford-Nostrand Avs
MANHATTAN
Christopher St/ Sheridan Sq
Houston St
Canal St
Franklin St
Chambers St
8 St NYU
West 4 St Wash'ton Sq
Astor Place 8 St
Bleecker St
Essex St
2 Av
Delancey St
Marcy Av
He
B'way
Spring St
Prince St
Spring St
Canal St
Canal St
E B'way
Bowery
Grd St
Canal St
Classon Av
Clinton-Washington Avs
Fulton St
York St
B D Q F
Canal St
Chambers St
6 Bklyn City Hall
Chambers St
City Hall
Broadway Nassau St
Jay St
Lafayette
Park Pl
Cortlandt St
Fulton St
Fulton St
High St Bklyn Br
Hoyt St/ + Schermerhorn St
World Trade Center
E
J,Z
Broad St
Wall St
Court St
Lawrence St
Rector St
Whitehall St
Clark St Bklyn Hts
Hoyt St
Dekalb
Wall St
Bowling Green
Borough Hall/ Court St
Bergen St
Nevins St
Paci Uni
Cortlandt St (World Trade Center)
Rector St (Greenwich St)
South Ferry 1,9
Caroll St
Smith 9 St
G
4 Av/ Prospect
25
36
45
53
59
Bay Ridge
77
86
R
95 Stre Fort Hami
UPTOWN
DOWNTOWN
NEW JERSEY
Ellis Island
Liberty Island
Governors Island
THE NARROWS
STATEN ISLAND

© TCS 9C/02/117 V.3a

Line	Colour key
1,2,3,9	red
4,5,6	green
7	purple
A,C,E,H	blue
B,D,F,Q	orange
G	light green
L	grey
M,J,Z	brown
N,R	tan

Franklin Av Shuttle

Interchange station with Free connection

Prospect Park S — Terminating Station with Terminating Line shown

Station for Airport bus

* Connection in Downtown direction only

BRONX

QUEENS

BROOKLYN

Main St Flushing 7
Willets Point
111 St
103 St Corona Plaza
Junc Blvd
90 St
82 St
65 St Broadway
Elmhurst Av
Grand Avenue Newtown
Woodhaven Blvd Queens Mall
63 Drive
67 Av
G 71 Continental Av Forest Hills
75 Av
Van Wyck Blvd
Sutphin Blvd
Parsons Blvd
169 St
F R 179 St Jamaica
E J,Z Jamaica Center Parsons/Archer
Sutphin Blvd
Jamaica Van Wyck
Union Turnpike Kew Gardens
Roosevelt Av-Jackson Heights 74 St Broadway (line 7)
69 St
61 St
52 St
121 Street
111 Street
104-102 Streets
Woodhaven Blvd
85 St-Forest Parkway
75 St-Elderts La
Cypress Hills
Crescent St
Norwood Av
Cleveland St
Van Siclen Av
Alabama Av
M Metropolitan Av
Fresh Pond Rd
Forest Av
Seneca Av
Myrtle Av
DeKalb Av
Jefferson St
Wyckoff Av
Halsey St
Knickerbocker Av
Wilson Av
Central Av
Bushwick Av
Kosciusko St
Halsey St
B'dway Eastern P'way
Flushing Av
Myrtle St
Gates Av
Chauncey St
Broadway East New York
Lefferts Blvd A
111 St
104 St
Rockaway Blvd
88 St
80 Street
Grant Av
Euclid Avenue H
Shepherd Av
Van Siclen Av
Liberty Av
Aquaduct Racetrack
Aquaduct North Conduit Av
Howard Beach for JFK airport
Broad Channel
A,H Far Rockaway Mott Avenue
Beach 25 St Wavecrest
Beach 36 St Edgemere
Beach 44 St (Frank Av)
Beach 60 St Straiton Av
Beach 67 St Gaston
Beach 90 St Holland
Beach 98 St Playland
Beach 105 St Seaside
Rockaway Park Beach 116 St C,H
Atlantic Av
Sutter Av
Rockaway Av
Ralph Av
Kingston Av/ Throop Av
Utica Av
S Franklin Av
Clinton Av/ Washington Av
Nostrand Av
Dean Street
Park Place
Botanic Gdn
Atlantic Av
3 4 New Lots Avenue
Van Siclen Av
Pennsylvania Av
Junius St
Rockaway Av
Saratoga Av
Sutter Av
Livonia Av
New Lots Av
East 105 St
Rockaway Parkway L
4 Utica Av
Kingston Av
Nostrand Av
Eastern P'way Brooklyn Mus.
Grand Army Plaza
Bergen St
Atlantic Av
Prospect Park S
President St
Sterling St
Winthrop St
Church Av
Beverley Rd
Newkirk Av
Flatbush Avenue Brooklyn College 2 5
Parkside Av
Church Av
Beverly Rd
Cortelyou Rd
Newkirk Av
Av H
Av J
Av M
Kings Highway
Av U
Neck Rd
Sheepshead Bay
Brighton Beach Q
Ocean Parkway
West 8 Street
15 St
F H'ton P'way
Church Av
Ditmas Av
18 Av
Av I
Bay P'way
Av N
Av P
K H'way
Av U
Av X
7 Av Pk Slope
9 Av
Fort Hamilton P'way
50 St
55 St
New Utrecht Av/62 St
71 St
79 St
18 Av
20 Av
Bay Parkway
M
25 Av
Bay 50 St
18 Av
20 Av
Bay P'way
K H'way
Av U
86 St
Stillwell Avenue Coney Island B,D,F,N

Bildnachweis

Die Automobile Association bedankt sich bei den folgenden Fotografen, Bibliotheken und Gesellschaften für Ihre Mithilfe bei der Vorbereitung dieses Buches:

J. ALLAN CASH 127a Markt. ALLSPORT UK LTD 90a American Football (S. Dunn). AMERICAN CRAFT MUSEUM 62 Museum, Innenansicht (Dan Cornish). BAVARIA Einklinker vorn (Ron Chapple). BETTMANN ARCHIVE 22b Damon Runyon (UPI/BETTMAN NEWSPAPERS), 42b *The Brains* (THE BETTMAN ARCHIVE), 43a William O'Dwyer (THE BETTMAN ARCHIVE), 44b East River (THE BETTMAN ARCHIVE), 46 Ed Koch (UPI/BETTMAN), 119a P. Orbvsky & A. Ginsberg, 119b A Poole in our time (THE BETTMAN ARCHIVES). BRIDGEMAN ART LIBRARY LTD 29 Irische Einwanderer landen an der Battery in New York, 1855 (Museum of the City of New York/Bridgeman Art Library, London), 32a New York nach der Unabhängigkeitserklärung, vom East River aus gesehen, von George Torino (18. Jh.) (Private Collection/Bridgeman Art Library, London), 36a Cartoon, Andrew Carnegie darstellend, 1903 (Private Collection/Bridgeman Art Library, London, 97b *Campbell's Soup* von Andy Warhol (1930–87) (Wolverhampton Art Gallery, Staffs/Bridgeman Art Library, London). Ron ChappleD. CORRANCE 92 The Cloisters, 110 Frick Museum, 123 Guggenheim Museum, 177 Soho Martin Lawrence Gallery, 179 Staten Island Ferry, 241 Greenwich Village Jazz. J. HENDERSON 127b Puerto Ricaner. HULTON DEUTSCH COLLECTION LTD 16b,17a Unruhen in Harlem, 46a,b Arbeiter Streik, 47a New Yorker Streik, 73b Malcolm X. KOBAL 15a King Kong. MAGNUM PHOTOS LTD 16c Dinkins, 97a Warhols Augen (Philipe Halsam), 188a Woody Allen (Ernst Haas). MARY EVANS PICTURE LIBRARY 22a Manhattan Transfer, 23 Henry James, (Mary Evans/J. Morgan) 30a Holländische Besitztümer auf Staten Island, 33 Unabhängigkeitserklärung, 34–35 Einwanderung, 41a,b Wall St Crash, 105a Einwanderer auf Ellis Island. METROPOLITAN MUSEUM OF ART 143a Ägyptische Beerdigungszeremonien und Särge (Rogers Fund 1915 (15.2.2), 145a Islamische Glaskunst des Nahen Ostens (Rogers Vermächtnis des Edward C. Moore 1891 (91.1.1530), 147a Gemälde von Henri Matisse (Robert Lehman Coll. 1975 (1975.1.194), 147b Gemälde von Jacopo Bellini (Geschenk von Irma N. Straus 1959 (59.187). MUSEUM OF MODERN ART NEW YORK 129 Gemälde von Jackson Pollock, 158b *Sternennacht* von Van Gogh. MUSEUM OF TV & RADIO 161 Int Lonsdale Room. PMI Einklinker hinten. PICTURES COLOUR LIBRARY 24–25 East 47th Street.. RONALD GRANT ARCHIVES 15b *Saturday Night Fever*, 188b *Manhattan* von Woody Allen. SPECTRUM COLOUR LIBRARY 26b Chinesisches Neujahr, 27 Flötenspielerin, 154a St Patrick's Day, 154b Dudelsack-Kapelle, 240 Birdland Jazz Club. THE MANSELL COLLECTION 30/1 New Amsterdam, 31 Landung des Hendrick Hudson, 32 P. Stuyvesant, 34b Ankunft in der Neuen Welt, 36 Andrew Carnegie, 37 Pierpont Morgan, 38b Brooklyn Bridge, 38–39 New York 1851, 45 SS *Queen Mary*. TSW Buchumschlag (Rohan). UNITED NATIONS 184 Int, UN-Gebäude. ZEFA PICTURE LIBRARY (UK) LTD 11 Tompkins Square Park, 14 Times Sqare, 18 Times Sqare, 39 Harlem, 40 Wall Street, 69 Broadway, 73a Junge und Wasser, 138 Delancey Street, 155 Folk Art Museum, 173 Rockefeller Plaza, 176 Soho Gallery, 185a UN-Gebäude,189 Central Park, 203 West Point Parade, 205 Albany, 237 Musikant mit Fahrrad, 255 St Paul's Chapel.

Alle übrigen Fotos sind Eigentum der AA PHOTO LIBRARY mit Beiträgen von:
P. BAKER 127c. D. CORRANCE 4, 6–7, 13, 20, 25, 55, 58–59, 67a, 72, 76, 78, 79, 87, 89, 96, 101, 105b, 106, 118a, 126, 128–29, 135, 137, 146, 148, 159, 160a, 162a, 171c, 175, 181b, 182, 185b, 192, 214, 215, 217, 222, 225, 229, 232, 233, 234–35, 236, 242, 246, 257, 259b, 263, 266, 280. R. ELLIOTT 3, 5a, 7, 10a, b, 12–13, 16a, 17b, 19, 20a, 21, 24, 28, 43, 44, 45, 50, 51, 52, 53, 54b, 56, 60, 61a, 63, 64, 66a, 68, 70, 74, 80, 81a, b, 83, 86, 88a, b, 90b, 94, 99, 100, 104, 112, 113, 114a, 115, 117a, b, 124a, b, 125, 131, 132b, 139a, b, 140, 141a, b, 142, 143b, 144, 149, 150, 151, 153, 156, 157, 158a, 160b, 163, 164, 165a, b, 167, 168, 169, 171a, b, 172, 174b, 178, 180, 183a, b, 187, 190, 191, 193a, b, 194, 195, 196, 197, 198, 199a, b, 200, 201, 202, 206–07, 208, 209, 210, 211, 212, 216, 220, 226, 227, 228, 238a, b, 239, 244, 247a, 250, 253, 254, 256a, 258. P. KENWARD 2, 5b, 5c, 6c, 9, 12, 18a, 23, 26, 54a, 57, 66b, 67b, 71a, b, 75a, b, 84a, b, 91, 93, 102, 103, 116, 118b, 120a, 132a, 134, 136a, b, 152, 162b, 166a, 170, 174a, 181a, 186, 213, 218, 219, 221, 223a, 224, 231a, b, 235, 243a, b, c, 245, 247b, 248, 252, 259a, 260, 279. D. POLLACK 65, 85a, b, 108, 109, 111, 120b, 121a, b, 261, 275.

Mitwirkende

Serienberatung: Ingrid Morgan **Design**: Design 21
Serienredaktion: Susi Bailey **Register**: Marie Lorimer
Dokumentation: Celia Woolfrey